海上丝绸之路
海洋环境安全保障系统

Marine Environment Safeguarding System along the Maritime Silk Road

于福江　等 ◎ 著

海洋出版社

2023年 · 北京

图书在版编目（CIP）数据

海上丝绸之路海洋环境安全保障系统 / 于福江等著.
-- 北京 : 海洋出版社, 2023.7
ISBN 978-7-5210-1114-2

Ⅰ. ①海… Ⅱ. ①于… Ⅲ. ①海上运输－丝绸之路－海洋环境预报－保障体系－研究 Ⅳ. ①K203②X321

中国国家版本馆CIP数据核字(2023)第091155号

审图号：GS京（2023）1485号

责任编辑：沈婷婷
责任印制：安　森

海洋出版社 出版发行
http://www.oceanpress.com.cn
北京市海淀区大慧寺路 8 号　邮编：100081
鸿博昊天科技有限公司印刷
2023年7月第1版　2023年7月第1次印刷
开本：889 mm × 1194 mm　1 / 16　印张：20
字数：450千字　定价：298.00元
发行部：010-62100090　总编室：010-62100034

《海上丝绸之路海洋环境安全保障系统》指导委员会

前　言

海上丝绸之路是古代中国与外国交通贸易和文化交往的海上通道，最早在秦汉时期便已存在，已知有关中外海路交流的最早史载来自《汉书·地理志》，当时中国就与南海诸国接触，而有遗迹实物出土表明中外交流可能更早于汉代。唐代起中国东南沿海有一条叫作“广州通海夷道”的海上航路，这便是中国海上丝绸之路的最早叫法。这条航线全长1.4×10^4 km，是当时世界上最长的远洋航线，途经100多个国家和地区。在宋元时期是范围覆盖大半个地球的人类历史活动和东西方文化经济交流的重要载体。

海上丝绸之路开通以来，一直是沟通东西方经济文化交流的重要桥梁，而东南亚地区自古就是海上丝绸之路的重要枢纽和组成部分。习近平总书记基于历史，着眼于中国与东盟建立战略伙伴十周年这一新的历史起点上，为进一步深化中国与东盟的合作，构建更加紧密的命运共同体，为双方乃至本地区人民的福祉而提出“21世纪海上丝绸之路”的战略构想。2015年3月，经国务院授权发布《推动共建丝绸之路经济带和21世纪海上丝绸之路的愿景与行动》，指出推进“一带一路”建设，中国将充分发挥国内各地区比较优势，实行更加积极主动的开放战略，加强东中西互动合作，全面提升开放型经济水平。

在“21世纪海上丝绸之路”建设的同时，海洋环境安全保障也需要给予密切的关注。海上丝绸之路的船舶航行离不开海浪、海流等海洋环境预报保障，丝绸之路沿线的南中国海、孟加拉湾和阿拉伯海沿岸则是风暴潮、海啸等海洋灾害影响较为严重的区域；同时由于海上航路繁忙，海上溢油等突发事故频发。因此，针对海上丝绸之路海洋环境与灾害特点，开展相关区域的海洋环境、海洋灾害以及海上突发事故应急预警报工作是非常必要的，对于保障海上交通航运安全、港口运输安全、丝路沿岸地区人员以及中国驻外机构人员的生命财产安全和活动具有十分重要的意义。

据此，开展了海上丝绸之路海洋环境预报保障系统建设。该保障系统主要包括海洋环境预报系统、海洋灾害及海上突发事件预报系统和航行安全发布平台与网站，在对预报系统进行检验的基础上，开展了业务化试运行，之后正式开展业务化运行。为方便用户，在中国海洋预报网设置了海上丝绸之路预报专栏，向社会提供海浪、海流等海洋环境，风暴潮、海啸等海洋灾害，搜救、溢油等海上突发事件预报产品。海上丝绸之路海洋环境预报保障系统业务化运行以来，得到了广泛的关注，其中航行安全发布平台已有注册用户250余位，累计访问量达51 300余次，为打捞局、海事局、海调局以及中远海运、中交集团、民营海运物流公司等用户提供预警报信息的交互式查询服务。2020年，特强气旋风暴“安攀”影响孟加拉湾期间，中央国际广播电台用孟加拉语播报了系统发布的风暴潮警报，为当地防潮减灾提供参考。

本书共分为三部分，第一部分海洋环境预报系统，包括第一章高分辨率海上大气数值预报系统，主要由彭炜、刘克威、陈莉等撰写；第二章海浪数值预报系统，主要由吴萌萌、蔡琼琼、王毅等撰写；第三章海洋环流数值预报系统，主要由张宇、莫慧尔等撰写。第二部分海洋灾害及海上突发事件预报系统，包括第四章风暴潮数值预报系统，主要由刘秋兴等撰写；第五章海啸数值预报系统，主要由王培涛、王宗辰、徐志国、李宏伟等撰写；第六章搜救数值预报系统，第七章溢油数值预报系统，主要由李燕、杨逸秋、孟素婧、于寒、郭凯旋、卢伟、潘青青、路玮等撰写。第三部分“海上丝绸之路”航行安全发布平台与网站，包括第八章航行安全保障平台，主要由马静撰写；第九章海上丝绸之路预报产品发布专题网站，主要由王斌撰写。

最后，真心希望本书的出版能让更多读者了解并使用海上丝绸之路海洋环境预报系统，更希望该预报系统能为中国与海上丝绸之路沿线国家在港口航运、海洋能源、经济贸易等合作中提供海洋预报保障，也为沿岸国家的海洋防灾减灾提供帮助。

目录

绪论

第一部分 海洋环境预报系统

第三部分 “海上丝绸之路”航行安全发布平台与网站

绪　论

21世纪海上丝绸之路重点方向是从中国沿海港口过南海到印度洋，延伸至欧洲，主要包括海域为南中国海和北印度洋。本章主要介绍南中国海和北印度洋水文、气象概况。

0.1 南中国海区域水文气象概况

南海，为南中国海（地理水域）、中国南海（中国领海）的简称，位于中国大陆的南方，是太平洋西部海域，中国三大边缘海之一，九段线内海域为中国领海，该海域自然海域面积约350×10^4 km^2，其中中国领海总面积约210×10^4 km^2，为中国近海中面积最大、水最深的海区，平均水深1 212 m，最大深度5 559 m。

0.1.1 南中国海地形地貌

南海位于北纬23°37′以南的低纬度地区，北抵北回归线，南跨赤道进入南半球，南北跨纬度26°47′，位于印度尼西亚的南苏门达腊和加里曼丹之间，北边至中国广东、广西、福建，香港和澳门，东北至台湾岛，东至菲律宾群岛，且包含吕宋海峡西半侧，西南至越南与马来半岛，通过巴士海峡、苏禄海和马六甲海峡连接太平洋和印度洋。汇入南海的主要河流有珠江、韩江以及中南半岛上的红河、湄公河和湄南河等，南中国海周边国家（地区）从北部顺时针方向有中国（台湾地区）、菲律宾、马来西亚、文莱、印度尼西亚、新加坡、泰国、柬埔寨、越南、中国（大陆地区）。

南海海盆是一个断陷盆地，中部有一条东北—西南向断裂带，在地质史上向东、西两边扩展，形成了深海盆地。在海盆扩展过程中，残留的陆块碎片，成为海底高地或下陷为海槽，其间有断裂发生，成为海底火山喷发堆积的熔岩高地，露海面形成高尖石式的海岛。南海盆地形成一系列东北—西南向的隆起高地和深邃海槽相间排列的海底地貌。

海底自外围至中心顺次为大陆架、大陆坡、中央海盆，略呈同心圆式的三层环状结构图式，地形似菱形。最外一环是大陆架，由大陆架和岛架往内一环是陡峭的大陆坡，大陆架到大陆坡转折处的水深是150 ~ 180 m，大陆坡水深在100 ~ 3 500 m上下，坡面高低起伏、崎岖不平，垂直方向的坡长也有差别；面积在海盆的不同部位也不同，西北部和东南部的陆坡面积比高居它们之上的大陆架和岛架面积要大，东部和北部的陆坡面积却较小。南海海底中心一圈最深部分即中央深海盆地，是南海海盆的盆底，平均水深约4 000 m，最深处为4 577 m（马尼拉海沟），底部平坦，与周围陆坡成鲜明的反差。

南海海岸分为华南大陆、中南半岛、马来半岛、苏门答腊岛、加里曼丹岛和菲律宾群岛六大区域。华南大陆岸段多山地丘陵，海岸曲折，平原分布比较零散，比较大的平原位于珠江三角洲和韩江三角洲。中南半岛海岸分布着长山山脉、豆蔻山脉、比劳山脉3条大型山脉，被红河三角洲、湄公河三角洲、昭披耶河三角洲三大三角洲平原隔开，山脉、平原分布相对集中，山前还有一些小平原。马来半岛多山，海岸带以平原为主，分布小部分台地。苏门答腊岛地形西高东低，东岸为巨大的冲积平原，自北向南面积逐渐增大，按其平原面积大小将其东海岸分为三块，北部岸段自苏门答腊岛西北角到司马威，东北岸段自司马威到丹戎巴来，中南岸段自丹戎巴来到勿里洞岛以西。加里曼丹岛地势东北高，西南低，平原广布，但覆盖大片热带雨林，三角洲河口泥沙淤积严重。菲律宾群岛海岸多山地丘陵，平原稀少，主要分布在吕宋岛的马尼拉湾、林加延湾和卡加延河。南海海域中有超过200个无人居住的岛屿和岩礁。主要群岛有纳土纳群岛、阿南巴斯群岛、南沙群岛、中沙群岛、东沙群岛、西沙群岛、中沙群岛等，其中属于中国领土的有南沙群岛、中沙群岛、东沙群岛和西沙群岛。

0.1.2 南中国海水文概况

0.1.2.1 海流

南海水团具有不同于大陆沿岸水团盐度低、水温季节变化大的特征。由于南海是一个半封闭的深海盆，海底地形以水深4 000 m上下的深海盆为中心，向四周分布着具环形阶梯状的周边陆坡，故东北部水量深厚开阔，海水运动自由顺畅，西南部由于水浅以致海水运动受到一定程度的阻碍；同时，中北部海盆水体通过海峡与太平洋水相交换，而南部靠近赤道的陆架水则通过马来半岛和加里曼丹间的南通道与爪哇海水相交换，从而形成南海中北部水团和南部水团的不同特点。

南海表层海水在热带海洋季风影响下形成的流向、流速等特点不同的海流。在东北季风盛行期，海流受季风驱动由东北向西南流动，流速0.8 ~ 1.5 kn（海里/小时），从台湾海峡和巴士海峡流入南海，经东沙群岛、中沙群岛、西沙群岛、越南海岸和南沙西侧向西南流动，越过北纬4°后随季风转为西北向，经卡里马塔海峡和加斯帕海峡向东南流入爪哇海。同时另有一股海流源于加里曼丹岛东北的苏禄海，穿过巴拉巴克海峡，经南沙南部至万安滩和日积滩西流，再北上抵达中沙群岛和西沙群岛的南部，成为与东北季风流反向的海流。在西南季风盛行期，南海海流自西南向东北流动，流速在0.5 ~ 1.0 kn之间，爪哇海水先为东南信风所驱动，经卡里马塔海峡和加斯帕海峡进入南海，越过赤道后信风偏转为西南风，海水流向东北，经西沙群岛、中沙群岛和东沙群岛，又分为两支分别经巴士海峡和台湾海峡流入西太平洋和东海。季风海流随季风转换而转换，流向比较紊乱，每年4月在西沙群岛西南及南沙群岛西部各出现一个呈反时针方向的气旋型环流。9月南海北部海流中心在西沙群岛西南，呈反时针方向；南海南部海流中心在纳土纳群岛之西，呈顺时针方向。由于季风海流有规律的交换，使西沙群岛、南沙群岛、中沙群岛的海水终年保持高水平的水质。

北半球太平洋上的北赤道海流由东向西流动，在菲律宾群岛东岸受阻而分为两支，主流向北经日本列岛与千岛寒流相遇折向东流，变成北太平洋暖流。支流经巴士海峡进入南海北部，夏季流速约1.5 kn，宽30 ~ 60 n mile；冬季流速>2 kn，宽70 n mile，其水温高、含盐度大、水色深蓝，成为来自北赤道的南海黑潮暖流。黑潮暖流于东北季风期在南海延伸更南，西南季风期则向北退缩，其对南海北部的气温、水温、盐度等因素的影响也随季节而变化。

深层海流受海底地形阻碍而形成的海水上升运动，东北季风期向西或西南流动的海流到达耸立于水深4 000 m深海平原之上的中沙大环礁，至此迫升为局部上升流；西南季风期向东北流动的海流到达南海深海盆北部大陆坡受阻而迫升为上升流。由于上升海流能将深海的低温高盐海水带到表层，产生冷却和稳定气流作用，并为浮游生物带来丰富的营养盐，从而为鱼类提供充足的饵料。

0.1.2.2 潮汐

南海潮汐分为半日潮、全日潮、不规则半日潮和不规则全日潮。在南极，由日月引潮力直接产生的独立潮振幅很小，即使朔望日的大潮涨落振幅也只有8 cm，其中全日潮潮波振幅大于半日潮潮波振幅，太平洋半日潮波和全日潮波经巴士海峡传入南海的涨落协振动是主要的，太平洋半日潮波进入南海向西和西南方向传播，止于赤道附近无潮点；太平洋全日潮波则在南海由北而南传播，止于泰国湾无潮点。独立潮和潮波在传播过程中受海陆分布、水深、偏转力等因素影响，又产生了不规则半日潮和不规则全日潮。西沙群岛、南沙群岛、中沙群岛海区潮差一般在0.5 ~ 1.5 m，西沙群岛潮差较小，3年月平均潮差仅为0.92 m；南沙群岛的南威岛潮差达1.6 m，南沙群岛海区最大潮差可达3 m。潮流流速大多数不到1 kn，记录到的最大流速也只有1.4 kn，西沙群岛海域潮流最大流速约为1节。

0.1.2.3 海浪

南海水深、域广、风大，既有交替的季风，又多猛烈的台风，海浪之大为中国陆缘海之冠。海面风速大，西沙群岛海区年平均风速在50 m/s以上，最大月均风速为80 m/s，年平均5级以上大风日数在33天左右。因此，中沙群岛海区发生的海浪主要是由风引起的风浪，占海浪总数的六成左右；少数是由邻近海区传来的涌浪，所占比例约四成。风浪和平均波高都以东北部大于西南部，西沙年平均波高1.4 m，10月至次年1月年均浪高都在1.5 m以上，台风期间浪高达7 ~ 9 m。南沙群岛年平均波高为1.3 m。在不同季风盛行期，海浪呈现出相对的差异性。

0.1.2.4 水温

南海属热带海洋，表层水温都很高，但由于纬度跨度大，并且受季风和海流等因素的影响，南北表层水温分布有差异。水温时空变化不大，年较差北大南小，西沙群岛水温年较差为5℃，南沙群岛南部的曾母暗沙水温年较差为2.4℃，自北向南递减。水温的季节变化也是北大南小，东北季风盛行期西沙群岛附近水温在22 ~ 27℃之间，南沙群岛海区则增高为28℃，南北海水温差约为2 ~ 5℃。但是表层与底层温差却很大，西南季风盛行期南北表层水温都在28 ~ 29℃之间，而水深500 m以下的水温则终年低于8 ~ 9℃，表底水温相差约有20℃之多（参见表1.2 ~ 19）。上半年的季风转换期南海北部水温增高8℃左右，南海南部则略增1 ~ 2℃，下半年的季风转换期南海北部水温降低大于南海南部。

0.1.3 南中国海气候和气象概况

南海处在亚洲大陆南部的热带和亚热带区域，与其他海区比较，其特点是热带海洋性气候显著，春秋短，夏季长，冬无冰雪，四季温和，空气湿润，雨量充沛。特别是中部和南部海区，终年高温高湿，长夏无冬，季节变化很小。在西沙群岛、南沙群岛、中沙群岛，年平均温度在26℃左右。

南海季节划分大致是10月中旬至次年3月中旬为东北季风时期，这时冷空气入侵频繁，东北季风强而稳定，前期北部沿海干冷多晴天，后期常有低温阴雨，雾日增多，能见度差。5月中旬至9月中旬为西南季风时期，多吹西南风，温度高，湿度大，北部沿海多雷暴和暴雨，台风影响频繁。春季过渡时期发生在3月中旬至5月中旬，秋季过渡时期一般为9月中旬至10月中旬。这两个时期风向多变。常把5月至10月称为雨季，11月至次年4月称为干季。

南海东北季风气流是由沿大陆蒙古冷高压边缘吹向海面的气流逐渐转向形成。从北向南逐渐推移。从增强到减弱中断，一次循环过程需要10 ~ 15天。在东北季风时期每月有2 ~ 3次季风潮和中断。南海西南季风气流是围绕印度低压逆时针吹送的季风气流。从四五月开始，在西南季风盛行的月份里有几次强度不等、周期长短不同的变动过程，每次季风潮维持的时间不相同，大致为5~10天。

南海是全球台风活动的主要区域之一。其活动具有频数多、强度大、活动时间长的特点。根据1949—1981年的资料统计，在南海生成，或由西北太平洋生成后移入南海的台风，每年平均有16.4次。年最多次数为24次（1970年和1971年），年最少次数为8次（1976年）。每月都有可能生成台风，6—11月为活跃期，8—9月为盛期，平均有20~21次。平均初台日期为4月27日，平均终台日期为12月5日。台风影响过程中，以南海内出现风力大于或等于6级以上的大风时作为一个“台风影响日”，大于或等于8级以上的大风作为一个“台风侵袭日”进行统计。台风影响日，平均每年有57.3天，以8月和9月最多；而台风侵袭日平均每年有37.5天，以9月最多，可有26%的日子受台风影响。

南中国海沿岸的中国、越南和菲律宾等国家受台风风暴潮灾害严重，特别是中国和菲律宾等国家。2013年，台风“海燕”以巅峰状态登陆菲律宾，成为全球有记录以来登陆时风速最高的热带气旋。而其猛烈风力引起的特强风暴潮在菲律宾中部造成毁灭性破坏，根据2014年4月17日菲律宾国家减灾委员会（NDRRMC）事后发布的最终报告，“海燕”共造成菲律宾6 300人死亡、1 062人失踪、28 688人受伤，经济损失1 813.25亿菲律宾比索（约合36.4亿美元）。“海燕”风暴潮发生之后，菲律宾大气地球物理和天文管理局（PAGASA）开始将风暴潮预警报作为其职能的一部分。菲律宾风暴潮的预警级别分为四级，分别为绿色、黄色、橙色和红色，其中绿色表示风险较低，不需要疏散人员。

0.2 北印度洋水文气象概况

印度洋作为世界第三大洋，是连接太平洋和大西洋，贯通亚北印度洋洲、非洲、大洋洲的交通和石油输送的纽带。印度洋是世界上最为繁忙的海上贸易通道之一，拥有1/9的世界海港，1/5的货物吞吐量。更为重要的是，印度洋的“石油航线”是许多发达国家和发展中国家仰仗的“战略生命线”。2014年，主要石油运输线有3条：波斯湾—好望角—西欧、北美线；波斯湾—马六甲海峡（或龙目、望加锡海峡）—日本线；波斯湾—苏伊士运河—地中海—西欧、北美线。仅1999年，经印度洋运送的石油就占世界海上石油运输量的46.5%。

0.2.1 北印度洋水文概况

在印度洋北部，由于海域狭窄，东北信风不十分发达，因而气压带和风带位置的季节移动，以及海陆热力性质差异所造成的热带季风占了优势地位。从10月至次年的3—4月，亚洲大陆被强大的高压所笼罩，在北印度洋海面，盛行东北季风，孟加拉湾的海水流向西南，南绕斯里兰卡岛，与阿拉伯海流向西南的海水一道，形成了东北季风洋流。随后，它沿索马里半岛沿岸南流，形成索马里暖流，并汇合北赤道暖流，在赤道附近转折，沿赤道东流至苏门答腊岛，形成相当明显的赤道逆流。于是，在北印度洋海水呈反时针方向流动，为气旋型的大洋环流。从5月至9月，西南季风盛行，海水运动的趋势大致与冬季相反，向东或东北流动，南赤道暖流的北分支在季风作用下越过赤道，进入北印度洋，沿索马里海岸向东北流动，形成索马里寒流。尔后，海水从阿拉伯海向东绕过斯里兰卡岛西海岸南下，与南赤道暖流汇合，使其得到加强，而赤道逆流就不复存在了。于是在北印度洋，海水沿顺时针方向流动，为反气旋型的大洋环流。

0.2.2 北印度洋气候和气象概况

印度洋气候具有明显的热带海洋性和季风性特征。印度洋大部分位于热带、亚热带范围内，南纬40°以北的广大海域，全年平均气温为15～28℃；赤道地带全年平均气温为28℃，有的海域高达30℃。比同纬度的太平洋和大西洋海域的气温高，故被称为热带海洋。印度洋气温的分布随纬度改变而变化。赤道地区全年平均气温约为28℃。在印度洋北部，夏季气温为25～27℃，冬季气温为22～23℃，全年平均气温为25℃左右，其中阿拉伯半岛东西两侧的波斯湾和红海一带，夏季气温常达30℃以上，而索马里沿岸一带的气温最热季节一般不到25℃，前者与周围干热陆地的烘烤有关，后者乃西南风吹走表层海水，使深层冷水上泛，降低气温的结果。在印度洋南部，夏季气温：在南纬20°附近为25～27℃，南纬30°附近为20～22℃，南纬40°附近约为15℃，南纬60°附近在0℃左右；冬季气温：南纬20°附近为22～23℃，南纬30°附近为15～17℃，南纬40°附近为12～13℃，南纬60°附近低达零下10℃。

对印度洋气候影响最大的气压系统有：印度低压、赤道低压、蒙古高压和南印度洋副热带高压。冬季在蒙古高压影响下，印度洋北部吹东北季风，风向与东北信风一致，这时印度洋北部气温较低而少雨，印度洋南部吹东南信风，东北季风和东南信风在赤道附近相遇，形成强烈多雨的热带辐合带。夏季（7月），太阳直射点北移，蒙古高压被印度低压所取代，来自南印度洋副热带高压的东南信风，经过高温高湿的赤道海域，进入印度洋北部时转为西南季风，气温增高，降水量也大大增加。

北印度洋的热带气旋基本全部生成于孟加拉湾和阿拉伯海区域。根据美国联合飓风警报中心（JTWC）的数据，1980—2015年的36年间，共有184个热带气旋影响北印度洋区域，达到热带风暴级别以上的热带气旋有174个。其中影响孟加拉湾区域的热带气旋为118个，年均3.3个；影响阿拉伯海区域的热带风暴为56个，年均1.6个。图0.1给出了36年间影响北印度洋区域的热带气旋路径。从影响北印度洋的热带气旋的月际分布特征来看，全年几乎每个月都有热带气旋不同程度的影响该区域，其中以10月和11月频率最高，达到一年中的峰值，孟加拉湾区域热带气旋也呈现出此特征（图0.2）。在36年的统计资料中，影响阿拉伯海区域的最强的热带气旋其近中心最大风速为145 knot（约75 m/s），发生在2007年6月。孟加拉湾区域生成的最强的热带气旋其近中心最大风速为140 knot（约72 m/s），分别发生在1991年4月、1999年10月、2007年11月和2013年10月，从图0.2中可以看出，每年10月和11月不仅影响孟加拉湾区域的热带气旋多，而且强度强。从1980—2015年的热带气旋强度分布来看，北印度洋区域的热带气旋强度主要集中在热带风暴、强热带风暴和台风级别，占生成总热带气旋数的78%左右。

孟加拉湾是世界上风暴潮灾害最为严重的区域之一。1970年，发生在孟加拉湾的风暴潮造成50万人丧生，是死亡人数最多的一次风暴潮灾害； 2008年，特强气旋风暴“纳尔吉斯”（Nargis）突袭缅甸伊洛瓦底省，地势平坦的伊洛瓦底三角洲遭受了特大风暴潮的袭击，海水淹没了三角洲的大部分地区，导致13.8万人死亡、失踪。印度作为区域专业化气象中心之一，印度气象局(IMD)负责发布孟加拉湾和阿拉伯海区域的热带气旋警报，包括发布风暴潮警报。

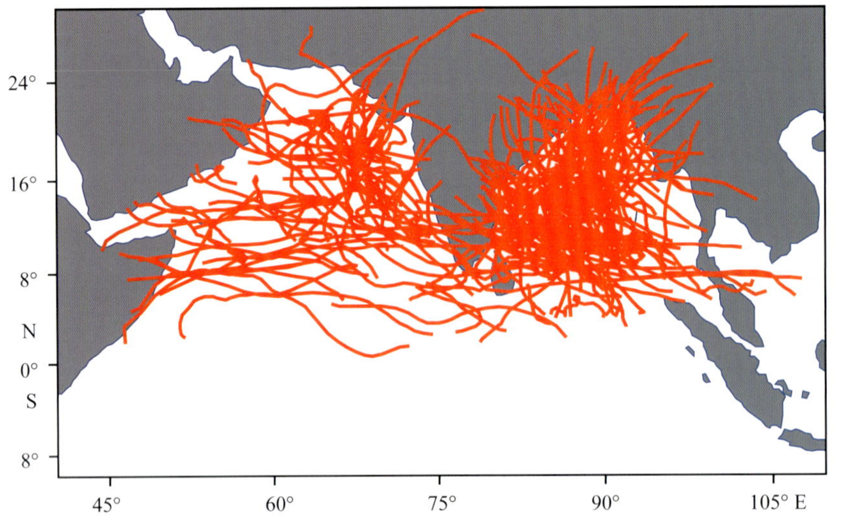

图0.1　1980—2015年北印度洋区域热带气旋移动路径

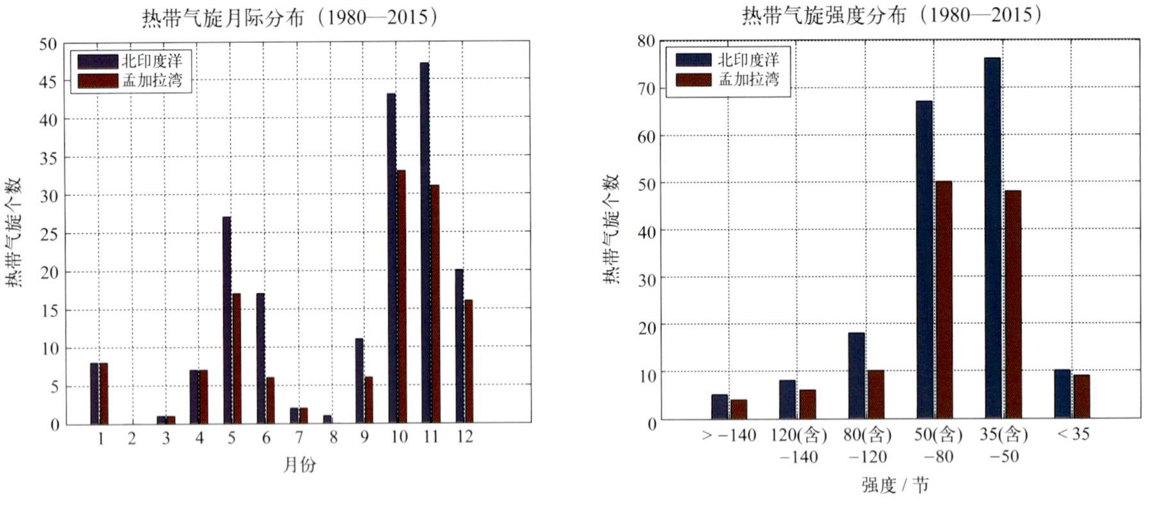

图0.2　北印度洋及孟加拉湾区域生成热带气旋的月际分布特征和强度分布特征

0.2.3　印度洋地震海啸概况

进入21世纪以来，截至2018年，环太平洋和印度洋地震俯冲带上发生了23次震级超过8.0级的大地震，15次均引发了灾害性海啸。在印度洋区域，尽管其地震海啸发生频次仅占全球的9%，但因灾死亡人数达到了惊人的282 958人。尤其是2004年以来，印度洋区域8.4 级以上地震发生了3次，海啸灾害风险较高（表0.1）。

苏门答腊俯冲带位于印度洋−澳大利亚板块与巽他次级板块的交汇部位，印度洋−澳大利亚板块在这里向巽他次级板块下面俯冲，是世界上最活跃的板块构造边缘。苏门答腊断裂全长约1 650 km，为NW走向右旋纯走滑断裂。北起安达曼海的弧后盆地，向南延伸至巽他海峡附近，在地理位置上和火山弧分布大致一致，是世界上最大的走滑断裂带。苏门答腊俯冲带源于印度−澳大利亚和欧亚板块20°N方向的汇聚，其中爪哇（Java）前缘的俯冲为正向俯冲，而沿苏门答腊的俯冲则是斜向的。与板块边界斜交的斜向汇聚可分割成平行于板块边界的走滑运动和正交于板块边界的压缩运动。之前的科学研究认为，该地区发生地震的震级不会太大，被限定在7.5级左右。

表0.1　2000年以来8.0级以上地震引发海啸事件列表

序号	年份	地理位置	震级	震源深度（km）	最大海啸爬高或波幅（m）
1	2000	巴布亚新几内亚	8.0	17.0	3.00
2	2001	秘鲁	8.4	33.0	8.80
3	2003	日本北海道	8.3	27.0	4.40
4	2004	苏门答腊	9.1	30.0	50.90
5	2005	印度尼西亚	8.7	30.0	4.20
6	2006	库页群岛	8.3	10.0	21.90
7	2007	所罗门群岛	8.1	10.0	12.10
8	2007	秘鲁	8.0	39.0	10.05
9	2007	苏门答腊	8.4	34.0	5.00
10	2009	萨摩亚	8.1	18.0	22.35
11	2010	智利中部沿岸	8.8	23.0	29.00
12	2011	日本本州岛	9.1	30.0	38.90
13	2014	智利北部	8.2	25.0	4.63
14	2015	智利中部	8.3	22.0	13.60
15	2017	墨西哥	8.2	47.0	2.70

图0.3为北印度洋地震震中分布图，各主要俯冲带地震活动较为频繁，其中苏门答腊海沟附近在2004年之后发生了多次强震。另一处地震活动性较低俯冲带为Makran俯冲带。1945年，在伯斯尼附近发生的8.1级地震表明存在大的板内逆冲型地震的可能，但俯冲板块的形状不易确定。

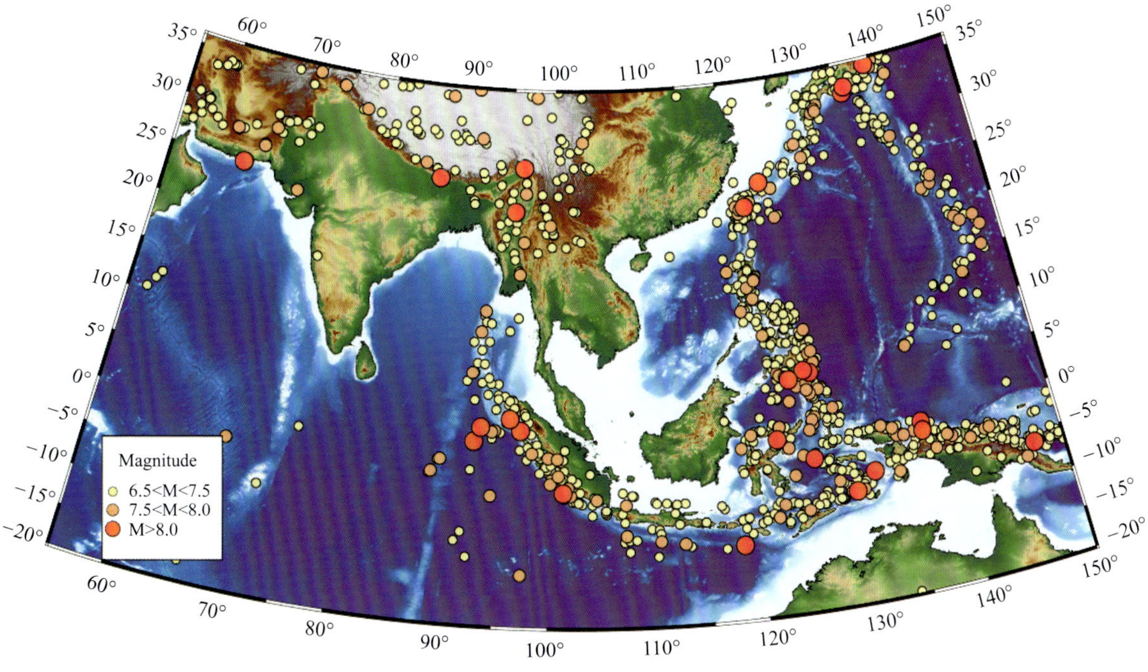

图0.3　北印度洋及西北太平洋区域地震震中分布，圆的颜色表示震级大小
地震目录数据来源于美国国家地震信息中心（http://earthquake.usgs.gov/earthquakes/）

2004年12月26日0时58分（UTC），位于苏门答腊岛西北侧近海海底发生9.0级地震，地震沿着俯冲带破裂了1200 km长，海底错动位移最大有15 m之多，整个破裂过程持续了数分钟，其引发的海啸灾害是近现代历史上最为严重的，超过22万人在这次灾害中丧生。此次地震海啸也警醒全球沿海各国，任一地震俯冲带均有引发重大海啸灾害的可能性。印度尼西亚北部的苏门答腊是最先遭受到海啸袭击的，斯里兰卡和印度东部海岸在海啸发生后2小时左右遭受袭击。虽然泰国西海岸距离震源很近，但是由于安达曼海的水深较浅，海啸波传播速度被限制，所以海啸波到达泰国时用了2个小时，但损失极为严重。

海啸摧毁了印度尼西亚、斯里兰卡、印度、泰国等其他国家的海岸，并且一路向西奔袭至4500 km之外的非洲东部，包括索马里、肯尼亚、坦桑尼亚、马达加斯加在内的国家都遭受了海啸袭击。由于2005年之前印度洋并没有地震海啸观测预警系统，各国共享的水位观测站位资料十分稀少。因此图0.4中显示在苏门答腊海沟近场几乎没有观测到的海啸波幅，印度和斯里兰卡东海岸普遍监测到了1.5 ~ 2.5 m的海啸波幅。考虑到当时潮位站观测资料缺乏，因此灾后国际社会组织了大规模的海啸淹没调查，在印度尼西亚、泰国、斯里兰卡、印度和非洲东岸得到了大量的最大海啸爬高观测资料。在印度尼西亚苏门答腊最北部和安达曼群岛及其附近区域发生了大范围的海啸淹没，最大海啸爬高普遍达到10 ~ 30 m，局部区域甚至达到50 m；斯里兰卡南部和印度东部也发生了大范围海啸淹没，最大海啸爬高达到5 ~ 10 m。

此次海啸之后，印度洋沿海各国开始建立印度洋区域海啸预警与减灾系统，并于2013年开展业务化运行。

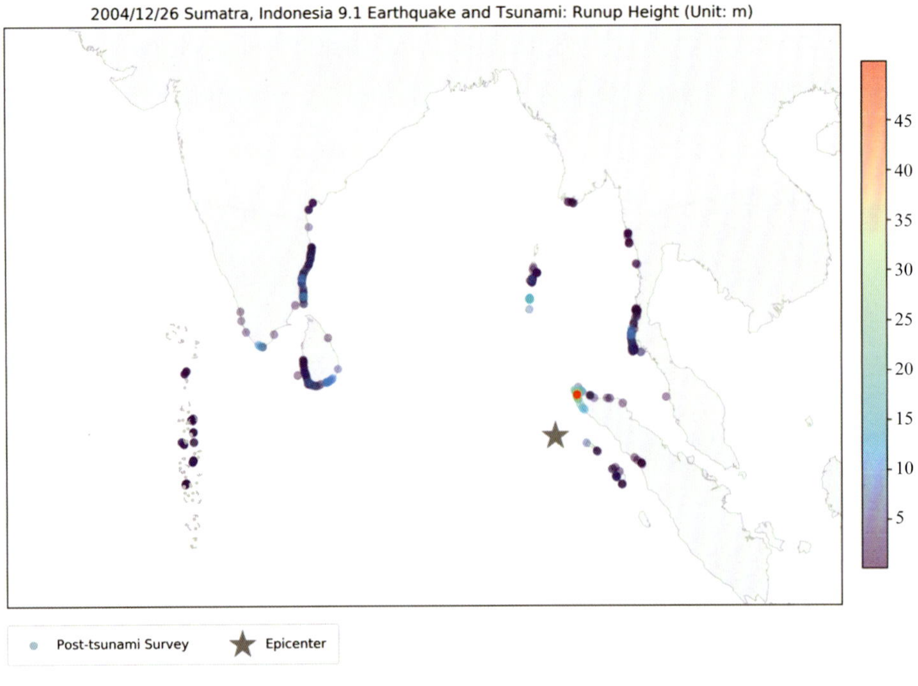

图0.4　2004年印度洋地震海啸最大海啸爬高观测（单位：m）

0.2.4　印度洋海啸预警与减灾系统

2005年UNESCO/IOC大会第23次会议第12号决议（XXⅢ-12）通过成立印度洋海啸预警与减灾系统政府间协调组，目前有27个成员国。该系统目前拥有3个业务预警发布中心，并在雅加达设置了印度洋海啸信息中心，由印度尼西亚承建。

尽管印度洋海啸预警与减灾系统于20105年即宣告成立，但是其区域预警服务从2013年起才启动，之间一直由PTWC和NWPTAC提供临时性海啸预警服务。印度尼西亚国家气象气候与地球物理管理局、澳大利亚气象局和印度国家海洋信息中心目前均是为该区域的海啸预警国际发布机构（Regional Tsunami Service Providers）。此外，德国在印度尼西亚援建了大量的地震和水位观测设施，帮助印度尼西亚开发了SeisComP3地震监测系统和TOAST海啸预警系统（这两个系统也成为目前国际知名的地震海啸监测预警软件系统），在该区域的海啸预警系统建设上发挥了至关重要的作用。毋庸置疑的是，通过国际社会的援助，通过该区域成员国的努力，印度洋的地震和水位共享观测网取得了跨越式的进步。如图0.5所示，2004年整个印度洋区域共享的实时水位观测站仅有4个，而截至2014年，该数目已经达到104个，且大部分分布在地震俯冲带附近，具备了30分钟内监测到海啸波的能力。同样的，2004年印度洋区域的地震观测站共享站位只有33个，截至2014年为319个，该区域主要地震俯冲带的5级以上地震的监测时间目前只需要1 ~ 2 min。

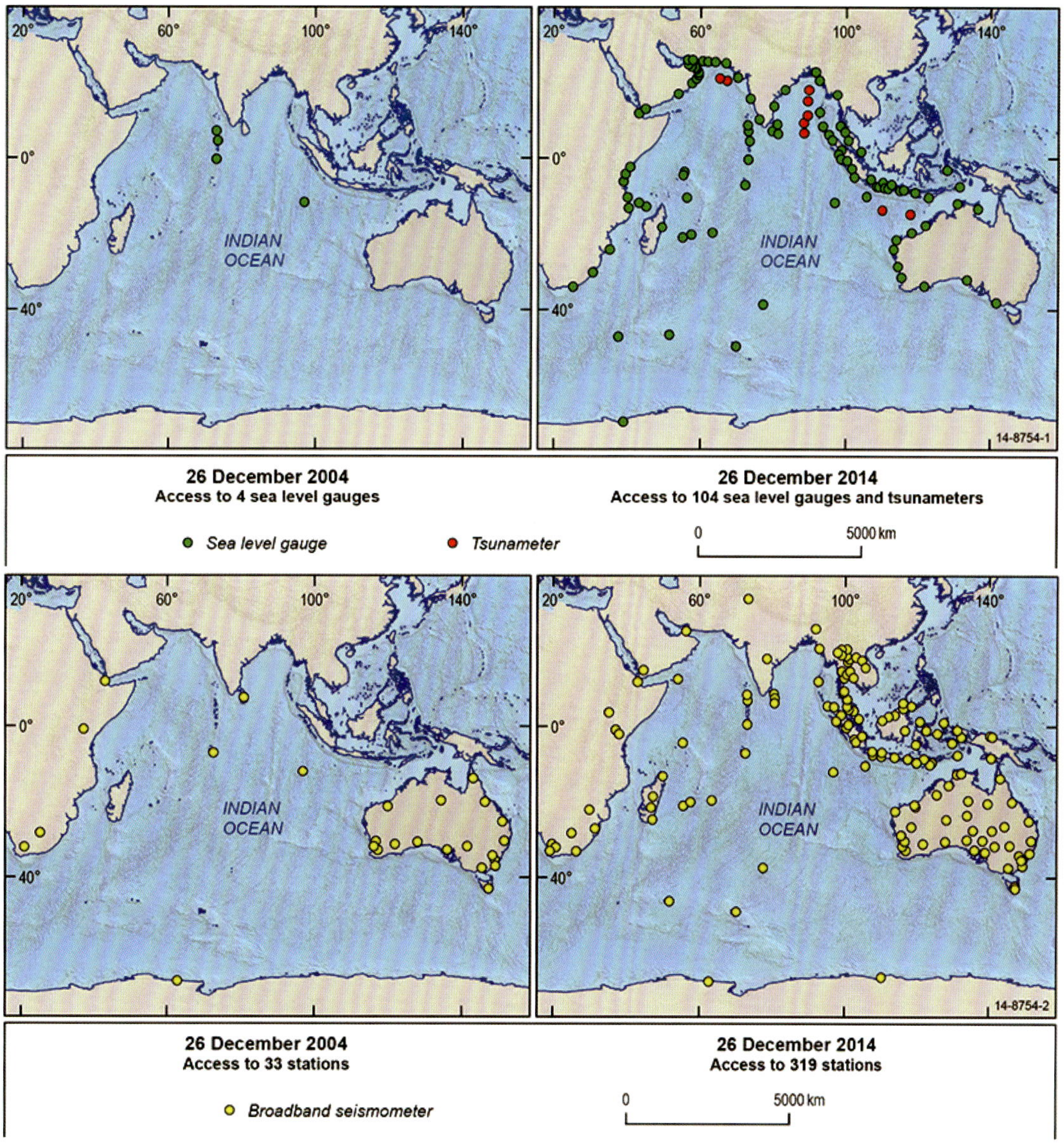

图0.5 印度洋水位（上图）和地震（下图）共享观测网建设十年进展（2005—2015）

0.2.5 南中国海地震海啸概况

通常所说的南中国海区域（South China Sea Region）是指南中国海区域周边国家和地区，包括中国、越南、柬埔寨、泰国、马来西亚、新加坡、印度尼西亚、菲律宾、文莱9个国家，南中国海区域包括南中国海（South China Sea）、苏禄海（Sulu Sea）和苏拉威西海（Sulawesi Sea）3个独立的半封闭海盆。南中国海区域地处欧亚板块、菲律宾海板块及印度洋板块的交界处，由于3个板块的相互作用，该区地壳受到多方面的构造应力，南中国海区域呈现出复杂的地质构造特征，应力趋势总体以挤压为主。该区域内最为活跃的俯冲带是马尼拉海沟断裂带、菲律宾海沟及二者之间的菲律宾造山带。

地震活动性是指一定区域一定时期内地震活动的变化特征，包括地震的时间、空间分布特点和地震频次、地震强度的变化。本节根据地震空间分布特征，及其与地震构造背景之间的关系，对地震进行分区，探讨地震深度剖面特征。采用美国地质调查局（USGS）国家地震信息中心（NEIC）编辑出版的地震目录数据对南中国海及周边地区的地震活动性进行分析。综合考虑地震资料的完整性和引发海啸的可能性，确定地震资料的震级为5.0级以上。图0.6为南中国海及其周边区域的地震震中分布图，由图可知，该地区地震十分频繁，绝大多数地震发生在板块边界上，并且大部分为浅源地震，5.0级以上浅源地震次数在5 000次以上。

南中国海区域具有非常复杂的地质构造特征，是世界上最受关注的研究热点地区之一。南中国海区域地震活动频繁，且地形地貌特征具有发生海啸的条件。据有关文献和数据记载，南中国海区域历史上曾发生过多次破坏性的地震海啸。例如，1781年5月22日发生在台湾省及台湾海峡的海啸，历史记载共伤亡4～5万人，现台南市安平区附近城镇及村庄完全损毁；1867年12月18日，台湾基隆近海发生6.0级地震，基隆港内海水迅速从海湾内退出，形成空前的大退潮，并露出了海底，致使停泊在港湾内许多船只搁浅。然而，紧接着海水又以极快的速度涌入港内，凶猛的海水冲垮了海堤，海水迅速涌向市区，造成许多民房被冲毁，数百人在这次灾难中丧生；1976年8月17日0时13分，菲律宾棉兰老岛以南的苏拉威西海发生8.0级强烈地震，由此引发了该岛南部沿海地区的强烈海啸，造成4 000余人死亡，4 000余人失踪，无家可归者达17万人之多，2006年12月26日20时34分，台湾外海屏东海域相继发生7.2级和6.9级地震，台湾后壁湖潮位站显示产生了40 cm的海啸波。

搜集了美国国家地球物理数据中心（NGDC）的全球历史海啸数据库，并参考了菲律宾火山与地震研究中心的报告，所选事件均为地震引发且置信等级在2级（可疑的）以上的海啸事件，对于菲律宾文献中提及的确定海啸事件，我们将其置信等级升为4级（确定发生海啸），据此绘制了海啸事件的分布图，从图0.7中可知，海啸事件分布在南中国海东缘，台湾以东、吕宋岛西南及北苏拉威西岛地区海啸事件较多，与其较高的地震活动性能够很好地对应。根据置信等级统计，60%的海啸事件为确定事件，15%的海啸事件为可能事件，25%的海啸事件为可疑事件。震级越高的地震引发海啸的置信等级越高。

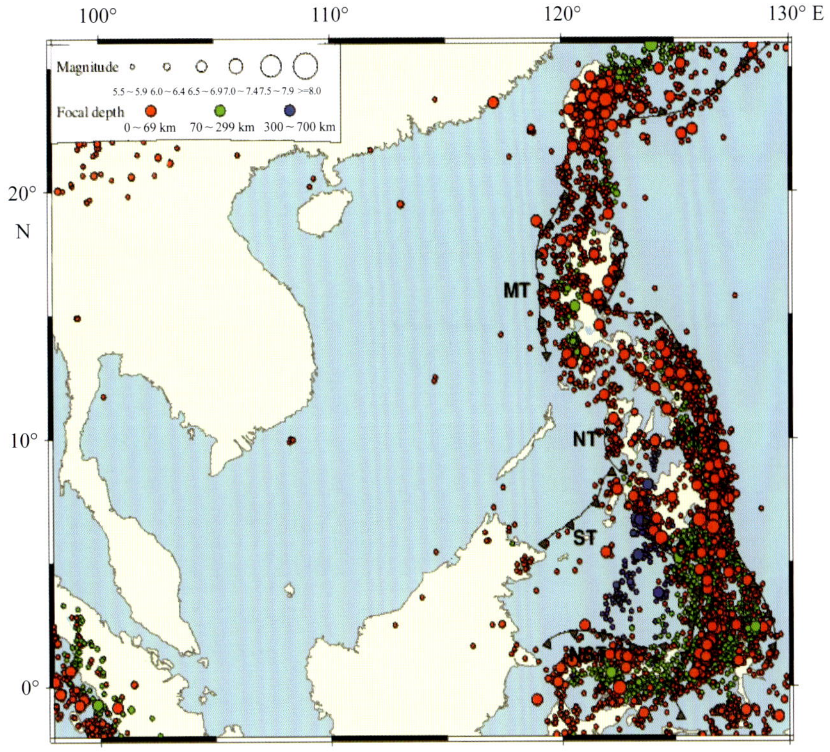

图0.6　南中国海及其周边区域地震震中分布

圆的大小代表不同震级地震事件；圆的颜色表示震源深度。地震目录数据来源于美国美国地质调查局（USGS）国家地震信息中心（http://earthquake.usgs.gov/earthquakes/）

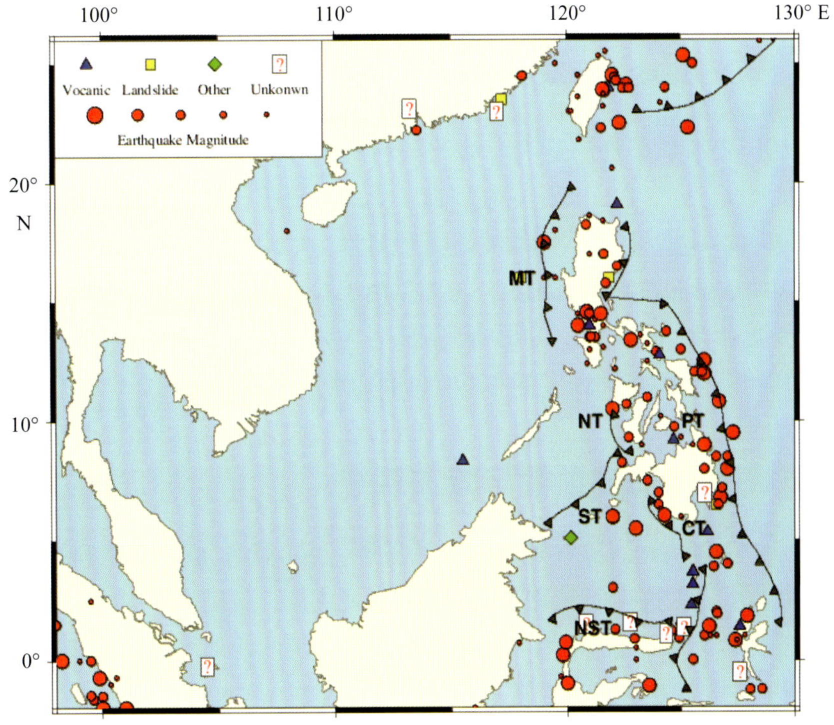

图0.7　南中国海及邻近区域历史海啸事件分布

马尼拉海沟的地震事件大多集中在棉兰老岛附近，强度最大的地震是1934年2月14日发生的7.5级地震，然而该地震事件没有海啸波高记录。苏禄海同样受海啸影响较小，最具灾害性的海啸事件是1948年1月24日发生的。苏拉威西海在历史上经历了多次灾害性的海啸事件，其中最严重的是1976年发生在哥打巴托海沟附近的海啸及1996年1月发生在苏拉威西海沟的海啸事件。总体来说，南中国海区域的历史地震海啸事件，多由倾滑型浅源地震引发（图0.8）。大部分海啸地震分布在岛弧–海沟地带，该区域具有潜在海啸危险性。

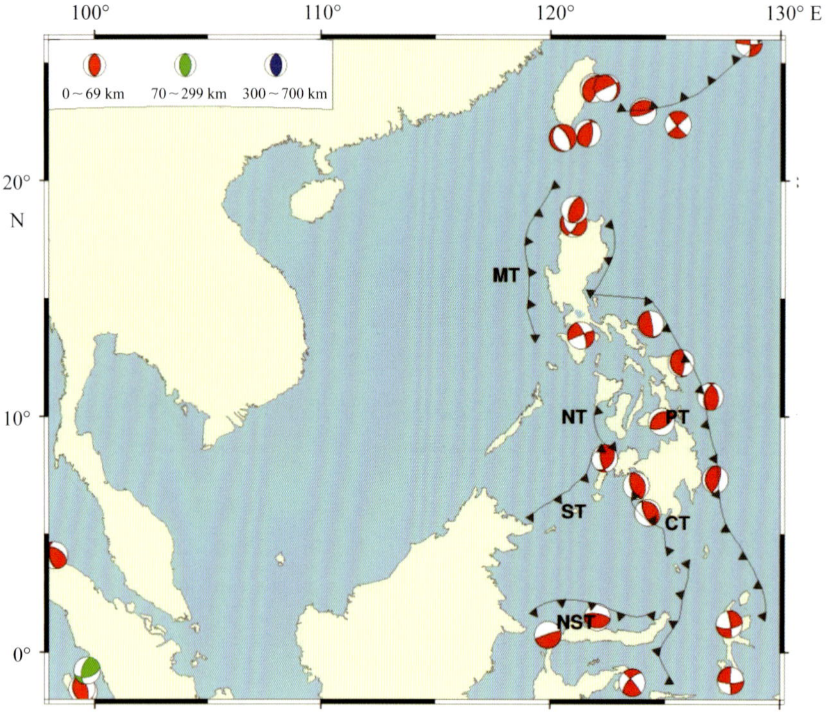

图0.8　南中国海及邻近区域历史海啸事件震源机制解

南中国海区域历史海啸事件的最大海啸波高的观测方式主要有3种，分别为人为目击者估计、验潮站记录及爬高记录。在20世纪中期以前，大多数海啸波高的记录都是通过目击者估计出来的，所以存在较大的误差。目击估计的波高明显偏大，尤其是1859年一次7.0级地震事件的波高达到了10 m。验潮站记录的波高数据偏小，主要是由于验潮站的位置大多距离震源较远，但整体上，最大波高随震级的增大而增大，其中的异常值为1992年发生在我国南海区域的海啸，该海啸产生了0.78 m的海啸波，我们推测这次事件极有可能为滑坡造成。

0.2.6　南中国海区域海啸预警与减灾系统

为了有效应对南中国海地区潜在地震海啸的威胁，2008年，联合国教科文组织政府间海洋学委员会（UNESCO/IOC）执行理事国第41次会议通过决议，鼓励南中国海区域各成员国在政府间协调组框架下积极推动南中国海区域海啸预警与减灾系统的筹划和建设。印度洋大海啸后，在ICG/PTWS的协调下，由日本承建的西北太平洋海啸预警中心（NWPTAC）自2006年起负责向南中国海区域提供临时性海啸预警服务。

2009年，在我国和马来西亚等国家的积极倡导下，ICG/PTWS第23次会议（萨摩亚）决定成立南中国海区域工作组，通过加强区域协作开展南中国海海啸预警与减灾系统建设，开启了UNESCO/IOC南中国海区域海啸预警中心建设的征程。2013年举行的ICG/PTWS第25次大会（俄罗斯，符拉迪沃斯托克）正式同意依托我国建设南中国海区域海啸预警与减灾系统，由中国国家海洋环境预报中心承建南中国海区域海啸预警中心（“区域中心”）。2018年1月8日，政府间海洋学委员会发布通告称，UNESCO/IOC南中国海区域海啸预警中心将于2018年1月26日启动业务化试运行。2018年5月8日，政府间海洋学委员会为南中国海区域海啸预警中心授牌，标志着南中国海区域海啸预警与减灾系统建设取得了重大进展。2019年9月16日，政府间海洋学委员会向各成员国及相关国际组织发布公告，UNESCO/IOC南中国海区域海啸预警中心将于2019年11月5日正式业务化运行，为南中国海周边的中国、文莱、柬埔寨、印度尼西亚、马来西亚、菲律宾、新加坡、泰国、越南9个国家提供全天候的地震海啸监测预警服务。同时，由日本承建的西北太平洋海啸预警中心终止发布南中国海区域海啸预警信息。

南中国海区域海啸预警与减灾系统集成了海底地震监测、水位监测、海啸并行预报模型、海啸情景数据库及海啸产品制作发布等12个子系统，实时与太平洋海啸预警中心、中国地震台网中心、国家气象信息中心等国内外业务及数据中心紧密相连，实现了海啸预警标准业务流程。该系统使南中国海区域海啸预警时效缩短至10 min以内。

海啸预警依赖地震参数的确定。地震观测台网主要监测海底地震发生后产生的地震动，快速确定地震发震时间、震中、震级等震源基本参数。当前国际上各国均十分重视地震台站数据的共享，使得在全球范围内进行快速地震监测和定位成为可能。对于海啸预警来讲，一般需要在1 ~ 5 min快速确定地震基本参数，进而发布海啸预警。因此，只有足够密集的全球及我国周边区域的地震台网才能满足上述需求。2012年以来，原国家海洋局根据中国地震局数字观测台站建设的相关规范和技术指标，依托现有的海洋观测站，选择观测环境和地质条件适合、基础设施完善的海洋观测站，采用均匀分布的原则建设了25个海啸预警宽频地震台站，有效地弥补了我国在沿海一线地震监测的不足。同时在跨部委合作框架下，自然资源部海啸预警中心与中国地震台网中心开展地震波形数据交换与共享业务工作，实现中国地震局54个地震台站（图0.9）和国家海洋局25个海啸预警宽频地震台的数据实时融合、交换共享。使得自然资源部海啸预警中心在局地地震的监测预警时间由5 ~ 8 min缩短至1 ~ 3 min，意义重大。

海啸本质上是一个周期为10 min至数十分钟、波长为数十千米的海洋重力波动现象。因此观测海啸波动最直接的方式是进行水位监测。海啸波动监测的主要手段是潮位站和海啸浮标。自从联合国教育、科学及文化组织下属的政府间海洋学委员会通过推动国际合作和资料共享工作，组成了全球水位观测网（Global Sea Level Observing System，GLOSS），美国、智利、俄罗斯、澳大利亚、泰国等国家在太平洋、印度洋也布放了大约50个海啸监测浮标（图0.10）。截至2018年，已经有超过150个国家和机构通过全球电传系统（Global Telecommunication System，GTS）、FTP和网络方式共享了超过800个水位观测站分钟级实时数据（图0.11）。其中，美国、欧洲地中海沿岸国家、智利、日本等国家贡献了70%以上的潮位观测站资料。对于海啸预警监测，上述岸段均可在地震发生15 ~ 30 min确认海啸波。

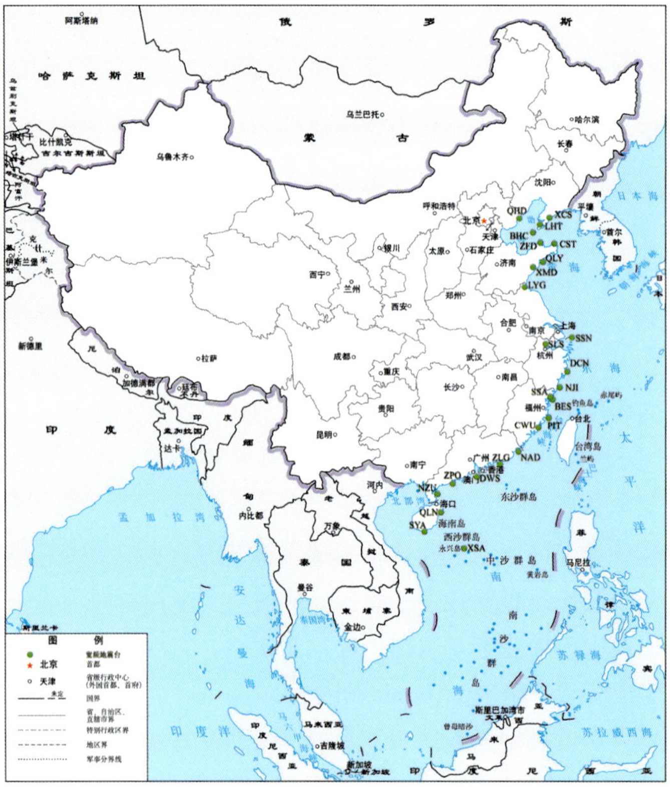

图0.9　中国南海区域海啸预警系统沿海（岸）地震台站

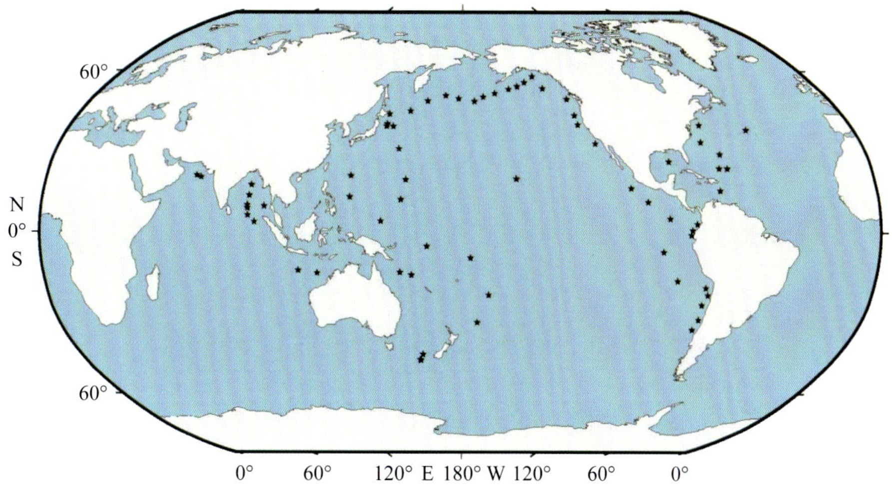

图0.10　全球海啸浮标监测网络

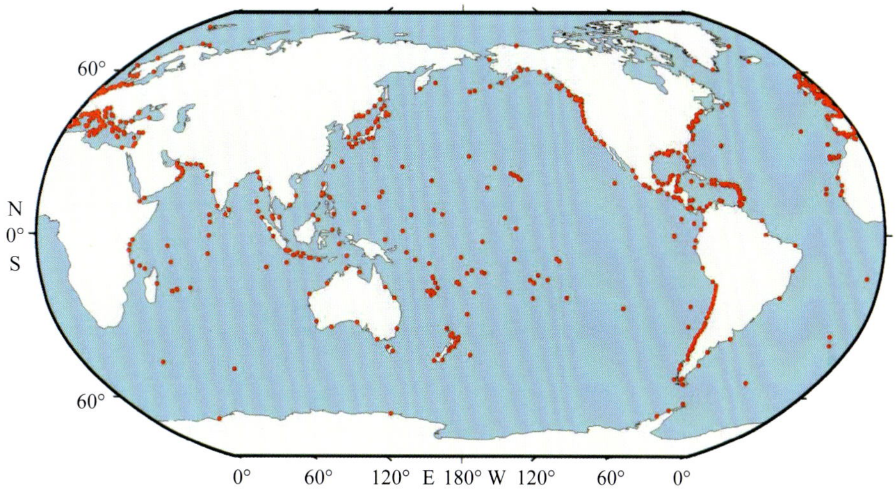

图0.11　全球沿岸地区海啸观测网

第一部分

海洋环境预报系统

“海上丝绸之路海洋环境保障系统”的海洋环境预报系统部分由高分辨率海上大气数值预报系统、高分辨率海浪数值预报系统和高分辨率海洋环流数值预报系统组成。本部分将从预报系统整体设计理念出发，逐步介绍系统各个主要组成部分。

从技术架构角度来看，本预报系统以数据收集系统为根基，同化系统为主干，预报系统为分支，产品制作系统为末端，实现了数据收集、资料同化、数值预报、产品发布四大子系统分离的树形架构。在树形架构下，每个子系统相互独立，通过数据文件耦合在一起。既利于系统维护，又提高了系统整体效率。

在实际业务化工作中，预报系统所需的强迫场、观测资料等必需数据并不一定在固定时间完成准备，因此同化系统完全可以先于预报系统数小时执行，这样独立的同化系统可以有充足的时间准备出不同资料完备程度和不同同化方法下的多个分析场，以保证起报时刻预报系统至少存在一个可用的分析初始场。

独立的预报系统使得数值预报不再依赖前一日预报结果，而仅仅依赖同化系统。这样在系统故障需要补算时，当天预报和前几日补算或更新修正可以同时进行，极大地提高了在不稳定环境下系统的运行效率和容错能力。准在线产品制作系统可以在预报尚未完成时利用预报系统的逐次输出制作并发布预报产品。其相对独立的结构能够实现多个数值预报过程产品的并行制作。树形数值预报体系在资料充足、准备及时、计算环境稳定的情景下等价于传统顺序预报体系，在系统运行环境不稳定时能最大程度的保证预报产品及时输出。

本预报系统为多平台架构，其中数值计算平台必须为Linux系统，其他平台对操作系统无严格要求，推荐为Linux系统，但也可快速部署在Windows，Mac类平台上。具体的硬件环境需求如表1.1所示。

表1.1 系统运行硬件需求

平台	计算速度（核数或计算能力）	存储需求	内存需求	网络带宽（本地）	网络带宽（互联网）
数据收集平台	2核以上	5TB以上	8GB以上	100Mbps以上	100Mbps以上
系统管理平台（主机）	4核以上	1TB以上	16GB以上	100Mbps以上	20Mbps以上
数值计算平台	120万亿次以上	50TB以上	1800GB以上	20Gbps以上	20Mbps以上
产品发布平台	8核以上	150TB以上	128GB以上	1000Mbps以上	100Mbps以上

软件环境需求如下：

系统运行环境为Linux，涉及Fortran、Bourne-Again Shell（Bash）、Perl、Python、NCL、Java等脚本、编程和绘图语言。下面分别介绍不同平台软件环境需求。

（1）数据收集平台

操作系统：Linux（RedHat，Ubuntu，SUSE皆可）。

编译器：Fortran语言编译器（Gfortran，Intel Fortran，PGI Fortran皆可），Perl语言解释器，Python语言解释器（Python 2.7以上）。

依赖库：NETCDF。

外部软件：NCO，Motu，NCL，aria2c，Wget，axel。

（2）系统管理平台

操作系统：主机为可运行安装Oracle VM VirtualBox的任何操作系统（如Windows，Linux，Mac），宿机为Linux（RedHat，Ubuntu，SUSE皆可，建议Ubuntu）。

编译器：Fortran语言编译器（Gfortran，Intel Fortran，PGI Fortran皆可），Perl语言解释器。

外部软件：mutt，Imagetrick。

（3）数值计算平台

操作系统：Linux（推荐RedHat 6.2以上版本），作业调度系统为SLURM。

编译器：Fortran语言编译器（Intel Fortran 13.0以上或其他基于Intel Fortran 13.0以上的自主优化编译器），MPI并行编译器（推荐Openmpi1.8以上版本或其他自主优化并行编译器），Perl语言解释器。

依赖库：NETCDF4.3以上，HDF5 1.8以上，parallel netcdf 1.6以上，szip 2.1以上，zlib 1.2以上。

外部软件：gzip，Imagetrick，sosie。

（4）产品发布平台

操作系统：Linux（RedHat，Ubuntu，SUSE皆可）。

编译器：Perl语言解释器。

外部软件：FTP server，SSH server，node，curl，unzip，ogr2ogr，topojson。

数值预报系统采用多平台分布式设计，将不同系统功能分配在多种类型服务器上，充分利用各服务器特长。其中，数据收集子系统配置在一台Linux下载服务器上，该服务器具备100 M光纤宽带，未来还将搭设连至国外服务器的代理链接。管理子系统配置在一台虚拟机中，便于备份和值班平台的移植。产品发布子系统配置在一台具备一定计算能力和百T级存储空间的服务器上，以满足各类数值预报产品的归档要求。数值计算子系统配置在大型超级计算机上，以满足数值运算对高性能计算的要求。其中，只有管理子系统拥有接入各个平台的权限，保证了系统运行的安全性。

第1章 高分辨率海上大气数值预报系统

1.1　系统技术架构

“海上丝绸之路海洋环境保障系统”高分辨率海上大气数值预报分系统采用世界上先进的中小尺度大气数值预报模式（WRF）及其三维资料同化模块（3DVAR），针对印度洋海域及周边区域的气候、地理和海洋特征，形成西行远洋航线风场和海浪的业务化预报能力，从而为西行远洋航线提供高质量的海面风场、气压场、温度场等海面大气气象要素场产品。

基于最新的中尺度大气数值预报模式WRF及其三维变分资料同化技术，针对印度洋海域及周边区域的气候和地理特征，优选和调整模式参数化和物理过程，建立“海上丝绸之路海洋环境保障系统”高分辨率海上大气数值预报分系统（印度洋区域大气数值预报分系统，以下简称“大气系统”）；同时，针对印度洋重要通道的海洋环境业务保障预报，采用网格嵌套技术，开展重要通道的大气数值预报。该系统的建立为印度洋重要通道海洋环境的预报提供必不可少的大气边界条件，同时也为远海军事活动、交通运输、国际灾害搜救等提供海面风场等气象要素数值预报产品。

大气系统以WRF模式为核心，以全球大气预报场为边界，初始场经过多种常规和非常规资料同化后提供。

1.2　观测数据收集与质量控制

观测数据的收集是保障同化系统正常运行，提高模式预报初始场质量的关键。观测数据量大，不同观测数据来源和收集方式各不相同，因此数据收集和管理部分独立于数值预报模式单独运行和维护。

为更加有效利用所收集的观测资料，提高资料同化对模式初始场的改进，对观测资料的质量控制过程也是十分必要的，剔除质量差的观测、针对密集度高的观测进行稀疏化等操作对提高同化效率有明显作用。数据质量控制思路如下。

观测资料质量控制将气象要素观测资料按照年、月、日、时和报文类型进行存储，并进行极值检查、水平检查、垂直检查、时间连续性检查、静力检查等一系列必要的质量控制，剔除错误的和不满足质量控制条件的观测资料，最后形成可供资料客观分析使用的输入输出管理库。随后的观测资料网格化将观测资料分析到气象背景场网格上，采用基于CRESSMAN客观分析方法的OBSGRID模块，进行多变量连续扫描，将精细网格变量与其邻近的观测资料逼近，从而实现整个区域的观测资料网格化，得到用于整编精细化动力模式的输入数据库。

1.2.1 陆地观测资料

陆地观测资料包括常规地面站点气象观测和陆地测站雷达资料，每隔3小时1次，一天资料覆盖的观测站点数大约600个。资料包含的气象要素主要有：低云高、能见度、总云量、风向、风速、海平面气压、本站气压、3小时变压、气温、相对湿度、露点温度、降水、云高、云状、24小时降水等。

1.2.2 海上大气观测资料收集

海洋观测资料包括来自船舶、浮标、海洋站、石油平台等的常规气象和海洋要素观测，以及卫星遥感反演的海面风场数据。

船舶观测资料时间间隔为3小时，每天覆盖区域的观测船只数约为150个。观测要素主要有：低云高、能见度、总云量、风向、风速、海平面气压、本站气压、3小时变压、气温、相对湿度、露点温度、降水、云高、云状、24小时降水等。

海洋站资料全球每天大约300份电报。观测要素主要有：能见度、总云量、风向、风速、气温、气压、降水、表层海温、浪周期、浪高、涌向、涌周期、涌高、极限大风风向、极限大风风速、潮时、潮位、高（低）潮时、高（低）潮位等。

浮标包括ARGO（Array for Real-time Geostrophic Oceanography）和大型海洋环境多层监测浮标，全球每天大约50 000份电报。ARGO资料变量主要是：温盐资料（深度、温度、盐度）和海流资料（深度、方向、速度）；大型海洋环境多层监测浮标资料的主要变量有：风速、风向、10分钟平均风速、1小时最大风速、平均风向、平均气温、平均气压、平均相对湿度、表层平均水温、表层盐度、平均波高、平均波向、平均波周期、有效波高、有效波周期、1/10波高、1/10周期、最大波高、最大波周期、波数，温盐剖面数据、温盐剖面总数、温盐剖面计数、剖面温度、剖面盐度、剖面深度、5 ~ 70 m层测流剖面数据、测流剖面流速、测流剖面流向、测流剖面深度、10 m层流速、10 m层流向、10 m层深度等。

卫星反演资料主要有：美国的极轨卫星散射计QuikSCAT海面风场（2001—2009年），水平分辨率为25 km，每天覆盖全球海洋的90%以上，该资料风速精度为2 m/s，方向精度为20°；搭载在欧洲MetOp极轨卫星的ASCAT海面风场资料，分辨率25 km的OSI-102资料。

1.2.3 高空观测资料收集

高空观测资料包括探空测站的常规探空和测风报、飞机报、卫星测厚报等，以及卫星大气探测的高空资料。

常规气象探空观测每天08时（00世界时）和20时（12世界时）发布，1天覆盖区域的站点数约为50个。观测高度为1000 hPa、850 hPa、500 hPa等，气象要素主要有：气压、高度、气温、露点、风速、风向。

卫星云迹风资料每时次约10 000 ~ 15 000个风资料。要素主要有：云气压、风向、风速、云顶温度、云覆盖率、相对湿度等。

卫星探测高空压、温、湿资料每时次约300个位置的从地面到1 hPa的压、温、湿观测，要素主要有：气压基准面、850～1 hPa层的位势厚度（相对于基准面），1 000 hPa、850 hPa、700 hPa层的含水量、总云量、云顶气压、对流顶气压、地表温度、对流顶温度等。

TRMM卫星搭载的传感器—降雨雷达（PR）、TMI和可见光红外扫描仪（VIRS），提供了大气水汽廓线数据，水平分辨率为5 km，垂直分为14层（每层层顶距地面高度分别为0.5 hPa、1.0 hPa、1.5 hPa、2.0 hPa、2.5 hPa、3.0 hPa、3.5 hPa、4.0 hPa、5.0 hPa、6.0 hPa、8.0 hPa、10.0 hPa、14.0 hPa和 18.0 km），全球每天约13轨数据。

1.2.4 大气驱动与强迫场数据

强迫场管理模块（sbc_data_transfer.pl）负责将模式积分用大气强迫场从数据下载平台转移至数值计算平台，目前具备处理NCEP GFS大气预报场和ECMWF大气预报场的功能。本模块除了传输数据之外，另一个重要功能为构建强迫场数据池。由于NCEP GFS预报发布频次高，每日4次，时效长，可达10天以上，因此每一个时刻的强迫场存在不同预报发布时次不同预报时效的多个备选场，可以通过整理多个发布数据建立强迫场数据池以最大化保证数值预报强迫场来源。本模块工作流程为：

（1）获取缺失文件列表。从数值计算平台获取强迫场完整度信息文件，该文件内记录了至当前时刻为止所缺失的强迫场数据。

（2）转换时间信息。将数值模式用时间格式（年月日）转换为对应的NCEP预报发布时间格式（预报时效），从下载平台获取对应的文件。比如，2017年9月1日00时发布的2017年9月2日06时预报场对应为2017年9月1日00时发布的30小时预报数据。

（3）格式转换：利用NCL程序将NCEP GRIB2格式转换为Netcdf格式。

（4）数据提取：从完整三维大气预报场中提取大气底层的风、压、温、湿、辐射、降水数据并重命名后存放在一个Netcdf文件内。

（5）逆转换时间信息：将文件名中的预报时效时间信息格式逆转换为年月日时间格式。

（6）数据传输：压缩后将每次发布的预报文件放在以发布时间命名的文件夹内，并将该文件夹同步至数值计算平台强迫场数据池中。同步后数据池内同一时刻预报场会存在多个预报时次文件夹内，如2017年9月2日00时大气强迫场会存在于2017年9月1日00时和2017年9月1日12时目录下。

（7）将传输过程记录在日志文件sbc_transfer_YYYYMMDD.output中。

1.2.4.1 NCEP GFS全球大气预报数据

该部分负责收集NCEP中心的全球大气预报系统（GFS）数据，作为预报模式系统的驱动场及强迫，并完成解码，检查数据完整性，进行格式转换、范围和分辨率调整，为模式预报进行前期数据准备。由于GFS大气预报数据应用广泛，预报中心已经建立起专用的数据收集系统，并有专人进行业务化维护，因此本模块直接对数据进行取用。

1.2.4.2 ECMWF全球大气预报数据

该部分负责收集ECMWF的全球大气预报数据，作为预报模式系统的驱动场及强迫，并完成解码，检查数据完整性，进行格式转换、范围和分辨率调整，为模式预报进行前期数据准备。由于该数据时空及变量等方面的特殊性，需要在模式预报前对其进行水平和垂直方向的重构插值等工作。

1.3 大气资料同化方法及同化系统模块介绍

通过资料同化提高中尺度数值模式初始场的质量，是提高精细化数值天气预报准确率的重要方面。目前，在中小尺度数值天气预报中，使用较多同化方法包括：牛顿松弛逼近（Nudging）、最优插值（OI）、三维变分（3DVar）、四维变分（4DVar）。其中，最优插值（OI）由于技术简单，多用于全球数值预报；4DVar由于其复杂性与所需的计算资源的巨大，在具有较高时效性要求的业务化的精细化数值预报中难以应用；Nudging方法作为次优约束，能够有效应用在部分中尺度数值模式中；3DVar作为在单个时间点上的空间资料的同化，兼具技术先进性和计算的高效性，具有良好的应用价值。

1.3.1 Nudging同化方法

Nudging又称为牛顿张弛逼近，是一种连续资料同化方法，在预报开始之前的一段时间，通过在一个或多个预报方程中增加一个基于模式状态和实际观测状态之差的人工趋势项，在可用观测资料时段内，使模式解尽可能逼近实测资料，并在动力上达到协调。Nudging技术产生独立的分析文件，模式积分时对水平风矢量、温度以及水汽使用附加Nudging项。在分析Nudging里，观测变量逐点Nudging到三维的空间点上，时间插值到对应的分析场上。最简单的Nudging方程可以写成下式：

$$\frac{\partial \alpha}{\partial t} = F(\alpha,x,t) + N \tag{1.1}$$

其中：α是模式的积分变量；x是独立的空间变量；t是时间变量。$F(\alpha,x,t)$代表模式的物理强迫项（平流、科氏力、物理过程等）。N为Nudging项。

Nudging同化方案有两种具体的方法：①格点分析Nudging。模式解向基于实测资料的格点分析场Nudging逼近，并将模式解插值到模式当前的时间步；②观测Nudging。直接向在时间和空间上分布不均的各个观测值Nudging逼近。对于格点分析Nudging，当气压没有被同化进去时，适用于有限区域模式预报方程的变量$\alpha(x,t)$一般形式的预报方程可以写成通量形式（例如，$p^*\alpha$，这里$p^* = p_s - p_t$，其中p_s表示地表气压，p_t表示模式层顶的常值气压）：

$$\frac{\partial p^*\alpha}{\partial t} = F(\alpha,x,t) + G_a \cdot W(x,t) \cdot \varepsilon(x) \cdot p^* (\hat{\alpha}_0 - \alpha) \tag{1.2}$$

其中：$F(\alpha,x,t)$、α、x、t含义同上。方程右边第二项$G_a \cdot W(x,t) \cdot \varepsilon(x) \cdot p^* (\hat{\alpha}_0 - \alpha)$代表预报量$\alpha$的分析Nudging项。$\hat{\alpha}_0$是变量$\alpha$的观测资料经客观分析所得到的网格点值，其数值由相邻时刻的观测分析值内插得到。ε是分析场质量因子，表示分析场可信度，其值在0～1之间，决定于用来产生格点分析场的资料的质量和分布状况。Nudging因子G_a决定Nudging项的相对大小，它决定了模式中同化相对于物理强迫中所有模式物理过程的大小。当W表示应用到场的水平、垂直和时间权重时，$W=w_{xy}w_{\sigma}w_t$，它决定着同化的空间、时间变化。格点分析Nudging适用于空间分辨率较高的情况。

1.3.2 3DVar同化方法

三维变分同化（3DVar），可以同化绝大部分的常规资料（探空气球、飞机、船舶等），以及部分非常规资料（卫星、雷达等）。三维变分同化方法的思想是用变分方法解决求解最优分析值问题，即找到一个使得度量背景场和观测场之间的距离的目标函数极小的分析值，将三维变分基本算法表征为一个分析场与观测场和分析场与背景场偏差的二次泛函极小化问题，其表达式为：

$$J(x)=\frac{1}{2}\left\{(x-x_b)^{\mathrm{T}}B^{-1}(x-x_b)+\left[H(x)-y_o\right]^{\mathrm{T}}R^{-1}\left[H(x)-y_o\right]\right\} \tag{1.3}$$

其中：x为所求的数值天气预报模式初始状态最优解，x_b为背景场；B为背景场误差协方差矩阵；y_o为观测向量；H为观测算子，将模式变量由模式空间投影到观测空间；R为观测误差协方差矩阵，$R=E+F$，E为仪器观测误差协方差矩阵，F为观测代表性误差协方差矩阵。在最小化过程中，为了减少计算量和迭代次数，采用了增量方法，将目标函数写为扰动量（增量）形式：

设扰动增量为$\delta x=x-x_b$，则在线性近似条件下有

$$H(x)=H(x_b+\delta x)\approx H(x_b)+H'(\delta x) \tag{1.4}$$

设$\delta y_o=H(x_b)-y_o$，则原目标函数变为

$$J(\delta x)=\frac{1}{2}\left\{\delta x^{\mathrm{T}}B^{-1}\delta x+\left[H'(\delta x)+\delta y_o\right]^{\mathrm{T}}R^{-1}\left[H'(\delta x)+\delta y_o\right]\right\} \tag{1.5}$$

目标函数的梯度：

$$\nabla_{\delta x}J=B^{-1}\delta x+H'^{\mathrm{T}}R^{-1}\left[H'(\delta x)+\delta y_o\right] \tag{1.6}$$

其中：H'为H的切线性算子；H'^{T}为H'的伴随算子。当目标函数取极小值时，δx即为最优分析增量场。求取δx就可以通过$x=x_b+\delta x$求得。

3DVar的工作流程（图1.1）在三维变分计算时，首先将背景场x_b、观测y_o和背景场误差协方差矩阵B作为3DVar的输入数据输入，然后再通过3DVar进行极小化运算输出分析值x_a作为模式预报的初始场，最后更新边界条件后进入模式预报。其中，背景场x_b在冷启动时由模式初始化程序处理后生成，在循环时背景场由冷启动转为热启动，是模式的一次短期预报结果。观测y_o就是用于同化的各种观测资料，目前可以用LITTLE-R格式和BURF格式。WRF模式的3DVar提供了OBSPROC程序块用于观测资料的质量控制和观测误差的确定，并将资料转换成3DVar所需的资料格式。背景场误差协方差矩阵B是最优估计理论中重要的先验信息，它的正确与否决定了分析场的优劣。在变分同化中，一般先估计好一个背景场误差协方差矩阵，且固定不变，在应用于具体个例时还需要大量的调试使之达到较优的同化效果。后处理模块GEN-BC用于更新边界条件，使初始场与边界条件协调一致。

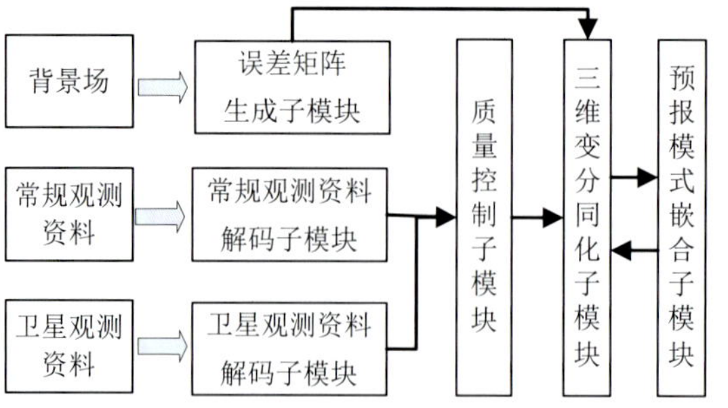

图1.1　3DVar工作流程

1.3.3　WRFDA系统介绍

WRF的变分同化系统（WRFDA）利用增量同化技术，采用共轭梯度法进行极小化运算。WRFDA的运算过程是在Arakawa A网格中进行的，之后将计算所得的分析增量插值到Arakawa C网格上，再与先验信息叠加，共同得到WRFDA的同化结果，即为同化分析场，作为后期数值模式积分预报的初始条件。

WRFDA同化系统中“gen_be”模块利用NMC方法 (Parrish and Derber，1992) 或集合扰动方法生成背景误差协方差矩阵，并且可根据试验需要生成不同的背景误差协方差矩阵。其中CV3为NCEP背景误差协方差矩阵，它由WRFDA系统所自带，是通过NMC方法计算得到，可以被用于各种区域的同化模拟试验，它采用垂直递归滤波的方法来模拟垂直方向的误差协方差；CV5/6/7则是区域范围内的背景误差协方差矩阵，需要通过WRFDA同化系统中的“gen_be”模块自行生成，它们是基于某一区域内气候平均的预报结果（NMC方法）或集合预报结果生成，是采用经验正交函数（EOF）方法来代表垂直方向的误差协方差。NMC方法可以这样理解：对于同一预报时间，不同时效的预报产生的扰动是不同的，因此可以通过一段时间（如1个月）对这些预报偏差的气候态估计来计算获得背景场误差，例如，对全球模式$\mathbf{x}_f^{48h}-\mathbf{x}_f^{24h}$，区域模式$\mathbf{x}_f^{24h}-\mathbf{x}_f^{12h}$。

1.4　海上大气WRF数值预报系统

1.4.1　WRF模式动力方程组及计算方案

1.4.1.1　通量形式欧拉方程组

WRF模式控制大气运动方程组采用可压缩、非静力欧拉方程组，变量为守恒的通量形式，垂直方向采用静力气压地形追随质量坐标η（图1.2）。

η的定义为

$$\eta=(p_{hs}-p_{ht})/\mu \tag{1.7}$$

其中：$\mu=p_{hs}-p_{ht}$，p_h是静力气压，p_{hs}为表面气压，p_{ht}为模式顶气压（常数）。即上边界η=0，下边界η=1，这样的垂直坐标也称为质量垂直坐标。

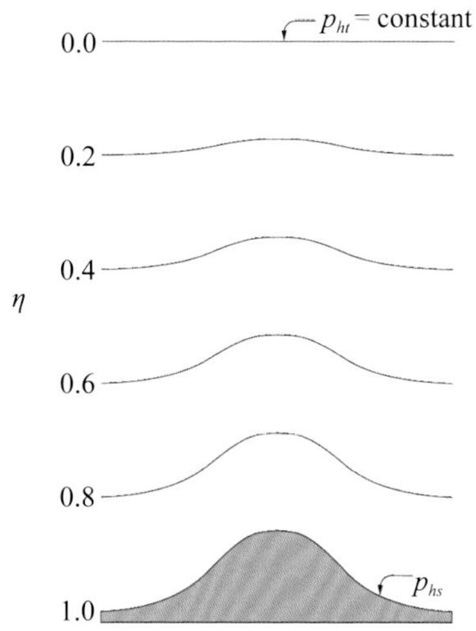

图1.2 静力气压地形追随坐标

$\mu(x,y)$表示任意一点单位面积整层大气的质量，随水平位置变化，因此通量形式的大气变量可写为

$$\vec{V}=\mu(u,v,w)=(U,V,W),\quad \Omega=\mu\dot{\eta},\quad \Theta=\mu\theta \tag{1.8}$$

其中：当$\omega=\dot{\eta}$时，(u,v,w)为水平和垂直方向的协变速度分量；θ为位温。

此外引入非守恒变量位势高度$\phi=gz$、气压p和空气密度倒数$\alpha=1/\rho$，通量形式的欧拉方程组可以写为

$$\frac{\partial U}{\partial t}+(\nabla\cdot\vec{V}u)-\frac{\partial}{\partial x}\left(p\frac{\partial\phi}{\partial\eta}\right)+\frac{\partial}{\partial\eta}\left(p\frac{\partial\phi}{\partial x}\right)=F_U \tag{1.9}$$

$$\frac{\partial V}{\partial t}+(\nabla\cdot\vec{V}u)-\frac{\partial}{\partial y}\left(p\frac{\partial\phi}{\partial\eta}\right)+\frac{\partial}{\partial\eta}\left(p\frac{\partial\phi}{\partial y}\right)=F_V \tag{1.10}$$

$$\frac{\partial W}{\partial t}+(\nabla\cdot\vec{V}w)-g\left(\frac{\partial p}{\partial\eta}-\mu\right)=F_W \tag{1.11}$$

$$\frac{\partial\Theta}{\partial t}+(\nabla\cdot\vec{V}\theta)=F_\Theta \tag{1.12}$$

$$\frac{\partial\mu}{\partial t}+(\nabla\cdot\vec{V})=0 \tag{1.13}$$

$$\frac{\partial\phi}{\partial t}+\frac{1}{\mu}[(\vec{V}\cdot\nabla\phi)-gW]=0 \tag{1.14}$$

另外，静力平衡关系为

$$\frac{\partial\phi}{\partial\eta}=-\alpha\mu \tag{1.15}$$

状态方程为

$$p=p_0(R_d\theta/p_0\alpha)^\gamma \tag{1.16}$$

以上构成了WRF模式的干大气运动欧拉方程组。

1.4.1.2 地图投影

目前ARW-WRF模式中支持四种地图投影，即兰勃特投影、墨卡托投影、极射赤面投影和经纬度投影。前三种投影为正形投影，各向同性，要求各个方向地图投影放大系数相同。经纬度投影为非正形投影，各向异性，但可以采用经纬度格点，并可用于全球经纬度格点模式。

1.4.1.3 时间积分方案

为保证模式积分稳定，WRF-ARW模式采用时间分离的积分方案，即对慢过程或者低频（有气象意义的）模态采用三阶龙格–库塔Runge-Kutta (RK3) 时间积分方案，对高频声波模态则采用较短时间步长，即声波时步，以满足数值计算稳定性要求。水平传播的声波模态和重力波采用前差–后差时间积分方案，垂直传播的声波模态和浮力振荡则采用垂直隐式时间积分方案。

RK3时间积分方案实际是利用预报–订正形式对常微分方程组进行积分。在ARW模式中，定义预报变量$\mathbf{\Phi}=(U,V,W,\Theta,\phi',\mu',Q_m)$，模式方程$\mathbf{\Phi}_t=R(\mathbf{\Phi})$，假设$\mathbf{\Phi}(t)$为当前时刻大气状态，$\mathbf{\Phi}(t+\Delta t)$为下一时刻大气状态，则采用三步法的RK3时间积分方案可表示为

$$\mathbf{\Phi}^{*}=\mathbf{\Phi}^{t}+\frac{\Delta t}{3}R(\mathbf{\Phi}^{t}) \tag{1.17}$$

$$\mathbf{\Phi}^{**}=\mathbf{\Phi}^{t}+\frac{\Delta t}{2}R(\mathbf{\Phi}^{*}) \tag{1.18}$$

$$\mathbf{\Phi}^{t+\Delta t}=\mathbf{\Phi}^{t}+\Delta tR(\mathbf{\Phi}^{**}) \tag{1.19}$$

其中，Δt为低频模态的时间步长，即模式时间步长，公式（3.11）~公式（3.13）的上标表示时间层。实际上，本方案并非纯正的Runge-Kutta方案，因为它只对线性方程才有3阶精度，而对非线性方程则只有2阶精度。高频声波模态虽然在气象上并不重要，但严重限制了RK3积分方案的时间步长Δt。为解决这一问题，对声波模态采用时间分离积分方案，给定较短时间步长；并且为了提高精度，利用控制方程的扰动形式进行处理，其中扰动方程的时间步长是相对于RK3的长时间步长而言的。

1.4.1.4 空间离散

WRF-ARW模式采用交叉Arakawa-C网格水平空间离散格式，如图1.3所示，速度分量定义在半网格点上，热力学变量定义在整网格点上，其中格点标号(i,j,k)表示变量的坐标位置，及$(x, y, \eta)=(\mathrm{i}\Delta x, j\Delta y, k\Delta\eta)$。定义变量$\theta$所在的格点为质量格点，$u,v$和$w$所在格点分别为$u$格点，$v$格点和$w$格点。因此空气柱质量$\eta$、水汽变量$q_m$以及诊断变量气压$p$和密度倒数$\alpha$都定义在离散格点$(i,j)$上，而位势高度$\phi$则定义在$w$格点上。在空间离散中，水平格距$\Delta x$、$\Delta y$均为常数，但垂直格局$\Delta\eta$不固定。根据$\eta$坐标的定义，在模式地面$\eta=1$，在模式层顶$\eta=0$，并且$\eta$从模式地面层到模式层顶单调递减。在这个约束条件下，可以在模式初始化阶段自由设定η的值。

首先，定义重新组合质量变量，其次，将垂直速度交错放在K层，因此重新组合后的水平速度为

$$\mathrm{U}=\frac{\mu_{\mathrm{d}}u}{m_y}\rightarrow\frac{\overline{\mu_d}^{x}u}{\overline{m_y}^{x}}\ ,\quad \mathrm{V}=\frac{\mu_{\mathrm{d}}v}{m_x}\rightarrow\frac{\overline{\mu_d}^{y}v}{\overline{m_x}^{y}} \tag{1.20}$$

其中：离散算符$\overline{a}^x$为线性插值算符，格距Δx和Δy为常数，因此水平方向离散算符可表示为$\overline{a}^x=(a_{i+1/2}+a_{i-1/2})/2$。变量空间离散采用C网格交错配置，速度交错放在1/2格距上，而其余热力学变量则放在整点格距上。

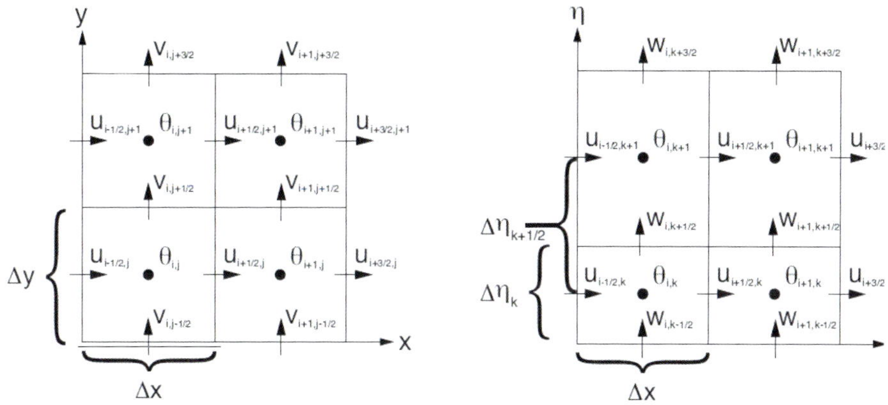

图1.3 WRF模式水平格点离散格式和WRF模式垂直格点离散格式

1.4.1.5 稳定性约束

WRF-ARW模式采用时间分离积分方案，因此模式运行时需要指定两个时间步长，即模式时间步长（RK3方案中的长时间步长Δt）和短时间步长（声波模态时间积分步长$\Delta \tau$），这两个时间步长都必须满足线性稳定性条件，以保证模式能够稳定积分。

RK3的时间步长是由平流库朗数$u\Delta t/\Delta x$和所选平流方案（2−6阶精度的平流离散方案）决定的。通常，在WRF-ARW模式下，其时间步长（以s为单位）一般设置为水平格距（以km为单位）的6倍，其时间积分效率较高。

1.4.1.6 物理过程参数化方案

WRF模式考虑的物理过程选项包括几个类别，每一类别又有几种选项，物理过程包含大气水平和垂直涡动扩散，积云对流参数化方案和从简单到详细的各种云微物理方案，太阳短波辐射和大气长波辐射方案等，各种物理过程可根据用户需求调整。其中，对海上天气有最为直接影响的参数通常考虑以下几种方案，如：

（1）行星边界层参数化方案

中期预报模式（MRF）PBL：该PBL方案在不稳定状态下，应用一个所谓的反梯度通量计算热量和水汽，在PBL内用较大的通量系数，PBL高度由临界理查德森数确定，采用基于自由大气中局地Ri的隐式方案处理垂直扩散过程，考虑了稳定大气中垂直扩散和云内水汽的垂直扩散。

Yonsei University（YSU）PBL：Yonsei University PBL为下一代MRF PBL，也是用反梯度项表示由非局地引起的通量，在行星边界层顶显示处理挟卷层。根据大尺度涡旋模式的研究结果，将挟卷表示成与地表浮力通量成比例的量。边界层顶定为临界理查德森数为零的高度（MRF PBL中为0.5），使其唯一有效地依赖于浮力廓线，这样计算的边界层高度一般来说比MRF要低。

Mellor-Yamada-Janjic（MYJ）PBL：对PBL和自由大气湍流过程的参数化表示对所有尺度的大气湍流过程非奇异地应用2.5层Mellor-Yamada湍流闭合模式，设定主要湍流尺度的上限。在不稳定状态下，要求湍流增强时TKE的产生过程是非奇异的，由此导出上限的函数形式。在稳定状态下，上限的条件是垂直速度离差的变化与TKE的比值不能小于相应湍流的变化（减弱）。用迭代方法解TKE的产生/减弱方程，修改了经验常数。

（2）微物理过程参数化方案

Kessler方案：WRF中的Kessler方案是一个简单的包含水汽、云水和雨水的暖云方案，取自COMMAS模式。微物理过程包括雨水的形成、降落和蒸发；云水的碰并和自动转化及凝结产生云水的过程。

Purdue Lin方案：该方案取自Purdue云模式。考虑了6种水汽物质：水汽、云水、雨水、冰晶、雪花和霰。水成物质的原项根据Lin和Rutledge and Hobbs的理论来计算。修改了饱和调整和冰晶的沉降过程。Purdue Lin 方案是一个包含冰、雪和霰过程的方案，是WRF中相对复杂的微物理过程方案，适合应用于实施资料的高分辨率模拟。

WSM3方案：WSM3方案在WRF1.0 版本中旧的NCloud3方案基础上修改了冰晶沉降和一些新的冰相参数化过程。与其他方案最大的不同之处在于冰晶的数浓度依赖于冰晶含量而不是温度，故其可用诊断关系表示。考虑了3种水物质：水汽、云水/云冰和雨水/雪。由温度来区分云水和云冰、雨水和雪，即0℃以上为云水和雨水；0℃以下为云冰和雪。它是一个包含冰和雪过程的简单冰相方案，适用于中尺度网格大小。虽然WSM3方案考虑了冰相过程，但是运行效率仍然很高，可以用于业务运行。

WSM6方案：WSM5方案是允许过冷水存在，并且使得雪花降到融化层以下时能够逐渐融化。与WSM3类似也包含了简单的冰相过程，但它允许过冷水存在以及雪的缓慢融化。简单冰方案和复杂冰方案的区别在于：简单冰方案的冻结和融化只在冻结层的相邻层发生，由于相变潜热的作用在冻结层附近可能会出现温度反馈的不连续；复杂冰方案中雪的冻结和融化允许在一定厚度的模式大气中发生，温度反馈的颁布也更加连续、合理。

WSM6方案在WSM5方案基础上增加了霰和与其相关的过程，但是在积冰计算和其他一些参数上有差异，通过在下降项sub-step 中计算冰冻/融化过程来提高垂直加热廓线的计算精度，从而对水和冰晶物质进行饱和调整。对计算的量级进行最优化处理，减小方案对模式时间步长的敏感性。

Ferrier方案：该方案也叫做New Eta Ferrier方案，与水物质的有关的预报变量有两类，一类是水汽混合比，另一类是把云水、雨水、冰、雪、霰等的混合物总量作为一个预报变量。降水由混合物总量通过诊断关系计算出来，计算过程中考虑了复杂的微物理过程。这个方案改变了模式中水汽和冷凝物的平流输送。在雪、霰或者冰雨形成中，它可以提取局地云水、雨、云冰和冰水密度变化的第一猜测信息。这样能够快速调整微物理过程，以适应大时间积分步长。

Thompson方案：Thompson方案是为了提高冻雨事件的预报水平以达到飞机的安全预警目的而设计的，预报变量包含6种水物质和冰晶数浓度。微物理过程参数化方案普遍存在的问题是重复计算雪和霰的量，低估冰晶在出流区域的量，无法准确计算冻雨。

1.4.2 预报系统设计

根据印度洋区域地理位置特点，采用适合中低纬度区域的墨卡托投影方式，区域设置为一重嵌套网格。大气数值预报模式的初始场和边界条件获取可以根据实际情况选择美国NCEP的GFS

全球分析资料或者其他来源的全球分析资料，对全球数值预报的分析场和预报场进行解码，形成模式积分运算的初始场和侧边界条件海面风场数值预报模型采用适合中高纬度区域的兰勃特投影方式，区域覆盖印度洋海域（40°S—40°N，20°—130°E），见图1.4，水平分辨率12 km，时间积分步长60 s。模式垂直方向分为31层，分层如下：

Eta_level = 1.000, 0.992, 0.980, 0.966, 0.950,
0.934, 0.918, 0.902, 0.886, 0.866,
0.842, 0.814, 0.780, 0.740, 0.694,
0.648, 0.600, 0.556, 0.510, 0.464,
0.418, 0.372, 0.326, 0.282, 0.240,
0.198, 0.156, 0.114, 0.074, 0.036,0.000。

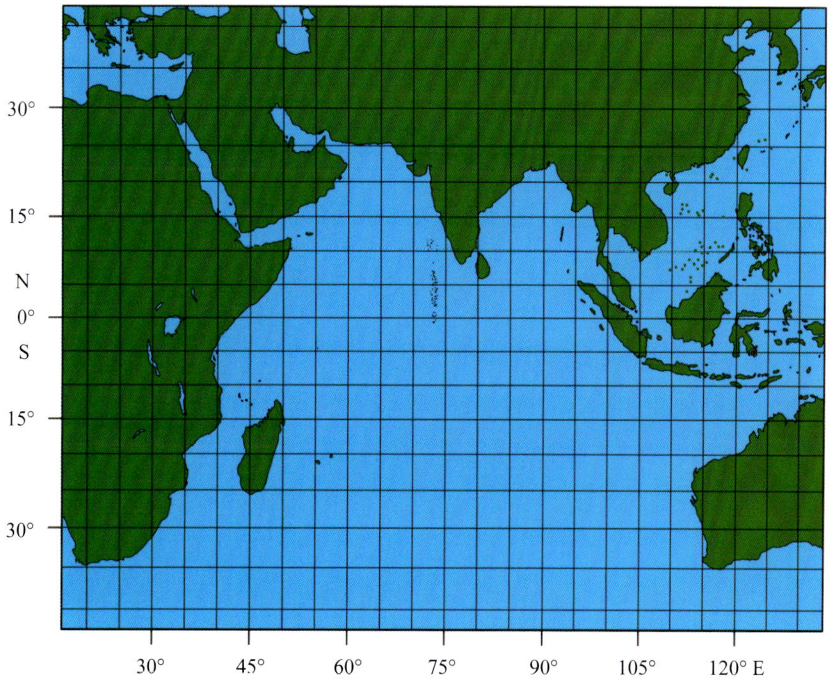

图1.4 大气数值预报系统IDWRF区域示意图

结合目标海域气候特点及海洋气象特征，模式采用的物理过程参数化方案见表1.2。

表1.2 IDWRF模式采用物理过程参数化方案

微物理过程	Single-Moment 6-class scheme
长波辐射参数化	RRTM方案
短波辐射参数化	Dudhia 方案
地表参数化	Eta similarity
陆面过程	Fractional sea-ice方案
边界层参数化	Yonsei University PBL方案
对流参数化过程	Kain-Fritsch方案

海面风场数值预报系统结构设计见图1.5。

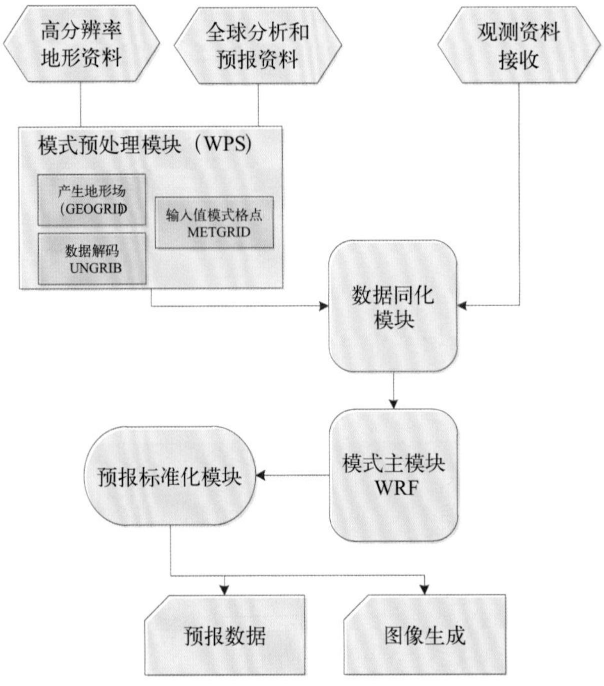

图1.5 IDWRF区域模式海面风场数值预报系统结构设计

IDWRF大气数值预报模型的构成包括4个主要模块：

（1）模式预处理模块。主要包括对全球预报数据的解码和格式转换、模式计算网格的生成、为模式提供背景场，包含模式初始场和边界条件信息。

（2）数据同化模块。对观测资料进行标准化处理和质量控制，同化各种观测数据，得到优化了的初始场和边界条件。

（3）海洋大气预报主模块。在各种初始化数据形成的基础上，对各种参数化方案进行配置，对预报模式进行数值积分，形成三维大气要素预报场。

（4）预报标准化模块。对数值模式输出的预报数据进行插值和标准化处理，形成可读性强、易与海浪模式衔接的数据，制作海面风场等可视化的预报产品。

1.5 预报系统后报检验

1.5.1 检验方法

检验统计量为平均误差（ME）、平均绝对误差（MAE）、相对绝对误差（RAE）、均方根误差（RMSE）、交叉相关系数（CCR）和气候距平相关系数（R_{ANO}）。

具体统计量定义如下：

（1）平均误差。如公式（1.21）所示，平均误差计算时正负误差抵消，反映的是统计区域内的某种系统性误差。

$$T_{\mathrm{ME}}=\frac{1}{N}\sum_{i=1}^{N}\left(F_i-O_i\right) \tag{1.21}$$

（2）平均绝对误差。如公式（1.22）所示，平均绝对误差表示预报结果相对检验标准偏移量的平均大小。

$$T_{\mathrm{MAE}}=\frac{1}{N}\sum_{i=1}^{N}\left|F_i-O_i\right| \tag{1.22}$$

（3）相对绝对误差。如公式（1.23）所示，相对绝对误差反映了预报结果相对于检验标准的偏离度。

$$T_{\mathrm{RAE}}=\frac{1}{N}\sum_{i=1}^{N}\left|\frac{F_i-O_i}{O_i}\right| \tag{1.23}$$

（4）均方根误差。如公式（1.24）所示，均方根误差反映统计区域内误差幅度的平均状况。

$$T_{\mathrm{RMSE}}=\sqrt{\frac{1}{N}\sum_{i=1}^{N}\left(F_i-O_i\right)^2} \tag{1.24}$$

（5）交叉相关系数。如公式（1.25）所示，相关系数反映要素的预报场和实况场之间的相关程度。

$$CCR=\frac{\sum_{i=1}^{N}\left(F_i-\bar{F}\right)\left(O_i-\bar{O}\right)}{\left[\sum_{i=1}^{N}\left(F_i-\bar{F}\right)^2\sum_{i=1}^{N}\left(O_i-\bar{O}\right)^2\right]^{\frac{1}{2}}} \tag{1.25}$$

（6）气候距平相关系数。如公式（1.26）所示。

$$R_{ANO}=\frac{\sum_{i=1}^{N}\left(F_i-C_i-M_{fc}\right)\left(O_i-C_i-M_{oc}\right)}{\left[\sum_{i=1}^{N}\left(F_i-C_i-M_{fc}\right)^2\sum_{i=1}^{N}\left(O_i-C_i-M_{oc}\right)^2\right]^{\frac{1}{2}}} \tag{1.26}$$

$$M_{fc}=\frac{1}{N}\sum_{i=1}^{n}\left(F_i-C_i\right)\quad M_{oc}=\frac{1}{N}\sum_{i=1}^{n}\left(O_i-C_i\right)$$

其中：F为预报值；O为实况值；C为气候平均值；N为检验预报时效内的时次数或某个区域内的站点数。

1.5.2 检验结果

为检验本预报系统对印度洋区域预报准确性和误差，我们基于NCEP同化分析场数据对各气象要素进行统计检验，检验方法如上节所述，检验结果见表1.3至表1.6。

表1.3 2017年第一季度WRF模式与NCEP分析场对比

WRF模式vs NCEP同化分析场10 m风速平均绝对误差（印度洋区域）（单位：m/s）			
预报时次	2017-01	2017-02	2017-03
24小时预报	1.06	1.07	1.09
48小时预报	1.23	1.26	1.28

续表

预报时次	2017-01	2017-02	2017-03
72小时预报	1.38	1.42	1.47
96小时预报	1.54	1.54	1.64
120小时预报	1.67	1.66	1.78
WRF模式vs NCEP同化分析场10 m风向平均绝对误差（印度洋区域）（单位：度）			
24小时预报	13.28	13.89	15.75
48小时预报	16.16	16.65	19.00
72小时预报	18.44	19.58	22.09
96小时预报	21.21	21.93	25.79
120小时预报	23.54	24.23	29.45
WRF模式vs NCEP同化分析场海平面气压气候距平相关系数（印度洋区域）			
24小时预报	0.91	0.95	0.92
48小时预报	0.85	0.90	0.86
72小时预报	0.81	0.86	0.81
96小时预报	0.78	0.82	0.75
120小时预报	0.75	0.79	0.70
WRF模式 vs NCEP同化分析场2 m温度气候距平相关系数（印度洋区域）			
24小时预报	0.97	0.97	0.97
48小时预报	0.96	0.95	0.95
72小时预报	0.95	0.94	0.95
96小时预报	0.94	0.94	0.94
120小时预报	0.93	0.93	0.92
WRF模式vs NCEP同化分析场850 hPa风速平均绝对误差（印度洋区域）（单位：m/s）			
24小时预报	1.58	1.59	1.56
48小时预报	1.95	1.91	1.91
72小时预报	2.20	2.16	2.21
96小时预报	2.40	2.31	2.48
120小时预报	2.56	2.48	2.69

续表

WRF模式vs NCEP同化分析场850 hPa风向平均绝对误差（印度洋区域）（单位：度）			
24小时预报	21.92	22.04	24.32
48小时预报	26.22	27.07	28.74
72小时预报	28.95	30.50	32.69
96小时预报	32.09	32.85	36.86
120小时预报	34.93	35.26	40.89

WRF模式vs NCEP同化分析场850 hPa位势高度气候距平相关系数（印度洋区域）			
24小时预报	0.92	0.94	0.91
48小时预报	0.85	0.89	0.84
72小时预报	0.79	0.83	0.77
96小时预报	0.76	0.79	0.71
120小时预报	0.73	0.79	0.67

WRF模式vs NCEP同化分析场850 hPa温度气候距平相关系数（印度洋区域）			
24小时预报	0.93	0.94	0.92
48小时预报	0.89	0.91	0.88
72小时预报	0.85	0.88	0.85
96小时预报	0.83	0.86	0.81
120小时预报	0.80	0.84	0.75

WRF模式vs NCEP同化分析场500 hPa风速平均绝对误差（印度洋区域）（单位：m/s）			
24小时预报	1.44	1.48	1.59
48小时预报	1.79	1.89	2.01
72小时预报	2.05	2.19	2.32
96小时预报	2.34	2.43	2.62
120小时预报	2.64	2.67	2.91

WRF模式vs NCEP同化分析场500 hPa风向平均绝对误差（印度洋区域）（单位：度）			
24小时预报	18.13	16.97	20.33
48小时预报	22.76	21.97	25.00
72小时预报	25.73	25.34	29.30
96小时预报	29.06	28.01	32.92
120小时预报	32.34	31.82	36.92

续表

WRF模式 vs NCEP同化分析场500 hPa位势高度气候距平相关系数（印度洋区域）			
24小时预报	0.97	0.97	0.96
48小时预报	0.95	0.94	0.93
72小时预报	0.92	0.89	0.90
96小时预报	0.91	0.87	0.87
120小时预报	0.89	0.85	0.82

WRF模式vs NCEP同化分析场500 hPa温度气候距平相关系数（印度洋区域）			
24小时预报	0.93	0.94	0.91
48小时预报	0.89	0.90	0.88
72小时预报	0.87	0.86	0.85
96小时预报	0.84	0.82	0.81
120小时预报	0.80	0.80	0.74

表1.4　2017年第二季度WRF模式与NCEP分析场对比

WRF模式vs NCEP同化分析场10 m风速平均绝对误差（印度洋区域）（单位：m/s）			
预报时次	2017-04	2017-05	2017-06
24小时预报	1.02	1.07	1.06
48小时预报	1.19	1.19	1.24
72小时预报	1.34	1.32	1.39
96小时预报	1.46	1.44	1.50
120小时预报	1.56	1.54	1.64

WRF模式vs NCEP同化分析场10 m风向平均绝对误差（印度洋区域）（单位：度）			
24小时预报	15.24	14.69	13.38
48小时预报	18.30	16.86	16.25
72小时预报	21.06	18.96	18.50
96小时预报	23.98	21.30	20.35
120小时预报	26.52	23.36	22.04

续表

WRF模式vs NCEP同化分析场海平面气压气候距平相关系数（印度洋区域）			
24小时预报	0.94	0.93	0.92
48小时预报	0.90	0.91	0.88
72小时预报	0.85	0.88	0.84
96小时预报	0.82	0.84	0.81
120小时预报	0.80	0.81	0.78

WRF模式 vs NCEP同化分析场2 m温度气候距平相关系数（印度洋区域）			
24小时预报	0.97	0.97	0.98
48小时预报	0.96	0.96	0.97
72小时预报	0.96	0.96	0.96
96小时预报	0.95	0.95	0.95
120小时预报	0.94	0.94	0.94

WRF模式vs NCEP同化分析场850 hPa风速平均绝对误差（印度洋区域）（单位：m/s）			
24小时预报	1.50	1.64	1.76
48小时预报	1.77	1.95	2.10
72小时预报	2.01	2.19	2.38
96小时预报	2.19	2.40	2.60
120小时预报	2.35	2.62	2.80

WRF模式vs NCEP同化分析场850 hPa风向平均绝对误差（印度洋区域）（单位：度）			
24小时预报	24.70	23.59	19.94
48小时预报	29.23	27.26	24.48
72小时预报	33.05	29.79	27.77
96小时预报	36.60	32.28	30.16
120小时预报	40.11	35.21	32.13

WRF模式vs NCEP同化分析场850 hPa位势高度气候距平相关系数（印度洋区域）			
24小时预报	0.92	0.92	0.90
48小时预报	0.85	0.88	0.85
72小时预报	0.78	0.84	0.80
96小时预报	0.75	0.78	0.78
120小时预报	0.73	0.74	0.74

续表

WRF模式vs NCEP同化分析场850 hPa温度气候距平相关系数（印度洋区域）			
24小时预报	0.92	0.89	0.88
48小时预报	0.89	0.86	0.83
72小时预报	0.85	0.84	0.78
96小时预报	0.81	0.82	0.73
120小时预报	0.76	0.77	0.69

WRF模式vs NCEP同化分析场500 hPa风速平均绝对误差（印度洋区域）（单位：m/s）			
24小时预报	1.44	1.56	1.59
48小时预报	1.76	1.87	1.99
72小时预报	2.01	2.14	2.34
96小时预报	2.29	2.41	2.62
120小时预报	2.54	2.67	2.85

WRF模式vs NCEP同化分析场500 hPa风向平均绝对误差（印度洋区域）（单位：度）			
24小时预报	21.32	22.15	24.36
48小时预报	26.00	27.27	31.60
72小时预报	30.04	30.62	37.34
96小时预报	34.37	34.55	41.87
120小时预报	38.13	38.66	44.64

WRF模式 vs NCEP同化分析场500 hPa位势高度气候距平相关系数（印度洋区域）			
24小时预报	0.94	0.95	0.92
48小时预报	0.90	0.91	0.86
72小时预报	0.85	0.87	0.79
96小时预报	0.82	0.82	0.75
120小时预报	0.80	0.78	0.71

WRF模式vs NCEP同化分析场500 hPa温度气候距平相关系数（印度洋区域）			
24小时预报	0.91	0.91	0.88
48小时预报	0.87	0.87	0.83
72小时预报	0.84	0.84	0.78
96小时预报	0.80	0.82	0.74
120小时预报	0.74	0.80	0.70

表1.5　2017年第三季度WRF模式与NCEP分析场对比

WRF模式vs NCEP同化分析场10 m风速平均绝对误差（印度洋区域）（单位：m/s）			
预报时次	2017-07	2017-08	2017-09
24小时预报	1.08	1.08	1.07
48小时预报	1.22	1.24	1.26
72小时预报	1.35	1.39	1.40
96小时预报	1.46	1.51	1.50
120小时预报	1.57	1.61	1.62
WRF模式vs NCEP同化分析场10 m风向平均绝对误差（印度洋区域）（单位：度）			
24小时预报	12.85	12.52	13.30
48小时预报	15.29	15.03	16.53
72小时预报	17.03	17.25	19.29
96小时预报	18.61	19.48	21.88
120小时预报	20.02	21.82	24.30
WRF模式vs NCEP同化分析场海平面气压气候距平相关系数（印度洋区域）			
24小时预报	0.92	0.92	0.93
48小时预报	0.90	0.89	0.89
72小时预报	0.85	0.84	0.83
96小时预报	0.82	0.80	0.78
120小时预报	0.78	0.76	0.74
WRF模式 vs NCEP同化分析场2 m温度气候距平相关系数（印度洋区域）			
24小时预报	0.97	0.97	0.98
48小时预报	0.96	0.96	0.97
72小时预报	0.95	0.96	0.96
96小时预报	0.95	0.95	0.96
120小时预报	0.94	0.95	0.95

续表

WRF模式vs NCEP同化分析场850 hPa风速平均绝对误差（印度洋区域）（单位：m/s）			
24小时预报	1.85	1.80	1.62
48小时预报	2.19	2.18	1.97
72小时预报	2.49	2.43	2.26
96小时预报	2.66	2.61	2.47
120小时预报	2.83	2.77	2.65

WRF模式vs NCEP同化分析场850 hPa风向平均绝对误差（印度洋区域）（单位：度）			
24小时预报	18.76	19.34	21.91
48小时预报	22.18	23.43	26.94
72小时预报	24.91	27.03	31.41
96小时预报	27.07	30.01	34.90
120小时预报	29.53	33.20	38.42

WRF模式vs NCEP同化分析场850 hPa位势高度气候距平相关系数（印度洋区域）			
24小时预报	0.91	0.91	0.92
48小时预报	0.88	0.87	0.86
72小时预报	0.83	0.81	0.79
96小时预报	0.78	0.76	0.73
120小时预报	0.73	0.71	0.70

WRF模式vs NCEP同化分析场850 hPa温度气候距平相关系数（印度洋区域）			
24小时预报	0.88	0.89	0.90
48小时预报	0.83	0.84	0.86
72小时预报	0.79	0.80	0.83
96小时预报	0.75	0.77	0.79
120小时预报	0.73	0.74	0.76

WRF模式vs NCEP同化分析场500 hPa风速平均绝对误差（印度洋区域）（单位：m/s）			
24小时预报	0.83	0.82	1.46
48小时预报	0.74	0.73	1.86
72小时预报	0.67	0.66	2.17
96小时预报	0.62	0.60	2.42
120小时预报	0.56	0.54	2.64

续表

WRF模式vs NCEP同化分析场500 hPa风向平均绝对误差（印度洋区域）（单位：度）			
24小时预报	26.07	24.55	23.74
48小时预报	32.64	31.86	30.68
72小时预报	37.26	36.41	36.02
96小时预报	41.50	40.21	41.02
120小时预报	46.59	44.17	45.18

WRF模式 vs NCEP同化分析场500 hPa位势高度气候距平相关系数（印度洋区域）			
24小时预报	0.92	0.92	0.93
48小时预报	0.88	0.88	0.88
72小时预报	0.83	0.83	0.81
96小时预报	0.75	0.79	0.77
120小时预报	0.68	0.76	0.73

WRF模式vs NCEP同化分析场500 hPa温度气候距平相关系数（印度洋区域）			
24小时预报	0.87	0.88	0.89
48小时预报	0.83	0.84	0.86
72小时预报	0.79	0.81	0.83
96小时预报	0.74	0.77	0.80
120小时预报	0.68	0.74	0.77

表1.6　2017年第四季度WRF模式与NCEP分析场对比

WRF模式vs NCEP同化分析场10 m风速平均绝对误差（印度洋区域）（单位：m/s）			
预报时次	2017-10	2017-11	2017-12
24小时预报	1.05	1.07	1.10
48小时预报	1.21	1.25	1.27
72小时预报	1.33	1.39	1.43
96小时预报	1.46	1.54	1.55
120小时预报	1.55	1.67	1.63

续表

WRF模式vs NCEP同化分析场10 m风向平均绝对误差（印度洋区域）（单位：度）			
24小时预报	12.68	13.71	13.32
48小时预报	15.22	16.53	15.88
72小时预报	17.63	19.11	18.48
96小时预报	20.09	21.85	20.58
120小时预报	22.34	24.69	22.87

WRF模式vs NCEP同化分析场海平面气压气候距平相关系数（印度洋区域）			
24小时预报	0.94	0.92	0.92
48小时预报	0.89	0.86	0.87
72小时预报	0.85	0.82	0.83
96小时预报	0.82	0.77	0.80
120小时预报	0.79	0.73	0.76

WRF模式 vs NCEP同化分析场2 m温度气候距平相关系数（印度洋区域）			
24小时预报	0.97	0.97	0.97
48小时预报	0.97	0.96	0.96
72小时预报	0.96	0.95	0.95
96小时预报	0.95	0.94	0.94
120小时预报	0.94	0.93	0.93

WRF模式vs NCEP同化分析场850 hPa风速平均绝对误差（印度洋区域）（单位：m/s）			
24小时预报	0.83	0.81	0.81
48小时预报	0.78	0.74	0.73
72小时预报	0.72	0.67	0.68
96小时预报	0.68	0.62	0.63
120小时预报	0.64	0.56	0.60

WRF模式vs NCEP同化分析场850 hPa风向平均绝对误差（印度洋区域）（单位：度）			
24小时预报	21.62	23.19	22.93
48小时预报	26.45	27.71	28.25
72小时预报	29.85	31.43	31.52
96小时预报	33.41	34.56	34.73
120小时预报	36.18	38.09	37.64

续表

WRF模式vs NCEP同化分析场850 hPa位势高度气候距平相关系数（印度洋区域）			
24小时预报	0.94	0.90	0.92
48小时预报	0.87	0.81	0.86
72小时预报	0.82	0.76	0.81
96小时预报	0.79	0.71	0.77
120小时预报	0.75	0.66	0.73

WRF模式vs NCEP同化分析场850 hPa温度气候距平相关系数（印度洋区域）			
24小时预报	0.92	0.92	0.92
48小时预报	0.89	0.89	0.89
72小时预报	0.87	0.86	0.86
96小时预报	0.83	0.83	0.82
120小时预报	0.79	0.80	0.77

WRF模式vs NCEP同化分析场500 hPa风速平均绝对误差（印度洋区域）（单位：m/s）			
24小时预报	1.39	1.44	1.52
48小时预报	1.73	1.81	1.92
72小时预报	2.03	2.09	2.25
96小时预报	2.30	2.39	2.56
120小时预报	2.53	2.68	2.87

WRF模式vs NCEP同化分析场500 hPa风向平均绝对误差（印度洋区域）（单位：度）			
24小时预报	20.57	18.84	19.92
48小时预报	26.29	23.06	24.90
72小时预报	30.01	26.47	28.16
96小时预报	33.78	30.40	32.50
120小时预报	37.23	34.22	36.15

WRF模式 vs NCEP同化分析场500 hPa位势高度气候距平相关系数（印度洋区域）			
24小时预报	0.96	0.96	0.98
48小时预报	0.92	0.93	0.96
72小时预报	0.88	0.91	0.94
96小时预报	0.86	0.89	0.91
120小时预报	0.83	0.85	0.89

续表

WRF模式vs NCEP同化分析场500 hPa温度气候距平相关系数（印度洋区域）			
24小时预报	0.93	0.93	0.95
48小时预报	0.91	0.90	0.92
72小时预报	0.88	0.87	0.90
96小时预报	0.87	0.84	0.86
120小时预报	0.84	0.79	0.83

1.6 预报产品制作与系统运行

1.6.1 预报产品管理模块

预报产品管理模块（forecast_products_transfer.pl）负责将数值预报产品从数值计算平台下载至管理平台并进一步分发至产品发布平台或其他用户指定产品发布平台。由于本系统会不定时自动更新预报产品质量，加之产品目标地种类多，难以全部监控，因此预报产品传输分为两种工作模式：自动模式和手动模式。

自动模式下，传输模块会自动回溯检查当日至7日前的预报产品，对比本地和计算平台间每日预报产品是否有差异。如有差异则将该日预报产品从计算平台同步至本地并进行简单处理，如图片切白边、加标注、水印、文字描述等。处理完成后分发至不同产品发布平台，发布成功则设置标记文件。如无差异则检查发布成功标记是否存在，如果不存在则重新发送并设置标记。该模式可保证产品发布平台接收的各种产品保持最新。

手动模式下，传输模块需给定时间参数并手动启动。传输模块会无视时间参数日预报产品是否存在本地计算平台差异而强制启动。该模式在出现特殊故障如发布平台文件被误删除、发布平台计算机损坏时，预报员可灵活重新发布产品。

产品管理模块会将每日发布过程记录在日志文件products_transfer_YYYYMMDD.output中。

1.6.2 系统运维子系统

高分辨率数值预报系统消耗计算资源大，对运行服务器负载要求严苛，出错几率高，需要辅以稳健的运维监控模块保障系统稳定运行。本系统的运维保障措施从进程监控、作业监控、文件完整性监控、多作业并行调度、多进程并行调度等方面入手，辅以ok-running为核心的文件标识技术，可以使预报系统将大型任务分解为多个小任务共同执行，不同时刻预报任务乱序并发，同时实现多而不乱、有错自纠、互不冲突等特性。这是树形结构能够顺利实现的重要支撑。

本预报系统分辨率高，调用计算资源多，网数据传输量大，数据输入输出种类多，系统每一个环节都有可能出现问题，为此需要稳健的运维子系统以保证系统无人值守稳定运行。

系统运维子系统基本原理为监控-标识放置-标识检查。通过监控来判断某模块处于运行中、成功、出错、完成的某一状态，并放置对应标识。系统会循环检查已放置的标识，并决定不同标识的对策，并及时将系统运行信息以邮件方式通知预报值班员。

本运维子系统以系统各主要功能特点为基准，分设为4个专有功能模块。

1.6.2.1 运维信息管理模块

运维信息管理模块部署在系统管理平台，其主要功能是收集各平台上简要运维信息，并将运维信息整理发送至指定电子邮箱供预报员参考。

本模块收集的信息有以下几点：

（1）计算平台运维信息，包括最近10个强迫场信息、最近10个观测场信息、最近10个分析场生成记录、最近10个预报场生成记录，按日期推算的可能缺失文件列表，运行时间超过设定上限的模块，服务器节点基本状态，如果服务器可用节点数少于系统最低需求，则会在运维信息中添加报警信息。

（2）下载平台运维信息，包括最近10个强迫场信息、最近10个观测场信息，按日期推算的可能缺失文件列表，运行时间超过设定上限的模块。如果存在运行超时的模块，则会在运维信息中添加报警信息，并删除超时模块的运行标记，以便在下一时刻重启该模块。

（3）产品发布平台运维信息，包括最近10个发布成功标识信息，运行时间超过设定上限的模块。

如果运维信息没有报警，则会在每日固定时间发送电子邮件，如果存在报警信息，则会加发电子邮件（图1.6）。

```
nmefc_th_system_run_info_2017073112.log
NMEFC NEMO
发给 179886560
发件人: NMEFC NEMO<13910928764@qq.com>
收件人: 179886560<179886560@qq.com>
时间: 2017年7月31日 (周一) 12:50
大小: 21 KB
nmefc_th_system_run_info_... (8 KB)

***** National Marine Environmental Forecasting Center *****
** system status on server at Mon Jul 31 12:30:05 CST 2017 ***

*************** last 10 files of cls sla *******************
-rw-rw-r-- 1 4843 1140 29044328 Jul 29 00:23 nrt_global_sla_20170728.nc
-rw-rw-r-- 1 4843 1140 29044328 Jul 28 23:00 nrt_global_sla_20170727.nc
-rw-rw-r-- 1 4843 1140 29044328 Jul 27 00:34 nrt_global_sla_20170726.nc
-rw-rw-r-- 1 4843 1140 29044328 Jul 26 00:56 nrt_global_sla_20170725.nc
-rw-rw-r-- 1 4843 1140 29044328 Jul 25 00:33 nrt_global_sla_20170724.nc
-rw-rw-r-- 1 4843 1140 29044328 Jul 24 00:34 nrt_global_sla_20170723.nc
-rw-rw-r-- 1 4843 1140 29044328 Jul 23 00:34 nrt_global_sla_20170722.nc
-rw-rw-r-- 1 4843 1140 29044328 Jul 22 00:34 nrt_global_sla_20170721.nc
-rw-rw-r-- 1 4843 1140 29044328 Jul 21 10:00 nrt_global_sla_20170720.nc
-rw-rw-r-- 1 4843 1140 29044328 Jul 21 10:00 nrt_global_sla_20170719.nc

************** last 10 files of ostia sst ******************
-rw-rw-r-- 1 p_nmefc_th paratera 13874945 Jul 28 14:44 20170727120000-UKMO-L4_GHRSST-SSTfnd-OSTIA-GLOB-v02.0-fv02.0.nc
-rw-rw-r-- 1 p_nmefc_th paratera 13973649 Jul 27 14:44 20170726120000-UKMO-L4_GHRSST-SSTfnd-OSTIA-GLOB-v02.0-fv02.0.nc
-rw-rw-r-- 1 p_nmefc_th paratera 13971184 Jul 26 14:44 20170725120000-UKMO-L4_GHRSST-SSTfnd-OSTIA-GLOB-v02.0-fv02.0.nc
-rw-rw-r-- 1 p_nmefc_th paratera 13910272 Jul 25 14:44 20170724120000-UKMO-L4_GHRSST-SSTfnd-OSTIA-GLOB-v02.0-fv02.0.nc
-rw-rw-r-- 1 p_nmefc_th paratera 13892181 Jul 24 14:55 20170723120000-UKMO-L4_GHRSST-SSTfnd-OSTIA-GLOB-v02.0-fv02.0.nc
-rw-rw-r-- 1 p_nmefc_th paratera 13884831 Jul 23 14:44 20170722120000-UKMO-L4_GHRSST-SSTfnd-OSTIA-GLOB-v02.0-fv02.0.nc
-rw-rw-r-- 1 p_nmefc_th paratera 13917062 Jul 22 14:33 20170721120000-UKMO-L4_GHRSST-SSTfnd-OSTIA-GLOB-v02.0-fv02.0.nc
-rw-rw-r-- 1 p_nmefc_th paratera 13902310 Jul 21 14:44 20170720120000-UKMO-L4_GHRSST-SSTfnd-OSTIA-GLOB-v02.0-fv02.0.nc
-rw-rw-r-- 1 p_nmefc_th paratera 14019297 Jul 21 09:39 20170719120000-UKMO-L4_GHRSST-SSTfnd-OSTIA-GLOB-v02.0-fv02.0.nc
-rw-rw-r-- 1 p_nmefc_th paratera 14109213 Jul 21 09:40 20170718120000-UKMO-L4_GHRSST-SSTfnd-OSTIA-GLOB-v02.0-fv02.0.nc

************ last 10 files of mercator psy4 ****************
-rw-rw-r-- 1 p_nmefc_th paratera 13874945 Jul 28 14:44 20170727120000-UKMO-L4_GHRSST-SSTfnd-OSTIA-GLOB-v02.0-fv02.0.nc
-rw-rw-r-- 1 p_nmefc_th paratera 13973649 Jul 27 14:44 20170726120000-UKMO-L4_GHRSST-SSTfnd-OSTIA-GLOB-v02.0-fv02.0.nc
-rw-rw-r-- 1 p_nmefc_th paratera 13971184 Jul 26 14:44 20170725120000-UKMO-L4_GHRSST-SSTfnd-OSTIA-GLOB-v02.0-fv02.0.nc
-rw-rw-r-- 1 p_nmefc_th paratera 13910272 Jul 25 14:44 20170724120000-UKMO-L4_GHRSST-SSTfnd-OSTIA-GLOB-v02.0-fv02.0.nc
-rw-rw-r-- 1 p_nmefc_th paratera 13892181 Jul 24 14:55 20170723120000-UKMO-L4_GHRSST-SSTfnd-OSTIA-GLOB-v02.0-fv02.0.nc
-rw-rw-r-- 1 p_nmefc_th paratera 13884831 Jul 23 14:44 20170722120000-UKMO-L4_GHRSST-SSTfnd-OSTIA-GLOB-v02.0-fv02.0.nc
-rw-rw-r-- 1 p_nmefc_th paratera 13917062 Jul 22 14:33 20170721120000-UKMO-L4_GHRSST-SSTfnd-OSTIA-GLOB-v02.0-fv02.0.nc
-rw-rw-r-- 1 p_nmefc_th paratera 13902310 Jul 21 14:44 20170720120000-UKMO-L4_GHRSST-SSTfnd-OSTIA-GLOB-v02.0-fv02.0.nc
```

图1.6 运维电子邮件样例

1.6.2.2 下载服务器运维管理模块

本系统需要通过互联网收集观测和大气强迫场数据，许多数据需从欧美等国家的数据服务器上收集。远程收集数据受网络环境的限制会有较大几率出现传输缓慢、文件不完整、收集过程网络卡死等现象，除了提高网络带宽质量外，也需要用软件技术手段保障数据收集过程顺利完成。

本模块首先紧密结合各数据发布服务器要求，将不同的数据下载模块分开并行执行，并通过自动生成数据下载脚本（Python、Perl、Shell、ftp、stp等方式）、自动启动脚本来实现数据收集。之后通过文件检查，包括基本的大小检查，可读性检查来确定文件是否被正确下载，和下载过程信息检查，检查下载过程是否有报错来判断数据收集过程是否正确完成。

此外，本模块还通过进程监控的方式判断各个下载子模块是否处于僵死状态，并自动清理重启僵死进程。

运维信息管理模块会将每日发布过程记录在日志文件nmefc_th_system_run_info_download_YYYYMMDD.log中（图1.7）。

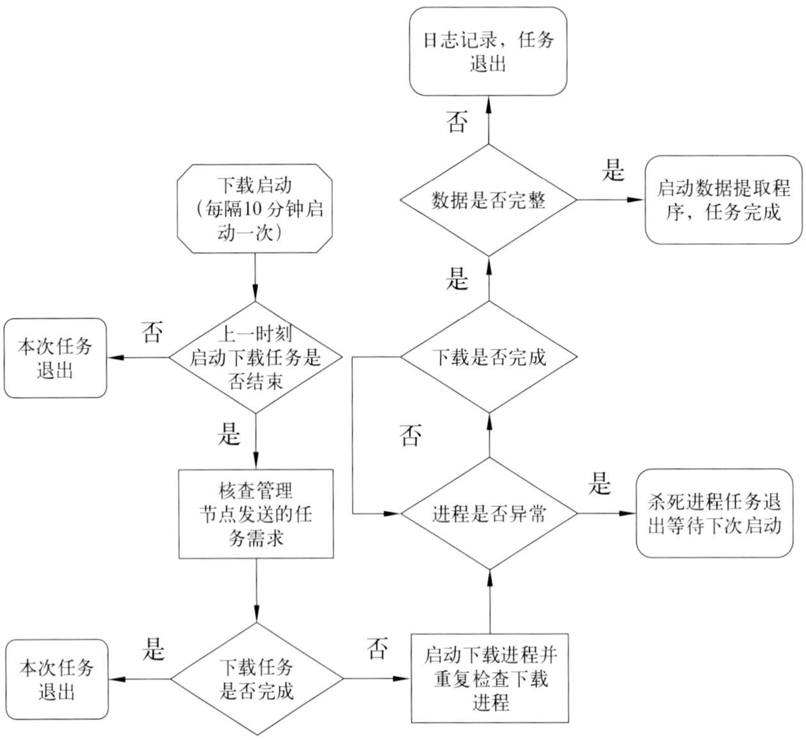

图1.7　下载服务器运维管理工作流程

1.6.2.3　计算服务器运维管理模块

在所有运维管理模块中，计算服务器运维管理模块是最重要，也是最复杂的一个模块，是确保数值预报能够及时准确生产的关键模块。

在计算平台上，通过平台自带的任务调度系统如LSF，Slurm等提交并完成并行和非并行计算作业是预报系统完成计算任务的主要方式。在本系统中，并行作业经常以千核的规模执行，非并行作业则以数十个非并行作业同时提交，并行执行为主要工作方式。在预报系统补算，自动更新的情境下，大规模并行作业会同时出现两个以上甚至更多，非并行作业则有可能达到上百个之多。如果没有恰当的管理方式，极有可能造成作业重复，数据混乱甚至作业系统崩溃的后果。因此，必须有严密审慎的作业运维管理模块来保障作业顺利有序执行。

此外，本管理模块还负责检查计算平台上数值预报所需数据是否完备可用，并将所缺数据信息存放在日志文件中供管理系统相关模块使用。

本管理模块通过job_maintain.pl和data_maintain.pl来实现约80%的功能，剩余20%的功能需要数值预报计算模块和同化计算模块配合实现。

job_maintain.pl内含job_maintain和job_sub两个子程序，它们分别负责作业监控和作业提交功能。

job_maintain子程序主要接收参数有：作业名称($jobname)，作业信息文件（$job_check），作业二重检查开关（$reconfirm），作业调度系统标记（$job_que_sucess_key），作业成功标记（$job_sucess_key），作业检查时间上限（$threshold_time），作业检查间隔（$sleep_time），检查信息日志文件（$log_file），作业特殊检查文件（$special_file），作业特殊检查变量（$special_var），作业输出文件（$key_nc），作业输出文件检查字段（$key_nc_word），作业输出文件定向目录（$forecast_original），作业输出文件写入冗余时限（$key_nc_time），作业输出文件二重检查开关（$careful_chk）。

job_maintain子程序主要工作流程为：

（1）查询作业。利用文件名和作业调度系统查询命令bjobs（LSF），yhq（天河），squeue（Slurm）等查询作业信息，并利用作业调度系统标记判断查询是否成功，如不成功则在作业检查间隔时间后再次检查。

（2）解析查询信息。如果作业处于运行（RUN）、挂起（SUSP）、排队（PEND），退出中（COMP）、未知（UNKNOWN）任意一种状态，则视为作业未完成，否则则视为作业已完成。如果作业二重检查开关打开，则会重复一次该操作，以确定作业确实完成。该开关主要用于应对作业调度系统可能给出的错误查询信息，该现象曾在天河系统中发现。

（3）判断作业是否成功。在查询作业成功并判定作业结束后，需进一步判断作业是否成功完成。如果作业信息文件不存在则判定作业异常退出，如果作业信息文件存在但是文件中不存在作业成功标记则也判断为作业异常退出，反之则认为作业成功完成。

（4）积分信息输出（可选功能一）。针对数值模式积分的特性，本模块可从作业特殊检查文件中获取作业特殊检查变量的内容，并输出该内容。对于本系统，将会从time.step文件中读取当前步数并给出大概的积分速度。

（5）数值模式输出文件检查（可选功能二）。为配合准在线产品制作功能的实现，本模块可在作业检查时一并检查作业输出文件列表中的每一个文件是否写入完毕，并将写入完成的文件转移至作业输出文件定向目录供准在线产品制作使用。目前仅可检查netcdf文件。本模块通过检查每个文件中是否存在作业输出文件检查字段来判定文件是否完成写入。对于某些系统，如国家海洋环境预报中心高性能计算集群，有可能出现文件生成后不立即写入的情况，此时可打开作业输出文件二重检查开关，本模块会在文件生成同时添加文件生成时间标记，之后会依据此标记检查文件修改状态，如果在作业输出文件写入冗余时限内发生文件修改，则可认为文件写入成功。

job_sub子程序主要接收参数有：作业名称($jobname)，队列名称（$que_name），节点数（$node_num），作业脚本（$sub_script），作业调度系统标记（$job_que_sucess_key），检查信息日志文件（$log_file）。

job_sub子程序主要工作流程为：

（1）查询作业。利用文件名和作业调度系统查询命令bjobs（LSF），yhq（天河），squeue（Slurm）等查询作业信息，并利用作业调度系统标记判断查询是否成功，如不成功则在作业检查间隔时间后再次检查。

（2）解析查询信息。如果作业处于运行（RUN）、挂起（SUSP）、排队（PEND），退出中（COMP）、未知（UNKNOWN）任意一种状态，则视为存在相同作业未完成，记录该信息并推出作业提交流程，否则则视为该作业不存在并进入作业提交流程。当作业处于退出中（COMP）状态时，会额外生成首次发现该作业处于退出中状态的时间标记，当再次发现该作业仍处于退出中时会对比当前时间和时间标记，如果超出限定时间则会记录报警信息，并通过运维信息管理模块发送电子邮件至系统管理员电子邮箱。这种处理措施是为了应对曾在天河系统中可能出现的计算任务无法正常退出现象。

（3）按照给定的作业名称，队列名称，节点数，作业脚本名称等参数向超级计算机作业管理系统提交作业。

data_maintain.pl内含多个数据检查子模块，可完成对SST、SLA、ARGO观测数据和NCEP GFS大气强迫场数据完整性的检查，其工作流程如下：

（1）按当前时间生成应当完备的数据文件列表。

（2）依列表检查文件完备性，如文件不存在则将文件名写入文件缺失列表。

（3）进一步检查存在的文件大小是否符合预期，如不符合则将文件名写入文件缺失列表。

（4）进一步对大小符合的文件做文件内容检查，利用相关文件解析程序读取文件内容并初步筛查是否存在大量不合理值，如存在则将文件名写入文件缺失列表。

（5）管理系统下载缺失文件列表，并向计算平台传输相关数据。

（6）可选功能。对于某些存在专有磁盘阵列的超算系统（如天河号），本模块还提供内外阵列数据同步的功能。

1.6.2.4 产品发布运维管理模块

数值预报产品种类繁多，发布平台多种多样，除了系统默认的动画、图片发布平台可控性较高外，其余平台多归数值预报产品用户管理，可控性较低。本模块设计了两种技术手段以尽可能保证产品发布成功。

方法一为监控数据传输过程，从数据传输输出信息中检索错误字段，如没有则可视为发布成功。

方法二适用于固定发布平台，在方法一的确保下完成发布后再从目标发布平台回传产品，并进一步验证产品是否正确，如正确则可视为发布成功。

除此之外，也设定了手动强制发布以应对可能出现的未知产品发布故障。

1.6.3 静态和动态网页预报图

模式预报生成的预报结果为netCDF格式文件，基于NCL绘图软件绘制，图片分辨率为1600*1600，每日定时上传至中心网站，分别提供00时刻、24时刻、48时刻、72时刻、96时刻、120时刻、144时刻、168时刻的静态预报图，可供气象、海浪等方向预报员参考使用，动态预报图为168小时内逐6小时预报结果图整合而成的动态预报图，主要用于预报系统对外展示，也对预报员掌握环流变化形势提供参考。所有静态预报图和动态预报图都分为中文图和英文图，即中英文图注及说明。

当前可提供地面预报图（10 m风场和风级）和500 hPa预报图（500 hPa层位势高度场、温度场、风场），如有需求可提供700 hPa和850 hPa预报产品，产品所含变量可按需求在预报结果范围内增加。

以下给出2018年11月06日12时作为起报时刻的英文静态预报图示例：

图1.8表示NMEFC预报中心IDWRF模式预报的10 m风场和风级的预报。10 m风场由风向杆表示，风级根据"蒲福风级"划分，由填色阴影表示。阴影是从五级风力开始，即10 m风场预报图突出强调了海平面之上约10 m层的强风。

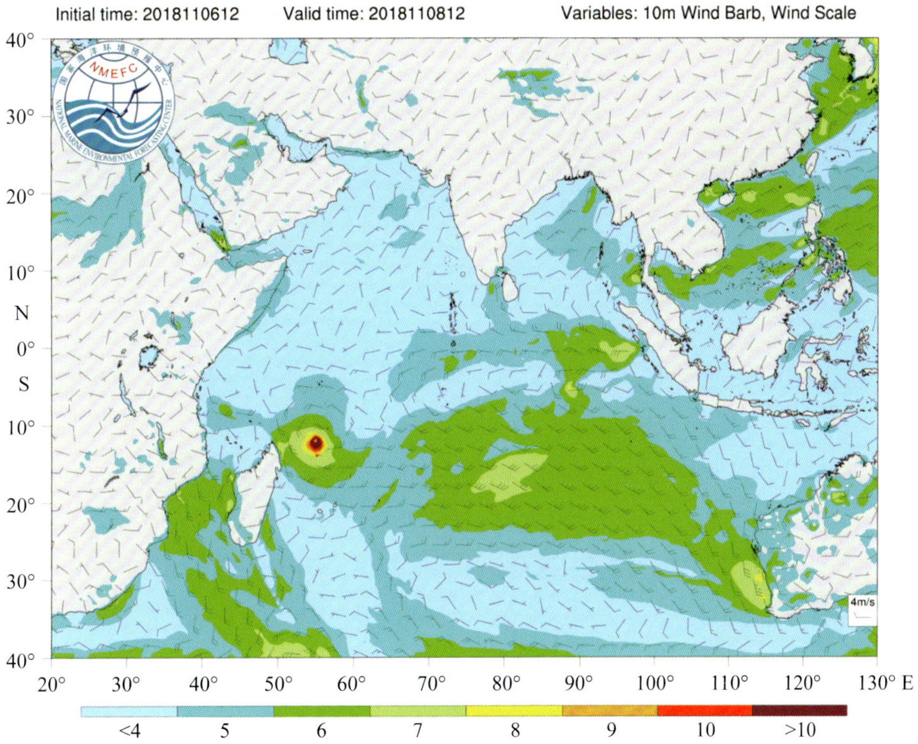

图1.8　预报时效48小时10 m风场图（英文图示例）

图1.9表示NMEFC预报中心IDWRF模式预报的500 hPa高度的位势高度场（实线）、温度场（虚线）和风场。500 hPa气压平面的位势高度场表示单位气团从地面上升过程中，压力下降到500 hPa（即500毫巴）过程中，气团所上升的高度。一般来说，其高度约为海平面上5.5 km，由于在这一高度，靠近地表的天气系统移动方向大致与该层风向相同，因此500 hPa一般也被称为引导高度。高度场等值线以位势米为单位，等值线间隔为40位势米。等值线有效地展示了"控制"天气的主要对流层波动，D表示低高度区，标志低压槽和气旋，G表示高高度区，标志高压脊和反气旋。500 hPa温度由红色虚线表示，单位为摄氏度（℃），表示海平面之上约5.5 km的温度场。该高度层温度场的日变化配合位势高度场，对大气环流的预报有指示作用，同时能够区分该层冷暖气团。500 hPa风场由风向杆表示，高度约为海平面之上5.5 km。该高度的风场通常与地面天气系统的移动方向一致，因此一般也被称为引导气流。

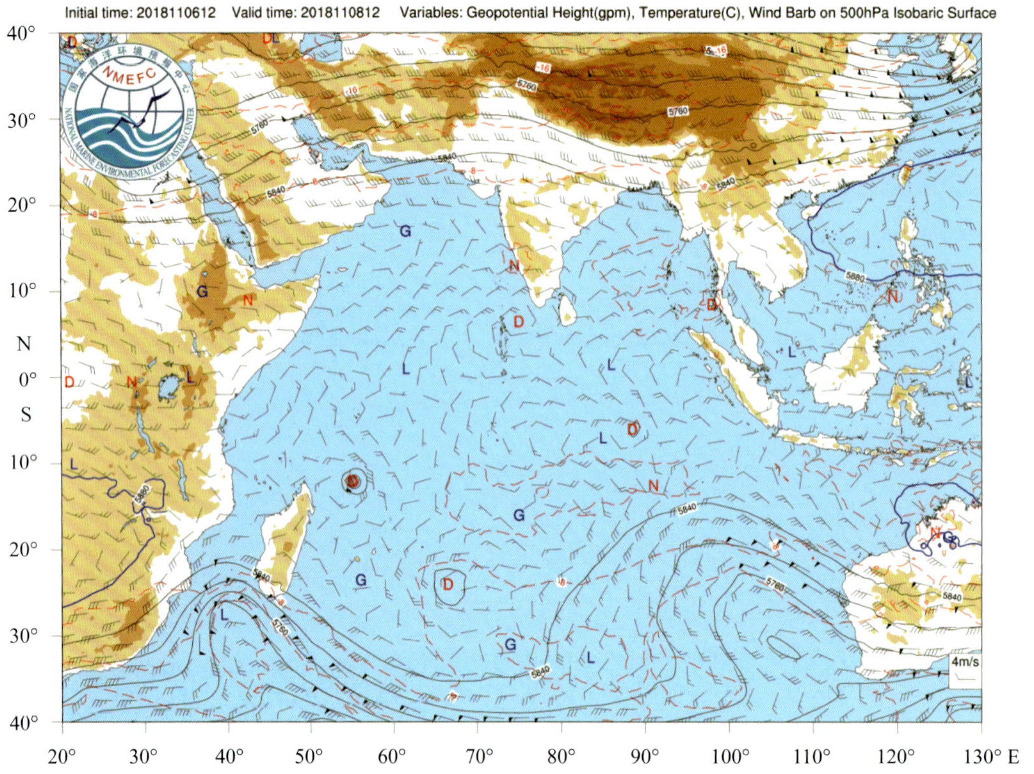

图1.9 预报时效48小时500 hPa层位势高度场、温度场、风场

静态和动态网页预报图统一命名，命名原则如下en_nwpmodel_regioncode_element_layer_YYYYMMDDHH24UTC_hhh

其中：en为英文标识符，cn为中文标识符，en表示图片内容为英文产品，cn表示图片内容为中文产品；nwpmodel表示模式缩写，用于区分多种模式；regioncode表示区域缩写，用于区分地区；element表示要素缩写，用于区分不同要素；layer表示垂直分层，用于区域高度层或者深度层，对于大气来说，表层为surface，500百帕为500 hPa；YYYYMMDDHH24UTC表示格式化的起报时间（UTC）字符串，其中UTC为固定指示码；hhh表示预报时效，三位数字，不足时左侧补0，000表示初始时刻，006表示起报时间外推的6小时，依次类推。

1.6.4 模式网页产品的制作

1.6.4.1 模式信息的提取

根据海上丝绸之路航行安全保障系统网页产品的制作需求，通过编写信息提取程序，从模式预报结果提取相应区域、航线或单点位置的10 m风场、海面气压、2 m温度和湿度等大气要素信息。模式预报产品制作流程见图1.10。

信息提取程序采用双线性插值方法。双线性插值又称为双线性内插。在数学上，双线性插值是有两个变量的插值函数的线性插值扩展，其核心思想是在两个方向分别进行一次线性插值。

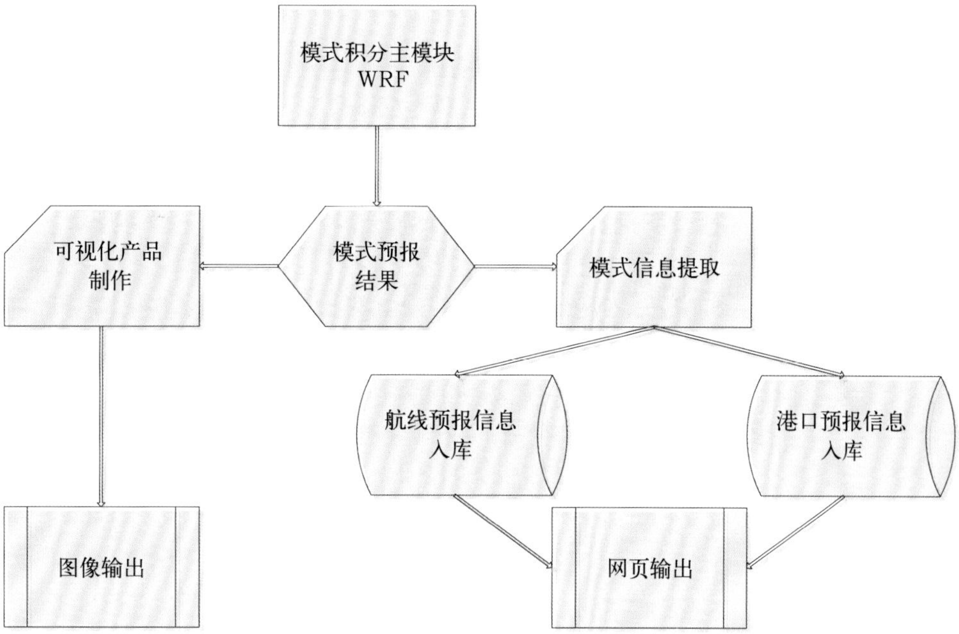

图1.10 模式预报产品制作流程图

假如我们想得到未知函数 f 在点$P=(x, y)$的值，假设我们已知函数 f 在$Q_{11}=(x_1, y_1)$，$Q_{12}=(x_1, y_2)$，$Q_{21}=(x_2, y_1)$及$Q_{22}=(x_2, y_2)$ 四个点的值。

首先在 x 方向进行线性插值，得到

$$f(R_1) \approx \frac{x_2 - x}{x_2 - x_1} f(Q_{11}) + \frac{x - x_1}{x_2 - x_1} f(Q_{21}) \text{ Where } R_1 = (x, y_1)$$

$$f(R_2) \approx \frac{x_2 - x}{x_2 - x_1} f(Q_{12}) + \frac{x - x_1}{x_2 - x_1} f(Q_{22}) \text{ Where } R_2 = (x, y_2)$$

然后在 y 方向进行线性插值，得到

$$f(P) \approx \frac{y_2 - y}{y_2 - y_1} f(R_1) + \frac{y - y_1}{y_2 - y_1} f(R_2)$$

这样就得到所要的结果 $f(x, y)$，

$$\begin{aligned} f(x, y) \approx & \frac{f(Q_{11})}{(x_2 - x_1)(y_2 - y_1)}(x_2 - x)(y_2 - y) + \frac{f(Q_{21})}{(x_2 - x_1)(y_2 - y_1)}(x - x_1)(y_2 - y) \\ & + \frac{f(Q_{12})}{(x_2 - x_1)(y_2 - y_1)}(x_2 - x)(y - y_1) + \frac{f(Q_{22})}{(x_2 - x_1)(y_2 - y_1)}(x - x_1)(y - y_1) \end{aligned}$$

如果选择一个坐标系统使得 f 的四个已知点坐标分别为 (0, 0)、(0, 1)、(1, 0) 和 (1, 1)，那么插值公式就可以化简为

$$f(x, y) \approx f(0, 0)(1 - x)(1 - y) + f(1, 0)\ x(1 - y) + f(0, 1)(1 - x)y + f(1, 1)xy$$

或者用矩阵运算表示为

$$f(x, y) \approx \begin{bmatrix} 1-x & x \end{bmatrix} \begin{bmatrix} f(0,0) & f(0,1) \\ f(1,0) & f(1,1) \end{bmatrix} \begin{bmatrix} 1-y \\ y \end{bmatrix}$$

这种插值方法的结果通常不是线性的，线性插值的结果与插值的顺序无关。首先进行y方向的插值，然后进行x方向的插值，所得到的结果是一样的。

1.6.4.2 提取信息的入库

提取信息如图1.11所示。

海面风要素信息表

海面风要素信息表

	单位	发布时间	预报时效	更新时间	预报要素	对象预报区域编码	对象预报区域名称	风速初始起始值	风速初值修订值	风速变化转折词	风速变化值起始值	风速变化值修订值	风...	风向修订方向	风力（级）
1	国家海洋环...	2018-12-07...	24小时	2018-12-07 08:51:06	海面风	002550	亚丁港						E		3
2	国家海洋环...	2018-12-07...	24小时	2018-12-07 08:51:06	海面风	IMMRGNPO	仰光						ESE	NE	2
3	国家海洋环...	2018-12-07...	24小时	2018-12-07 08:51:06	海面风	002480	关丹港						N...	N	3-4
4	国家海洋环...	2018-12-07...	24小时	2018-12-07 08:51:06	海面风	002490	吉大港						N...	NE	2-3
5	国家海洋环...	2018-12-07...	24小时	2018-12-07 08:51:06	海面风	002520	吉达港						N		5
6	国家海洋环...	2018-12-07...	24小时	2018-12-07 08:51:06	海面风	002450	塞得港						W...		6
7	国家海洋环...	2018-12-07...	24小时	2018-12-07 08:51:06	海面风	002440	塞拉莱港						ESE	N	2-3
8	国家海洋环...	2018-12-07...	24小时	2018-12-07 08:51:06	海面风	IQADOHPO	多哈						N...	N	4-5
9	国家海洋环...	2018-12-07...	24小时	2018-12-07 08:51:06	海面风	IINBOMPO	孟买						NW	NNW	3-4
10	国家海洋环...	2018-12-07...	24小时	2018-12-07 08:51:06	海面风	IPHCEBPO	宿务						NE		4-5
11	国家海洋环...	2018-12-07...	24小时	2018-12-07 08:51:06	海面风	IVNDANPO	岘港						ENE	NE	3-4
12	国家海洋环...	2018-12-07...	24小时	2018-12-07 08:51:06	海面风	IIRBUSPO	布什尔						NW		3-4
13	国家海洋环...	2018-12-07...	24小时	2018-12-07 08:51:06	海面风	ITPDILPO	帝力						ENE	WSW	3-4
14	国家海洋环...	2018-12-07...	24小时	2018-12-07 08:51:06	海面风	IBNBSBPO	斯里巴加湾						N...	E	2-4
15	国家海洋环...	2018-12-07...	24小时	2018-12-07 08:51:06	海面风	002170	新加坡港						N...	N	2-3
16	国家海洋环...	2018-12-07...	24小时	2018-12-07 08:51:06	海面风	ITHBKKPO	曼谷						ENE		4-5
17	国家海洋环...	2018-12-07...	24小时	2018-12-07 08:51:06	海面风	IMYPENPO	槟城						NE		3
18	国家海洋环...	2018-12-07...	24小时	2018-12-07 08:51:06	海面风	002560	比通港						N		4
19	国家海洋环...	2018-12-07...	24小时	2018-12-07 08:51:06	海面风	002530	汉班托塔港						N...		3-4
20	国家海洋环...	2018-12-07...	24小时	2018-12-07 08:51:06	海面风	IIQFAOPO	法奥						W		2

图1.11 海洋预报要素信息表

1.6.4.3 网页产品的制作

编写网页程序，从入库的港口实时和统计产品读取数据，生成航行安全保障网页预报产品，如图1.12和图1.13所示。

图1.12 瓜达尔港港口统计预报图

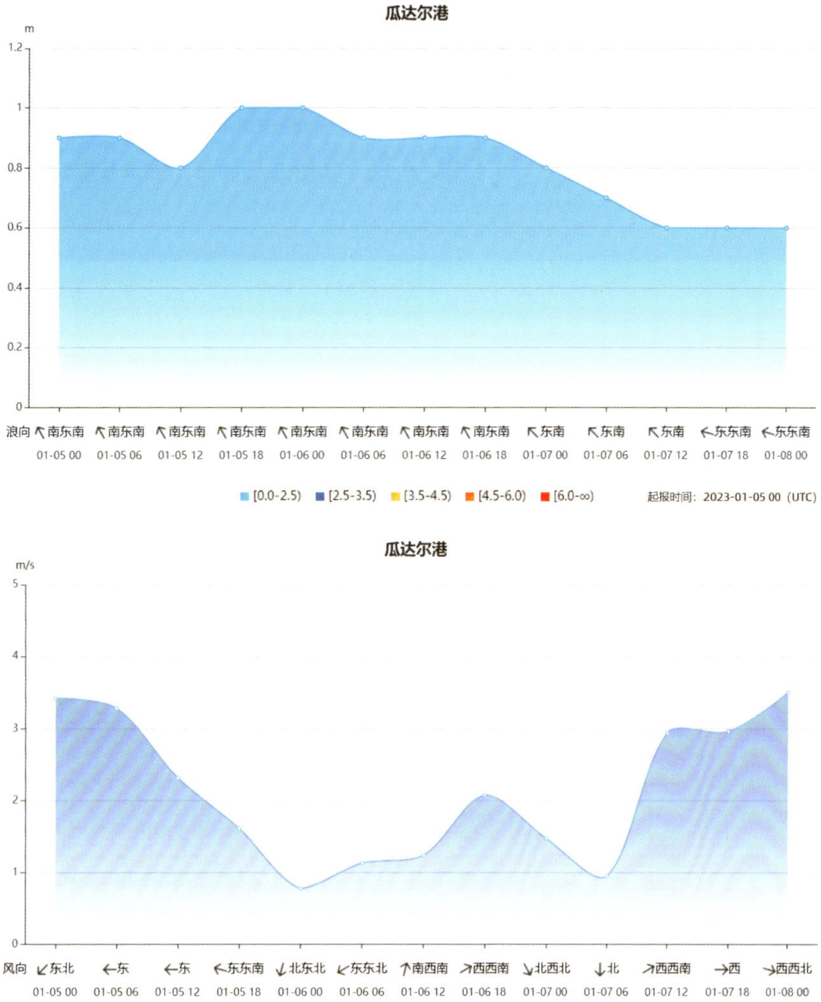

图1.13 瓜达尔港港口实时预报图

1.6.5 模式预报数据压缩归档

模式原始输出结果压缩归档主要用于长期检验使用，也可供更小范围的区域模式系统后报试验提供初始和边界条件。

模式原始输出结果为netCDF格式，数据体量较大，每日模式直接输出预报场约需占空间200 GB，因此大量数据的及时传输和压缩处理十分必要。压缩流程最终得到的归档数据约为原数据大小的10%，极大节约了存储空间并妥善存储了数据。

此外，还需对模式原始数据以及输出数据进行整合和变量筛选，以提供给其他产品部门进行后续可视化等操作。具体方法是采用NCL和NCO等软件，编写自动化生成脚本，先将非netCDF格式的数据进行转化，再对转化得到的netCDF格式数据文件进行目标变量筛选、区域截取等工作后，在时间维度上进行整合。该工作对后续部门对数据的使用、数据的可利用性上有了较好的提升。

第2章 海浪数值预报系统

2.1 系统技术架构

国家海洋环境预报中心“海上丝绸之路海洋环境安全保障系统”高分辨率海浪数值预报分系统采用国际先进的海浪数值预报模式（NOAA Wave WatchIII，以下简称NWW3），针对印度洋海域及周边区域的海洋特征，形成西行远洋航线海浪的业务化预报能力，从而为西行远洋航线提供高质量的有效波高、周期、波向等海浪要素产品。

基于最新的NWW3模式及其资料同化技术，针对印度洋海域及周边区域的气候和地理特征，优选和调整模式参数化和物理过程，建立“海上丝绸之路海洋环境安全保障系统”高分辨率海浪数值预报分系统（印度洋区域海浪数值预报分系统，以下简称“海浪系统”）。该系统的建立为远海军事活动、交通运输、国际灾害搜救等提供有效波高、波向、周期等海浪要素数值预报产品。

海浪系统以NWW3模式为核心，以NCEP和ECMWF全球天气预报场为主要大气强迫场来源，预报初始场经过HY-2卫星资料同化后提供。本预报系统以数据收集系统为根基，同化系统为主干，预报系统为分支，产品制作系统为末端，实现了数据收集、资料同化、数值预报、产品发布四大子系统分离的树形架构。

在树形架构下，每个子系统相互独立，通过数据文件耦合在一起。既利于系统维护，又提高了系统整体效率。

实际业务化工作中，预报系统所需的强迫场、观测资料等必需数据并不一定在固定时间完成准备，因此，同化系统完全可以先于预报系统数小时执行，这样独立的同化系统可以有充足的时间准备出不同资料完备程度和不同同化方法下的多个分析场，以保证起报时刻预报系统至少存在一个可用的分析初始场。

独立的预报系统使得数值预报不再依赖前一日预报结果，而仅仅依赖同化系统。这样在系统故障需要补算时，当天预报和前几日补算或更新修正可以同时进行，极大地提高了在不稳定环境下系统的运行效率和容错能力。

准在线产品制作系统可以在预报尚未完成时利用预报系统的逐次输出制作并发布预报产品。其相对独立的结构能够实现多个数值预报过程产品的并行制作。

树形数值预报体系在资料充足、准备及时、计算环境稳定的情景下等价于传统顺序预报体系，在系统运行环境不稳定时能最大程度的保证预报产品及时输出。

2.2 观测数据收集与质量控制

2.2.1 同化数据

海洋二号（HY-2A）卫星是我国第一颗海洋动力环境卫星，于2011年8月16日发射成功。该卫星集主、被动微波遥感器于一体，具有高精度测轨、定轨能力与全天候、全天时、全球探测能力。其主要使命是监测和调查海洋环境，获得包括海面风场、浪高、海流、海面温度等多种海洋动力环境参数，遥感载荷包括微波散射计、雷达高度计和微波辐射计等。卫星轨道为太阳同步轨道，倾角99.34°，卫星在寿命前期采用重复周期为14天的回归冻结轨道，高度971 km，周期104.46分钟，每天运行13+11/14圈；在寿命后期采用重复周期 为168天的回归轨道，卫星高度973 km，周期104.50分钟，每天运行13+131/168圈。

2018年10月25日，我国成功发射HY-2B海洋动力卫星，设计寿命为5年，可以覆盖世界90%的海洋，并获得海洋动态环境数据，如海面温度、风速、海冰和降雨量等。在HY-2A卫星基础上，HY-2B卫星配备了两个新系统，跟踪和监测船只的自动识别系统。HY-2B卫星还可以在中国的近海和其他海域接收、存储和传输浮标测量数据。

2.2.2 检验数据

Jason-2卫星是Topex/Poseidon卫星和Jason-1卫星的后继星，由美国国家航空航天局（NASA）和法国空间研究中心（CNES）联合研制，发射于2008年6月20日，轨道高度及轨道倾角与Topex/Poseidon卫星和Jason-1卫星相同，分别为1 336 km和66°。其携带的新一代高度计Poseidon-3继续对全球海面进行高精度及实时监测。

Jason-3卫星是Jason-2卫星的继任微波高度计，于2016年1月17日发射升空。任务目标是继TOPEX/Poseidon卫星、Jason-1卫星和OSTM/Jason-2卫星之后提供连续的具有统一的精度和覆盖性的数据，支持对极端天气情况、海洋学和气候变迁的预测。Jason-3卫星继续提供高精度海洋地形学数据，在数据精度上超过TOPEX/Poseidon卫星、Jason-1卫星和Jason-2卫星，根据科学需求，每10天对全球海平面实现精度优于4 cm的测量，以便可以对海洋循环、气候变迁和海平面上升实现监测。Jason-3卫星轨道为非太阳同步圆轨道，轨道高度1 336 km（轨道周期2小时），轨道倾角66.038°，轨道回归周期9.9天（127圈回归）。Jason-3卫星搭载Poseidon-3B双频（5.3 GHz和13.6 GHz）高度计。

浮标资料来自美国NOAA国家浮标资料中心（National Data Buoy Center，NDBC，http://ww3.ndbc.noaa.gov/）。NDBC浮标可提供标准气象输出资料、连续风资料、海浪一维频谱资料等。标准气象输出资料包括风向、风速、气温、波高、波向等14个要素，其中波高为连续观测20分钟内所有波浪的1/3大波平均波高。浮标在每个整点前20分钟开始工作，连续测量20分钟并于每个整点时记录一次数据。

2.2.3 观测资料的质量控制

在将高度计波高数据应用于同化之前，需对其进行质量控制，以去除无效数据，开展了“海洋二号”卫星高度计有效波高数据的解码、质量控制和误差检验，研究建立了针对卫星高度计有效波高数据的质量控制方法。采用的方法是：直接去除无效数据和明显超出合理范围的有效波高数据；将卫星高度计反演的多种数据相互校正；水平一致性检验，如某一数据明显与邻近数据相差较大，则去除该数据；去除孤立点数据；利用海浪经验规律检验。

2.3　海浪资料同化方法

国家海洋环境预报中心早在2006年就利用国外的Jason系列卫星数据开展了海浪同化技术研究。2011年，我国自主发射的HY-2卫星改变了卫星海浪数据长期依赖国外的历史，为业务预报和检验提供了大量的近实时数据，作为HY-2卫星的重要应用之一，开展了HY-2卫星高度技数据验证对比和全球海浪卫星数据同化业务化应用研究工作，发展的“印度洋海浪同化预报系统”和“全球高分辨率海浪预报系统”已经在国家海洋环境预报中心投入业务运行，在全球范围内的海浪预报任务中发挥了重要作用。HY-2卫星高度数据验证结果表明，经过一个简单的统计修正之后，HY-2卫星高度计有效波高数据质量与国外Jason-1卫星、Jason-2卫星数据基本一致。这些研究为今后卫星高度计的应用研究打下了坚实基础。

本预报系统备有最优插值和集合最优插值两个同化模块，同化模块（包括NWW3模式）可以在Windows、Linux、IBM AIX等多个平台运行。

2.3.1　最优插值同化方法

最优插值法（Optimal Interpolation，OI）是在统计意义上使均方差达到最小的一种线性估计。在充分了解了背景场及观测场的误差性质后，给定观测资料对模式的权重系数，利用插值法将观测直接插值到模式网格点，然后根据观测与模式权重对模式状态进行更新。当误差满足高斯分布时，它也是系统的极大似然估计。在满足假定观测算子H为线性、B和R正定、背景误差与观测误差无偏并且互不相关的条件下，寻求背景场与观测值线性组合得到的分析场，使分析误差的方差达到最小。在海浪同化中，OI法的几个假定通常可以认为是成立的。OI法比较简单，计算量小，易于实现，计算过程内存需求不大，能够处理精度不同的各种资料，并且在分析中考虑了变量间所有的线性关系，如果能正确估计所选择观测量的值，计算代价相对较小，因此在许多国家的业务化预报中得到了广泛应用。

OI法把模型状态的分析值用背景场和观测数据的线性组合来表示：

$$X_a = X_b + K(d - HX_b) \tag{2.1}$$

$$K = BH^T\left[HBH^T + R\right]^{-1} \tag{2.2}$$

其中：X_a和X_b分别为网格点上模式状态的分析值向量和背景场向量；d为观测值向量；H为线性插值算子（本系统采用的方法为双线性插值），将模型状态向量映射到观测点上；K为权重矩阵；R和B分别为观测误差协方差矩阵及背景误差协方差矩阵。

一般用一个对角矩阵来表示观测误差协方差矩阵R，即$R_{ij}=\sigma_i^o\,\sigma_j^o\,\delta_{ij}$。其中：$\sigma_i^o$和$\sigma_j^o$分别代表模式网格点$i$和$j$处观测的均方根（RMS）误差；$\delta_{ij}$为$i$和$j$的函数（$i=j$时，$\delta_{ij}=1$；$i\neq j$时，$\delta_{ij}=0$）。

背景误差协方差B矩阵采用以下方法计算：$B_{ij}=\sigma_i^b\,\sigma_j^b\,\rho_{ij}$。其中：$\sigma_i^b$和$\sigma_j^b$分别为模式网格点$i$和$j$处的背景RMS误差；$\rho_{ij}$为背景误差相关函数。Greenslade等（2004）总结了以往学者采用的各种背景误差相关函数。其表现形式大多取为指数形式或者自回归形式，主要有以下列出的公式（4.3）（Lionello et al., 1992; Bender et al., 1996; Greenslade et al., 2001; 张志旭等, 2003; 郭衍游等, 2006）、公式（4.4）（Young et al., 1996; Breivik et al., 1994）、公式（4.5）（Voorrips et al., 1997; Aouf et al., 2006）以及公式（4.6）4种。

$$\rho_{ij} = \exp\left[-(\tfrac{d_{ij}}{L})\right] \tag{2.3}$$

$$\rho_{ij} = \exp\left[-\frac{1}{2}(\tfrac{d_{ij}}{L})^2\right] \tag{2.4}$$

$$\rho_{ij} = \exp\left[-(\tfrac{d_{ij}}{L})^{1.5}\right] \tag{2.5}$$

$$\rho_{ij} = \left(1+\tfrac{d_{ij}}{L}\right)\exp\left[-(\tfrac{d_{ij}}{L})\right] \tag{2.6}$$

其中：d_{ij}代表模式网格点i和j之间的距离，L代表背景误差的相关长度，它受空间变化的影响较为明显，低纬度地区的相关长度值比高纬度地区稍大（Greenslade, 2004）。

本系统的同化数据采用HY-2卫星高度计有效波高观测资料，背景场采用有效波高模式预报场。因此，同化时需要考虑的误差包括高度计的观测误差和WAVEWATCH III的模式预报误差。背景误差协方差B矩阵则采用以下经验公式：

$$B_{ij} = \sigma_p^2 \exp\left[-\left(d_{ij}/L\right)^2\right] \tag{2.7}$$

其中：σ_p代表模式预报背景场的RMS误差；d_{ij}为观测点之间的距离；L为相关长度。

2.3.2 集合最优插值同化方法

集合最优插值（Ensemble Optimal Interpolation，EnOI）是由Evensen(2003)提出的作为集合卡尔曼滤波的次优方法，还是以最优插值法为基础。与集合卡尔曼滤波（Ensemble Kalman Filter，EnKF）相似，EnOI也是利用集合样本来估计模式背景误差协方差，但EnKF是根据模式集合预报场来评估模式误差，其误差是随着模式积分实时变化的，而EnOI将EnKF所需的样本集合用静态的历史样本代替。因此，与EnKF相比，EnOI仅需对一个特定的样本进行分析，具有计算资源小、系统维护成本低的优点。

定义存储集合样本$X_i \in \Re^n$的矩阵为$A=\left(X_1, X_2,..., X_N\right)\in\Re^{n\times N}$，其中：$N$是集合成员数；$n$是模式状态向量的大小。定义存储在每一列的集合平均为$\overline{A}=A1_N$，其中$1_N\in\Re^{N\times N}$，矩阵中每个元素都为$1/N$。定义集合扰动矩阵为$A'=A-\overline{A}=A(I-1_N)$。定义集合协方差矩阵$P_b\in\Re^{n\times n}$为：

$$P_b = \frac{\alpha A'(A')^T}{N-1} \tag{2.8}$$

给定测量向量$d\in\Re^m$，其中m是测量数，我们可以定N个扰动观测的向量为$d_j=d+\varepsilon_j$, $j=1, \cdots, N$，它们可以存储在一个矩阵的列向量$d=(d_1,d_2,...,d_N), d\in\Re^{m\times N}$中，而集合平均等于0的扰动集合能够存储在矩阵$\gamma$中，$\gamma=(\varepsilon_1,\varepsilon_2,...,\varepsilon_N), \gamma\in\Re^{m\times N}$，由此我们可以构造观测误差协方差矩阵的集合表示：$R=\dfrac{\gamma\gamma^T}{N-1}$。从集合协方差矩阵角度表示的标准分析方程为：

$$X_a = X_b + P_bH^T(HP_bH^T+R)^{-1}(d-HX_b) \tag{2.9}$$

则集合最优插值的分析方程为：

$$X_a = X_b + \alpha A' A'^T H^T (\alpha H A' A'^T H^T + \gamma\gamma^T)^{-1} (d - HX_b) \tag{2.10}$$

或：

$$X_a = X_b + \alpha A' A'^T H^T \left[\alpha H A' A'^T H^T + (N-1)R\right]^{-1} (d - HX_b) \tag{2.11}$$

其中：X_a和X_b分别表示状态向量的分析场和背景场；H为观测算子。式中$\alpha \in (0,1]$表示对背景场误差协方差场赋予的权重。这是因为背景场误差协方差信息储存在集合样本中，若相对于真实误差有较大差异，就需要通过调整α值来调整背景场误差协方差的量值。

为了避免观测个数较多引起的计算问题，对模式状态向量的样本协方差矩阵采用局地化操作。假设只有距格点某一范围内的观测会影响这一格点的分析，给定影响半径即观测点到网格点的最大距离，筛选出对该点有影响的观测数据，然后对每个网格点进行分析计算（图2.1）。

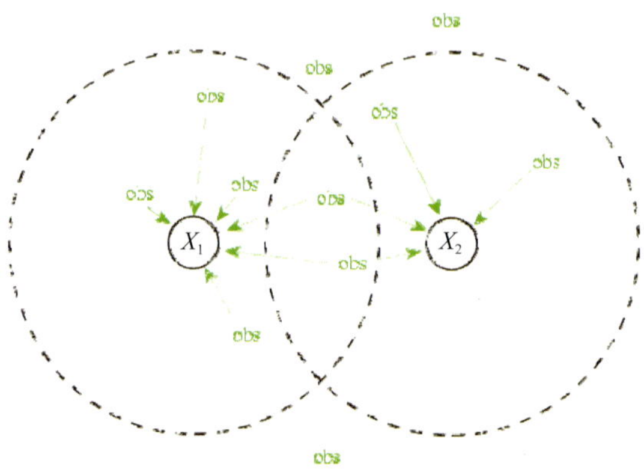

图2.1　EnOI局部分析（Bouttier, F. and Courtier, P., 1999）

为了避免被同化影响区域与无同化影响区域交界处在同化后出现明显不连续情况，在实际数值实现过程中，对观测更新赋予如下权重：

$$weight = \begin{cases} \left[\dfrac{1+\cos(\pi \times dis / radius)}{2}\right]^2 & dis \leqslant radius \\ 0 & dis > radius \end{cases} \tag{2.12}$$

使得同化过程中能够体现距观测越近的网格点受更新（$d-HX_b$）影响越大，越远影响越小，直至超出影响半径则不受同化影响。分析流程如图2.2所示。

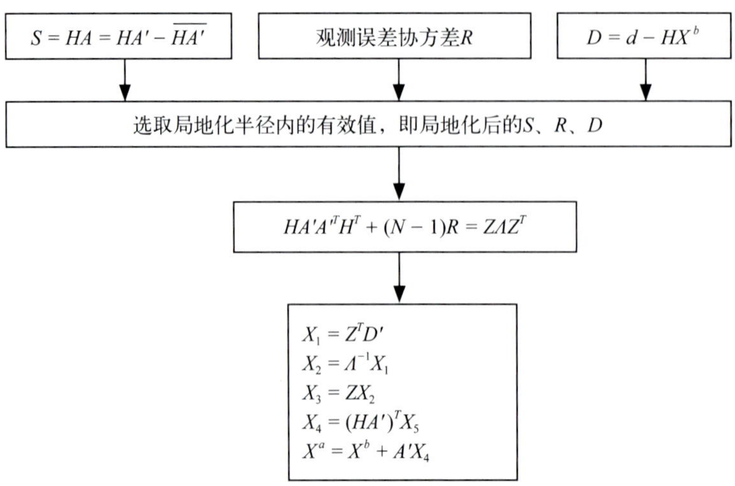

图2.2　EnOI局地化分析流程

2.3.3 同化数据的订正

开展了卫星高度计有效波高数据的误差检验，为数据同化提供必要的关键参数。具体是以美国国家浮标中心的浮标数据对数据进行质量控制和时、空配准，利用浮标数据对卫星高度计有效波高数据进行了验证。结果表明，Jason-1卫星和Jason-2卫星没有明显的系统性误差，而HY-2A卫星数据系统性偏低；在去除如表2.1所示系统性偏差后，3颗卫星的均方根误差没有明显差异，如图2.3和表2.2所示。

表2.1 卫星数据验证方法

卫星数据	Jason-1（二进制）、Jason-2（netcdf）、HY-2A（netcdf）
用于检验的数据	美国国家浮标中心的浮标数据
检验方法	质量控制和数据配准
检验结果	依赖于质量控制水平

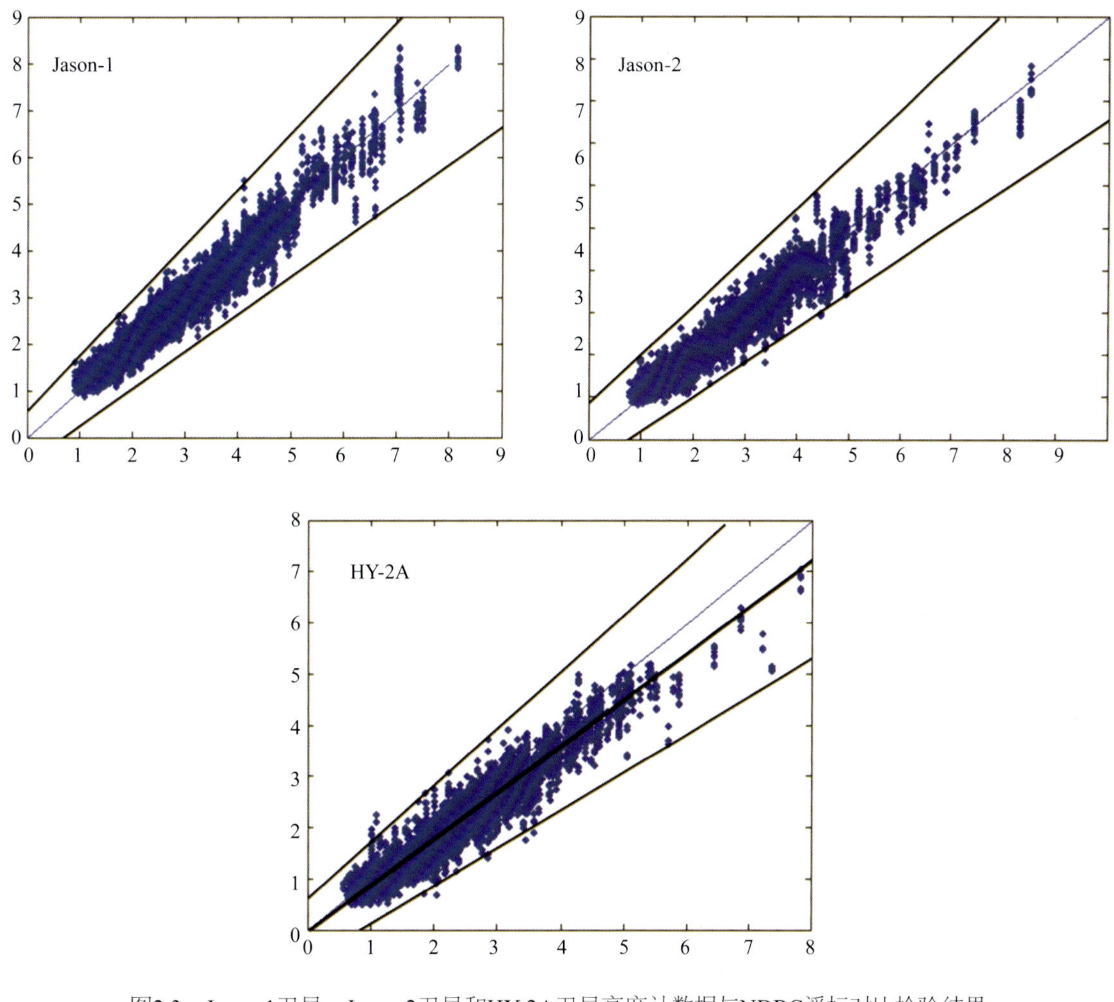

图2.3 Jason-1卫星、Jason-2卫星和HY-2A卫星高度计数据与NDBC浮标对比检验结果
横坐标为浮标观测的海浪有效波高（单位：m）；纵坐标为卫星高度计有效波高数据（单位：m）

表2.2 卫星数据检验结果

指标	偏差	均方根	标准差	相关系数	相对误差	偏度	峰度	数据个数
HY-2A	−0.302	0.411	0.280	0.961	0.160	−0.365	2.788	8325
Jason-1	−0.037	0.262	0.260	0.978	0.079	−0.361	2.721	9490
Jason-2	−0.039	0.260	0.257	0.973	0.086	−0.506	2.829	11867

2.4 海浪NWW3模式数值预报系统

NWW3（NOAA WaveWatch III）模式是世界上常用的第三代海浪模式，采用了与其他第三代海浪模式不同的物理过程，数值方法上采用了精度较高的三阶差分格式，并发展了一种空间平均法解决所谓GSE效应，适合于较大尺度的海浪预报（碎波带以外）。与其他模式不同，NWW3模式在波数–方向谱空间求解作用量平衡方程。

2.4.1 NWW3模式的源函数

在NWW3模式当中，海浪谱采用波数–方向（k, θ）坐标，波浪控制方程变为以下形式：

$$\frac{\partial N}{\partial t}+\frac{\partial c_\lambda N}{\partial \lambda}+\cos^{-1}\varphi\frac{\partial c_\varphi \cos\varphi N}{\partial \varphi}+\frac{\partial c_k N}{\partial k}+\frac{\partial c_\theta N}{\partial \theta}=\frac{S_{tot,k}}{\sigma} \tag{2.13}$$

$$<\eta^2>=\int_0^{+\infty}\int_0^{2\pi}\sigma N(t;\lambda,\varphi;k,\theta)dkd\theta \tag{2.14}$$

$$\frac{d\lambda}{dt}=c_\lambda=\frac{c_g\cos\theta+u_\lambda}{R\cos\varphi} \tag{2.15}$$

$$\frac{d\varphi}{dt}=c_\varphi=\frac{c_g\sin\theta+u_\varphi}{R} \tag{2.16}$$

$$\frac{dk}{dt}=c_k=-\left(\frac{\partial\sigma}{\partial d}\frac{\partial d}{\partial s}+\vec{k}\cdot\frac{\partial\vec{u}}{\partial s}\right) \tag{2.17}$$

$$\frac{d\theta}{dt}=c_\theta=-\frac{1}{k}\left(\frac{\partial\sigma}{\partial d}\frac{\partial d}{\partial m}+\vec{k}\cdot\frac{\partial\vec{u}}{\partial m}\right)-\frac{c_g\tan\varphi\cos\theta}{R} \tag{2.18}$$

其中：R表示地球半径；s、m分别表示沿波浪传播方向和垂直于θ波浪传播方向。波浪控制方程右边的S_{tot}代表能量源项和汇项，可写成不同类型的源项之和：

$$S_{tot,k}=S_{\rm in}+S_{\rm n14}+S_{\rm ds}+S_{bot} \tag{2.19}$$

其中，$S_{\rm in}+S_{\rm n14}+S_{\rm ds}+S_{bot}$分别代表风输入、非线性四波相互作用、深水波浪耗散、底摩擦。其中底摩擦项和四波相互作用项采用与SWAN（JONSWAP）相同的公式，风输入和深水波浪耗散项采用了不同的公式。

应当注意的是NWW3模式与SWAN模式中的作用量谱和源函数的关系如下：

$$N(k,\theta)=c_g N(\sigma,\theta) \tag{2.20}$$

$$S_{tot,k}=c_g S_{tot,\sigma} \tag{2.21}$$

在下面的说明中，如果NWW3模式与SWAN模式所采用的源函数在形式上存在如上关系，那么就说明两个模式采用同一种参数化系统。

NWW3模式的风输入项是线性增长和指数增长之和：

$$S_{\text{in}}(k,\theta)=A+\sigma\beta N(k,\theta) \tag{2.22}$$

其中，A代表Phillips线性增长（Cavaleri和Malanotte-Rizzoli, 1981；Tolman, 1998），与SWAN模式中相同。无量纲风能量传输率B代表指数增长，所采用的公式是小尺度湍流边界层结果（Chalikov 1980；Burgers 和 Makin, 1993； Chalikov和 Belevich, 1993），近似可以表示为：

$$10^4\beta=\begin{cases}-a_1\tilde{\sigma}_a^2 & \tilde{\sigma}_a\leqslant -1\\ a_3\tilde{\sigma}_a(a_4\tilde{\sigma}_a-a_5)-a_6 & -1<\tilde{\sigma}_a<\Omega_1/2\\ (a_4\tilde{\sigma}_a-a_5)\tilde{\sigma}_a & \Omega_1/2<\tilde{\sigma}_a<\Omega_1\\ a_7\tilde{\sigma}_a-a_8 & \Omega_1<\tilde{\sigma}_a<\Omega_2\\ a_9(\tilde{\sigma}_a-1)^2+a_{10} & \Omega_2<\tilde{\sigma}_a\end{cases} \tag{2.23}$$

$$\begin{aligned}\tilde{\sigma}_a&=\frac{\sigma u_\lambda}{g}\cos(\theta-\theta_w)\\ \lambda_a&=\frac{2\pi}{k\left|\cos(\theta-\theta_w)\right|}\end{aligned} \tag{2.24}$$

其中：$\tilde{\sigma}_a$是无量纲频率；u_λ是一个波长高度处$z=\lambda_a$的平均风速；θ_w是波浪方向。参数$a_1\sim a_{10}$以及Ω_1、Ω_2依赖于一个波长高度处$z=\lambda_a$的风拖曳系数C_λ：

$$\begin{aligned}&\Omega_1=1.075+75C_\lambda && \Omega_2=1.2+300C_\lambda\\ &a_1=0.25+395C_\lambda && a_3=(a_0-a_2-a_1)/(a_0-a_4+a_5)\\ &a_2=0.35+150C_\lambda && a_5=a_4\Omega_1\\ &a_4=0.30+300C_\lambda && a_6=a_0(1-a_3)\\ &a_9=0.35+240C_\lambda && a_7=\left[a_9(\Omega_2-1)^2+a_{10}\right]/(\Omega_2-\Omega_1)\\ &a_{10}=-0.05+470C_\lambda && a_8=a_7\Omega_1\\ & && a_0=0.25a_5^2/a_4\end{aligned} \tag{2.25}$$

由风速剖面可以计算C_λ（κ是卡尔曼常数，模式中取0.4）：

$$u_z=\frac{u_*}{\kappa}\ln\frac{z}{z_0},z_0=\chi\sqrt{\alpha}u_*^2/g,\chi=0.2,\alpha=0.57\left(\frac{u_*}{c_p}\right)^{3/2} \tag{2.26}$$

根据上式，NWW3模式中首先根据z_r高度上的输入风速u_r，采用拟合函数方法计算出C_r，再计算出对数风速廓线的粗糙度参数、λ_a高度上的风速和粗糙度：

$$C_r=10^{-3}\left(0.021+\frac{10.4}{R^{1.23}+1.85}\right),R=\ln\left(\frac{gz_r}{\chi\sqrt{\alpha u_r^2}}\right),\chi=0.2,\alpha=0.57\left(\frac{u_*}{c_p}\right)^{3/2} \tag{2.27}$$

$$z_0 = z_r \exp\left(-\kappa\sqrt{C_r}\right)$$

$$u_\lambda = u_r \frac{\ln(\lambda_a / z_0)}{\ln(z_r / z_0)}$$

$$C_\lambda = C_r\left(\frac{u_a}{u_\lambda}\right)^2$$

按照上述公式计算的C_λ在风速较大时（台风或飓风）偏大，NWW3模式采用了高风速截断（大约对应于18 m/s风速）$C_r = \min(0.0025, C_r)$ 或者$C_r = 0.0025 * \tanh(C_r / 0.0025)$。

其中风浪风频率按公式（2.28）计算：

$$f_{p,i} = \frac{\iint f^{-2} c_g^{-1} \max[0, S_{in}] df d\theta}{\iint f^{-3} c_g^{-1} \max[0, S_{in}] df d\theta} \tag{2.28}$$
$$\tilde{f}_p = 3.6\times10^{-4} + 0.92 f_{p,i} - 6.3\times10^{-10} f_{p,i}^{-3}$$

上面的源函数中包含弱风和逆风的情况，按照上面的公式计算全球涌浪会出现过度耗散现象，因此对涌浪部分的源函数进行了过滤

$$S_{i,m} = \begin{cases} S_{in} & \beta > 0, f > 0.8 f_p \\ \alpha_1 S_{in} & \beta > 0, 0.6 f_p < f < 0.8 f_p \\ \alpha_2 S_{in} & \beta > 0, f < 0.6 f_p \end{cases} \tag{2.29}$$

其中，$0<\alpha_2<1$是调整涌浪耗散的经验常数，而α_1是为了涌浪和风浪的风输入函数光滑衔接引进的过滤参数。

NWW3模式的耗散项是高频耗散和低频耗散之和。波浪谱的低频部分耗散采用了涡黏形式：

$$S_{ds,l}(k,\theta) = -2u_* h k^2 \phi N(k,\theta) \tag{2.30}$$

$$h = 4\sqrt{\int_0^{2\pi}\int_{f_h}^{\infty} F(f,\theta) df d\theta} \tag{2.31}$$

其中，h的含义为由高频波确定的混合尺度，$f_{hf} = 3.00 f_{p,i}$，ϕ是经验函数，选择为$f_{p,i}$的线性函数（Tolman和Chalikov, 1996）：

$$\phi = b_0 + b_1 f_{p,i} \tag{2.32}$$

上式表明，风浪低频部分的耗散率随风浪成长而减小，其行为可以近似为线性关系。当波浪达到完全饱和状态（既不随风区成长、也不随风时成长），这时可以根据饱和风浪关系估计出一个最小频率$f_{p,i,\min}$，模式中调试为0.009，同时调试出一个最小$\phi_{\min}$。为了使风浪成长阶段的耗散率与完全饱和阶段的耗散率平滑衔接，在ϕ中引进$f_{p,i}$的高次幂项：

$$\phi = b_0 + b_1 f_{p,i} + b_2 f_{p,i}^{-b_3} \tag{2.33}$$

其参数确定方法是：当线性耗散函数高于$\phi_{\min}$时：

$$b_2 = f_{p,i,\min}^{-b_3}(\phi_{\min} - b_0 - b_1 f_{p,i}), b_3 = 8 \tag{2.34}$$

当线性耗散函数低于$\phi_{\min}$时，使ϕ当频率$f_{p,i}$在特定值f_b达到极小值，并且当$f_{p,i} < f_b$时不再减小

（风浪达到完全饱和状态）：

$$
\begin{aligned}
& f_a = \frac{\phi_{\min} - b_0}{b_1}, f_b = \max\left(f_a - 0.0025, f_{p,i,\min}\right) \\
& b_2 = f_b^3\left(\phi_{\min} - b_0 - b_1 f_b\right) \\
& b_3 = \frac{b_1 f_b}{\phi_{\min} - b_0 - b_1 f_b}
\end{aligned}
\tag{2.35}
$$

波浪谱的高频耗散采用了经验的饱和形式：

$$
\begin{aligned}
& S_{ds,h}(k,\theta) = -a_0\left(\frac{u_*}{g}\right)^2 f^3 \alpha_n^B N(k,\theta) \\
& B = a_1\left(\frac{f u_*}{g}\right)^{-a_2} \\
& \alpha_n = \frac{\sigma^6}{c_g g^2 \alpha_r}\int_0^{2\pi} N(k,\theta)\, d\theta
\end{aligned}
\tag{2.36}
$$

其中：α_n的含义是无量纲Phillips饱和谱水平；a_0、a_1、α_r是经验参数。α_r的调试值为0.002，其他参数见表2.3。

表2.3 NWW3模式中的风浪依赖参数

推荐值	a_0	a_1	a_2	b_0	b_1	ϕ_{min}
稳定边界层	4.8	1.7e−4	2.0	3e−4	0.47	0.003
不稳定边界层	4.5	2.3e−3	1.5	−5.8e−3	0.60	0.003

NWW3模式高频和低频耗散的衔接采用了线性过渡的形式：

$$
\begin{aligned}
& S_{ds}(k,\theta) = A S_{ds,l} + (1-A) S_{ds,h} \\
& A = \begin{cases} 1 & f < f_1 \\ \dfrac{f - f_2}{f_1 - f_2} & f_1 < f < f_2 \\ 0 & f > f_2 \end{cases}
\end{aligned}
\tag{2.37}
$$

其中：

$$
\begin{aligned}
& f_{hf} = 3.00 f_{p,i} \\
& f_1 = 1.75 f_{p,i} \\
& f_2 = 2.50 f_{p,i} \\
& f_h = 2.0 f_{p,i}
\end{aligned}
\tag{2.38}
$$

由于NWW3模式采用了不同的参数化公式，因此在模式调试过程中，与SWAN模式（或者WAM）模式不同的是，四波相互作用项的系数为1e−7，仅为SWAN模式（或者WAM模式）的1/3。

2.4.2 NWW3模式的数值计算方法

NWW3模式采用了时间分裂算法，模式中共定义了四种积分时间步长：第一种是由使用者给出的整体积分时间步长Δt_g；第二种是用于计算波浪在地理空间传播的平流时间步长

$$\Delta t_{p,m} = \frac{\dot{x}_{p,r}}{\dot{x}_{p,m}} \Delta t_{p,r} \tag{2.39}$$

其中：$\Delta t_{p,r}$是使用者给出的长波平流时间步长；$\Delta t_{p,m}$是短波平流时间步长；$\dot{x}_{p,r}$是最长波的最大传播速度；$\dot{x}_{p,m}$是短波的传播速度；第三种是谱空间的时间步长，在大尺度计算中取为$\Delta t_{p,r}$；第四种是源项积分时间步长，它是动态调整的，其调整方法如下：一个平流时间步长$\Delta t_{p,r}$被分解为多个源项积分时间步长Δt_d^n，在一个源项积分时间步长内作用量的变化为：

$$\Delta N(k,\ \theta) = \frac{S(k,\ \theta)}{1-\varepsilon D(k,\ \theta)\Delta t_d^n} \tag{2.40}$$

其中：D是由源函数离散化得到的对角部分；ε=1为常数。Δt_d^n由下面连续计算得到。

$$\begin{aligned}
\Delta t_d^n &= \min_{f<f_{hf}}\left[\frac{\Delta N_m}{|S|}\left(1+\varepsilon D\frac{\Delta N_m}{|S|}\right)^{-1}\right] \\
\Delta t_d^n &= \max\left[\Delta t_d^n, \Delta t_{d,\min}^n\right] \\
\Delta t_d^n &= \min\left[\Delta t_d^n, \Delta t_g - \sum_{i=1}^{n-1}\Delta t_d^n\right]
\end{aligned} \tag{2.41}$$

其中：$\Delta t_{d,\min}^n$是使用者定义的最小源项积分时间步长；ΔN_m是一个源项积分时间步内作用量的最大改变量。

$$\begin{aligned}
\Delta N_m &= \min\left[\Delta N_p, \Delta N_r\right] \\
\Delta N_p &= X_p \frac{6.2e-5}{\pi}\frac{(2\pi)^4}{g^2}\frac{1}{\sigma k^3} \\
\Delta N_r &= X_r\left[N, N_f\right] \\
N_f &= \max\left[\Delta N_p(k_{\max},\theta), X_f \max_{\forall k,\theta}(N)\right]
\end{aligned} \tag{2.42}$$

其中，X_p、X_r、X_f分别为0.15、0.1、0.05。

相应的积分方程变为：

$$N^i = N^{i-1} + \frac{S\Delta t_d^n}{1-\varepsilon D\Delta t_d^n}, i=1,2,\cdots n \tag{2.43}$$

NWW3模式的波浪传播项的计算采用了ULTIMATE QUICKEST（Leonard, 1979, 1991; Davis and More, 1982）算法。在地理空间中，将控制方程的波浪传播项改写为：

$$\begin{aligned}
&\frac{\partial \tilde{N}}{\partial t} + \frac{\partial c_\lambda \tilde{N}}{\partial \lambda} + \frac{\partial c_\varphi \tilde{N}}{\partial \varphi} = 0 \\
&\tilde{N} = \cos\varphi N / c_g
\end{aligned} \tag{2.44}$$

下面以沿纬圈传播为例说明计算过程（其他分量与之类似），格点i与格点$i-1$之间的通量由

公式（2.45）计算

$$
\begin{aligned}
&F_{i,-}=\left[\dot{\varphi}_b\tilde{N}_b\right]^n\\
&\dot{\varphi}_b=(\dot{\varphi}_{i-1}+\dot{\varphi}_i)/2\\
&\tilde{N}_b=0.5\left[(1+C)\tilde{N}_{i-1}+(1-C)\tilde{N}_i\right]-\left(\frac{1-C^2}{6}\right)\gamma(\Delta\varphi)^2\\
&\gamma=\begin{cases}\tilde{N}_{i-2}-2\tilde{N}_{i-1}+\tilde{N}_i)(\Delta\varphi)^2 & for\ \dot{\varphi}_b\geqslant 0\\ \tilde{N}_{i-1}-2\tilde{N}_i+\tilde{N}_{i+1})(\Delta\varphi)^2 & for\ \dot{\varphi}_b\leqslant 0\end{cases}
\end{aligned}
\tag{2.45}
$$

其中，$C=\dot{\varphi}_b\Delta t/\Delta\varphi$ 是CFL数，为了保证算法稳定必须使CFL数小于1。为了保证算法不出现非物理溢出，对通量最大值进行了限制，首先定义：

$$
\begin{aligned}
&N_c=\tilde{N}_{i-1},\ N_u=\tilde{N}_i,\ N_d=\tilde{N}_{i-2} \qquad for\ \dot{\varphi}_b\geqslant 0\\
&N_c=\tilde{N}_i,\ N_u=\tilde{N}_{i-1},\ N_d=\tilde{N}_{i+1} \qquad for\ \dot{\varphi}_b<0\\
&\bar{N}=\frac{\tilde{N}-N_u}{N_d-N_u}
\end{aligned}
\tag{2.46}
$$

其中，$\bar{N}$定义为自变量为$\tilde{N}$的函数，通量限制形式为：

$$
\begin{aligned}
&\bar{N}_c\leqslant\bar{N}_b\leqslant 1,\bar{N}_b\leqslant\bar{N}_c C^{-1} \qquad \bar{N}_c\in[0,1]\\
&\bar{N}_b=\bar{N}_c \qquad \bar{N}_c\notin[0,1]
\end{aligned}
\tag{2.47}
$$

由于NWW3模式采用的是三阶差分格式，因此会产生较强的GSE效应，Tolman空间平均法被用于减小这种误差（图2.4）。

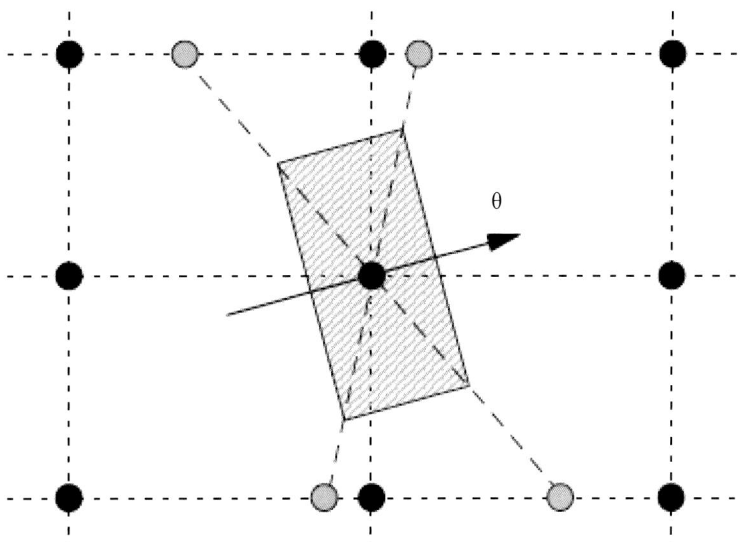

图2.4　Tolman 平均法减小GSE示意图

图中箭头方向为波浪传播方向，其单位矢量为 $\vec{e}_s$，垂直于传播方向的单位矢量为 $\vec{e}_n$

中间点的Tolman平均值由矢量$\pm\alpha_s\Delta c_g\Delta t\vec{e}_s$，$\pm\alpha_n c_g\Delta t\vec{e}_n$构成的四顶点值的平均给出。其中$\alpha_s$、$\alpha_n$是经验参数，默认取为1.5。

2.4.3 预报系统设计

根据印度洋区域地理位置特点，采用嵌套方法建立印度洋区域的海浪数值预报系统。外层海域范围为全球0°—360°E，78°S—78°N，分辨率为(1/4)°×(1/4)°，采用开边界条件；内层海域范围为20°—130°E，40°S—40°N，分辨率为(1/12)°×(1/12)°。外层海域计算结果经插值后为内层提供边界条件。

预报系统结构设计包括模式预配置模块（网格区域设置，物理过程数值算法选择，嵌套边界设置，地形边界预处理）；风场预处理模块（风场数据选择、插值、格式转换，预报初始场生成）；预报主模块（计算海浪要素预报场，依据输出配置方案进行预报结果输出，形成边界条件和热启动文件）；预报后处理模块（对预报数据进行后处理输出和检验，制作可视化产品）。

海浪模式的主要物理过程和算法选择对比见表2.4，海浪数值预报系统流程图如图2.5。

表2.4　海浪模式的主要物理过程和算法选择对比

参数化	NWW3
线性成长	Cavaleri和Malanotte-Rizzoli参数化，Tolman截断
指数成长	Tolman和Chalikov参数化，稳定边界层参数选择
四波相互作用	DIA参数化（tolman调整）
深水波浪耗散	低频涡黏型、高频饱和型、涌浪边界层经验拟合参数化
拍岸浪破碎耗散	Battjes-Janssen参数化
底摩擦	Jonswap参数化
平流算法	3阶交替隐式差分
GSE修正	Booij & Holthuijsen，Tolman平均、隐式差分扩散

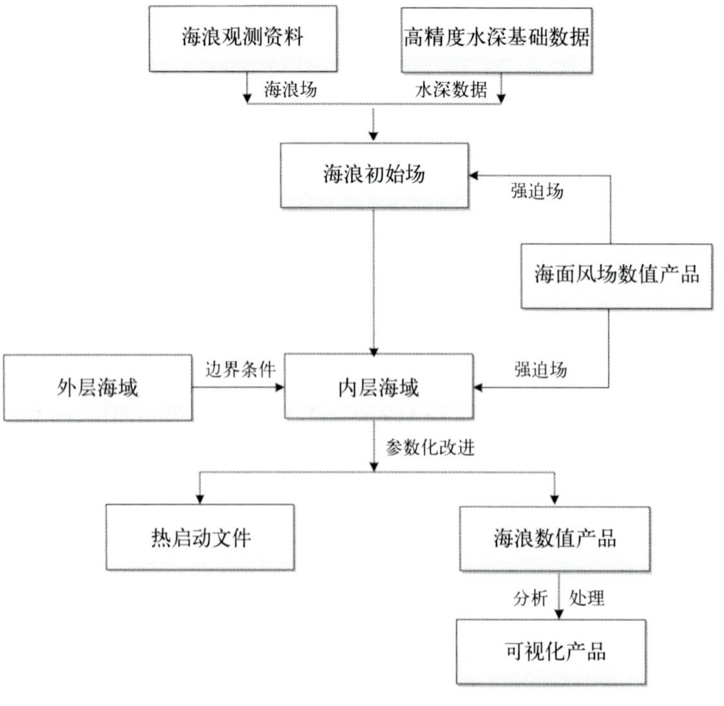

图2.5　海浪数值预报系统流程图

2.5 预报系统后报检验

2.5.1 检验方法

为了验证印度洋海浪预报的效果，本系统采用Jason-3卫星高度计有效波高数据检验NWW3模式的业务化海浪预报结果，每个月进行一次统计。在检验的过程中，为简便起见，在统计分析中将预报时效为0～24小时的预报纳入一个统计组进行误差统计分析，同理24～48小时预报、48～72小时预报的含义与此类似。检验统计量包括：平均误差或偏差、均方根误差或标准差、相关系数和相对误差，其含义由公式定义为（P_i为预报值，O_i为观测值，N为样本个数）：

平均误差：平均误差计算时正负误差抵消，反映的是统计区域内的某种系统性误差。

$$T_{\mathrm{ME}}=\frac{1}{N}\sum_{i=1}^{N}(F_i-O_i) \tag{2.48}$$

均方根误差（标准差）：均方根误差反映统计区域内误差幅度的平均状况。

$$T_{\mathrm{RMSE}}=\sqrt{\left[\frac{1}{N}\sum_{i=1}^{N}(F_i-O_i)^2\right]-T_{\mathrm{ME}}^2} \tag{2.49}$$

相关系数：交叉相关系数反映要素的预报场和实况场之间的相关程度。

$$CCR=\frac{\sum_{i=1}^{N}(F_i-\bar{F})(O_i-\bar{O})}{\left[\sum_{i=1}^{N}(F_i-\bar{F})^2\sum_{i=1}^{N}(O_i-\bar{O})^2\right]^{\frac{1}{2}}} \tag{2.50}$$

相对误差：相对绝对误差反映了预报结果相对于检验标准的偏离度。

$$T_{\mathrm{ARE}}=\frac{1}{N}\sum_{i=1}^{N}\left|\frac{F_i-O_i}{O_i}\right| \tag{2.51}$$

2.5.2 统计方法

在统计检验过程中，首先进行时间空间配准。将每一颗卫星数据前后0.5小时的数据作为该整点时刻的数据，读取0～24小时预报时段内该时刻的预报场，按照卫星数据的经纬度坐标，将预报数据双级性插值到该点上，作为一对观测–预报检验数据，所有一个月内的预报检验数据作为一个基本统计数据集。同理可形成24～48小时预报、48～72小时预报检验数据集。对每一个数据集，按照前述统计量定义予以计算，计算结果制作成表格形式的统计结果。

2.5.3 检验结果

采用Jason-3卫星高度计有效波高数据对2018年7—9月印度洋海域的海浪数值预报结果进行了检验，检验结果见表2.5。结果表明，系统的误差相对较小，3天预报均方根误差在0.5 m以内，相对误差小于20%。

表2.5　Jason-3卫星2018年7—9月预报结果检验

时段	绝对误差（m）	标准差（m）	分散指数	相关系数	相对误差
24 h	−0.106	0.444	0.176	0.937	16.9%
48 h	−0.101	0.448	0.179	0.936	16.9%
72 h	−0.103	0.470	0.190	0.925	17.6%
96 h	−0.109	0.507	0.206	0.909	18.2%

采用Jason-2卫星高度计有效波高数据对2013—2017年印度洋海域的海浪后报试验结果进行了检验，检验结果见表2.6。结果表明，系统的误差相对较小，相对误差均在20%以内。

表2.6　Jason-2卫星2013—2017年后报试验检验相对误差

时段	2013年	2014年	2015年	2016年	2017年
24 h	16.0%	16.9%	17.1%	15.7%	14.9%
48 h	16.5%	17.3%	17.6%	16.2%	15.4%
72 h	17.3%	18.1%	18.3%	16.9%	16.1%

2.6　预报产品制作与系统运行

2.6.1　业务化运行设计

海上丝绸之路高分辨率海浪数值预报系统建立在NWW3模式的基础上，主要考虑了波浪在深水的生成、非线性四波相互作用和深水波浪耗散等物理过程。NWW3模式是世界上常用的第三代海浪模式，采用了与其他第三代海浪模式不同的物理过程，在数值方法上采用了精度较高的三阶差分格式，并生成了一种空间平均法解决GSE效应，适合于较大尺度的海浪预报。与其他模式不同，NWW3模式在波数-方向谱空间求解作用量平衡方程。进行了参数化优化、筛选和改进。

海上丝绸之路高分辨率海浪数值预报系统从2018年7月12日开始业务化试运行，运行平台为国家海洋环境预报中心外网33服务器，占用10个节点280个核（CPU），单次预报（同化48小时，预报120小时）总共需要2小时机时。

以NCEP的GFS风场和欧洲中心ECMWF风场为驱动，同化HY-2卫星高度计有效波高数据，开展日常海浪数值预报，自动后处理预报数据生成预报产品。主要过程如下：

（1）自动接收NCEP GFS/欧洲中心ECMWF风场预报产品，检查数据完整性，进行格式转换、范围和分辨率调整，生成全球和印度洋海浪预报所需的强迫场数据。

（2）从HY-2卫星数据服务器定时自动接收卫星高度计数据，判断数据完整性，进行解码、质量控制、格式转换，生成全球和印度洋海浪同化分析所需的标准化观测数据文件。

（3）以当天预报起报时刻（以00 h表示，下同）之前两天（−48h）的同化分析场为初始场，利用全球同化风场数据驱动海浪同化模式，顺序同化该时段内（−48h ~ 00h）的卫星高度计海浪有效波高数据，开展48小时（−48 h ~ 00 h）同化分析，形成当天预报起报时刻之前24小时的同化分析场（−24 h，作为明天同化分析的初始场）以及当天预报的初始场（00h）。

（4）以起报时刻的同化分析场为起报初始场，利用全球预报风场驱动全球海浪预报模式开展日常预报。预报过程中，除正常的产品输出之外，24小时、48小时、72小时等每24小时的预报中间结果也全部输出以备急需。

（5）全球海浪预报结束后，生成印度洋海浪预报系统的边界条件，开始印度洋区域的海浪同化预报，除计算范围外，具体计算过程与全球海浪相同（过程3至过程5）。

（6）全球和印度洋海浪预报结束后，对同化和预报数据分别进行归类整理、格式转换，自动进行绘图和统计分析，生成图形和预报表单，对预报产品数据和图表进行存储和分发。

2.6.2 预报产品管理模块

同1.6.1 内容。

2.6.3 系统运维子系统

同1.6.2 内容

2.6.4 静态和动态网页预报图

模式预报生成的预报结果为netCDF格式文件，基于NCL绘图软件绘制，图片分辨率为1600 dpi × 1600 dpi，每日定时上传至中心网站，分别提供00时刻、24时刻、48时刻、72时刻、96时刻、120时刻的静态预报图，可供海浪预报员参考使用。动态预报图为120小时内逐6小时预报结果图整合而成的动态预报图，主要用于预报系统对外展示，也对预报员掌握变化形势提供参考。所有静态预报图和动态预报图都分为中文图和英文图，即图中分别使用中、英文图注及说明。

以下给出2018年11月26日12时作为起报时刻的中、英文静态预报图示例（图2.6和图2.7）。

静态和动态网页预报图统一命名，命名规则如下：

en_nwpmodel_regioncode_element_layer_YYYYMMDDHH24UTC_hhh

其中，en英文标识符，cn中文标识符，en表示图片内容为英文产品，cn表示图片内容为中文产品；nwpmodel表示模式缩写，用于区分多种模式（本系统海浪模式用ww3表示）；regioncode表示区域缩写，用于区分地区（本系统用indian 表示）；element表示要素缩写，用于区分不同要素（本系统用swh表示）；layer表示垂直分层，用于区域高度层或者深度层；YYYYMMDDHH24UTC表示格式化的起报时间（UTC）字符串，其中UTC为固定指示码；hhh表示预报时效，三位数字，不足时左侧补0，000表示初始时刻，006表示起报时间外推的6小时，依次类推。

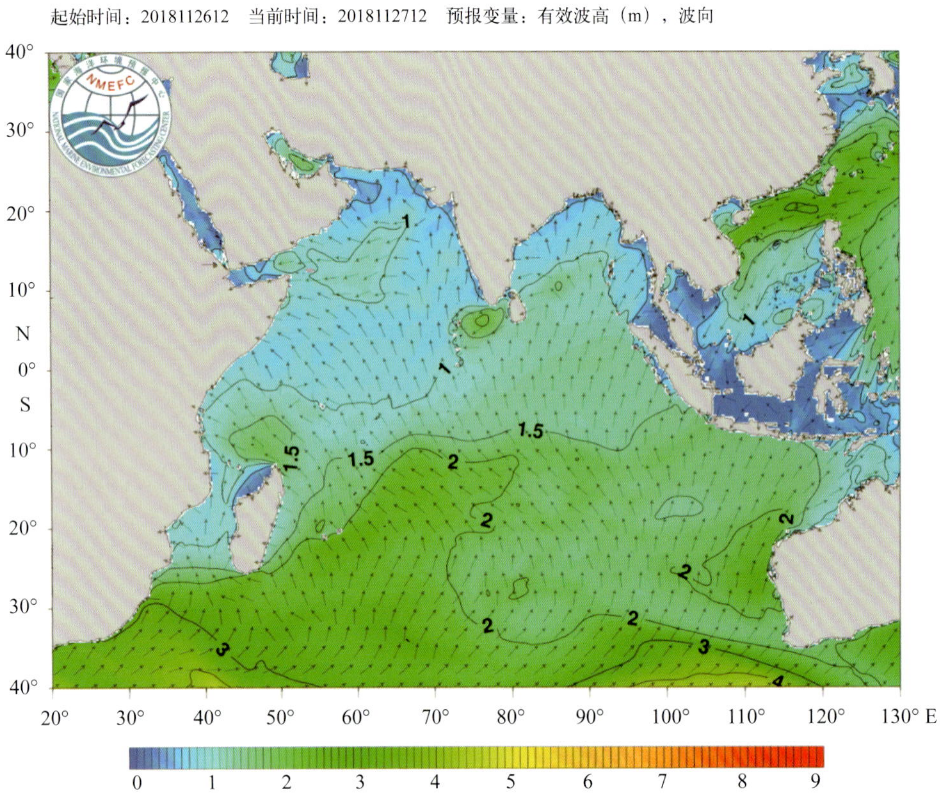

图2.6　预报时效24小时有效波高和波向（中文图示例）

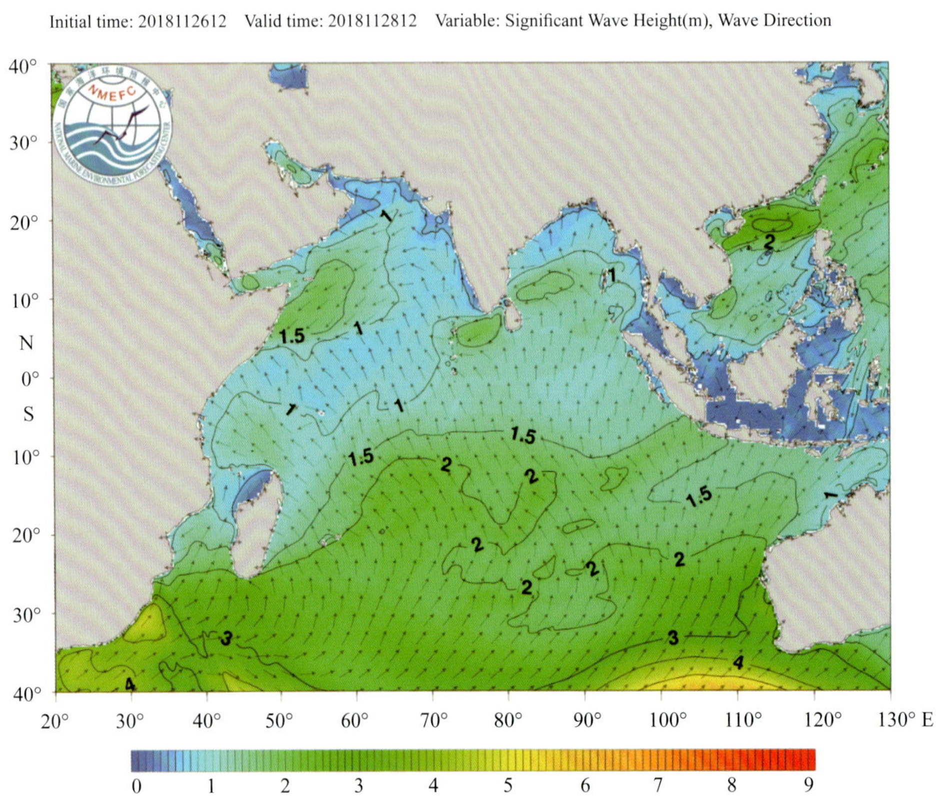

图2.7　预报时效48小时有效波高和波向（英文图示例）

2.6.5 航行安全保障产品制作（海外港口）

2.6.5.1 模式信息提取

根据海上丝绸之路航行安全保障系统网页产品的制作需求，通过编写信息提取程序，从模式预报结果提取相应港口位置的有效波高、波向等海浪要素信息。信息提取程序采用双线性插值算法，找到距离港口位置最近的四个模式网格点，经插值得到港口所在位置点的模式预报数据（表2.7）。

表2.7 海上丝绸之路环境保障服务（海外港口）

序号	中文名称	英文名称	编码	港口经纬度
1	雅加达（港）	Jakarta	002360	6°08′S, 106°45′E
2	比通港	Bitung	002560	1°26′N, 125°12′E
3	关丹港	Kuantan	002480	3°49′N, 103°18′E
4	新加坡（港）	Singapore	002170	1°22′N, 103°45′E
5	皎漂港	Kyaukpyu	002510	19°26′N, 93°34′E
6	西哈努克港	Sihanoukville	002470	10°38′N, 103°29′E
7	瓜达尔港	Gwadar Port	002460	25.2°N, 62.19°E
8	吉大港	Chittagong	002490	22°22′N, 91°48′E
9	索纳迪亚港	Sonādia	002500	21°29′N, 91°54′E
10	科伦坡（港）	Colombo	002540	6°55′N, 79°52′E
11	汉班托塔港	Hambantota	002530	6°11′N, 81°11′E
12	吉达（港）	Jeddah	002520	21°3′N, 39°1′E
13	塞拉莱港	Salalah	002440	17°0′N, 54°06′E
14	塞得港	Said	002450	31°14′N, 32°16′E
15	亚丁（港）	Aden	002550	12°47′N, 44°57′E
16	曼谷	Bankok	ITHBKKPO	13°5′N, 100°29′E
17	槟城	Penang	IMYPENPO	5°25′N, 100°21′E
18	岘港	Danang	IVNDANPO	16°4′N, 108°13′E
19	马尼拉南港	Manila South	UPHMANSPO	14°35′N, 120°58′E
20	宿务	Cebu	IPHCEBPO	10°17′N, 123°54′E
21	仰光	Yangon	IMMRGNPO	16°48′N, 96°9′E
22	斯里巴加湾	Bandar Seri Begawan	IBNBSBPO	4°56′N, 114°58′E
23	帝力	Dili	ITPDILPO	8°35′S, 125°35′E
24	孟买	Mumba	IINBOMPO	18°56′N, 72°51′E
25	吉布提	Djibouti	IDJDJIPO	11°36′N, 43°8′E
26	马累岛	Male Island	IMVMLIPO	4°11′N, 73°28′E
27	阿布扎比	Abu Dhabi	IAEABDPO	24°27′N, 54°23′E
28	布什尔	Bushehr	IIRBUSPO	29°00′32″N, 50°49′25″E
29	法奥	Fao	IIQFAOPO	29°58′N, 48°29′E
30	多哈	Doha	IQADOHPO	25°15′N, 51°34′E

2.6.5.2 提取信息的入库

模式积分的结果经过标准化和信息提取处理后，生成港口预报信息和航线预报信息，为适应网页产品制作数据接口标准，所提取的预报信息通过编写程序转化为XML格式（图2.8至图2.11），并编写自动上传脚本上传至数据库服务器，实现提取信息的入库。


```xml
<?xml version="1.0" encoding="utf-8"?>
<product>
  <version_number>1.0</version_number>
  <post_org>YB</post_org>
  <forecast_type>F</forecast_type>
  <product_type>GKJX</product_type>
  <post_time>2018120900</post_time>
  <predict_aging>024h</predict_aging>
  <area>010000</area>
  <element>FHL</element>
  <entities>
    <entity>
      <site>002360</site>
      <name>雅加达港</name>
      <wave_height_initial_value_from>0.1</wave_height_initial_value_from>
      <wave_height_initial_value_to />
      <wave_height_word />
      <wave_height_change_value_from />
      <wave_height_change_value_to />
      <wave_scale />
      <wave_dir_from>N</wave_dir_from>
      <wave_dir_to />
      <surge_height_initial_value_from />
      <surge_height_initial_value_to />
      <surge_height_word />
      <surge_height_change_value_from />
      <surge_height_change_value_to />
      <surge_dir_from />
      <surge_dir_to />
    </entity>
    <entity>
      <site>002560</site>
      <name>比通港</name>
      <wave_height_initial_value_from>1.3</wave_height_initial_value_from>
      <wave_height_initial_value_to />
      <wave_height_word />
      <wave_height_change_value_from />
      <wave_height_change_value_to />
      <wave_scale />
      <wave_dir_from>NNE</wave_dir_from>
      <wave_dir_to />
      <surge_height_initial_value_from />
      <surge_height_initial_value_to />
      <surge_height_word />
      <surge_height_change_value_from />
```


图2.8 24小时港口实时预报入库产品


```xml
<?xml version="1.0" encoding="utf-8"?>
<product>
  <version_number>1.0</version_number>
  <post_org>YB</post_org>
  <forecast_type>F</forecast_type>
  <product_type>GK</product_type>
  <post_time>2018120900</post_time>
  <predict_aging>024h</predict_aging>
  <area>010000</area>
  <element>FHL</element>
  <entities>
    <entity>
      <site>002360</site>
      <name>雅加达港</name>
      <wave_height_initial_value_from>0.2</wave_height_initial_value_from>
      <wave_height_initial_value_to>0.3</wave_height_initial_value_to>
      <wave_height_word />
      <wave_height_change_value_from />
      <wave_height_change_value_to />
      <wave_scale />
      <wave_dir_from>NNW</wave_dir_from>
      <wave_dir_to />
      <surge_height_initial_value_from />
      <surge_height_initial_value_to />
      <surge_height_word />
      <surge_height_change_value_from />
      <surge_height_change_value_to />
      <surge_dir_from />
      <surge_dir_to />
    </entity>
    <entity>
      <site>002560</site>
      <name>比通港</name>
      <wave_height_initial_value_from>1.3</wave_height_initial_value_from>
      <wave_height_initial_value_to>1.4</wave_height_initial_value_to>
      <wave_height_word />
      <wave_height_change_value_from />
      <wave_height_change_value_to />
      <wave_scale />
      <wave_dir_from>NNE</wave_dir_from>
      <wave_dir_to />
      <surge_height_initial_value_from />
      <surge_height_initial_value_to />
      <surge_height_word />
      <surge_height_change_value_from />
```


图2.9 24小时港口统计预报入库产品

海浪要素信息表

	单位	发布时间	预报时效	更新时间	预报要素	对象预报区域编码	对象预报区域名称	浪高初值起始值	浪高初值修订值	浪高变化转折词	浪高变化值起始值	浪高变化值修订值	浪级	浪向初始方向
1	国家海洋环...	2018-12-09...	24小时	2018-12-09 09:01:17	海浪	002550	亚丁港	0.5						E
2	国家海洋环...	2018-12-09...	24小时	2018-12-09 09:01:17	海浪	IMVMLI	马累岛	1.3						E
3	国家海洋环...	2018-12-09...	24小时	2018-12-09 09:01:17	海浪	002480	关丹港	1.0						NE
4	国家海洋环...	2018-12-09...	24小时	2018-12-09 09:01:17	海浪	002490	吉大港	0.2						SSW
5	国家海洋环...	2018-12-09...	24小时	2018-12-09 09:01:17	海浪	IDJDJI	吉布提	0.4						ENE
6	国家海洋环...	2018-12-09...	24小时	2018-12-09 09:01:17	海浪	002520	吉达港	0.8						NW
7	国家海洋环...	2018-12-09...	24小时	2018-12-09 09:01:17	海浪	002450	塞得港	0.6						WNW
8	国家海洋环...	2018-12-09...	24小时	2018-12-09 09:01:17	海浪	002440	塞拉莱港	0.6						ESE
9	国家海洋环...	2018-12-09...	24小时	2018-12-09 09:01:17	海浪	IQADOH	多哈	1.0						NNW
10	国家海洋环...	2018-12-09...	24小时	2018-12-09 09:01:17	海浪	IINBOM	孟买	0.7						WNW
11	国家海洋环...	2018-12-09...	24小时	2018-12-09 09:01:17	海浪	IPHCEB	宿务	1.3						NE
12	国家海洋环...	2018-12-09...	24小时	2018-12-09 09:01:17	海浪	IVNDAN	岘港	3.3						ENE
13	国家海洋环...	2018-12-09...	24小时	2018-12-09 09:01:17	海浪	IIRBUS	布什尔	0.8						NW
14	国家海洋环...	2018-12-09...	24小时	2018-12-09 09:01:17	海浪	ITPDIL	帝力	0.4						WNW
15	国家海洋环...	2018-12-09...	24小时	2018-12-09 09:01:17	海浪	IBNBSB	斯里巴加湾	1.3						N
16	国家海洋环...	2018-12-09...	24小时	2018-12-09 09:01:17	海浪	002170	新加坡港	0.3						NE
17	国家海洋环...	2018-12-09...	24小时	2018-12-09 09:01:17	海浪	ITHBKK	曼谷	0.5						SE
18	国家海洋环...	2018-12-09...	24小时	2018-12-09 09:01:17	海浪	IMYPEN	槟城	0.3						N
19	国家海洋环...	2018-12-09...	24小时	2018-12-09 09:01:17	海浪	002560	比通港	1.3						NNE
20	国家海洋环...	2018-12-09...	24小时	2018-12-09 09:01:17	海浪	002530	汉班托塔港	1.5						SSE
21	国家海洋环...	2018-12-09...	24小时	2018-12-09 09:01:17	海浪	IIQFAO	法奥	0.2						NNE
22	国家海洋环...	2018-12-09...	24小时	2018-12-09 09:01:17	海浪	002460	瓜达尔港	1.3						WSW
23	国家海洋环...	2018-12-09...	24小时	2018-12-09 09:01:17	海浪	002510	皎漂港	0.6						W
24	国家海洋环...	2018-12-09...	24小时	2018-12-09 09:01:17	海浪	002540	科伦坡港	1.4						W
25	国家海洋环...	2018-12-09...	24小时	2018-12-09 09:01:17	海浪	002500	索纳迪亚港	0.5						WSW
26	国家海洋环...	2018-12-09...	24小时	2018-12-09 09:01:17	海浪	002470	西哈努克港	0.7						SE
27	国家海洋环...	2018-12-09...	24小时	2018-12-09 09:01:17	海浪	IAEABD	阿布扎比	1.3						NW
28	国家海洋环...	2018-12-09...	24小时	2018-12-09 09:01:17	海浪	002360	雅加达港	0.1						N
29	国家海洋环...	2018-12-09...	24小时	2018-12-09 09:01:17	海浪	UPHMAN	马尼拉南港	0.6						ENE
30	国家海洋环...	2018-12-09...	24小时	2018-12-09 09:01:17	海浪	IMMRGN	仰光	0.3						SSE

图2.10　24小时港口实时预报产品入库图

海浪要素信息表

	单位	发布时间	预报时效	更新时间	预报要素	对象预报区域编码	对象预报区域名称	浪高初值起始值	浪高初值修订值	浪高变化转折词	浪高变化值起始值	浪高变化值修订值	浪级	浪向初始方向	浪向修订方向
1	国家海洋环...	2018-12-09...	24小时	2018-12-09 09:01:22	海浪	002550	亚丁港	0.6						E	
2	国家海洋环...	2018-12-09...	24小时	2018-12-09 09:01:22	海浪	IMVMLI	马累岛	1.3						E	
3	国家海洋环...	2018-12-09...	24小时	2018-12-09 09:01:22	海浪	002480	关丹港	1.0						NE	
4	国家海洋环...	2018-12-09...	24小时	2018-12-09 09:01:22	海浪	002490	吉大港	0.2	0.3					SW	WSW
5	国家海洋环...	2018-12-09...	24小时	2018-12-09 09:01:22	海浪	IDJDJI	吉布提	0.4						ENE	
6	国家海洋环...	2018-12-09...	24小时	2018-12-09 09:01:22	海浪	002520	吉达港	0.8	1.1					NNW	
7	国家海洋环...	2018-12-09...	24小时	2018-12-09 09:01:22	海浪	002450	塞得港	0.7	1.0					NW	
8	国家海洋环...	2018-12-09...	24小时	2018-12-09 09:01:22	海浪	002440	塞拉莱港	0.6						SE	
9	国家海洋环...	2018-12-09...	24小时	2018-12-09 09:01:22	海浪	IQADOH	多哈	0.9	1.0					NNW	
10	国家海洋环...	2018-12-09...	24小时	2018-12-09 09:01:22	海浪	IINBOM	孟买	0.6	0.7					W	
11	国家海洋环...	2018-12-09...	24小时	2018-12-09 09:01:22	海浪	IPHCEB	宿务	1.4						NE	
12	国家海洋环...	2018-12-09...	24小时	2018-12-09 09:01:22	海浪	IVNDAN	岘港	3.2	3.5					ENE	
13	国家海洋环...	2018-12-09...	24小时	2018-12-09 09:01:22	海浪	IIRBUS	布什尔	0.7	0.8					WNW	
14	国家海洋环...	2018-12-09...	24小时	2018-12-09 09:01:22	海浪	ITPDIL	帝力	0.4						W	
15	国家海洋环...	2018-12-09...	24小时	2018-12-09 09:01:22	海浪	IBNBSB	斯里巴加湾	1.1	1.3					N	
16	国家海洋环...	2018-12-09...	24小时	2018-12-09 09:01:22	海浪	002170	新加坡港	0.3						NE	
17	国家海洋环...	2018-12-09...	24小时	2018-12-09 09:01:22	海浪	ITHBKK	曼谷	0.5	0.7					SE	
18	国家海洋环...	2018-12-09...	24小时	2018-12-09 09:01:22	海浪	IMYPEN	槟城	0.3						NW	
19	国家海洋环...	2018-12-09...	24小时	2018-12-09 09:01:22	海浪	002560	比通港	1.3	1.4					NNE	
20	国家海洋环...	2018-12-09...	24小时	2018-12-09 09:01:22	海浪	002530	汉班托塔港	1.4	1.5					ESE	
21	国家海洋环...	2018-12-09...	24小时	2018-12-09 09:01:22	海浪	IIQFAO	法奥	0.1	0.2					SE	
22	国家海洋环...	2018-12-09...	24小时	2018-12-09 09:01:22	海浪	002460	瓜达尔港	1.2	1.4					SW	
23	国家海洋环...	2018-12-09...	24小时	2018-12-09 09:01:22	海浪	002510	皎漂港	0.6						WNW	
24	国家海洋环...	2018-12-09...	24小时	2018-12-09 09:01:22	海浪	002540	科伦坡港	1.3	1.4					W	
25	国家海洋环...	2018-12-09...	24小时	2018-12-09 09:01:22	海浪	002500	索纳迪亚港	0.5	0.6					NW	
26	国家海洋环...	2018-12-09...	24小时	2018-12-09 09:01:22	海浪	002470	西哈努克港	0.7	0.8					SE	
27	国家海洋环...	2018-12-09...	24小时	2018-12-09 09:01:22	海浪	IAEABD	阿布扎比	1.1	1.3					NW	
28	国家海洋环...	2018-12-09...	24小时	2018-12-09 09:01:22	海浪	002360	雅加达港	0.2	0.3					NNW	
29	国家海洋环...	2018-12-09...	24小时	2018-12-09 09:01:22	海浪	UPHMAN	马尼拉南港	0.5	0.6					ENE	
30	国家海洋环...	2018-12-09...	24小时	2018-12-09 09:01:22	海浪	IMMRGN	仰光	0.4						SSW	

图2.11　24小时港口统计预报产品入库图

2.6.5.3　网页产品的制作

编写网页程序，从入库的港口实时和统计产品读取数据，生成网页预报产品。

第3章 海洋环流数值预报系统

3.1 系统技术架构

国家海洋环境预报中心“海上丝绸之路海洋环境保障系统”高分辨率海洋动力环境数值预报系统是基于中心全球海洋动力环境数值预报系统构建的。全球海洋动力环境数值预报系统自2014年5月启动研发，历时3年，至2017年9月完成业务化试运行。

全球系统以1/12°NEMO模式为核心，三维变分和集合滤波为主要同化手段，辅助以资料处理、作业运维、产品制作、系统监控等多项技术手段保障系统正常无故障运行。系统可提供7天全球三维温盐流数值预报产品，除标准逐时海表面产品和日均三维产品外，还可提供一系列定制产品系统技术架构见图3.1。系统精度经IVTT国际比较计划验证可达到国际先进水平。

海洋环流数值预报系统从全球大气预报系统接收边界强迫场，并可以为其他海洋预报系统提供侧边界条件和初始条件，是预报中心全球大气-海洋业务化预报体系中的关键一环。

作为数值预报体系的关键环节，及时、准确是对预报系统的基本要求，系统的稳定性是重中之重。为此，本系统在建立之初就严格按照对稳定性的要求设计了包括作业运维监控，面向文件的松耦合体系，分级同化和预报产品制作，自动补算纠错等关键技术手段，并进一步设计了并行文件作业调度，准在线数值预报产品制作，分布式系统架构等提高系统运行效率的方法。

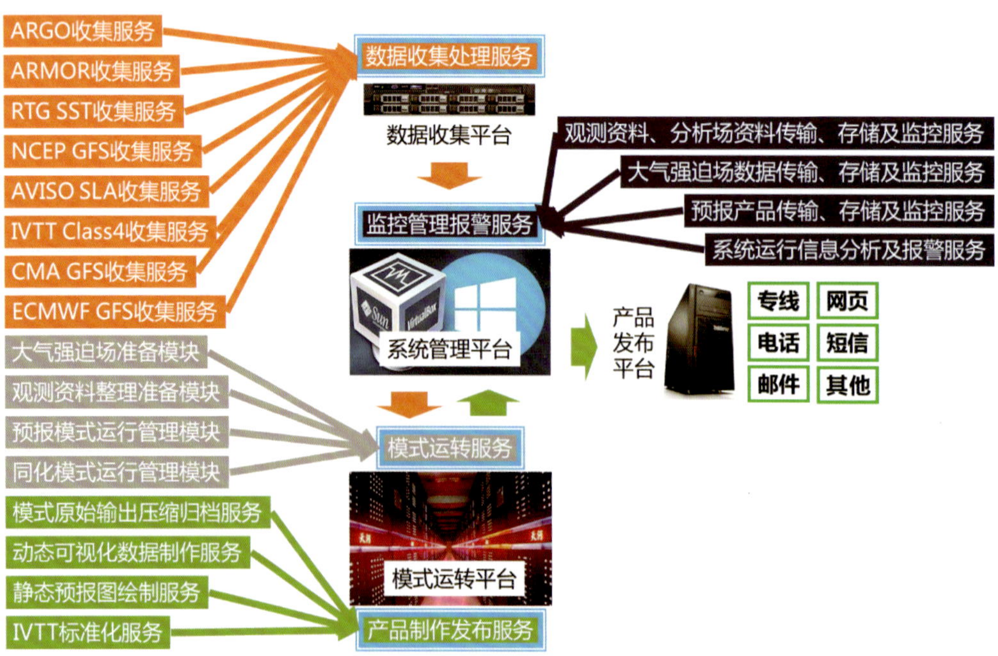

图3.1　环流系统技术架构示意图

从物理角度，本预报系统以NEMO数值模式为核心，耦合LIM3海冰模式。以NCEP GFS和ECMWF GFS全球天气预报场为主要大气强迫场来源。预报初始场经过海表面高度异常卫星融合观测资料、海表面温度卫星融合观测资料、海表面盐度卫星融合观测资料、Argo浮标海洋上层观测资料为资料同化数据来源，以集合卡尔曼滤波为资料同化方法，辅以WOA13气候态数据控制模式表面盐度和深海温盐积分漂移，见图3.2。

具体数值模式介绍，参数设置，同化方法介绍详见后续章节。

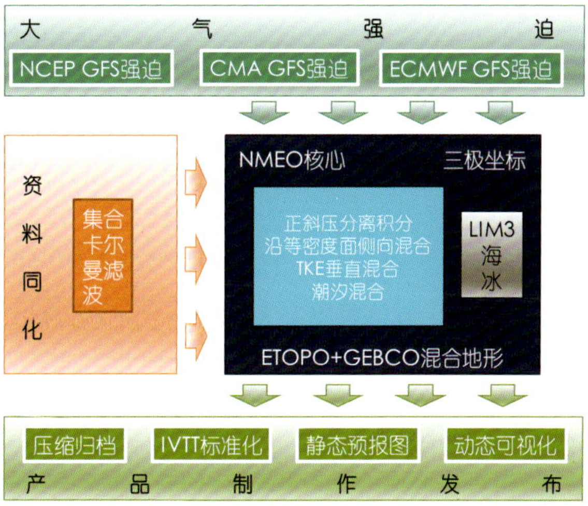

图3.2 环流系统科学架构示意图

3.2 观测数据收集与质量控制

3.2.1 SLA数据收集模块

SLA数据收集模块负责收集法国CLS公司发布的全球1/4°海平面高度异常卫星观测融合数据日平均场。该数据目前由法国Mycoean负责业务化发布，融合了多颗卫星的观测，一般情况下，每日凌晨可发布前一日数据。本模块通过Python下载工具Motu连接Myocean下载服务器下载，并结合下载平台运维管理模块监控维护下载过程。由于原始Myocean下载数据时间维度为固定格式，加之Myocean升级有可能引起的变量名变化，为保证后续同化系统工作一致性，本模块还提供时间维格式转换和变量名称转换功能。

3.2.2 SST数据收集模块

SST数据收集模块负责收集英国气象局发布的全球1/20°海平面温度卫星观测融合数据日平均场。该数据目前由法国CMEMS负责业务化发布，融合了包括Jason-3等共9颗卫星的卫星观测，一般情况下，每日中午可发布前一日数据。本模块通过LINUX下载工具Wget连接CMEMS FTP下载服务器下载，并结合下载平台运维管理模块监控维护下载过程。

3.2.3 ARGO数据收集模块

ARGO数据收集模块负责收集GDAC发布的全球Argo观测数据。每日中午收集一次，可收集约500条观测廓线。本模块通过LINUX下载工具Wget连接GDAC FTP下载服务器下载，并结合下载平台运维管理模块监控维护下载过程。

3.2.4 PSY数据收集模块

PSY数据收集模块负责收集法国Mercator海洋研究中心发布的全球1/12°海平面日平均分析场。该分析场为法国Mercator1/12°高分辨率海洋环境预报系统初始场，本系统用作对比验证。由于分辨率高，数据量大，国际带宽有限，本模块仅下载全球海洋表层温盐流海表面高度数据。收集方式类似于SLA数据，通过Python下载工具Motu连接Myocean下载服务器下载，并结合下载平台运维管理模块监控维护下载过程。

3.2.5 IVTT数据收集模块

IVTT数据收集模块负责收集由英国气象局代为发布维护的GODAE IVTT Class4全球预报系统比较计划参照数据。该数据包括取自卫星观测的海表面高度异常观测，取自漂流浮标的海表面温度观测，取自ARGO的垂直温盐观测廓线和插值到对应观测点时空位置的各家预报系统数值预报和数值分析产品（包括英国气象局FOAM、法国Mercator中心PSY、澳大利亚、美国、加拿大）。数据为日平均产品，发布时间不定，一般有两周的延时。本模块通过Wget等下载工具连接英国气象局FTP下载相关数据，数据下载完成后还需进一步通过OpenSSL解密工具完成解密。目前该数据的利用方式为人工对数值预报产品不定期检验时使用，未来可进一步完善为业务化自动检验。

3.3 海洋环流模式分级资料同化方法

本系统的一大特色就是分级资料同化系统。该分级系统结合NEMO初始场同化方法辅以技术手段，可以保障预报系统积分顺利进行。此外，同化系统具备和预报系统相似的独立数值积分模块，区分在于同化系统的数值积分积分过去时刻，用大气分析场为强迫，积分时间较短，这种设计可以使同化系统独立于预报系统，使同化系统的执行更灵活高效，节省系统整体运行时间。

NEMO数值模式的初始场同化方式为：首先，读入一个名为assim_background_increments.nc的同化增益场文件，该文件内包含海表面高度、三维温盐流同化增益场；其他应用IAU或者DI法将同化增益融合至模式初始积分过程中。因此，只要保证在预报数值运算起始时刻存在同化增益文件就可以保证数值积分顺利进行。本分级同化系统的核心即为用技术手段保障同化增益文件的顺利产生。

为此，本同化系统通过多种同化增益生成模块并行运行，按资料量多寡生成不同等级的同化增益文件，以尽可能的保证至少存在一个同化增益文件以供预报系统启动时存在同化修正。此外，每次同化系统运行完毕会生成同化增益场分级信息，同化系统会按照给定时间间隔循环检查该分级信息，如果未达到最佳分级则会启动相应同化增益生成模块直至最好同化增益场生成为止。分级信息默认值为0，即无同化预报，如有高等级同化产品生成则会修改此参数为相应等级（表3.1）。

表3.1 资料同化增益文件分级

等级	分级信息
0	无观测资料同化
1	Nugding法同化SST、SLA观测任意一种
2	Nugding法同化SST、SLA观测
3	PDAF（LESTKF法）同化SST、SLA、SSS观测任意一种
4	OceanVar（3DVar法）同化SST、SLA、ARGO观测任意一种
5	PDAF（LESTKF法）同化SST、SLA、SSS观测任意两种
6	OceanVar（3DVar法）同化SST、SLA、ARGO观测任意两种
7	PDAF（LESTKF法）同化SST、SLA、SSS观测
8	OceanVar（3DVar法）同化SST、SLA、ARGO观测

3.3.1 Nudging同化增益生成模块

Nudging同化增益模块通过asm_ini_nudging程序利用nudging法对比同化系统数值积分结果和观测场，简单计算两者差异，生成nudging同化增益场。该模块仅会对比预报前一日日均数值回报场和SLA、SST日均卫星融合观测场。当SLA和SST观测齐备时，该法生成的同化增益等级为2，任缺其中一个同化增益等级为1。该模块工作流程如下，其中流程序列（1）和序列（2）至序列（4）为并行执行：

（1）插值SST观测场至模式网格，生成SST_NUDGING中间文件；

（2）插值SLA观测场至模式网格；

（3）计算数值模式积分日均SLA场；

（4）计算SLA观测和SLA数值积分间差异，并利用Matlab小波分析法滤去大尺度信息，同时平滑观测SLA在高纬地区的缺测引起的边界异常间断，最后生成SLA_NUDGING中间文件；

（5）利用asm_ini_nudging程序、模式网格信息文件、1和4生成的NUDGING中间文件整合为最终的同化增益信息文件。

3.3.2 PDAF同化增益生成模块

PDAF（并行资料同化）为德国研发的基于集合卡尔曼滤波类同化方法的同化程序软件包。

目前，该同化模块仅同化海表面SST、SLA和SSS卫星融合观测资料。其中SSS卫星融合资料的同化仅处于实验阶段，已具备相关能力，但未正式业务化运行。如果观测资料存在任意一种则同化增益等级为3，任意两种则为5，任意三种则为7。该模块工作流程如下，其中流程序列（1）和序列（2）至序列（4）为并行执行：

（1）SST观测插值至模式网格；

（2）从历史7日数值模式积分时均SST结果中，利用二阶取样法生成集合样本；

（3）利用PDAF（LESTKF法）读取观测和集合样本，计算生成SST分析场；

（4）SLA观测插值至模式网格；

（5）从历史7日数值模式积分时均SLA结果中，利用二阶取样法生成集合样本；

（6）利用PDAF（LESTKF法）读取观测和集合样本，计算生成SLA分析场；

（7）SSS观测插值至模式网格；

（8）从历史7日数值模式积分时均SSS结果中，利用二阶取样法生成集合样本；

（9）利用PDAF（LESTKF法）读取观测和集合样本，计算生成SSS分析场；

（10）利用asm_ini_pdaf程序将SST、SLA、SSS分析场融合为同化增益场并给出同化增益等级信息。

3.3.3 同化系统诊断分析模块

为预报员提供当次预报所用分析场的基本质量信息。本同化系统诊断模块将运用NCL绘图程序绘制同化增益信息文件assim_background_increments.nc中的增益变量和PDAF、OceanVar同化模块生成的分析场中变量，以及同化系统产生的数值后报逐时海表面SST、SSS、SLA和流场静态图片。每次同化系统如果存在更新，则相应静态图片也会更新。

此外，同化系统同样需要进行模式积分运算，模式积分结果将作为同化背景场，每次输出文件大小约为35 GB。模式积分的热启动场（restart）会作为下一次同化启动的初始场，每次输出文件大小约为125 GB。每一个同化等级都会生成一个同化增益场，每个增益场文件大小约为15 GB。这三种原始输出文件都会占据大量的磁盘空间，为节省磁盘空间存储更多时次的预报产品，所有大文件都需要利用Netcdf 4文件格式的特性做压缩处理。压缩方式为：精度转换结合数据压缩。

精度转换方法为将单精度或双精度浮点数截断处理为短整型整数存储，同时保留缩放系数（scale_factor）和增益系数（add_offset）。同化增益场和同化背景场使用NCO软件相关命令完成数据压缩，压缩率可达80%以上。

初始场由于存在大数（接近进度存储上下限的数值），利用NCO实现精度转换易发生错误，因此，本系统单独在重构（rebuild）程序中设置精度转换和数据压缩功能。该重构程序可将多计算核输出的初始场部分文件整合为单一文件，并实现精度转换（双精度转单精度）和数据压缩，压缩率可达70%以上。

经压缩后，本系统默认设置下每天生成数据约为41 GB。

3.3.4 资料同化计算管理模块

一般情况下，数值预报同化需要结合数值预报产品作为背景场，同时结合观测场和同化方法求取最佳的下一次数值积分初始场。因此，本同化系统将同时管理数值积分和同化计算两部分计算。

3.4 海洋环流NEMO模式预报系统

3.4.1 NEMO模式介绍

3.4.1.1 基本方程

1）运动方程组

海洋模式采用Navier-Stokes方程组，并运用了以下假设：

（1）球面地球近似：位势面为球形，从而使得重力方向与地球半径平行；

（2）薄层近似：与地球半径相比，海洋深度可忽略；

（3）湍闭合假设：湍通量（代表小尺度过程对大尺度的影响）可用大尺度特征进行参数化；

（4）Boussinesq 假设：除了密度变化对浮力的影响外，密度变化可忽略；

（5）准静力近似：垂向动量方程简化为垂向压强梯度力与浮力的平衡（这一简化过程去掉了Navier-Stokes方程中的对流过程，因此对流过程必须用合理的参数化过程进行代替）；

（6）不可压近似：三维速度的散度为零。

在此基础上，运动方程组包括以下6个方程，即动量平衡方程、静力平衡方程、不可压方程、热力与盐度平衡方程及状态方程。在笛卡尔坐标系下，可表示为：

$$\frac{\partial U_h}{\partial t} = -\left[(\nabla \times U) \times U + \frac{1}{2}\nabla(U^2)\right]_h - fK \times U_h - \frac{1}{\rho_0}\nabla_h p + D^U + F^U \tag{3.1a}$$

$$\frac{\partial p}{\partial z} = -\rho g \tag{3.1b}$$

$$\nabla \cdot U = 0 \tag{3.1c}$$

$$\frac{\partial T}{\partial t} = -\nabla \cdot (TU) + D^T + F^T \tag{3.1d}$$

$$\frac{\partial S}{\partial t} = -\nabla \cdot (SU) + D^S + F^S \tag{3.1e}$$

$$\rho = \rho(T, S, p) \tag{3.1f}$$

其中：∇为向量在（i, j, k）方向上的导数算子，t是时间，z为垂向坐标，ρ为状态方程（3.1f）给出的局地密度，ρ_0为参考密度，p为压力，$f=2\Omega \cdot K$为科里奥利力加速度，g为重力加速度，D^U、D^T和D^S分别为动量、温度、盐度的小尺度物理参量，F^U、F^T和F^S为表面强迫项，$U=U_h+\omega K$，其下标h为局地水平向量，T为位温，S为盐度。

2）边界条件

海洋的边界包括复杂的海岸线边界，海底地形边界，海–气边界与海–冰边界。这些边界可以被划分为两个界面，$z=-H(i,j)$和$z=\eta(i,j,k,t)$，其中，H是海底深度，η是海表高度。H和η通常都是针对一个参考面的深度，在这里这个参考面为z=0，即将平均海面高度设为0（图3.3）。通过这两个边界，海洋可以同地面，大陆边缘，海冰及大气进行热通量、淡水通量、盐度和动量的交换。接下来，我们将简要概述海洋同地球系统其他组成部分交界面处的通量交换。

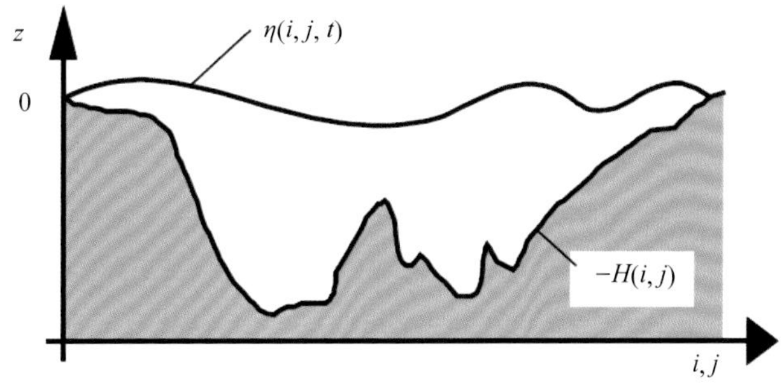

图3.3　海洋的两个边界面

陆地–海洋界面：海洋与大陆架间的通量交换主要是径流引起的淡水通量的交换，这些淡水通量对于海水盐度的变化产生影响。淡水通量对于短程的相互作用可以忽略，但对于长时间的相互作用，由于其可影响水团的特征（特别是高纬度），因此不可以忽略。为了实现气候系统水循环的闭合，这一项通常是需要的。在邻近河口处，该项可用海气界面间的淡水通量来代替。

固地–海洋界面：除了少部分区域外，海底温度和盐度通量的交换较少，在模式中，通常可被忽略。动量通量则不同，固壁边界没有流穿过，即对于海底及岸界，穿过它的速度设置为0。因此，运动学的边界条件可表达为：

$$\omega = -U_h \cdot \nabla_h(H) \tag{3.2a}$$

海洋同地球表面通过摩擦过程来传递动量，该动量在边界层内以小尺度运动传递，可以用方程（3.1a）中的参量D^U表示。

大气–海洋界面：运动学边界条件与淡水通量结合可得到海气界面的边界方程：

$$\omega = \frac{\partial \eta}{\partial t} + U_h|_{z=\eta} \cdot \nabla_h(\eta) + P - E \tag{3.2b}$$

其中：P为降水，E为蒸发量，该动力边界条件，忽略海表张力（即将系统中的毛细波去掉），使海表面压力连续$z=\eta$。除此之外，海洋与大气间也进行水平动量（风应力）和热量的交换。

海冰–海洋界面：海洋与海冰间进行热量、盐度、淡水通量和动量的交换。界面处的海水温度被设置为冰点温度。海冰的盐度与海洋盐度（~34 psu）相比非常低，约为4~6 psu。冰冻和融化的循环过程与淡水通量和盐度通量有关，因此不可忽略。

3）自由海表面方程

在自由海表面方程中，海面高度η，用来描述海气界面的形态。该变量为基于动力边界条件垂向平均的预报方程的解。

$$\frac{\partial \eta}{\partial t} = -\mathrm{D} + P - E \tag{3.3a}$$

海表压力方程为：

$$p_s = \rho g \eta \tag{3.3b}$$

允许海气界面的移动将使得基本方程得到内重力波的解。由于静力假设，这些波为正压波且拥有很高的相速度。相对于基本方程描述的其他过程，这些波动的时间尺度很小。

3.4.1.2 时间离散方案

NEMO模式中所使用的时间积分方法为一种三层结构，可以描述为:

$$x^{t+\Delta t} = x^{t-\Delta t} + 2\Delta t RHS_x^{t-\Delta t, t, t+\Delta t} \tag{3.4a}$$

其中：x代表了u，v，T或者S；RHS为相关时间演化方程的右侧；Δt为时间步长；上标代表了评估量的时间；RHS的每一项都在与物理过程相关的特定时间步长上进行评估。

对于每个预报变量，该三层结构都需要三个数组。对于每一个变量x，都有xb(before)，xn(now)和xa(after)。尽快在代码中，第三个数组xa指代xa(after)，但它通常并不是之后时间步长的变量值，而是用来储存时间步长之前的时间偏导值（方程中的RHS项）。

在不同物理过程中采用不同的时间步长处理方式。在非扩散物理过程中，采用的为著名的蛙跳格式（Mesinger and Arakawa，1976），该格式通常用于低黏流体的水平对流过程。它是一个时间居中的格式，即*RHS*评估的为当前时刻*t*的值。它能够被用于计算动量或温、盐的平流项，压力梯度项和柯氏力项，但不能用于计算扩散项。在NEMO模式中蛙跳格式的差分方程如图3.4所示。

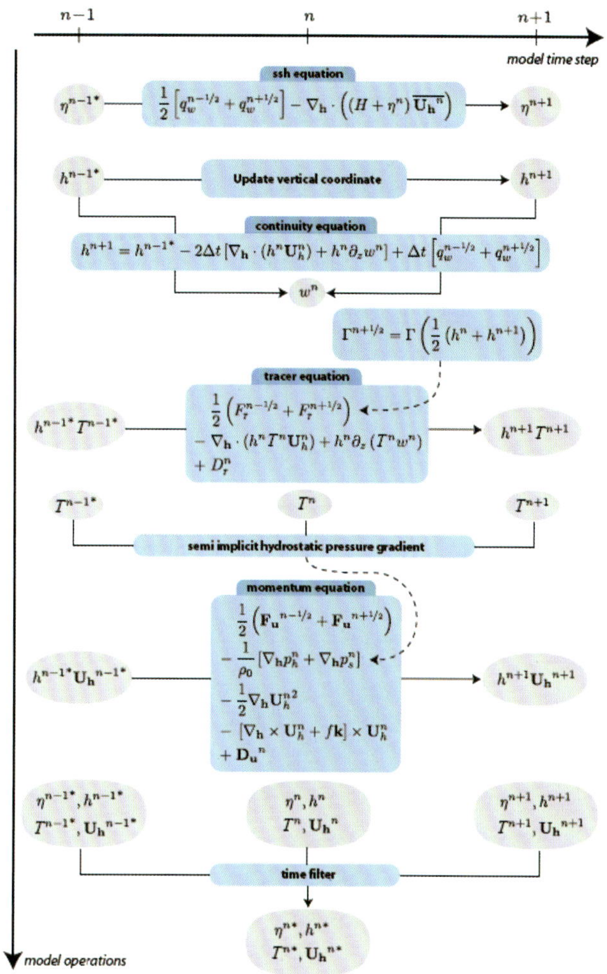

图3.4 NEMO模式中蛙跳格式的时间差分方案

对于扩散和阻尼的物理过程，通常采用向前或向后的积分方案。例如，对于一个趋势项D_x，向前的时间差分方案为：

$$x^{t+\Delta t}=x^{t-\Delta t}+2\Delta t D_x^{t-\Delta t} \tag{3.4b}$$

这是在时间和条件稳定下的扩散。对于二阶和四阶水平扩散稳定条件是（Griffier，2004）：

$$A^h<\begin{cases}\dfrac{e^2}{8\Delta t} & \textit{laplacian diffusion}\\[2ex] \dfrac{e^4}{64\Delta t} & \textit{bilaplacian diffusion}\end{cases} \tag{3.4c}$$

其中：e为两个水平方向上的最小网格尺度，A^h为混合系数。公式（3.4c）是一个必要非充分条件。如果不能满足，模式将很快不稳定，这种不稳定可以通过减少时间步长的长度或减小混合系数来消除。对于垂向扩散项，可以使用向前的时间差分方案，但通常数值稳定条件都要在时间步长上加一个强的限制。在NEMO模式中提供了两种方案来解决这个稳定限制。一种是使用时间分裂技术的向前的时间差分方案（ln_zdfexp=true）；另一种是向后的时间差分方案（ln_zdfexp = false）。

3.4.1.3 空间离散方案

在解基本方程组时所用的数值技术基于传统的中心二阶有限差分近似，三个方向上的解具有一致性。空间网格采用Arakawa的C网格（Mesinger and Arakawa，1976），如图3.5所示。

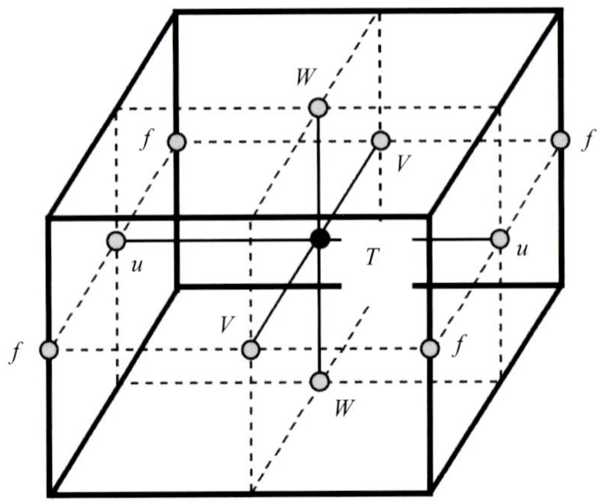

图3.5 变量的空间分布

T代表了温度、盐度、密度、压强和水平散度的位置；u，v，w为速度向量的位置；f代表了相对涡度和行星涡度的位置。此外正压流函数的位置也在行星涡度的位置处

图3.5中的这些变量空间网格位置用整数i，j，k表示，见表3.2所示。

表3.2 T、u、v、w、f、uw、vw、fw与变量空间网格位置对应情况

T	i	j	k
u	$i+1/2$	j	k
v	i	$j+1/2$	k
w	i	j	$k+1/2$
f	$i+1/2$	$j+1/2$	k
uw	$i+1/2$	j	$k+1/2$
vw	i	$j+1/2$	$k+1/2$
fw	$i+1/2$	$j+1/2$	$k+1/2$

给出相关位置变量q的值，则中间点的差值和平均算子可以表示为：

$$\begin{aligned}\delta_i[q] &= q(i+1/2)-q(i-1/2)\\ \bar{q}^i &= \left\{q(i+1/2)+q(i-1/2)\right\}/2\end{aligned} \tag{3.5}$$

在Fortran语言中，数组用整数下标进行索引，然而在0中变量位置用整数或整数的一半来索引。因此，所有网格的索引值都需要用整数重新定义，此外垂向的位置索引也需要改变，以使表层在K=1处。水平索引的数值分布如图3.6所示，垂直索引的数值分布如图3.7所示。

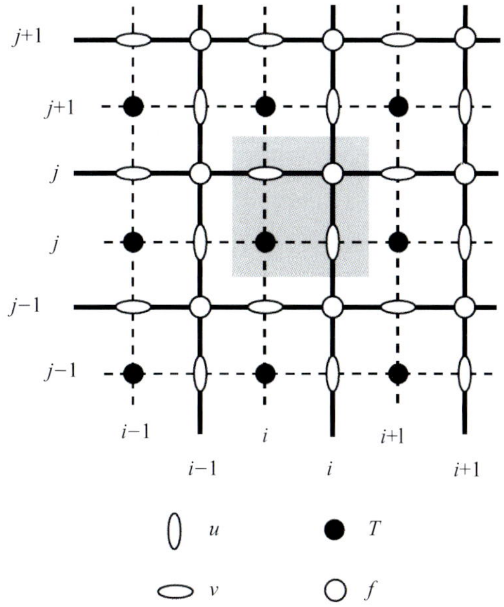

图3.6　水平索引分布

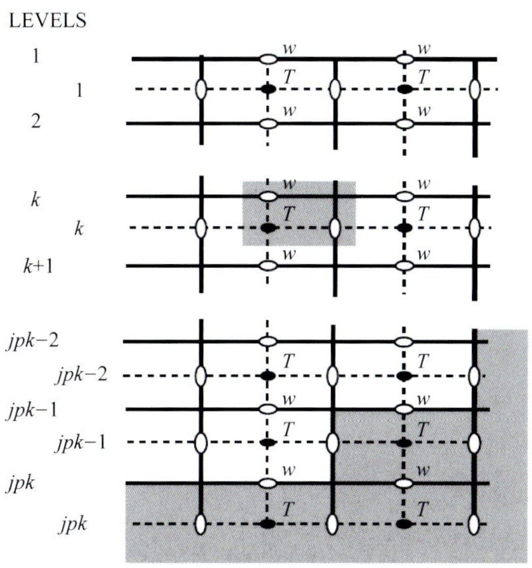

图3.7　垂直索引分布

3.4.1.4　全球三极坐标水平网格（ORCA）

ORCA网格是一个基于半解析方法（Madec and Imbard，1996）的三极网格。该网格为一个全球的曲线正交海洋网格，且在计算区域内没有极点出现，两个北极点均位于陆地上。该方法重新定义了平行于子午线的网格线，并将这些网格线投影到了球面上，这些平行的网格线最终以椭圆线汇聚在两个北极点上。

这种方法也被应用到Mercator网格上（具有相同的经向和纬向间距），以20°N为极，使得赤道为一条网格线，赤道的动力方程能够得到更好的数值解。在选择椭圆线（椭圆的焦点和变率）时，需要综合考虑，一方面要维持网格各项异性变率（$e1/e2$）在海洋中接近1，另一方面要保持北半球的最小尺度因子大于南半球。图3.8和图3.9显示了0.5°网格图（ORCA_R05）。

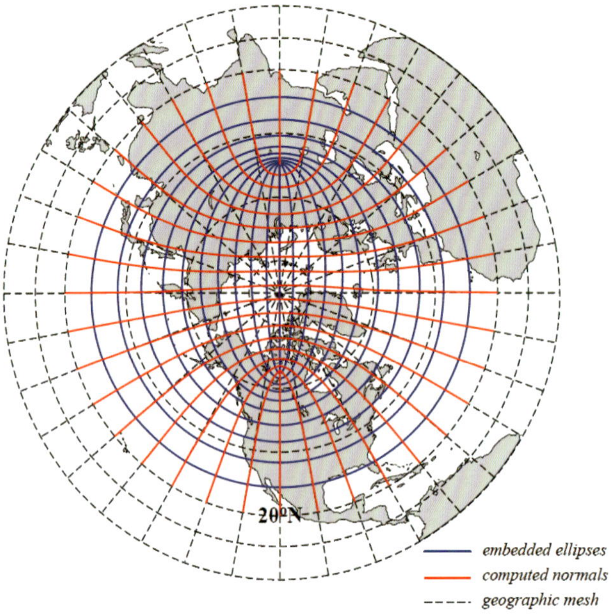

图3.8 ORCA网格

蓝线的两个焦点为两个“北极点”，蓝线就构成了ORCA网格的i向，与它正交的红线构成了ORCA网格的J向

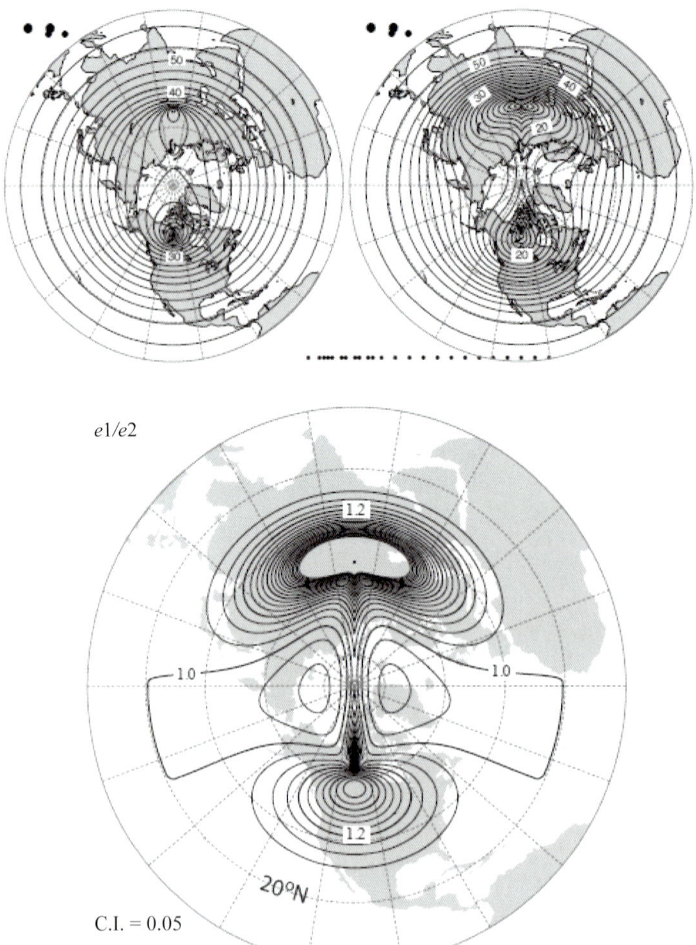

图3.9 水平尺度因子（$e1$，$e2$），网格各项异性变率

NEMO系统现有5种已构建好的ORCA网格，这5种网格的空间分辨率不同。网格的分辨率是以赤道处的水平分辨率标识的，分别为ORCA_R4、ORCA_R2、ORCA_R1、ORCA_R05和ORCA_R025，即赤道处的空间分辨率分别为4°、2°、1°、0.5°和0.25°。

3.4.1.5 垂向坐标

NEMO模式提供了3种主要的垂向坐标选择方案：①全步长水深*Z*坐标（ln_zco=true）；②部分步长水深*Z*坐标（ln_zps=true）；③*S*坐标（ln_sco=true）。此外，还提供了两种混合坐标：*S*和*Z*的混合坐标（*S*−*Z*），*S*和部分步长水深*Z*坐标的混合坐标（s-zps）。这几种坐标在模式中的地形图如图3.10所示。

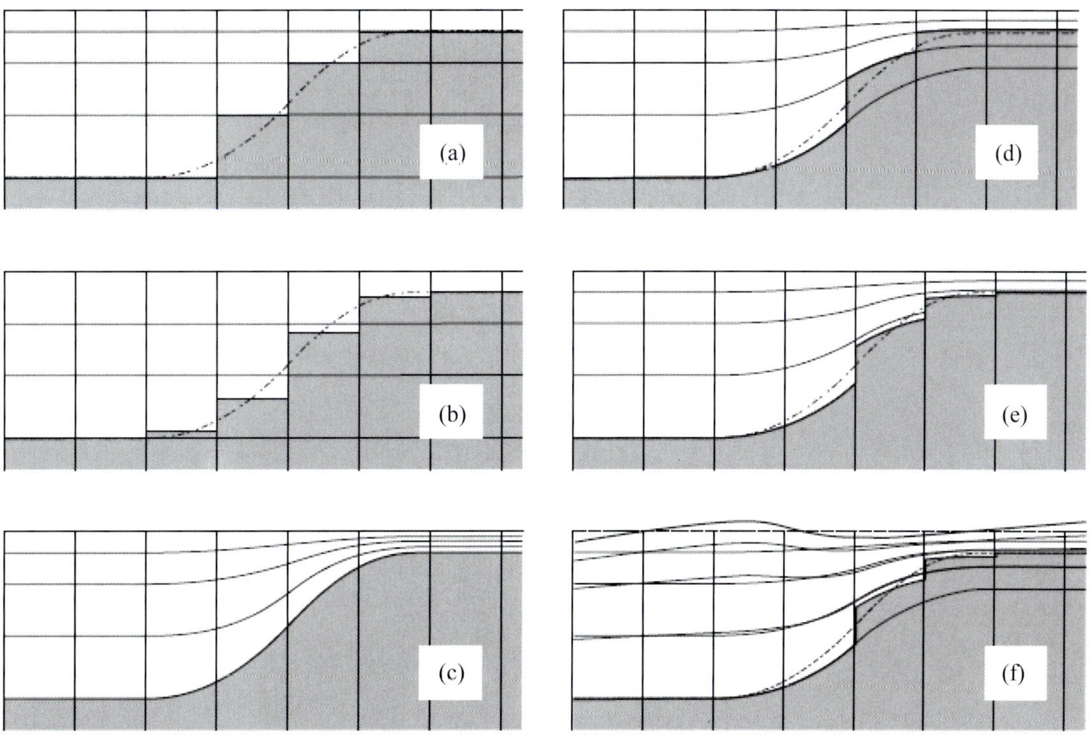

图3.10　模式中不同垂向坐标的底地形图

（a）全步长*Z*坐标；（b）部分步长*Z*坐标；（c）*S*坐标；（d）混合*S*−*Z*坐标；（e）混合*S*−*ZPS*坐标；（f）与e坐标相同，但将表面设为非线性自由面

3.4.2 LIM3海冰模式介绍

LIM（the Louvain-la-Neuve sea Ice Model）海冰模式由比利时的鲁汶大学研发，可被用于气候研究和业务化海洋学中。它是NEMO系统的一部分，可以同海洋环流模块OPA耦合。目前有两个版本（LIM2，LIM3）可用，此外一个简化的一维版本可用来学习。LIM最早由Fichefet和Morales Maqueda于1997年研发，目前最新版本LIM3由Vancoppenolle等（Vancoppenolle et al., 2009a）研发。在这里只介绍所使用的的LIM3模式，以下简称LIM。

LIM是一个C网格的热动力海冰模式，其变量有厚度、焓、盐度和冰龄分布，所包括的过程有：热动力、动力、对流及海冰的堆积和漂流过程。流冰群为一系列特定区域、厚度和状态变量的海冰集合，用来代表海冰厚度中未解决的次网格尺度的变化。冰和雪的热动力过程基于短波辐射和湍热通量来计算局地海冰的生长和融化率，垂向温度和盐度。海冰动力过程基于风，海洋和内部应力函数计算海冰漂移。平流过程用来计算状态量（面积、体积、能量、盐度）的输送率。海冰的堆积和漂移过程则作为海冰速度场的函数用来计算状态变量的机械再分配。

3.4.2.1 海冰分布理论

海冰的厚度和覆盖率紧密相连。海冰厚度的变化在空间尺度上远小于典型的模式网格尺度。为了计算海冰厚度（h）的次网格尺度的变化，引入海冰厚度分布函数g（Thorndike et al., 1975）。$g(t,x,h)\mathrm{d}h$代表在空间网格x处，给定区域R，t时刻厚度在h和$h+\mathrm{d}h$之间的海冰的相对覆盖面积。即

$$\int_{h_2}^{h_1} g(t,x,h)\mathrm{d}h=\frac{S(h_1,h_2)}{R} \quad (3.6a)$$

其中：$S(h_1,h_2)$是区域R内厚度在h_1和h_2之间的海冰的覆盖面积。

在这个方程中，海冰厚度h是一个独立变量，可以被认为是随机的。海冰厚度h和区域R内的海冰密集度A可从g中得到：

$$A(t,x)=\int_{0^+}^{\infty} g(t,x,h)dh \quad (3.6b)$$

$$H(t,x)=\int_{0^+}^{\infty} g(t,x,h)hdh \quad (3.6c)$$

其中：下界0^+代表除了开阔水域外的海冰厚度平均值。LIM尝试在整个海洋区域内计算g的时间演化。为了数值计算，海冰分布被划分到几个海冰厚度组中。调用连续性，海冰面积的演化可以写为：

$$\frac{\partial g}{\partial t}=-\nabla\cdot(gU)-\frac{\partial}{\partial h}(fg)+\psi^g \quad (3.6d)$$

方程（3.6d）的右侧分别代表速度场引起的水平输运，热动力过程引起的厚度空间的垂向变化，和由堆积与漂移过程引起的机械再分布。在方程中U是一个水平二维的速度向量，f是热动力垂向增长率（m/s），ψ^g是所谓的机械再分布函数。

3.4.2.2 状态向量

除了海冰厚度和密集度，模式还对其他的热动力状态量$X(t,x,h)$进行预报。方程中X也随着海冰厚度分布而变化（Bitz et al., 2001），因此：

$$\frac{\partial X}{\partial t}=-\nabla\cdot(uX)+D\nabla^2 X+\psi^X+\Theta^X-\frac{\partial}{\partial h}(fX) \quad (3.7)$$

其中：Θ^X和ψ^X分别代表热动力过程和机械分布过程对状态向量X的影响；D为水平扩散率。扩散主要被用于平滑场和防止不稳定。此外，随机运动和天气尺度天气系统的过境都会产生扩散影响（Thorndike，1986）。横向融化受海冰尺寸的影响（Steele，1992），并不是模式变量。

LIM模式的全球海洋热动力状态向量包括：海冰密集度、海冰体积、雪体积、海冰焓、雪焓、海冰盐含量、冰龄和海冰速度。图3.11展示了在厚度空间上一些全球变量的表示方法。

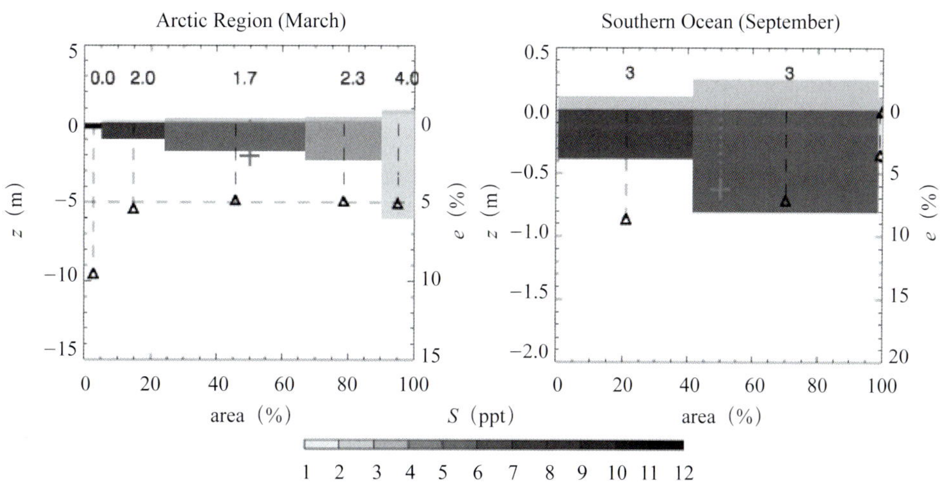

图3.11　分辨率为2°的LIM3模式后报实验具有代表性的海冰群结果的合成图

海冰厚度（负值）和雪厚度（正值）在垂直方向上展示。灰色代表海冰盐度；黑色三角代表垂直冰层的平均相对卤水体积e（通过温度和盐度计算）；上面的数字为冰龄，“+”字代表平均海冰厚度

3.4.2.3　海冰热动力学

海冰热动力学包括所有能量传输入海冰的过程，因此会引起海冰的增长和消融。海冰的热动力状态通过温度（T）和盐度（S）被定义在每一个深度、每一个网格、每一个厚度集上。LIM的热动力过程包括：开阔水域新冰的生成，海冰底部冰的冻结，海冰上边界层和底边界层冰的融化，海冰表层雪向冰的转化。计算这些项包括：界面的能量收支和热量扩散，辐射传输和海冰的脱盐化过程。所有的这些过程在LIM中都只计算垂向。

内能：内能定义为海冰成分中能量向质量的转化中心。根据Bitz 和 Lipscomb（1999）的定义，我们定义内能为融化能量q，该能量为一个单位体积的海冰变热、融化至到达0℃时所需的所有能量：

$$q(S,T)=\rho_i c_0(-\mu S-T)+\rho_i L_0\left(1+\frac{\mu S}{T}\right)+c_w\mu S \tag{3.8a}$$

其中：ρ_i，c_0和L_0分别表示新冰的密度、融合比热和融合潜热；μ是一个与盐度相关的海水冰点的经验常数$T_m=-\mu S$；c_w是海水的比热。对于雪，融化比热为$-\rho_s(c_0T+L_0)$，其中ρ_s为雪的密度。在一个给定网格上海冰的焓为

$$Q(t,x)=\int_{0^+}^{\infty}dhg(t,x,h)\int_{0^+}^{h}dzq(t,x,h) \tag{3.8b}$$

新冰的生成：当海水温度到零度或海表持续失热时，海表网格将会被海冰覆盖。每个单元的新海冰的体积通过海表失去的热量来计算。海冰生成地的初始厚度提前规定，然后新冰的覆盖区域才能被计算。

热量扩散、垂向生成和消亡：海冰的生成和消亡率（f）由外部的热通量和内部的传导通量的平衡决定。海冰-雪系统垂向热量传导和储存通过热量扩散方程来统计：

$$\rho_i c\frac{\partial T}{\partial t}=-\frac{\partial}{\partial z}(F_c+F_r) \tag{3.8c}$$

其中：F_c和F_r分别为传导热通量和辐射热通量，$c=c(S,T)$是海冰比热。传导通量依据Fourier's法则，辐射通量则使用Beer's法则进行计算。在LIM中热量扩散方程在雪中用垂向一层计算，在海冰中用垂向N层计算。

热量扩散方程在海气界面处的边界条件表达了内部热传导和外部热通量的平衡。任何热量通量的不平衡都会转化成海冰的生成和消亡。在雪气或冰气界面，能量的平衡方程可以写为：

$$F^{net}(T_{su}) = F^{w}(1-\alpha)(1-i_0) + F^{\downarrow lw} - \epsilon\sigma T_{su}^4 - F^{sh} - F^{lh} + F_c \qquad (3.8d)$$

其中：F^{sw}是到达海冰表面的短波向下辐射（向下为正向）；α是海表反照率；i_0是穿过海冰的太阳辐射部分（即对表面能量平衡不起作用的部分）；$F^{\downarrow lw}$是向下的长波辐射通量（朝下为正向）；ϵ是海表的发射率；F^{sh}和F^{lh}是湍感热通量和湍潜热通量；F_c是从海冰或雪的内部向表层的传导通量。如果$F^{net}\geqslant 0$，那么冰表面的温度就被固定在了熔点（等于0℃），消融可依据以下方程计算：

$$F^{net}(T) = -q\frac{\mathrm{d}h_x}{\mathrm{d}t} \qquad (3.8e)$$

其中：q是融化所需的海冰能量（定义为一单位体积的海冰融化所需的能量）；下标x代表了雪或冰；海冰底部的温度等于海水的冰点温度。在海冰底部，能量的平衡方程为：

$$F_w - F_c = -q\frac{\mathrm{d}h_i}{\mathrm{d}t} \qquad (3.8f)$$

其中：F_w是海水的热通量；F_c是海冰底部到内部的传导通量。为了计算辐射传输，也需要考虑海冰和雪中辐射的指数衰减。除此之外，宽带地表反照率还依赖于海表温度、雪厚度、冰厚度和云覆盖率（Shine and Henderson Sellers，1985）。

冰雪的形成：冰雪形成于冰的表层，当雪负载大到使冰雪界面降到海面之下。通常假设冰雪是由浸入海水上层的雪层中的海水冰冻形成。在这个过程中热量和盐度守恒。

海冰盐度：在LIM中包括了两方面的海冰盐度。第一，为了计算由海冰盐度引起的内部位相改变所带来的影响，热量属性（c，k和q）依赖于海冰的盐度和温度。第二，LIM基于海冰盐度的垂向平均方程，将海冰盐度的时间变化进行了参数化。

更多的海冰热动力信息可以在以下文章中进行查询：Maykut和Untersteiner（1971），Bitz和Lipscomb（1999）。有关海冰盐度的信息则可以在Notz和worster（2009）和Vancoppenolle等（2005；2006；2007；2009a；2010）的文章中找到。

3.4.2.4 海冰运动

海冰在风和海流的影响下运动和变形。海冰速度U由线性动量守恒决定：

$$m\frac{\partial u}{\partial t} = \nabla\cdot\sigma + A(\tau_a+\tau_w) - mfK\times u - mg\nabla\eta \qquad (3.9)$$

其中，m是每单位面积的海冰质量；u是海冰速度；σ是内部应力张量；A是海冰集中量；τ_a和τ_w分别是大气和海洋应力；f是科氏参数；K是向上的单位向量；g是重力加速度；η是以海平面为参考面的海表高度。LIM在假设海冰连续黏塑性条件下解这个方程。在数学上，它通过解C网格上的EVP（Elastic-Viscous-Plastic）方程（Bouilllon et al., 2009）求解。海冰动量方程在limdyn.F90和limrhg.F90中求解。更多的有关LIM模式海冰动力信息可以在Hibler（1979）、Hunke和Dukowicz（1997）、Lepparanta（2005）和Bouillon等（2009）的文章中找到。

3.4.2.5 与海洋耦合

海冰和海洋之间进行动量、热量、水和盐度的交换。海冰-海洋耦合在概念上与Goosse和Fichefet（1999）的相似。海冰和海洋通过二次块体方程中的海冰-海洋应力进行动量交换。从海洋到海冰的热量通量是海水温度和湍混合的函数（McPhee，1992；Goose and Fichefet，1999）。海洋和海冰间的淡水通量运用了Tartinville 等（2001）的方法。在耦合过程中，也考虑了以下的条件。第一，如果流体或固体的水被从海水-海冰系统中加入或减去（比如：通过降水和蒸发），那么它将被看做为淡水通量。第二，如果对海洋盐度的影响过程中没有海水-海冰系统中水的净增长或流失（比如通过海冰的融化和冷冻），那么这个内部变化将被转化为直接加入海洋的等价的盐通量。在这样的方式下，海冰将作为海冰-海洋系统中盐度的负存贮，即当海冰形成时，盐度将被释放到海洋中，而当海冰融化时，盐度将被从海洋中带走。

3.4.2.6 模式结果

模式结果的分析通常包括海冰密集度、海冰厚度和海冰的漂移。读者可从Vancoppenolle 等（2009b）和Massonnet 等（2011）的文章中得到更多的相关信息。以上的研究都表明在使用ORCA2和ORCA1网格时，LIM3在各个方面的结果均优于LIM2。

LIM3的结果分析展示出了：

（1）海冰生成和消亡的年变化与观测的海冰面积、厚度、漂移及雪厚度都很吻合；

（2）LIM3中有关海冰分布的详细描述与LIM2相比，在海冰范围年际间变化的基础上增加了季节变化，可以显著的提高对目前观测到的北极海冰的夏季消融现象的模拟；

（3）相对于LIM2，LIM3中对于许多物理细节的描述，能够提高对海冰厚度和密集度的分布的模拟；

（4）LIM3中的EVP定理能够增强海冰对于风应力的响应；

（5）网格的构成和大气-海冰的拖曳系数能够影响从弗拉姆海峡的海冰输出和加拿大群岛的海冰堆积；

（6）LIM2和LIM3的模式结果在南大洋的效果较差，这可能与该区域驱动模式的大气再分析资料的质量较差，与在目前空间分辨率下某些重要的小尺度海洋过程的缺失有关。

3.5 预报系统后报检验

3.5.1 IVTT标准检验

根据GODAE-IVTT class4 标准，将NEMO业务化试运行系统与其他几家国际主流业务机构预报系统预报结果进行比对分析。其他业务预报系统有英国气象局FOAM、法国麦卡托中心PSY3（NEMO 1/4°）和PSY4（NEMO 1/12°）、加拿大环境中心GIOPS CONCEPT、美国NCEP/NWS/NOAA的HYCOM ROTFS和澳大利亚气象局BLUEink OceanMAPS。

检验的数据时间段为NEMO业务化试运行以来2016年9月1日至2017年8月31日整年时间的数据。应用观测数据和其他预报系统结果来自于http://199.9.2.160/pub/outgoing/GODAE_class4/，所用统计量如下。

偏差：

$$\text{bias} = \frac{1}{N}\sum_{i=1}^{N}\left(F_i - O_i\right) \tag{3.10}$$

均方根误差：

$$\text{RMSE} = \sqrt{\frac{1}{N}\sum_{i=1}^{N}\left(F_i - O_i\right)^2} \tag{3.11}$$

异常相关：

$$\text{AC} = \frac{\sum_{i=1}^{N}\left(F_i - C_i\right)\left(O_i - C_i\right)}{\sqrt{\sum_{i=1}^{N}\left(F_i - C_i\right)^2}\ \sqrt{\sum_{i=1}^{N}\left(O_i - C_i\right)^2}} \tag{3.12}$$

其中：F为forecast；O为observation；C为climatology。

延续性预报技巧（Persistence Skill Score，PSS）及气候态预报技巧（climatology skill score，CSS）：

$$\text{Skill} = 1 - \left(\text{RMSE}_{\text{forecast}} / \text{RMSE}_{\text{reference}}\right) \tag{3.13}$$

其中：当参考场（reference）为延续性预报场时；Skill为PSS；当参考场为气候态场时Skill为CSS。

3.5.1.1 海表高度异常（SLA）

观测的海表高度异常（SLA）来自于沿轨高度计Jason-1/2，Cryosat 和 AltiKa。从图3.12（a）可见，各预报系统预报偏差随预报天数增加误差增大，FOAM和NMEFC-NEMO的偏差均值都接近零，但NMEFC-NEMO的离散性更大。图3.12（b）表明，FOAM对SLA第一天的预报偏差最小，NMEFC-NEMO 3—6月以正偏差为主，是否存在系统偏差，还需要作更长时间的分析，其他预报系统常年以负偏差为主。

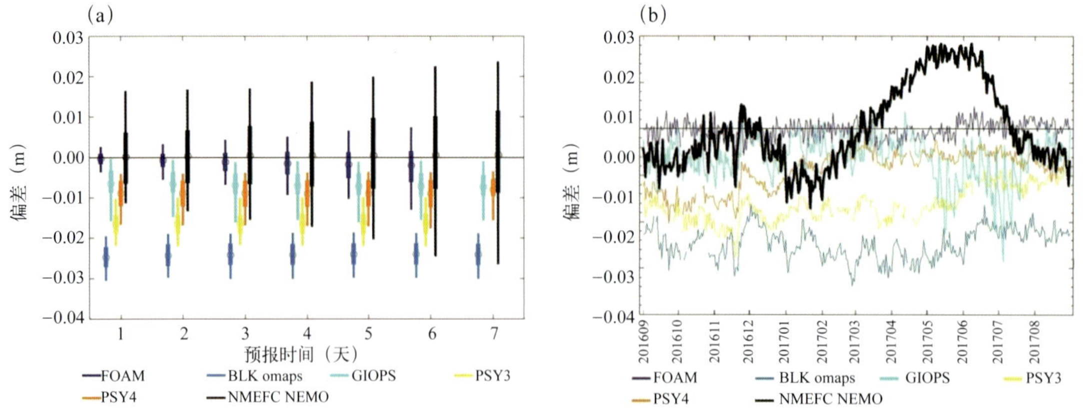

图3.12 各预报系统海表异常（SLA）与沿轨高度计（Jason-1/2, Cryosat and AltiKa.）相比的预报准确性
（a）偏差随预报时间的变化，粗方框是四分位距和细方框是95%的值，圆圈是均值；（b）2016年9月1日至2017年8月31日每日第一天预报偏差的时间序列

图3.13所示，从均方根误差看，NMEFC-NEMO的7天预报结果和整年的第一天结果与英国气象局的FOAM和法国麦卡托PSY4的误差相当，要优于其他预报系统。

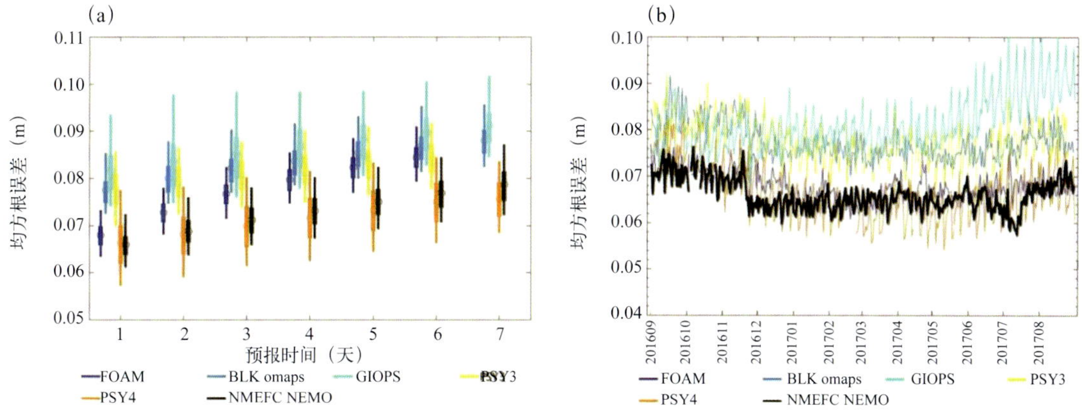

图3.13　各预报系统海表异常（SLA）与沿轨高度计（Jason-1/2, Cryosat and AltiKa.）相比的预报准确性

（a）均方根误差随预报时间的变化；（b）2016年9月1日至2017年8月31日每日第一天预报均方根误差的时间序列

异常相关AC体现的是预报异常与观测异常的相关性，经常用于验证数值天气预报的结果，AC的值越接近1越佳，但AC对预报偏差不敏感，好的AC不能保证预报准确性。图3.14显示各预报系统异常相关随预报时间增长而减小。同样NMEFC-NEMO的7天预报结果和整年的第一天结果与英国气象局的FOAM和法国麦卡托PSY4的误差相当，要优于其他预报系统。

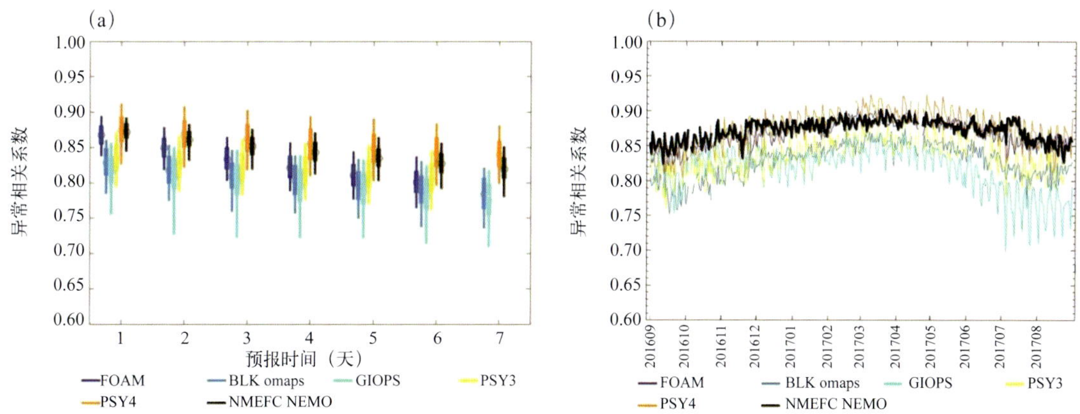

图3.14　各预报系统海表异常（SLA）与沿轨高度计（Jason-1/2, Cryosat and AltiKa.）相比的预报准确性

（a）异常相关随预报时间的变化；（b）2016年9月1日至2017年8月31日每日第一天预报异常相关的时间序列

要理解预报系统的性能，需要将预报场准确性与参考场的准确性作对比。在IVTT class4框架下，有两个参考场，图3.15和图3.16分别为延续性预报场和气候态场，所以根据定义，可构造两个技巧评分，分别为PSS和CSS，详见所用统计量说明部分。分为SLA延续性预报技巧和气候态的技巧评分随时间变化。对于气候态来说，各预报系统在SLA气候态技巧为正值，模式预报理应比气候态准确。对于延续性预报而言，各系统的技巧多为负值，这说明现有的系统模式预报的SLA准确性并不一定一直比他们自身的延续性场要好，各预报系统同化的SLA特征可能随着模式积分而丢失了。

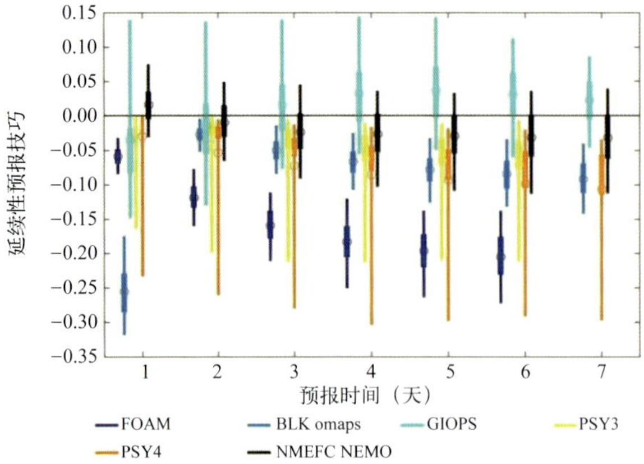

图3.15 海表高度异常的延续性预报技巧（persistence skill sorces）随预报时间变化

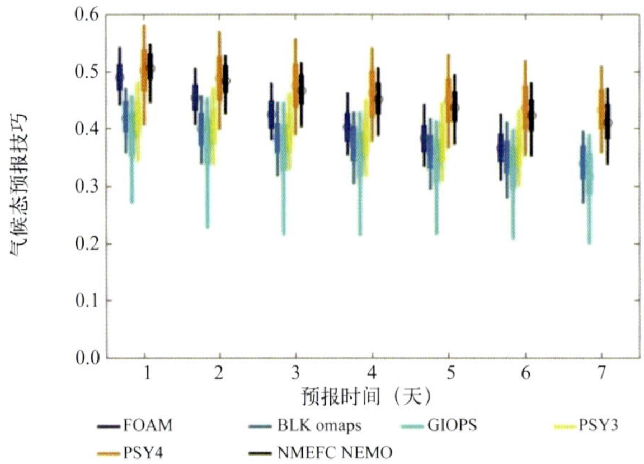

图3.16 海表高度异常的气候态预报技巧（climatology skill sorces）随预报时间变化

3.5.1.2 海表面温度检验

NMEFC-NEMO海表温度的偏差、均方根误差和异常相关与英国气象局FOAM系统的结果相当，要优于其他各国的预报结果。从PSS看，NMEFC-NEMO，GIOP，PSY3和PSY4的值多为正，并且显示略为上升趋势，说明就SST的预报而言，这些系统的7天模式预报比延续性预报要准确（图3.17至图3.21）。

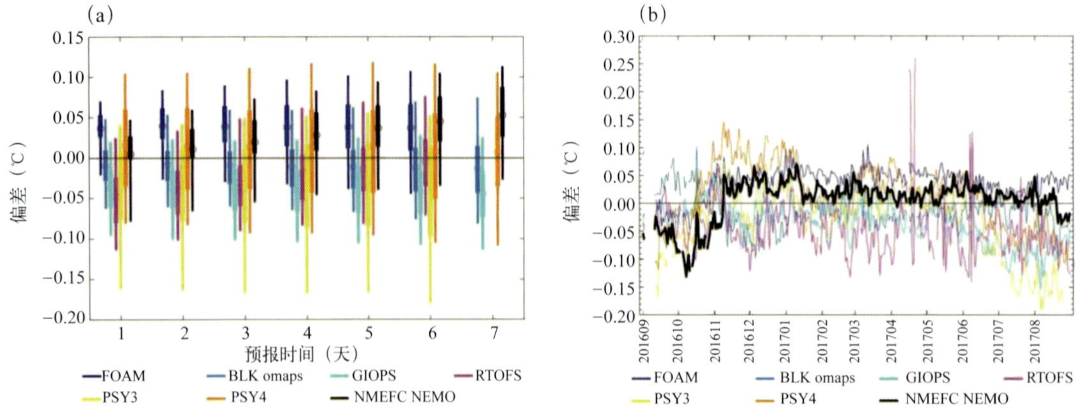

图3.17 各预报系统海表温度（SST）与USGODAE现场漂流浮标（USGODAE in-situ drifting buoys）相比的预报准确性
(a) 偏差随预报时间的变化；(b) 2016年9月1日至2017年8月31日每日第一天预报偏差的时间序列

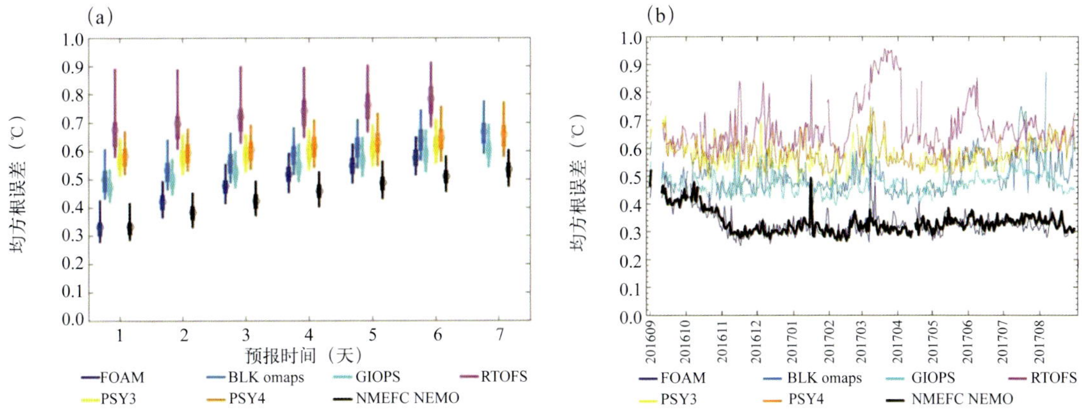

图3.18　各预报系统海表温度（SST）与USGODAE现场漂流浮标（USGODAE in-situ drifting buoys）相比的预报准确性
(a) 均方根误差随预报时间的变化；(b) 2016年9月1日至2017年8月31日每日第一天预报均方根误差的时间序列

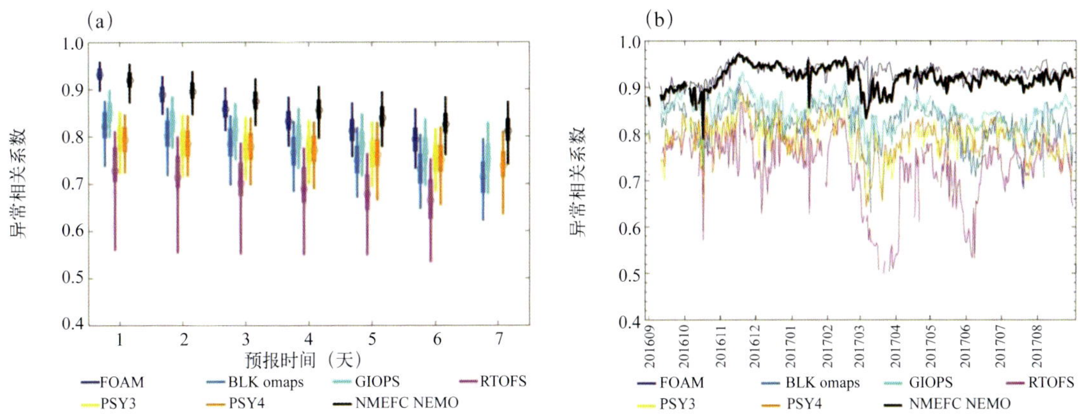

图3.19　各预报系统海表温度（SST）与USGODAE现场漂流浮标（USGODAE in-situ drifting buoys）相比的预报准确性
(a) 异常相关随预报时间的变化；(b) 2016年9月1日至2017年8月31日每日第一天预报异常相关的时间序列

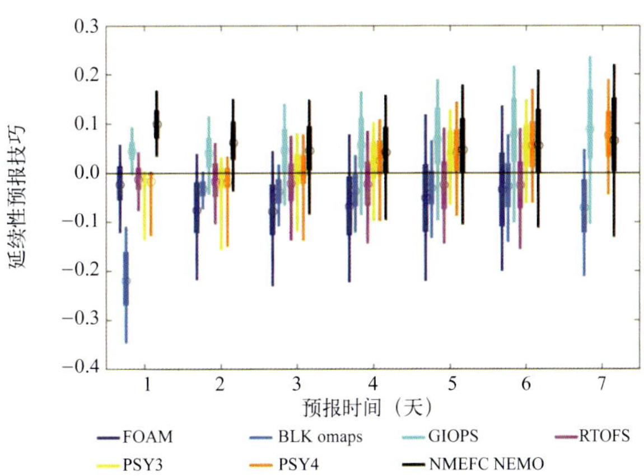

图3.20　海表温度的延续性预报技巧（persistence skill sorces）随预报时间变化

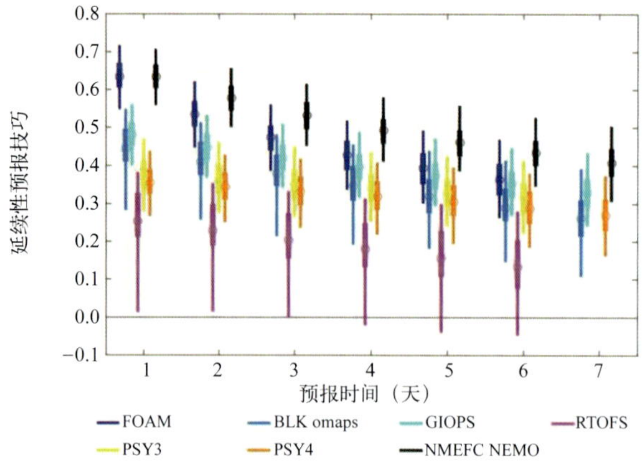

图3.21　海表温度气候态预报技巧（climatology skill sorces）随预报时间变化

3.5.1.3　温盐垂直廓线检验

图3.22（a）显示NMEFC-NEMO的温度剖面偏差都以负偏差为主，FOAM以正偏差为主，PSY3和PSY4的偏差值最小，从图3.22（d）看，NMEFC-NEMO的盐度剖面偏差与其他系统相当。就均方根误差而言（图3.23），NMEFC-NEMO的温度和盐度误差与其他预报系统相当，其中PSY3和PSY4的误差是最小的，异常相关的结果与RMSE类似（图3.24至图3.26）。

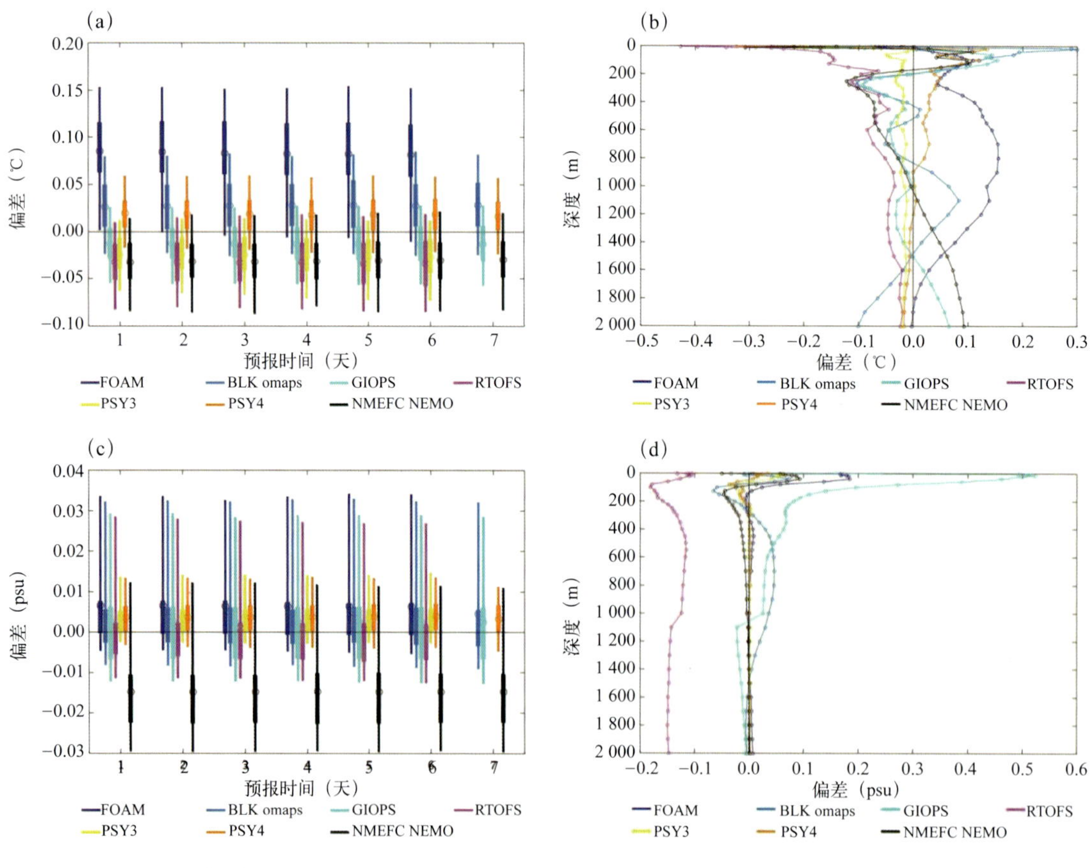

图3.22　各预报系统温度（Temperature）和盐度（salinity）与ARGO温盐测量相比的预报准确性

（a）温度剖面偏差随预报时间的变化；（b）温度剖面偏差随深度的变化；（c）和（d）与（a）和（b）类似，但为盐度

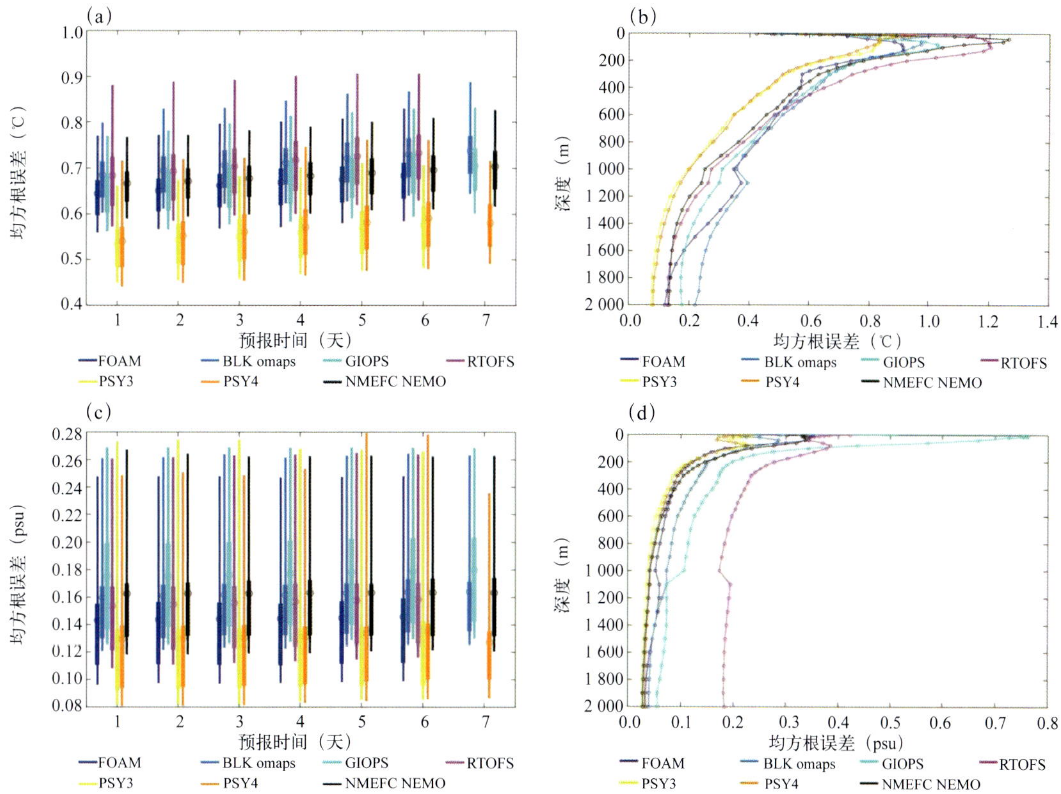

图3.23　各预报系统温度（Temperature）和盐度（salinity）与ARGO温盐测量相比的预报准确性

（a）温度剖面均方根误差随预报时间的变化；（b）温度剖面均方根误差随深度的变化；（c）和（d）与（a）和（b）类似，但为盐度

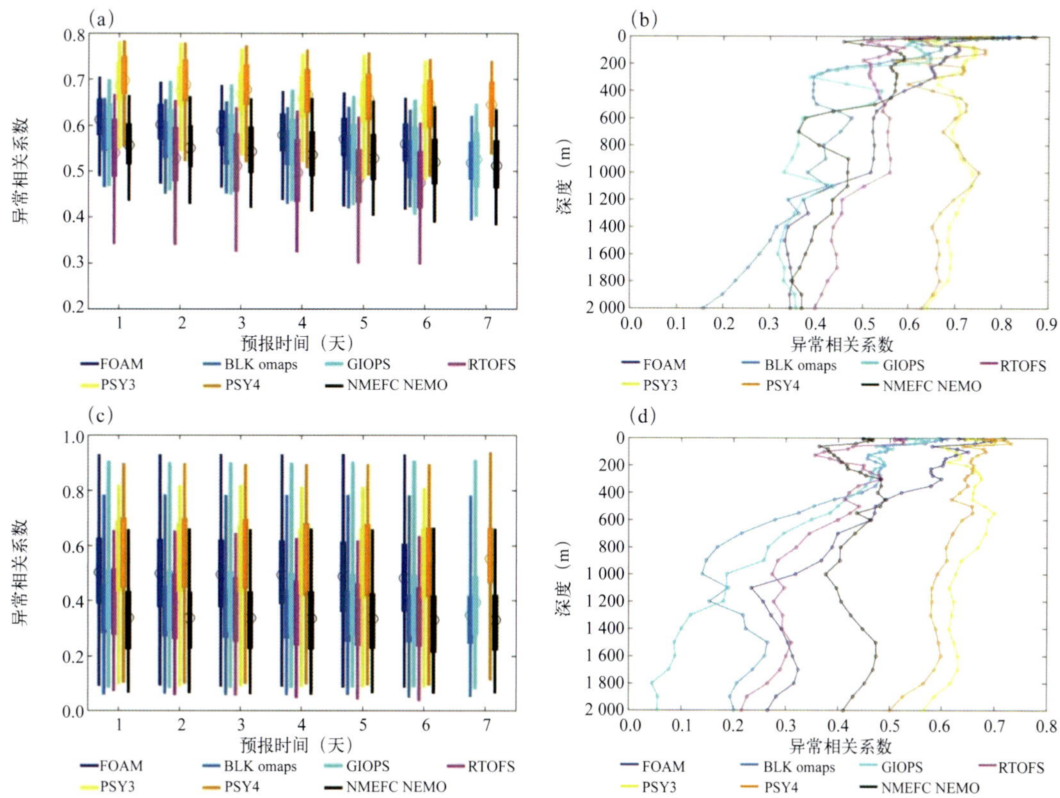

图3.24　各预报系统温度（Temperature）和盐度（salinity）与ARGO温盐测量相比的预报准确性

（a）温度剖面异常相关随预报时间的变化；（b）温度剖面异常相关随深度的变化；（c）和（d）与（a）和（b）类似，但为盐度

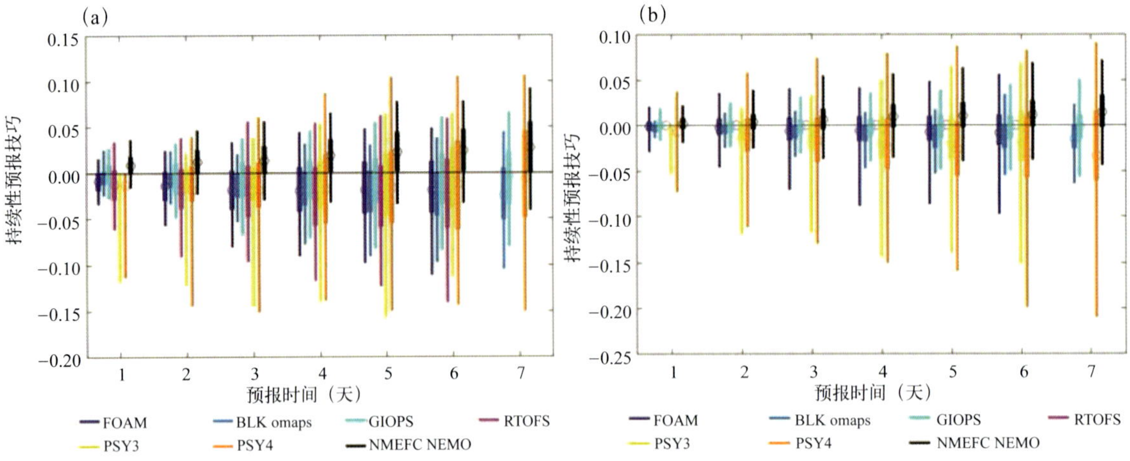

图3.25　温度和盐度剖面延续性预报技巧（persistence skill sorces）随预报时间变化

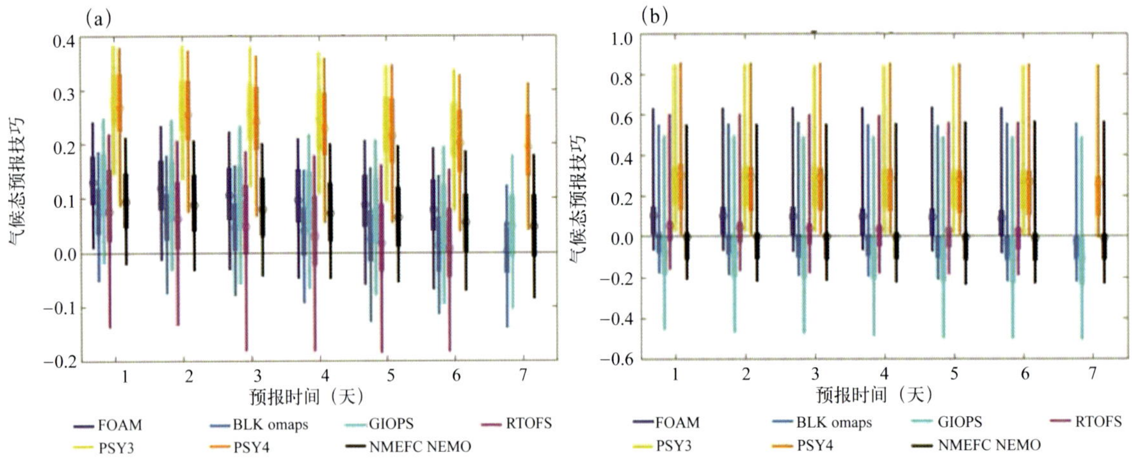

图3.26　温度和盐度剖面气候态预报技巧（climatology skill sorces）随预报时间变化

3.5.1.4　预报能力综合比较

图3.27显示的是在2°×2°方框范围内，RMSE最小的预报系统，哪个颜色代表的预报系统最显著，说明该预报系统在全球范围内预报误差最小。由图3.27（c）和图3.27（d）中可以看出，法国麦卡托中心的PSY3和PSY4系统以及英国气象局FOAM系统在温盐剖面预报方面准确性较高。由图3.27（a）和图3.27（b）中可以看出，英国气象局FOAM系统在SLA和SST预报准确性较高。这与FOAM直接同化现场温度有关。另外，NMEFC-NEMO在西边界和南大洋区SLA和SST的预报中准确性较高。

图3.28为根据IVTT-class4划分的各海盆区域（表1）的RMSE。从图3.28（a）中可以看出，在海表高度异常方面，整体而言，FOAM、PSY4误差最小，NMEFC-NEMO次之，但在南大洋区域，NMEFC-NEMO的结果要优于其他预报系统。图3.28（b）海表温度方面，FOAM的在个海盆误差均为最小，NMEFC-NEMO次之。图3.28（c）和图3.28（d）表明，PSY3和PSY4在温盐剖面上的模拟最好，FOAM次之。

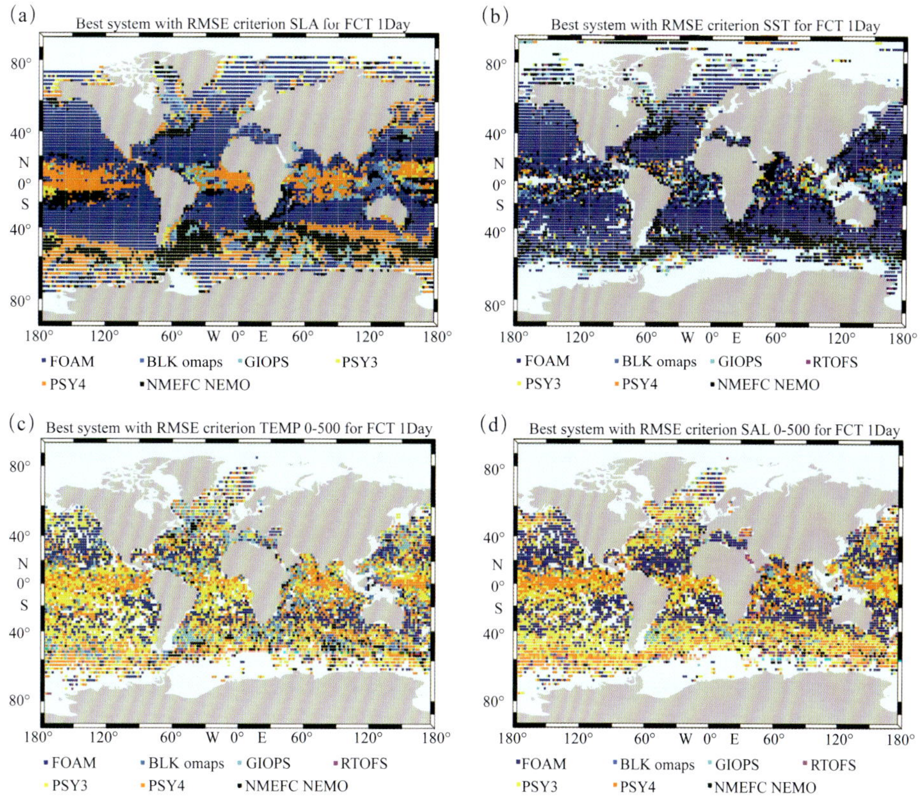

图3.27 2°的方框内均方根误差最小的预报系统

（a）与沿轨卫星SLA相比，预报准确性最高的系统；（b）与USGODAE现场漂流浮标（USGODAE in-situ drifting buoys）海表温度SST相比，准确性最高的系统；（c）显示的是与500 m以上ARGO温度测量相比，准确性最高的系统；（d）显示的是与500 m以上Argo盐度测量相比，准确性最高的系统

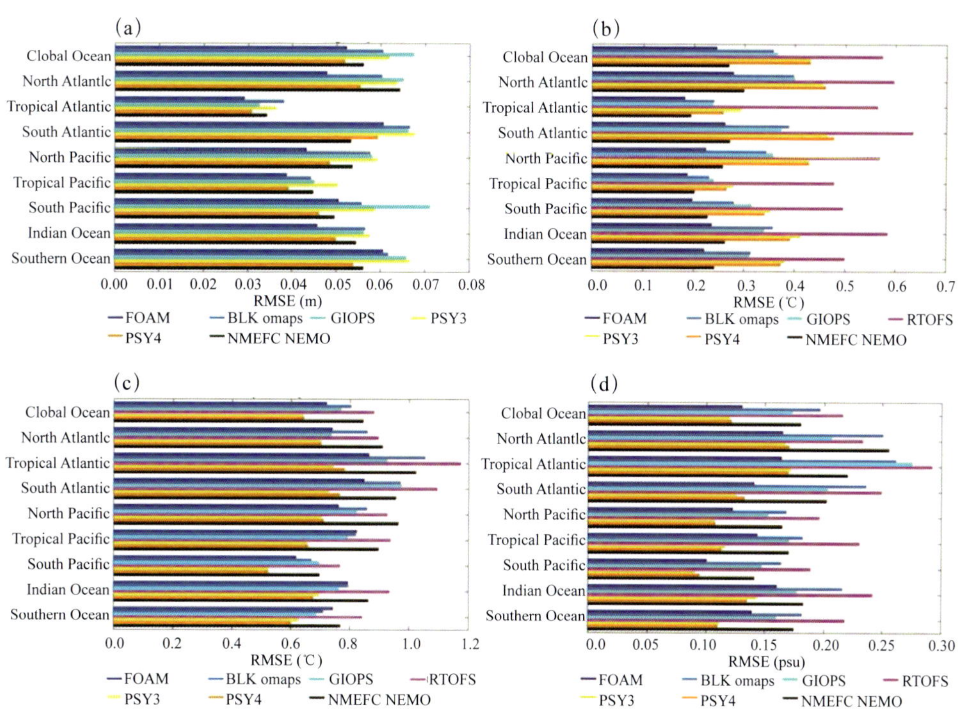

图3.28 17 2°×2°的条形统计图显示的是RMSE的在GODAE-MERSEA区域（见附表1）的分解

（a）相对于卫星资料AVISO；（b）相对于USGODAE现场漂流浮标（USGODAE in-situ drifting buoys）；（c）相对于Argo温度剖面；（d）相对于Argo盐度剖面

图3.28（a）~图3.28（d）预报的均方根误差就是海盆的函数。

表3.3 class4相互比较的海盆

名称	地理范围
全球	90°S—90°N, 180°W—180°E
北大西洋	0°N—70°N, 100°W—31°E
热带大西洋	20°S—20°N, 70°W—30°E
南大西洋	60°S—0°S, 70°W—30°E
北太平洋	0°N—65°N, 100°E—77°W
热带太平洋	20°S—20°N, 90°E—70°W
南太平洋	60°S—0°S, 100°E—70°W
印度洋	40°S—31°N, 20°E—120°E
澳大利亚海域（BIUE LINK）	70°S—20°N, 90°E—180°E

3.5.1.5 总体情况对比

表3.4显示，NMEFC-NEMO的SST和SLA平均均方根误差最小，分别为0.45℃和0.07 m。温度和盐度剖面平均均方根误差为0.69℃和0.24 psu，在个预报系统中处于中间水平。PI为各系统物理量均方根误差增长百分比。从表3.5中可以看出，预报误差较小的系统，误差增长百分比反而更高，如对SST和SLA预报中，FOAM和NMEFC-NEMO的误差都较少，但PI相对较大。

表3.4 各预报系统物理量RMSE均值，该图可体现各系统的基本特征

系统	SST(℃)	SLA(m)	T(℃)	S(psu)
FOAM	0.48	0.08	0.67	0.22
BLK omap	0.59	0.08	0.71	0.32
GIOPS	0.54	0.09	0.68	0.25
RTOFS	0.75		0.75	0.35
PSY3	0.59	0.08	0.56	0.15
PSY4	0.62	0.07	0.57	0.15
NMEFC-NEMO	0.45	0.07	0.69	0.24

表3.5 RMSE增长百分比（PI）

系统	SST	SLA	T	S
FOAM	74.0%	24.3%	6.0%	1.08%
BLK omap	33.3%	13.7%	7.4%	1.07%
GIOPS	29.1%	11.6%	8.6%	1.67%
RTOFS	6.4%		2.8%	1.43%
PSY3	9.4%	8.8%	7.0%	1.64%
PSY4	12.7%	13.9%	6.5%	−12.64%
NMEFC-NEMO	61.2%	19.2%	5.1%	−0.46%

3.5.2 TOGA对比检验

图3.29给出了预报中心全球高分系统2016年9月1日至2017年9月30日在不同水深处与TOGA浮标的温度对比散点图（右侧），及其相应的偏差与均方根误差。如图3.29所示，在不同水深处，预报系统的温度与TOGA的温度相近，偏差在−0.2～0.2℃之间，均方根误差约为0.3～0.5。其中表层和深层的温度与现场观测更为接近。此外，图3.29左侧给出了法国麦卡托中心全球预报系统在对应深度与TOGA浮标的温度对比散点图、偏差和均方根误差。对比发现，我们的系统在表层及深层的均方根误差均小于麦卡托中心。

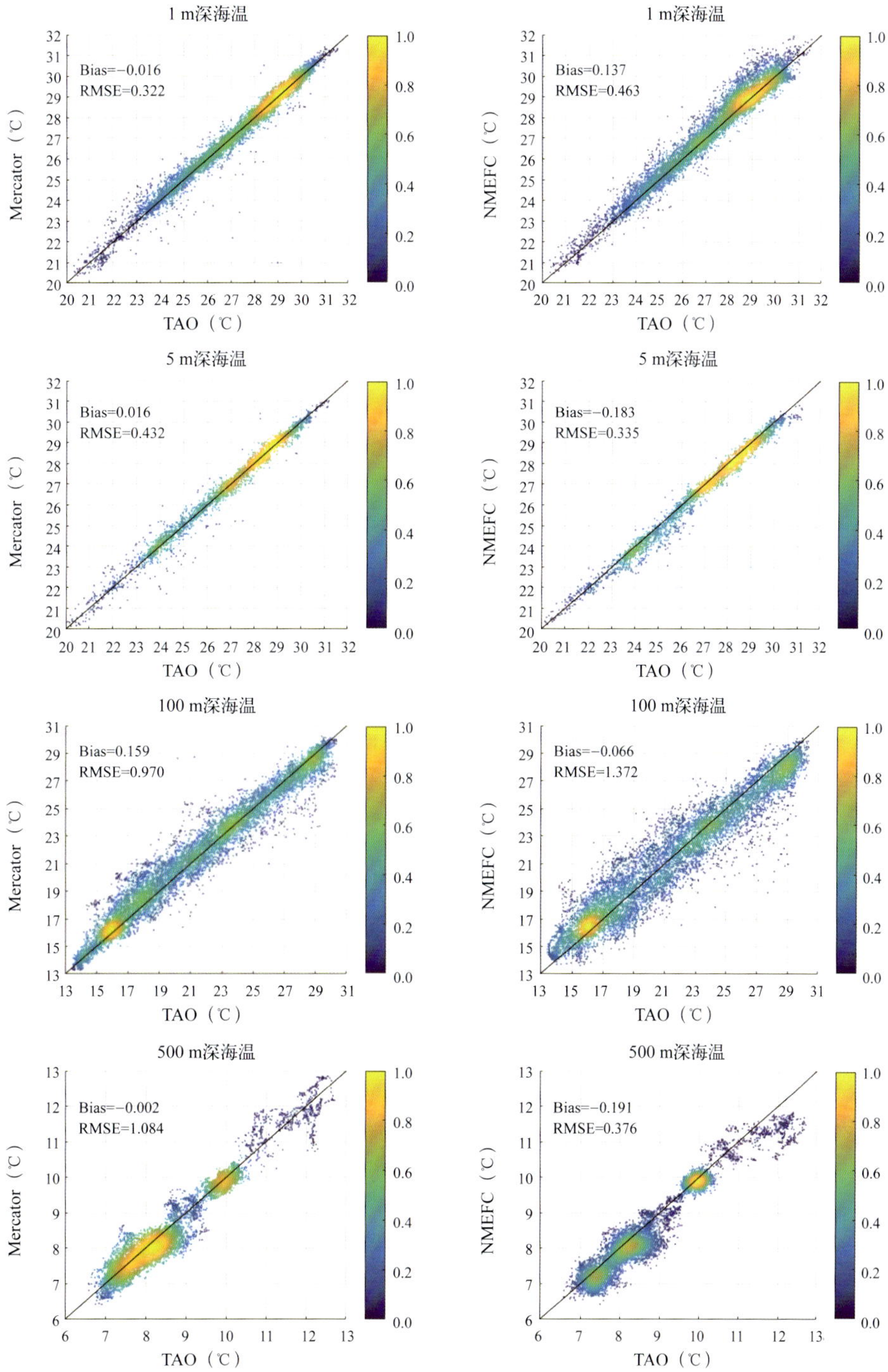

图3.29　不同水深处海水温度与浮标数据的散点分布

3.5.3 基于AVHRR数据的检验结果

本书利用AVHRR SST数据，对本预报系统的后报结果进行了检验，以与IV-TT的检验结果进行交叉比对。检验的变量为SST，检验指标为偏差和均方根误差，检验时段为2016年1月1日至3月31日，检验范围为全球海洋区域，见图3.30。

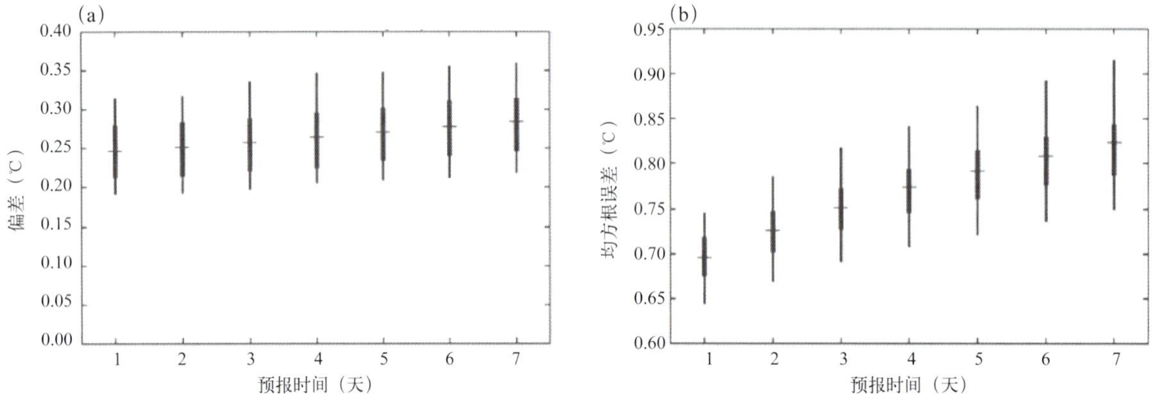

图3.30 相对于AVHRR SST数据，SST预报的偏差（左图）和均方根误差（右图）随预报时效的变化，单位：℃

相对于AVHRR SST，国家海洋环境预报中心全球高分系统的预报偏差约为0.25℃（1天时效）至0.28℃（7天时效），接近于IV-TT检验结果中0.2℃的偏差，但稍大。均方根误差随预报时效增加，介于0.7℃（1天时效）至0.8℃（7天时效）之间，接近IV-TT检验结果（0.4~0.6℃），但稍大。两种检验结果的差别，可能是观测数据的差别导致的。

随着预报时效的增加，SST预报偏差和均方根误差均呈增加的趋势。同时，不同时效的预报呈现了类似的误差变化特征，如在2016年1月1日和1月20日不同时效的预报误差同时达到极大值，而在3月11日和3月24日不同时效的预报误差同时达到极小值（图3.31）。

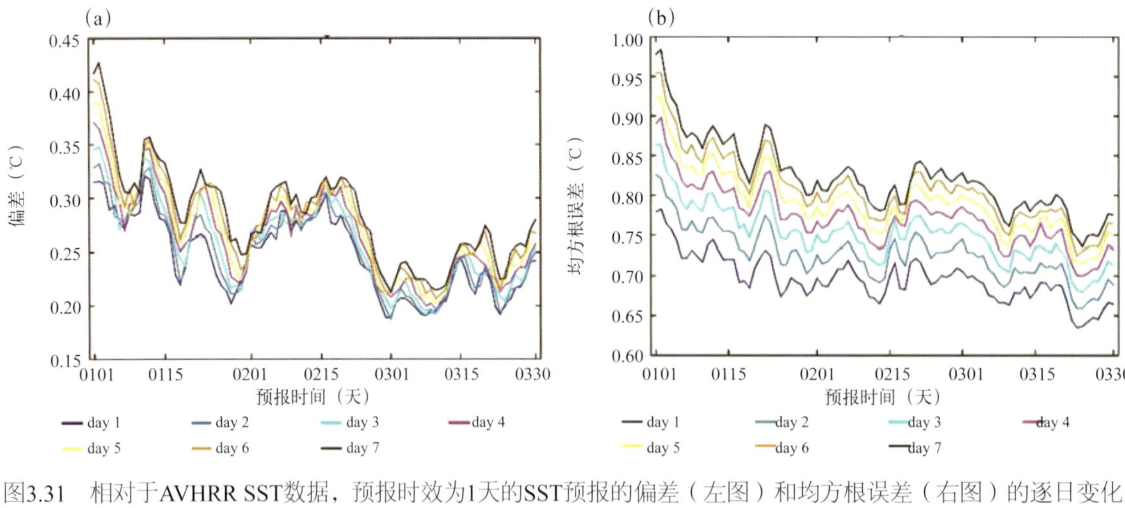

图3.31 相对于AVHRR SST数据，预报时效为1天的SST预报的偏差（左图）和均方根误差（右图）的逐日变化，单位：℃。不同颜色实线代表不同的预报时效

基于AVHRR SST数据，对另一时段的后报结果进行了检验。检验时段为2017年1月5日至

2017年7月8日，检验指标为偏差、加权平均偏差、绝对误差、加权平均绝对误差（图3.32和图3.33）。

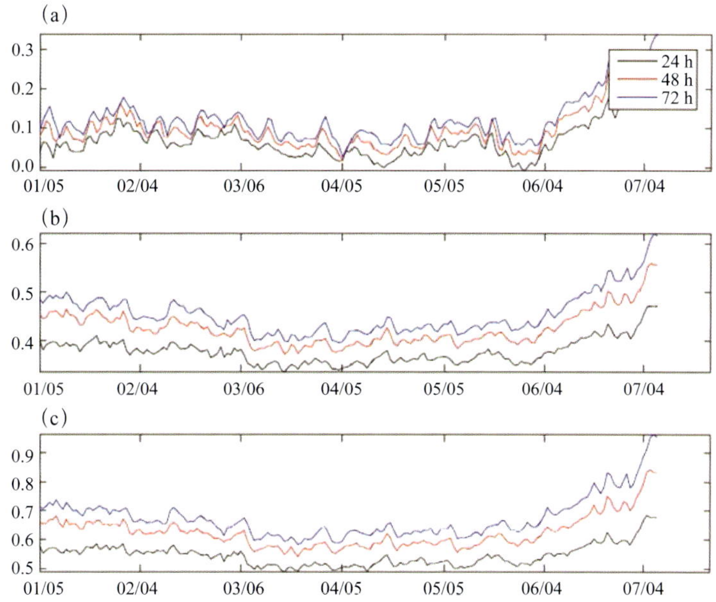

图3.32　24小时、48小时和72小时预报的偏差（上）、绝对偏差（中）和均方根误差的逐日变化，单位：℃

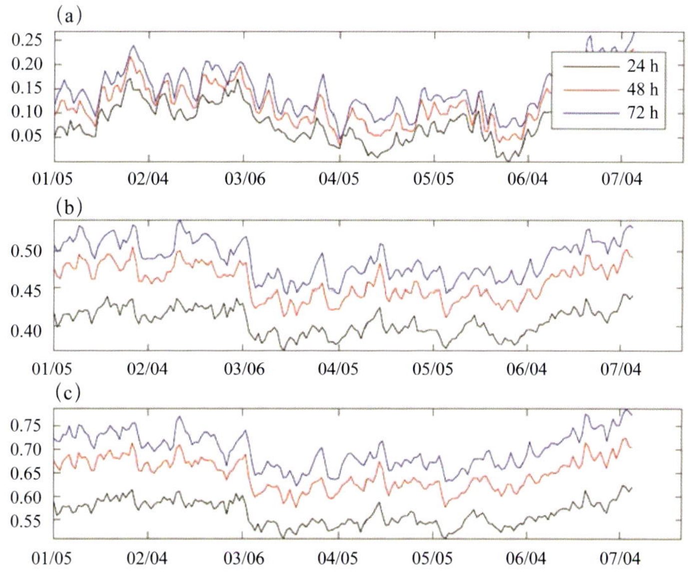

图3.33　24小时、48小时和72小时预报的面积加权平均偏差（上）、面积加权平均绝对偏差（中）和面积加权平均均方根误差的逐日变化，单位：℃

对于24小时预报，国家海洋环境预报中心全球高分系统SST预报的偏差约为0.07℃，均方根误差为0.55℃，与IV-TT检验的结果一致。随着预报时效的延迟，误差均呈现增加的趋势。考虑面积加权之后，误差稍微增大（表3.6）。

从24小时预报偏差的空间分布中可以看出，预报中心全球高分系统的偏差集中于太平洋西北侧，格陵兰岛东北侧的北冰洋，但在热带太平洋和南大洋偏差较小（图3.34）。

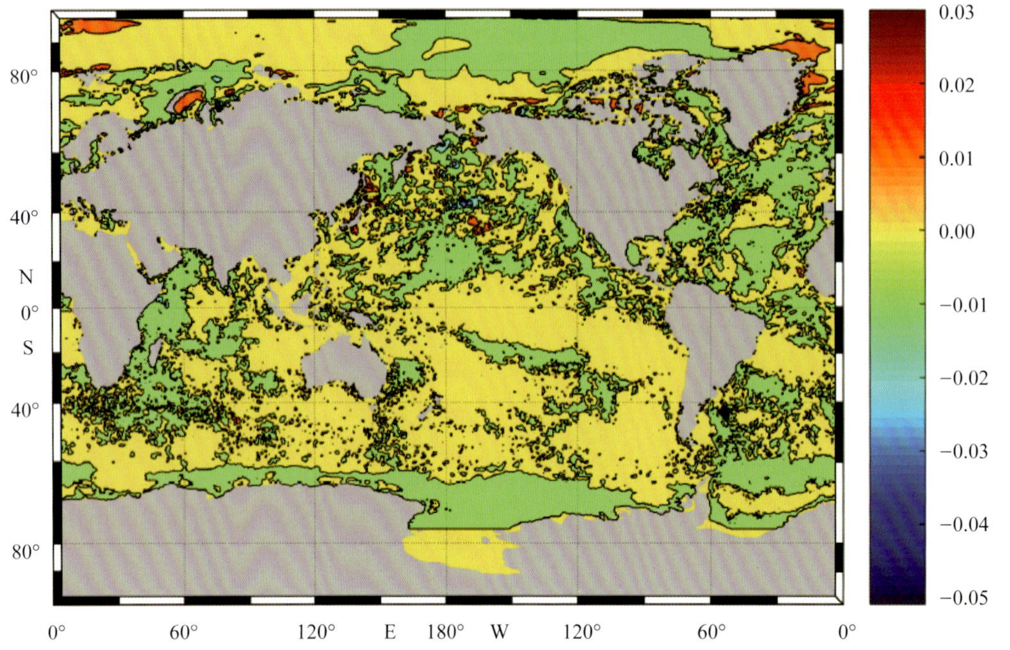

图3.34　24小时预报偏差的空间分布（单位：℃）

表3.6　NMEFC-NEMO SST预报准确性综合评价指标（单位：℃）

评估方法	24h	48h	72h
偏差	0.07	0.10	0.12
加权平均偏差	0.09	0.12	0.15
绝对误差	0.38	0.43	0.45
加权平均绝对误差	0.41	0.46	0.49
均方根误差	0.55	0.62	0.67
加权均方根误差	0.56	0.65	0.70

3.6　预报产品制作与系统运行

模式后处理服务会定时启动并检查当期预报流程是否完成，如完成则会启动各项产品制作子服务。各子服务会以依赖关系为基准按序执行或并发执行以提高效率，制作完成的产品部分由管理节点定期下载并转运至发布节点，进一步直接由网页展示。归档部分则暂存超算服务器，定期由人工取回，用于制作季度检验报告。每个处理子模块都具有自我核查重启动功能。详细后处理流程见图3.35。

本系统预报产品可分为四种类型：静态预报图、动态网页可视化预报图、模式原始输出压缩归档、IVTT Class4标准比较格式。

静态预报图可供气象、海浪和风暴潮等其他气象海洋系统预报员参考使用；动态网页可视化预报图主要用于预报系统对外展示，也可供预报员参考使用；模式原始输出压缩归档主要用于长期检验使用，也可给区域系统试运行或后报实验提供边界场；IVTT Class4标准化格式主要用于GODAE OceanView IVTT国际海洋模式比较计划。受限于计算存储资源，本预报系统输出产品以日平均场为主。

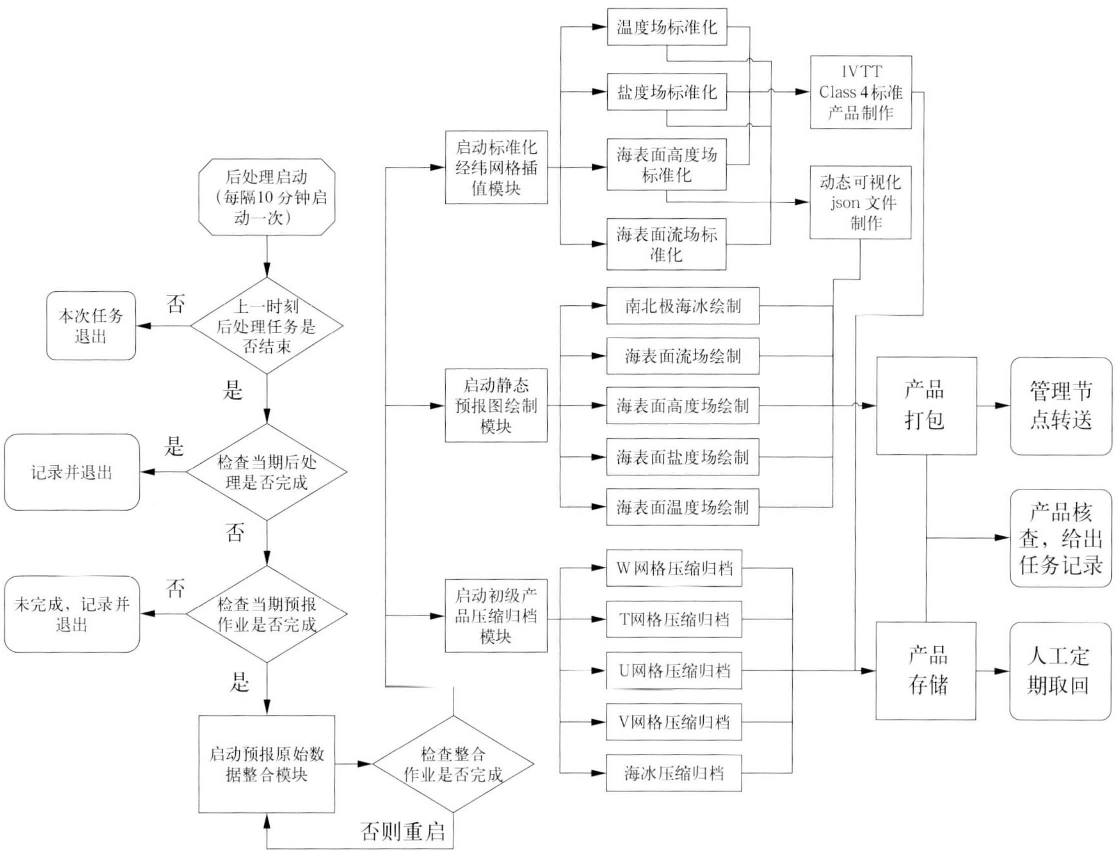

图3.35　后处理流程图

3.6.1　系统试运行情况

预报系统试运行旨在通过一段时间的运行，综合检验评估试运行期间预报系统的预报能力，系统稳定性，其各项检验指标是是否能转入正式业务化运行的重要评价标准。按照国家海洋局《海洋数值预报系统业务化应用管理暂行办法》（国海预字[2014]523号）第三章第十三条规定，新建系统的业务化试运行应当至少持续稳定一年以上。

为此，本预报系统自2016年9月1日起至2017年10月1日为止，共进行了为期13个月的业务化试运行，其中2016年9月1日至2017年5月1日在天津天河超算平台开展试运行，2017年5月1日至2017年8月1日在广州天河超算平台开展试运行，2017年8月1日至2017年10月1日在预报中心新建超算平台开展试运行。

3.6.2　预报产品管理模块

内容同1.6.1。

3.6.3　系统运维子系统

内容同1.6.2 。

3.6.4 静态预报图

全球静态预报图基于NCL画图软件绘制，每日定时上传到中心网站，分别提供00时刻、24时刻、48时刻、72时刻、96时刻、120时刻的表层海温、表层海流和表层盐度预报图，如有需求，可提供标准层20 m、50 m、100 m、500 m及1 000 m的海温、海流和盐度预报产品。

海上丝绸之路保障产品静态预报图也是基于NCL画图软件绘制，每天定时上传到中国海洋预报网，分别提供00时刻、24时刻、48时刻、72时刻、96时刻、120时刻、144时刻、168时刻的表层，50 m、100 m、500 m和1 000 m的海温、海流和盐度预报图（中、英文标注）。

以2018年11月21日预报的24小时表层海温图为例，如图3.36所示。

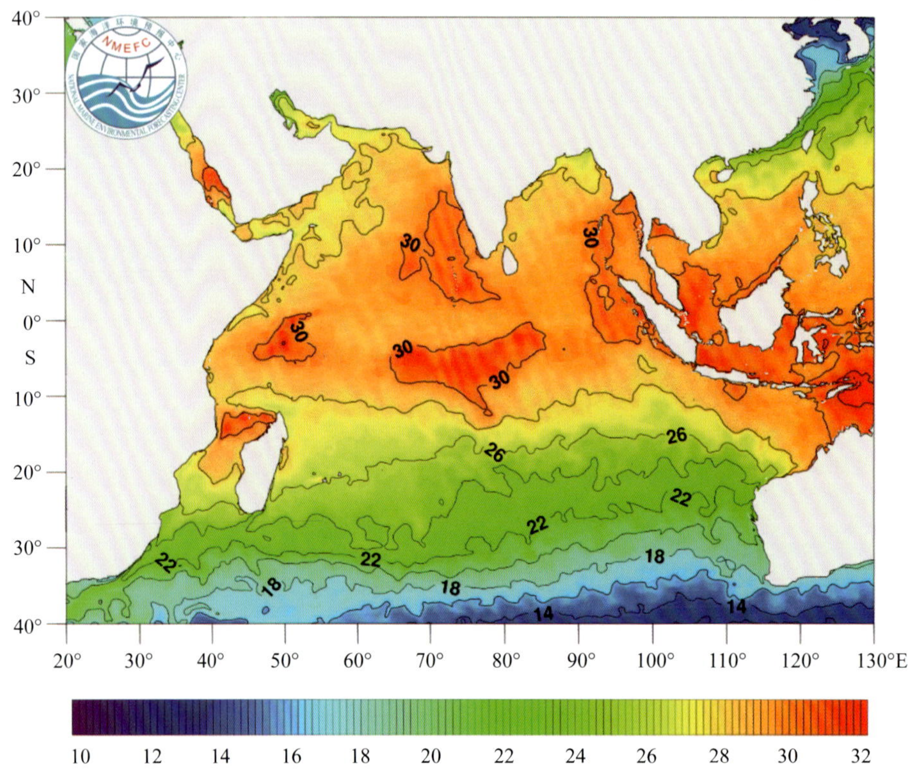

图3.36 海表面温度场24小时预报

3.6.5 动态网页可视化预报图

以Cameron Beccario设计的可视化大气海洋数据展示网站为基础，通过本地化移植和数据更替，实现本预报系统的B/S架构可视化展示。展示可在IE、Firefox、Chrome等浏览器终端显示，展示基本要素为动态可视化流线，静态可视化填色底图（包括海表面温度、盐度、高度和流速填色图），预报发布相关信息（系统名称，发布机构，发布时间，预报时间，预报时间选择，展示要素，投影方式，填色图色标等）。鼠标单击图中任意位置可显示该位置的经纬度、流速、流向、海表面温度信息。

图3.37所示为2017年2月15日发布的2月20日全球海洋环流动态可视化示例。

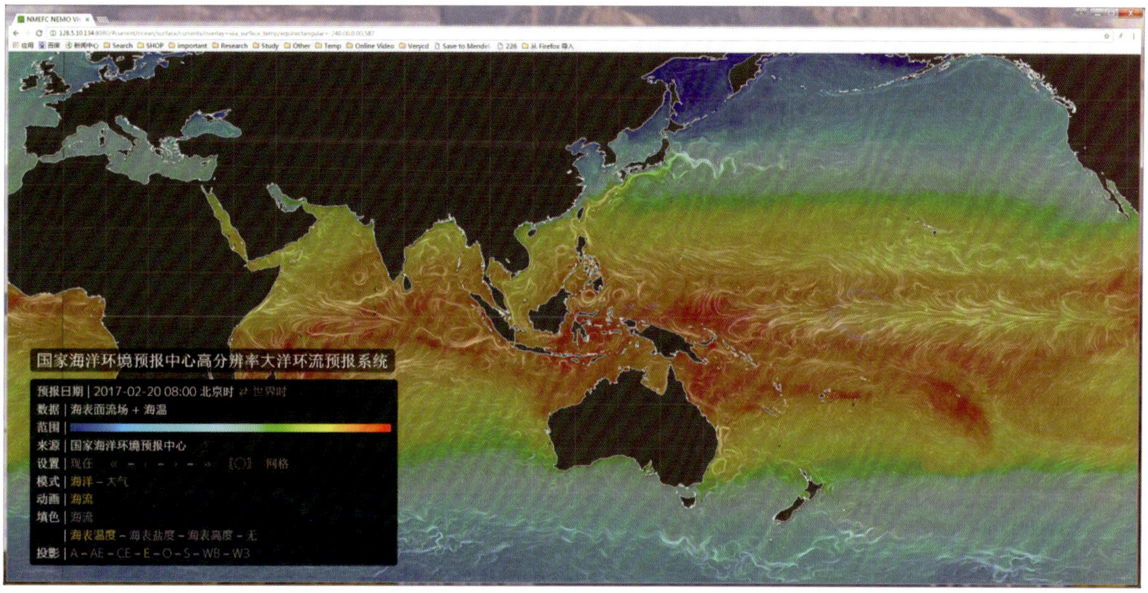

图3.37　海表面流场动画和海表面温度场叠加

3.6.6　模式原始输出压缩归档

模式原始输出为无压缩的netcdf格式，数据体量较大，每日模式直接输出预报场约占空间达100 GB。海量的数据非常不利于数据传输和长期保存，压缩处理十分必要。

压缩归档分为两步：第一步为精度转换，第二步为数据压缩。

第一步通过专用自写软件将模式输出结果中非整型数组通过添加缩放因子scale_factor和add_offset转换为短整型。这一步可将数据压缩75%以上。

第二步通过gzip软件将上一步结果压缩为gz档案，这一步可将数据进一步压缩50%。虽然也可通过netcdf4的压缩功能实现这一步，但是实现较为复杂，且加大了后续对归档数据处理程序的编写和编译难度，因此本系统暂不采用该法。

最终得到的归档数据约为原数据大小的12%，极大的节约了存储空间。

3.6.7　IVTT Class4标准格式

IVTT国际业务预报系统比较计划由GODAE OceanView发起，旨在通过对四类产品进行国际间比较的方式促进各国提高业务化海洋学技术水平。其中第四类Class4数据适用于日常运行的业务化系统国际比较。该类数据分为SLA（海表面高度异常）、SST（海表面温度）、profile（垂直温盐廓线）、aice（海冰相关）四类。其中最后一类海冰除加拿大外尚未有其他机构参与，因此本系统归档但不生成和比较海冰类产品，仅制作并比较前三类产品。

IVTT对参与比较的数值预报产品格式要求比较严格，因此需用自写专有程序实现数据的插值转换。一般而言，每个数据内包含以下信息由IVTT统一提供，以保持各机构数据一致性。

numobs（观测数目）、numvars（变量数目）、numdeps（深度层数）、string_length8（一类字符串长度）、string_length128（二类字符串长度）、climatology（气候态对应数值）、depth（层深）、id（观测编号）、juld（观测时间）、latitude（观测位置纬度）、longitude（观测位

置经度）、observation（观测数据）、qc（观测质量）、type（观测来源）、unitname（观测单位）、varname（变量名称）、obs_type（观测数据类型）、time_interp（时间频率）、observation（观测数据来源）。

其余信息则由发布机构提供：numfcsts（预报时长）、best_estimate（最佳估计）、modejuld（预报时间）、leadtime（预报时效）、forecast（预报数据）、persistence（持续性预报数据）、institution（发布机构）、contact（联系方式）、configuration（预报系统名称）、version（系统版本）。

由于海洋观测位置变化较大，为实现由模式网格快速插值到观测位置，首先使用sosie插值程序，利用双线性插值法和已有网格映射关系将模式输出数据由非均一经纬网格插值至均一经纬网格，然后用akima法实现从均一经纬网格向不规则观测点位置的快速插值。

参考文献

AOUF L, LEFEVRE J M, HAUSER D, 2006. Assimilation of directional wave spectra in the wave model WAM: An impact study from synthetic observations in preparation for the SWIMSAT satellite mission[J]. J Atmos Oceanic Technol, 23: 448–463.

BARKER D M, HUANG W, GUO Y-R, et al., 2004. A Three-Dimensional Variational Data Assimilation System for MM5: Implementation and Initial Results[J]. Mon. Wea. Rev., 132:897–914.

BELJAARS A C M, 1995. The parameterization of surface fluxes in large-scale models under free convection[J]. Quarterly Journal of the Royal Meteorological Society, 121:255–270.

BENDER L C, GLOWACKI T, 1996. The assimilation of altimeter data into the Australian wave model [J]. Australian meteorological magazine, 45:42–48.

BETTS A K, 1986. A new convective adjustment scheme. Part I: Observational and theoretical basis[J]. Quarterly Journal of the Royal Meteorological Society, 112:677–691.

BETTS A K, MILLER M J, 1986. A New Convective Adjustment Scheme. Part II: Single Column Tests Using GATE Wave, BOMEX, ATEX and Arctic Air-Mass Data Sets. Quarterly Journal of the Royal Meteorological Society, 112:693–709.

BITZ C M, HOLLAND M M, WEAVER A J, et al., 2001. Simulating the ice-thickness distribution in a coupled climate model[J]. Journal of Geophysical Research, 106(C2):2441–2463.

BITZ M, LIPSCOMB W H, 1999. An energy-conserving thermodynamic model of sea ice[J]. Journal of Geophysical Research, 1041(C7):15669–15678.

BOUILLON S, MORALES MAQUEDA M A, LEGAT V, et al., 2009. An Elastic-Viscous-Plastic Sea Ice Model formulated on Arakawa B and C Grids[J]. Ocean Modelling, 27(3):174–184. doi: 10.1016/j.ocemod.2009.01.004.

BREIVIK L A, REISTAD M, 1994. Assimilation of ERS-1 altimeter wave heights in an operational numerical wave model[J]. Wea. Forecasting, 9: 440–451.

CARPENTER R L, DROEGEMEIER K K, WOODWARD P R et al., 1990. Application of the Piecewise Parabolic Method (PPM) to meteorological modeling[J]. Mon. Wea. Rev., 118:586–612.

CHEN F, DUDHIA J, 2001. Coupling an advanced land-surface-hydrology model with the Penn State-NCAR MM5 modeling system. Part I: Model Implementation and Sensitivity[J]. Mon. Wea. Rev., 129: 569–585.

CHEN S-H. SUN W Y, 2002. A One-dimensional Time Dependent Cloud Model[J]. Journal of the Meteorological Society of Japan Ser II, 80(1):99–118.

EVENSEN G, 2003. The ensemble Kalman filter: Theoretical formulation and practical implementation[J]. Ocean dynamics, 53 (4): 343–367.

FICHEFET T, MORALES MAQUEDA M A, 1999. Modelling the influence of snow accumulation and snow-ice formation on the seasonal cycle of the Antarctic sea-ice cover[J]. Climate Dynamics, 15:251–268.

GOOSSE H, FICHEFET T, 1999. Importance of ice-ocean interactions for the global ocean circulation: a model study[J]. Journal of Geophysical Research, 104(C10): 23337–23355.

GREENSLADE D J M, 2001. The assimilation of ERS-2 significant wave height data in the Australian region[J].

Journal of Marine Systems, 28(1–2): 141–160.

GREENSLADE D J M, YOUNG I R, 2004. Background errors in a global wave mod-el determined from altimeter data[J]. Journal of Geophysical Research, 109.doi:10.1029/2004JC002324.

GRIFFIES S, 1998. The Gent-McWilliams skew-flux[J]. Journal of Physical Oceanography - J PHYS OCEANOGR, 28:831–841.

HIBLER W D, 1979. A Dynamic Thermodynamic Sea Ice Model[J]. Journal of Physical Oceanography, 9:815–846.

HUNKE C, DUKOWICZ J K, 1997. An Elastic–Viscous–Plastic Model for Sea Ice Dynamics[J]. Journal of Physical Oceanography, 27:1849–1867.

LEPP ARANTA M, LENSU M, P KOSLOF B, et al., 1995. The life story of a first-year sea ice ridge[J]. Cold Regions Science and Technology, 23(3):279–290.

LIONELLO P, GUNTHER H, JANSSEN P A E M, 1992. Assimilation of altimeter data in a global third-generation wave model[J]. Journal of Geophysical Research, 97: 14453–14474.

MADEC G, IMBARD M, 1996. A global ocean mesh to overcome the North Pole singularity[J]. Climate Dynamics, 12:381–388.

MARTIN VANCOPPENOLLE, FICHEFET T, BITZ C M, 2006. Modeling the salinity profile of undeformed Arctic sea ice[J]. Geophysical Research Letters, 33. doi: 10.1029/2006GL028342.

MASSONNET T, FICHEFET H, GOOSSE M, et al., 2011. On the influence of model physics on simulations of arctic and Antarctic sea ice[J]. The Cryosphere, 5:687–699. doi: 10.5194/tc-5- 687–2011.

MAYKUT G A, UNTERSTEINER N, 1971. Some results from a time-dependent thermodynamic model of sea ice[J]. Journal of Geophysical Research, 76:1550–1575.

MCPHEE M G, 1992. Turbulent heat flux in the upper ocean under sea ice[J]. Journal of Geophysical Research, 97(C4):5365–5379.

NOTZ D, WORSTER M G, 2009. Desalination processes in sea ice[J]. Journal of Geophysical Research, 114:C05006. doi: 10.1029/2008JC004885.

PARRISH D F, DERBER J C, 1992. The National Meteorological Center's spectral- statistical interpolation analysis system[J]. Monthly Weather Review, 120:1747-1763.

SHINE K P, HENDERSON-SELLERS A,1985. The sensitivity of a thermodynamic sea ice model to changes in surface albedo parameterization[J]. Journal of Geophysical Research, 90:2243–2250.

STEELE M, 1992. Sea ice melting and floe geometry in a simple ice-ocean model[J]. Journal of Geophysical Research, 97(C11):17729–17738.

TARTINVILLE B, CAMPIN J M, FICHEFET T, et al., 2001. Realistic representation of the surface freshwater flux in an ice-ocean general circulation model[J]. Ocean Modelling, 3:95–108.

THORNDIKE A S, 1986. Diffusion of sea ice[J]. Journal of Geophysical Research, 91:7691–7696.

THORNDIKE, ROTHROCK S D A, MAYKUT G A, et al., 1975. The thickness distribution of sea ice[J]. Journal of Geophysical Research, 80:4501–4513.

TOLMAN L, BOOIJ N, 1998. Modeling wind waves using wavenumber-direction spectra and a variable wavenumber grid [J]. Global Atmosphere and Ocean System, 6: 295–309.

VANCOPPENOLLE M, BITZ C M, FICHEFET T, 2007. Summer landfast sea ice desalination at Point Barrow: Model and Observations[J]. Journal of Geophysical Research, 112:C04022. doi: 10.1029/2006JC003493.

VANCOPPENOLLE M, FICHEFET T, BITZ C M, 2005. On the sensitivity of undeformed Arctic sea ice to its vertical salinity profile[J]. Geophysical Research Letters, 32:L16502. doi: 10.1029/2005GL023427.

VANCOPPENOLLE M, FICHEFET T, GOOSSE H, 2009a. Simulating the mass balance and salinity of Arctic and Antarctic sea ice. 2. Sensitivity to salinity processes[J]. Ocean Modelling, 27:54–69. doi: 10.1016/j.ocemod.2008.11.003.

VANCOPPENOLLE M, FICHEFET T, GOOSSE H, et al., 2009b. Morales Maqueda. Simulating the mass balance and salinity of Arctic and Antarctic sea ice. 1. Model description and validation[J]. Ocean Modelling, 27:33–53. doi: 10.1016/j.ocemod.2008.10.005.

VANCOPPENOLLE M, GOOSSE H, MONTETY A, et al., 2010. Modeling brine and nutrient dynamics in Antarctic sea ice: the case of dissolved silica[J]. Journal of Geophysical Research, 115 (C2):C02005. doi: 10.1029/2009JC005369.

VOORRIPS A C, MAKIN V K, HASSELMANN S, 1997. Assimilation of wave spectra from pitch-and-roll buoys in a North Sea wave model [J]. Journal of Geophysical Research, 102 (C3): 5829–5849.

YOUNG I R, GLOWACKI T J, 1996. Assimilation of altimeter wave height data into a spectral wave model using statistical interpolation[J]. Ocean Engineering, 23(8): 667–689.

第二部分

海洋灾害及海上突发事件预报系统

“海上丝绸之路海洋环境保障系统”海洋灾害及海上突发事件预报系统由风暴潮数值预报系统、海啸数值预报系统、搜救数值预报系统和溢油数值预报系统组成。本部分将从介绍风暴潮、海啸等海洋灾害灾害模型、系统建设及检验、业务化运行等方面详细介绍此部分内容。

第4章 风暴潮数值预报系统

我国风暴潮的数值模式研究从20世纪80年代开始得到了迅速的发展，现已对渤海、黄海、东海和南海陆架区的风暴潮进行了相当数量的数值模拟实验，并以此来研究各动力因子的效应，模拟实验获得了许多有意义的结果。这些结果能较好地阐明半封闭海、开阔海和曲折海岸的风暴潮机制，也为风暴潮经验预报方法的因子选择提供了可靠的依据，有利于这类方法预报精度的提高，并且有的模式已经在实时预报中使用，成为风暴潮预报的重要手段之一。

4.1 风暴潮数值模型介绍

“十五”期间，国家海洋环境预报中心在国家“十五”科技攻关重点项目“海洋环境预报及减灾技术”的支持下，自主建立了新一代的覆盖中国海的高分辨率风暴潮数值预报模型PMOST 1.0（Parallel Model Of Storm Surge from Typhoon），该模型已经业务化运行，是我国目前台风风暴潮预警报的基础模型，目前已推广到沿海各级海洋预报部门、南亚、东南亚、南美洲等有关国家和地区使用。在球坐标系下，该模型连续方程和运动方程可表示为：

$$
\begin{aligned}
&\frac{\partial \zeta}{\partial t}+\frac{1}{R\cos\phi}\left[\frac{\partial (Du)}{\partial \theta}+\frac{\partial (Dv\cos\phi)}{\partial \phi}\right]=0\\
&\frac{\partial u}{\partial t}+\frac{u}{R\cos\phi}\frac{\partial u}{\partial \theta}+\frac{v}{R}\frac{\partial u}{\partial \phi}-\frac{uv\tan\phi}{R}-fv=-\frac{g}{R\cos\phi}\frac{\partial \zeta}{\partial \theta}-\frac{1}{\rho R\cos\phi}\frac{\partial p_a}{\partial \theta}+\frac{1}{\rho D}(F_s-F_b)\\
&\frac{\partial v}{\partial t}+\frac{u}{R\cos\phi}\frac{\partial v}{\partial \theta}+\frac{v}{R}\frac{\partial v}{\partial \phi}+\frac{u^2\tan\phi}{R}+fu=-\frac{g}{R}\frac{\partial \zeta}{\partial \phi}-\frac{1}{\rho R}\frac{\partial p_a}{\partial \phi}+\frac{1}{\rho D}(G_s-G_b)
\end{aligned}
\tag{4.1}
$$

4.1.1 台风风场的计算

台风域中的风场由两个矢量场叠加而成。其一是相对台风中心对称的风场，其风矢量穿过等压线指向左方，偏角（流入角）为20°，风速与梯度风成比例；其二是基本风场，假定其速度（$\vec{V}_{sm}$）取决于台风移速。有几种常用的基本风场表示方法，这里用Veno Takeo(1981)的公式表示：

$$
\vec{V}_{sm}=V_x\exp\left(-\frac{\pi}{4}\cdot\frac{|r-R|}{R}\right)\vec{i}+V_y\exp\left(-\frac{\pi}{4}\cdot\frac{|r-R|}{R}\right)\vec{j}
\tag{4.2}
$$

式中：V_x、V_y为台风移速在x、y方向的分量。

若将坐标原点取在固定计算域，则台风域中的中心对称风场分布取以下形式：

$$W_x = C_1 V_x \exp\left(-\frac{\pi}{4}\cdot\frac{|r-R|}{R}\right) - C_2\left\{-\frac{f}{2}+\sqrt{\frac{f^2}{4}+10^3\frac{2\Delta P}{\rho_a R^2}\left[1+2\left(\frac{r^2}{R^2}\right)\right]^{-\frac{3}{2}}}\right\}\cdot$$

$$\left[(x-x_0)\sin\theta+(y-y_0)\cos\theta\right] \qquad 0\leqslant r\leqslant 2R \tag{4.3}$$

$$W_y = C_1 V_y \exp\left(-\frac{\pi}{4}\cdot\frac{|r-R|}{R}\right) + C_2\left\{-\frac{f}{2}+\sqrt{\frac{f^2}{4}+10^3\frac{2\Delta P}{\rho_a R^2}\left[1+2\left(\frac{r^2}{R^2}\right)\right]^{-\frac{3}{2}}}\right\}\cdot$$

$$\left[(x-x_0)\cos\theta-(y-y_0)\sin\theta\right] \qquad 0\leqslant r\leqslant 2R \tag{4.4}$$

$$W_x = C_1 V_x \exp\left(-\frac{\pi}{4}\cdot\frac{|r-R|}{R}\right) - C_2\left\{-\frac{f}{2}+\sqrt{\frac{f^2}{4}+10^3\frac{\Delta P}{\rho_a\left(1+{r}/{R}\right)^2 Rr}}\right\}\cdot$$

$$\left[(\mathrm{x}-\mathrm{x}_0)\sin\theta+(\mathrm{y}-\mathrm{y}_0)\cos\theta\right] \qquad 2R<r<\infty \tag{4.5}$$

$$W_y = C_1 V_y \exp\left(-\frac{\pi}{4}\cdot\frac{|r-R|}{R}\right) + C_2\left\{-\frac{f}{2}+\sqrt{\frac{f^2}{4}+10^3\frac{\Delta P}{\rho_a\left(1+{r}/{R}\right)^2 Rr}}\right\}\cdot$$

$$\left[(x-x_0)\cos\theta-(y-y_0)\sin\theta\right] \qquad 2R<r<\infty \tag{4.6}$$

这里，W_x、W_y分别代表风速在x、y方向的分量，$\Delta P = P_\infty - P_0$，代表台风中心气压示度；$r$和$R$以厘米为单位。

模型采用Takahashi（1939）和Fujita（1952）的台风域中气压场分布公式嵌套计算同一台风域中的气压场分布；选用Veno Takeo（1981）的风场公式来计算台风域中的风场。模型采用有限差分方法求解控制方程，网格为Arakawa C 型网格，网格分辨率为1'，时间步长为30秒。

海底摩擦力$\vec{\tau}_b$与深度平均流V的关系，采用二次平方律：$\vec{\tau}_b = k\rho\vec{V}\left|\vec{V}\right| - \beta\vec{\tau}_s$，这里$k$为摩擦力系数，$\vec{\tau}_s$为海面风应力。

4.1.2 风暴潮数值模型的并行化升级

4.1.2.1 GPU与CUDA Fortran介绍

GPU和CPU存在着根本不同的硬件结构，图4.1显示了位于PCIe总线另一侧的GPU系统架构图。从图4.1中可以看出，GPU主要由这几个硬件模块组成：存储器，包括全局存储器（Global Memory）、共享存储器（Shared Memory）、常量存储器（Constant Memory）等；流多处理器（SM，Streaming Multiprocessor）；SM中的流处理器（SP，Streaming Processor）。在本质上，GPU就是一个由多个SM组成的处理器阵列，每个SM由若干个SP组成，这也是GPU可扩展性的由来，通过增加SM的个数和GPU的个数，GPU能更快的完成CPU提交的计算任务。每个SM都会去访问一个寄存器文件（Register File），这个寄存器文件用来存放SP中活跃线程的数据。此外，每个SM都有一个专用的共享内存，可以将其理解成开发人员可控的高速缓存，其可由开发人员完全掌控，而不像CPU内部的高速缓存一样由硬件电路完成缓存的策略。每个SM都有专门的总线用于访问全局存储器、常量存储器和纹理存储器，这些存储器都是对所有SM可见的。

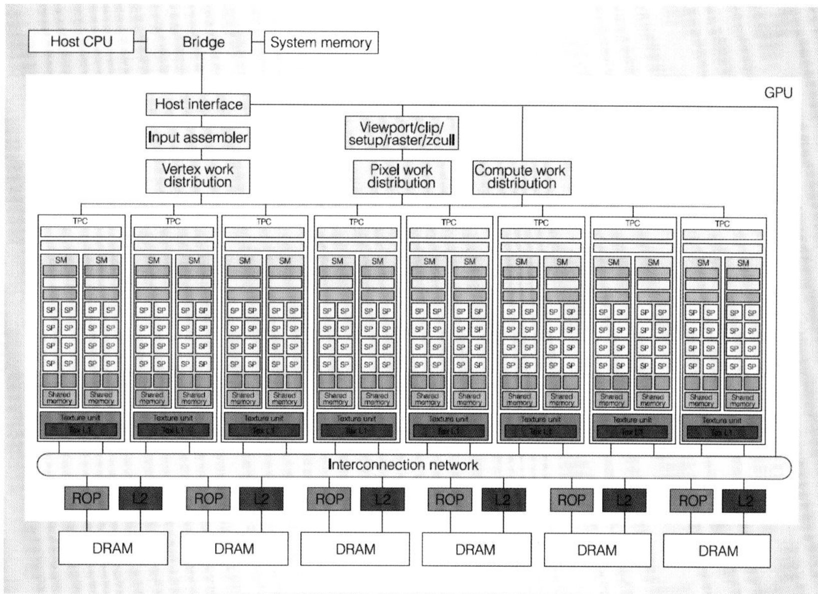

Figure 1. Tesla unified graphics and computing GPU architecture. TPC: texture/processor cluster; SM: streaming multiprocessor; SP: streaming processor; Tex: texture, ROP: raster operation processor.

图4.1 GPU系统架构图

GPU线程以网格（Grid）的方式进行组织，一个网格对应于一块GPU。每个网格中包含若干个线程块(block)，不同线程块的线程(thread)之间互不干扰。而同一线程块中的线程在任一时刻都执行相同的指令，并且通过共享内存可实现块内线程的通信。CPU在启动CUDA内核时，会将线程网格的配置信息传递给GPU，GPU的线程块调度器（Global Block Scheduler）会根据轮询的策略将线程块分配给SM，分配的依据主要是SM剩余可供线程块使用的共享存储器和寄存器的数量等资源。通过这样的方式，GPU可以保证各个SM的负载达到均衡。开发者也可以通过调整线程块的大小和其所占资源的数量对GPU的任务分配达到隐形控制的目的。通过CUDA的编程接口可计算获得每个线程的线程编号，从而使得每个线程能通过相同的程序处理不同的数据。CUDA的内存模型也采用多级分层的结构，主要的存储器为全局存储器（Global Memory）、共享存储器（Shared Memory）、寄存器（Register）。其中，全局存储器的容量最大，但访问延迟高，所有block中的线程都可访问；共享存储器的容量次之，访问延迟较低，只有相同block中的线程才彼此可见，不同block中的线程无法访问彼此的共享存储器空间；寄存器容量最小，访问延迟最低，分配给线程的寄存器只有本线程可见。

要实现GPU编程，我们要将程序的计算任务分配给各个线程来执行。一般GPU编程环境有CUDA、OpenACC、OpenCL等，由于该程序是Fortran语言程序，我们采用了CUDA Fortran来实现其GPU并行计算。CUDA Fortran是由波兰(PGI)集团和英伟达(NVIDIA)公司共同开发的，运行CUDA Fortran程序需要安装CUDA和PGI编译器，而且只支持NVIDIA GPU。任务划分方案是将每个网格点上的计算任务分配给不同线程。由于一个block最多能开2 048个线程，我们也使用多个block来满足计算需求。

在具体实现方面，我们要实现每个线程上的执行的程序，也就是kernal函数。

要用CUDA Fortran，需要使用如下头文件：

```
use cudafor
use cudadevice
```

我们这里只将计算量大的迭代里面的计算放到GPU上计算，而一些前处理和后处理以及I/O放在CPU上进行。

首先，需要区分哪些变量是在GPU上，哪些变量是在CPU上，GPU上的变量声明为device变量，如：real，device :: P(1080，660)，放在GPU全局存储器。常量声明为value（或constant）.而设备代码kernal函数里面定义的没有特别声明属性变量放在寄存器内存里，需要注意的是，寄存器内存比较小，如果超出了，程序没有任何报错而不运行，它对本线程才可见。而共享内存需声明shared，对每个block里面所有线程可见，我们程序里没有使用。

其次，需要编写kernal函数。Kernal函数被CPU主程序调用，subroutine之前需要加attributes (global)。需要注意的一个问题是，不同的block之间的线程是不能共享共享内存的，同时也是不能同步的。 如果不同block之间的线程要访问别的线程的数据，只能通过读写全局内存来实现。但由于它们在kernal函数里是不能同步的，只能在kernal函数之间进行同步，要注意读/写全局内存的冲突。因此，根据以上要求，我们将循环迭代里的过程做了4个kernal函数，step1、step2、step3、step4来保证全局内存读写以及同步的正确性。

每一个线程可以同步CUDA内置代码，blockIdx，threadIdx来识别，表示线程属于线程块block（blockIdx%x，blockIdx%y）里的第（threadIdx%x，threadIdx%y）个线程。这样我们可以通过如下公式来计算出全局唯一变量I, J 并将I, J作为全局变量数组下标。

```
i=(blockIdx%x−1)*blockDim%x+threadIdx%x
j=(blockIdx%y−1)*blockDim%y+threadIdx%y
```

由于网格点可能不够全部线程来分的，为了避免越界和多余计算，将I, J做如下限制，只有分配到网格的线程才做计算。

```
if((i>=1 .and. i<=MM) .and. (j>=1 .and. j<=NN)) then
```

并对do循环函数进行改造，由于每个线程只有一个网格点，所以网格点遍历的do循环函数就没有必要了。此外，对goto语句做一些处理，保证执行正确性。

最后，在CPU端调用核函数。

先将GPU端需要的初始数据从CPU端直接拷贝到GPU端上。

```
V0=VD0
U0=UD0
HH=HHD
ZTA0=ZTAD0
istation_d=istation
jstation_d=jstation
```

由于CPU，GPU端数据拷贝非常耗时，在设计程序时，要尽量减少拷贝，让中间变量一直保持在GPU全局内存上。

定义两个变量，

```
tBlock=dim3(16,8,1)
```

grid=dim3(ceiling(real(MMD)/tBlock%x), ceiling(real(NND)/tBlock%y), 1)

tBlock表示一个block里面线程thread分布，这里表示128个线程，逻辑二维划分，*x*方向16个，*y*方向8个。Grid表示block逻辑分布。也是二维划分，根据网格维数取足够多的block，ceiling是向上取整。因此，*x*方向最少需要ceiling(real(MMD)/tBlock%x)个block，*y*方向最少需要ceiling(real(NND)/tBlock%y)个block.

用如下方式调用kernal

CALL step1<<<grid,tBlock>>> (X0,Y0,PN,PI,SITA,WW,C1,C2,DENA,cc,EPC,DCRIT,GR,DFI,PDFI,DT,DFID,SS1,DENS,KK1,NL,& kall,MMD,NND,XT0,YT0,PT0,RT,VX,VY,nstation,RUNIT,RR)

<<<>>>运算符内是核函数的执行参数，告诉编译器运行时如何启动核函数，用于说明内核函数中的线程数量，以及线程是如何组织的。

计算完成后，将最终需要输出的结果变量从GPU端拷贝到CPU端，进行输出。

zmax=zmaxd

zstation(1:8640,:)=zstation_d

4.1.2.2 优化和测试

在超级计算机GPGPU计算节点上进行测试。GPGPU计算节点：共有30台曙光I620-G15，总性能达到83.64Tflops，其中CPU 13.44Tflops，GPU 70.2Tflops。每台GPGPU计算节点配置2块Nvidia Tesla K20 GPGPU卡，2颗Intel E5-2680 V2（Ivy Bridge | 10C | 2.8GHz）处理器，64 GB DDR3 ECC 1866MHz内存。支持CUDA、OpenACC、OpenCL，支持GPU Direct。

通过测试，我们发现每个block (16, 8)线程最快。

使用pgi编译器编译运行b33331622_c11fen，时间大致在20 min，使用intel 编译器编译运行，时间大致是10 min。CUDA Fortran并行优化后，时间是15 s。进一步，通过将一些sin，cos，exp等函数重复计算外提到CPU进行优化，时间大致是12 s。

目前基于GPU加速的风暴潮数值模型已经成功运行于windows系统下，在笔记本电脑上（显卡配置NVIDA Quadro M1000M）实现了GPU加速，时间为24 s，在新购置的v100显卡上，有望速度控制在10 s以内。

4.2 风暴潮数值预报系统建设及检验

依据“海上丝绸之路”沿岸风暴潮特点和地形特点，建立了分别涵盖南中国海区域、孟加拉湾区域和阿拉伯海区域的风暴潮数值预报系统。

4.2.1 南中国海风暴潮预报系统建设及检验

4.2.1.1 南中国海风暴潮预报系统概况

基于自主研发的风暴潮数值模型PMOST 1.0建立了涵盖南中国海区域的风暴潮数值预报系统。该系统的计算区域为3°—24°N，99°—130°E（图4.2），模型的分辨率为1分（约1.8 km），计算网格为2 346 721个。可以较为清晰的刻画南中国海区域的水深地形变化特征。

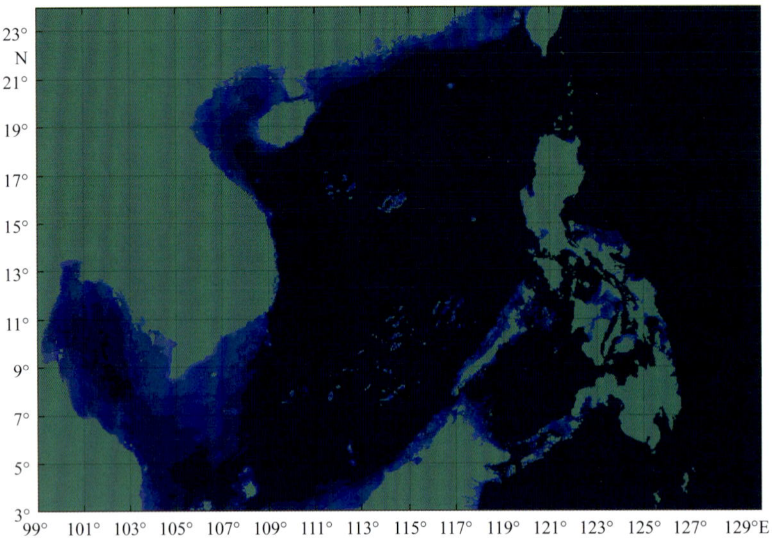

图4.2 中国南海风暴潮预报系统计算区域

南中国海风暴潮数值预报系统预报范围涵盖了中国华南沿海、中国台湾部分区域、越南、柬埔寨、泰国、菲律宾、马来西亚、印度尼西亚等沿海国家和地区，可以为上述国家的重要区域提供风暴潮预警报工作，共包括20多个重要的输出站点，详见附表2.1。

4.2.1.2 南中国海风暴潮数值预报系统模拟检验

1）“威马逊”台风风暴潮

2014年，第9号超强台风“威马逊”是有记录以来登陆我国最强的台风，受其影响，7月17日夜间到19日下午，广东珠江口以西到雷州半岛东岸沿海出现了60～400 cm的风暴增水，海南岛东部、北部和西部沿海先后出现了40～220 cm的风暴增水，广西和雷州半岛西岸沿海出现了50～290 cm的风暴增水。广东南渡、海南秀英潮位站出现了超过当地警戒潮位30 cm以上的高潮位。图4.3给出“威马逊”期间的最大风暴潮分布。图4.4至图4.9给出了“威马逊”期间沿岸站增水模拟值与实测对比情况。

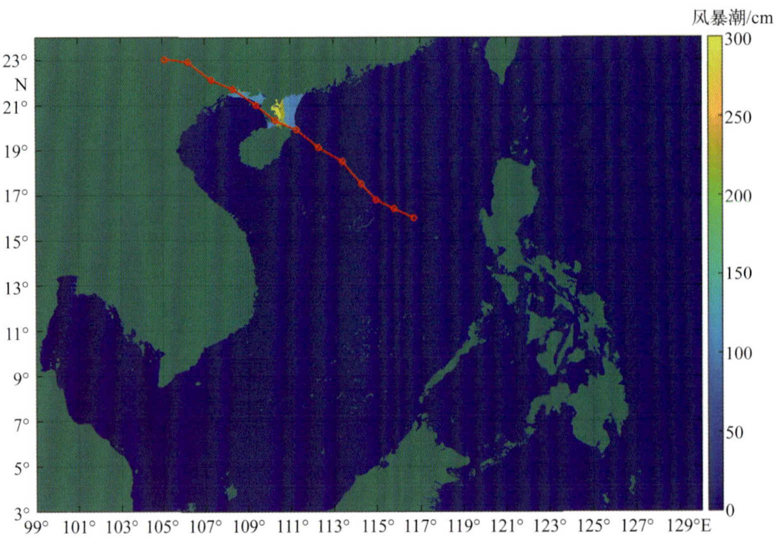

图4.3 “威马逊”期间最大风暴潮分布

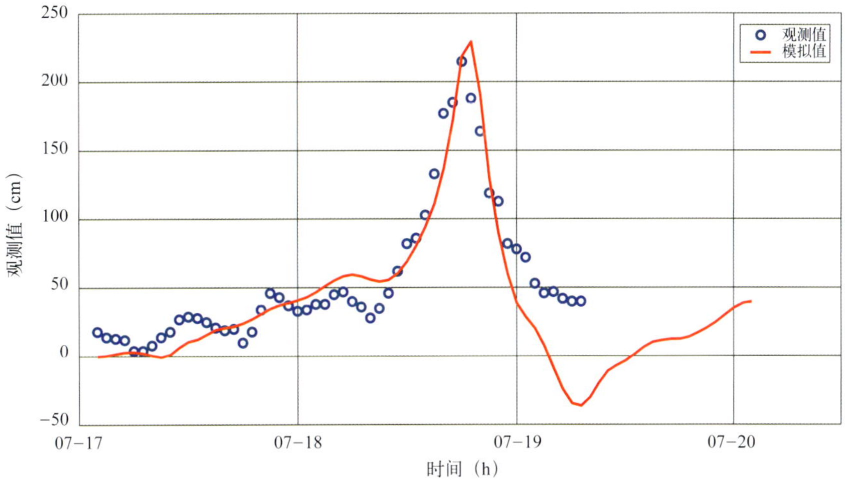

图4.4 “威马逊”期间秀英站风暴潮模拟与观测值对比

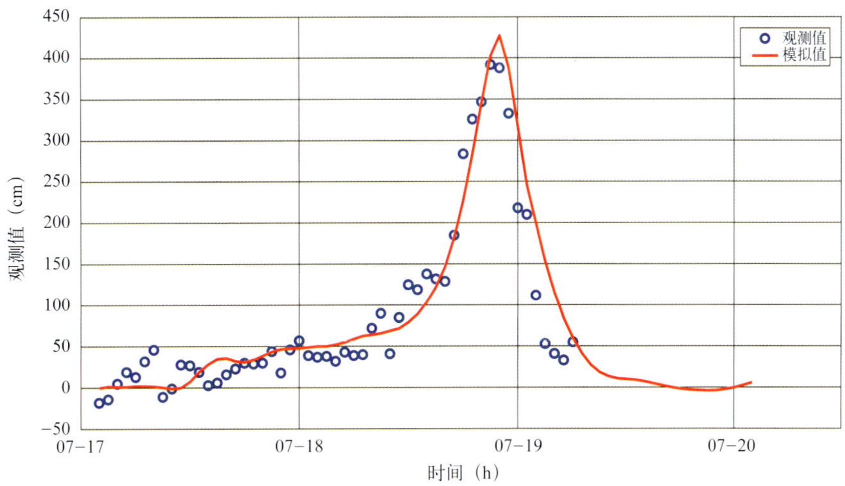

图4.5 “威马逊”期间南渡站风暴潮模拟与观测值对比

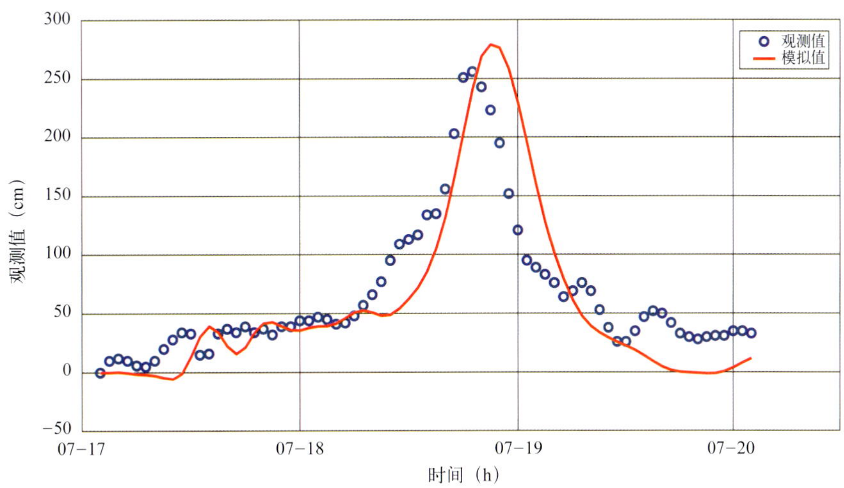

图4.6 “威马逊”期间湛江站风暴潮模拟与观测值对比

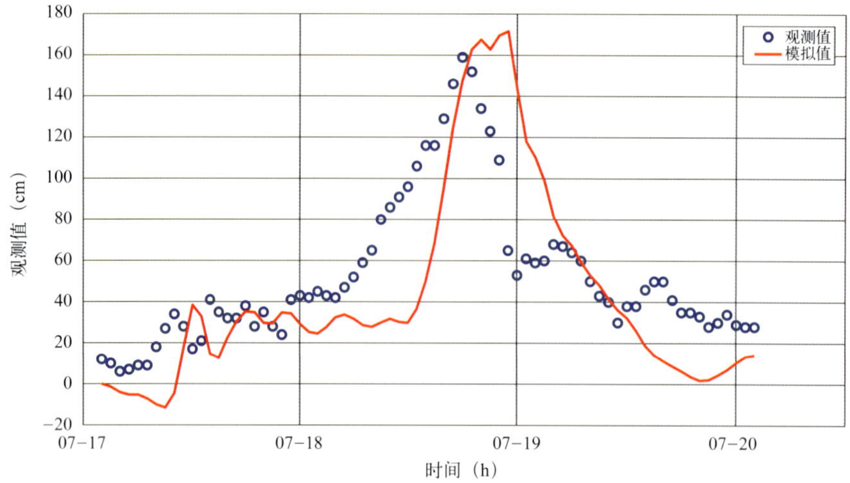

图4.7 “威马逊”期间水东站风暴潮模拟与观测值对比

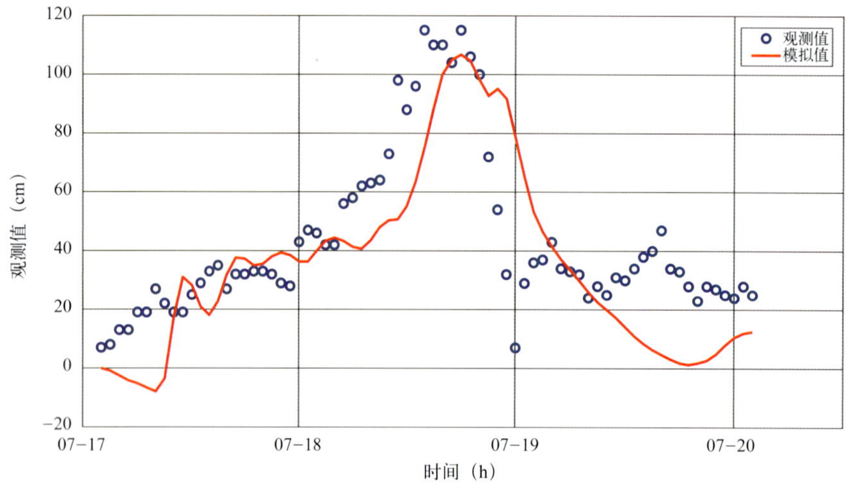

图4.8 “威马逊”期间闸坡站风暴潮模拟与观测值对比

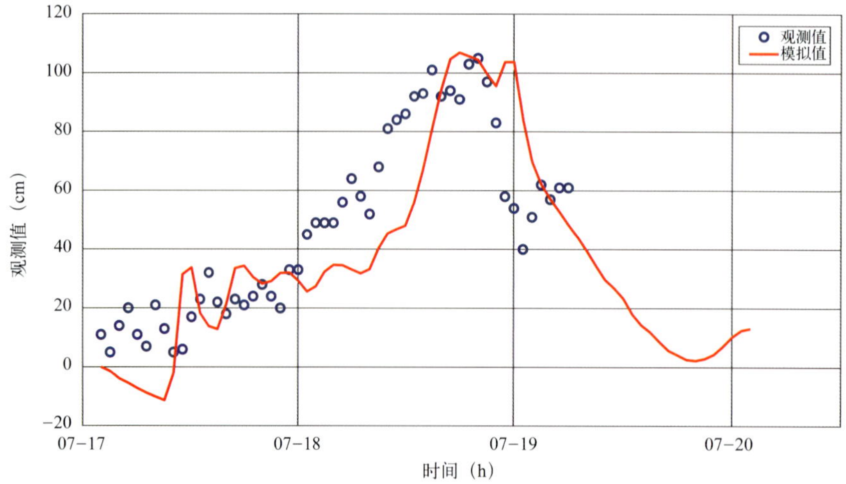

图4.9 “威马逊”期间北津站风暴潮模拟与观测值对比

2）“彩虹”台风风暴潮

受2015年第22号强台风“彩虹”的影响，10月3日上午至4日傍晚，广东珠江口至雷州半岛东岸沿海出现了50～240 cm的风暴增水，海南岛东北部沿海出现了30～80 cm的风暴增水。海南秀英潮位站于4日上午出现了超过当地警戒潮位30 cm以上的高潮位；广东三灶、北津、闸坡、湛江、南渡潮位站于4日凌晨出现了接近或略超过当地警戒潮位的高潮位。图4.10给出“彩虹”期间的最大风暴潮分布。图4.11至图4.15给出了“彩虹”期间沿岸站增水模拟值与实测对比情况。

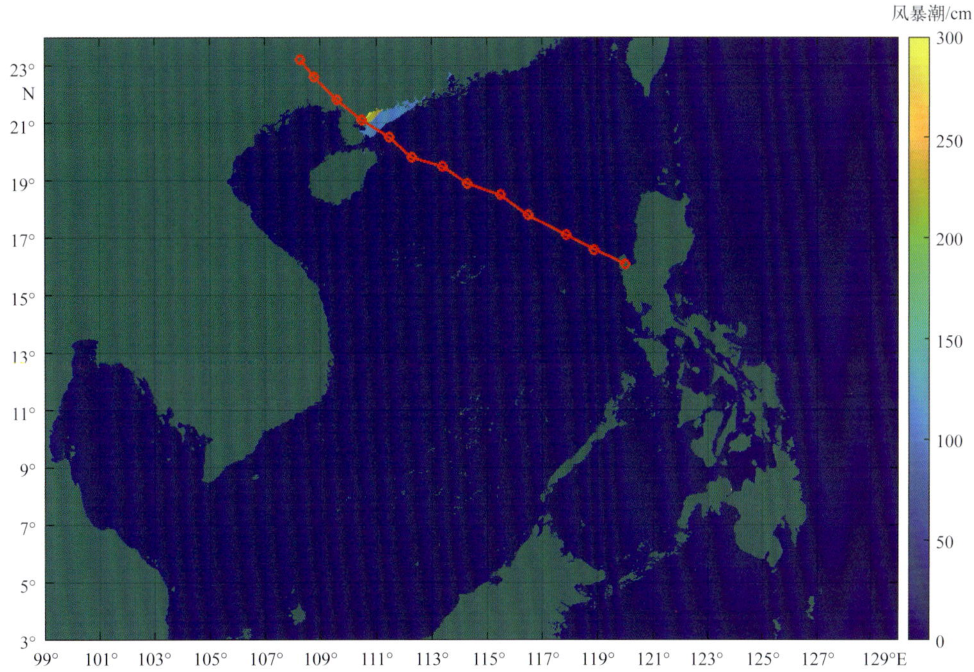

图4.10 “彩虹”期间最大风暴潮分布

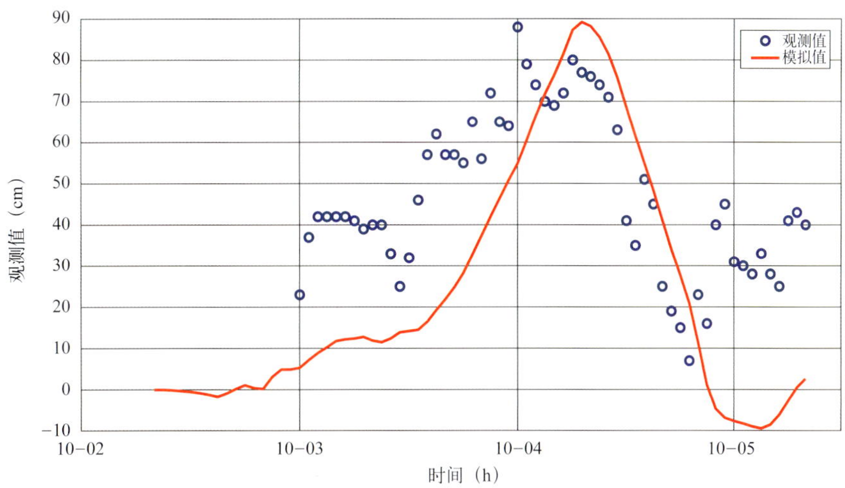

图4.11 三灶站风暴潮模拟与观测值对比

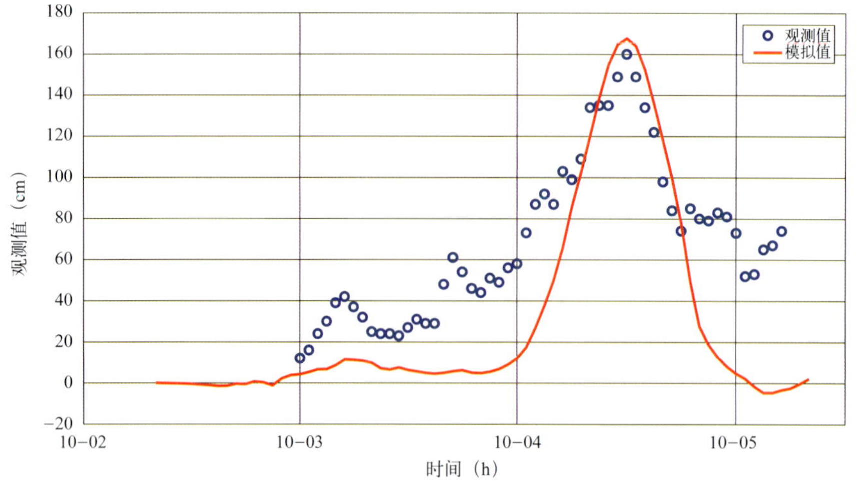

图4.12 北津站风暴潮模拟与观测值对比

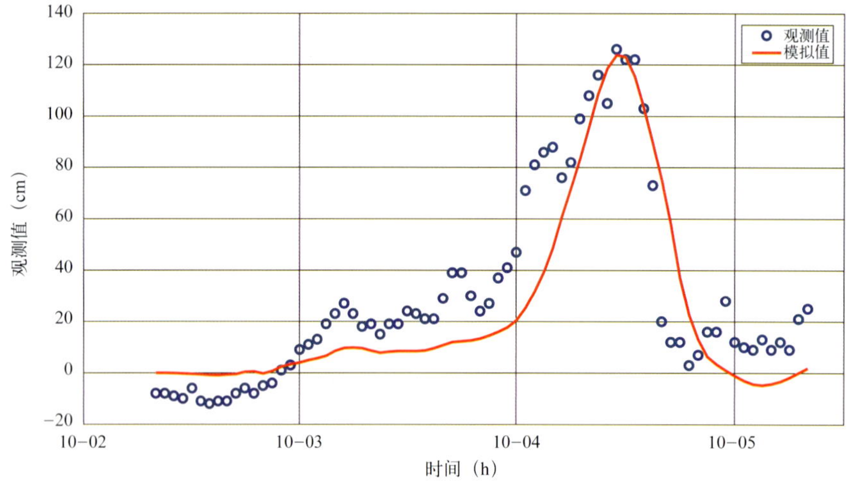

图4.13 闸坡站风暴潮模拟与观测值对比

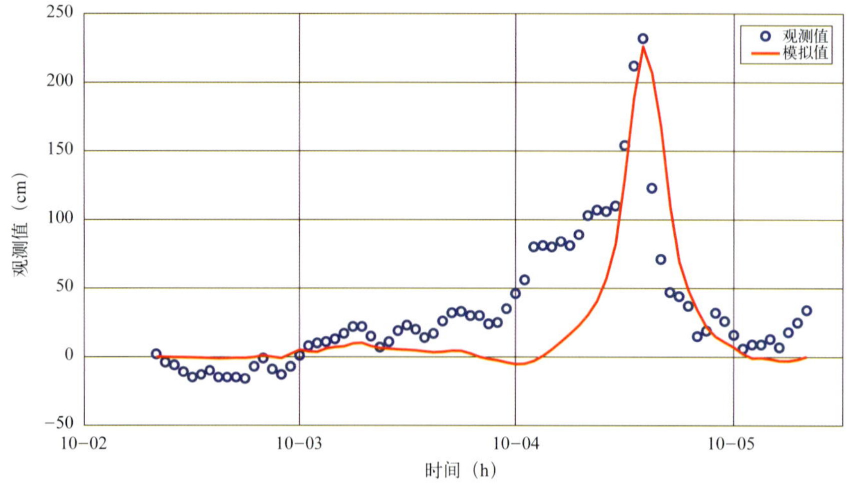

图4.14 水东站风暴潮模拟与观测值对比

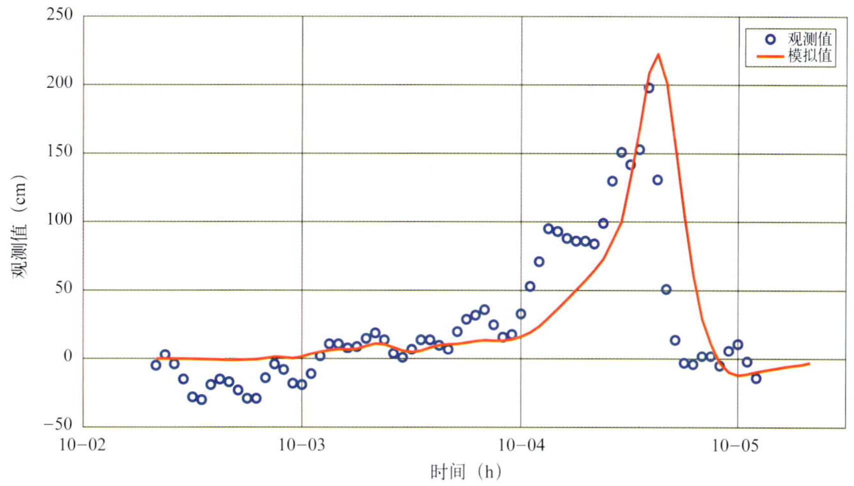

图4.15 湛江站风暴潮模拟与观测值对比

3）“象神”台风风暴潮

热带气旋“象神”于2006年9月26日08时在菲律宾以东海域达到热带风暴强度，其后爆发性增强，在9月27日上午加强至强台风强。“象神”形成后缓慢地向着西北偏西移动，于27日上午掠过萨马岛，并在吕宋岛东南部登陆。随后以西北偏西的路径穿越吕宋南部。“象神”在28日20时进入南海中部，向偏西方向移动并重新增强至强台风，10月1日上午10时后于岘港登陆，强度为台风级。图4.16为“象神”影响期间最大风暴潮分布；图4.17为Son Tra 站增水与实况的对比情况。

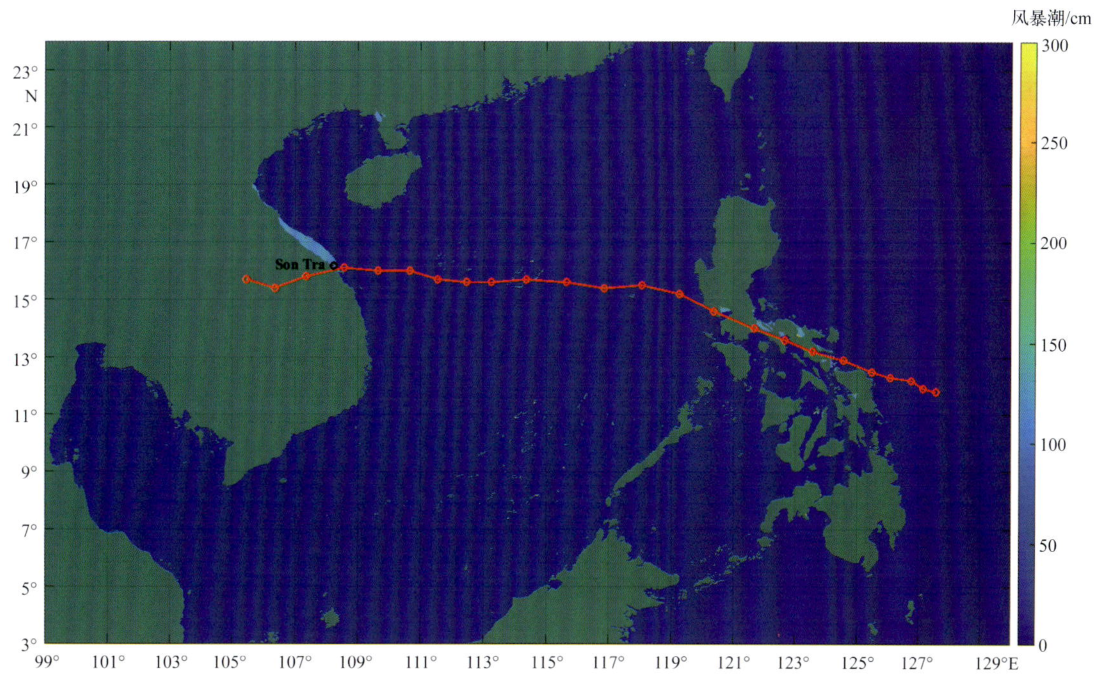

图4.16 “象神”最大风暴潮分布

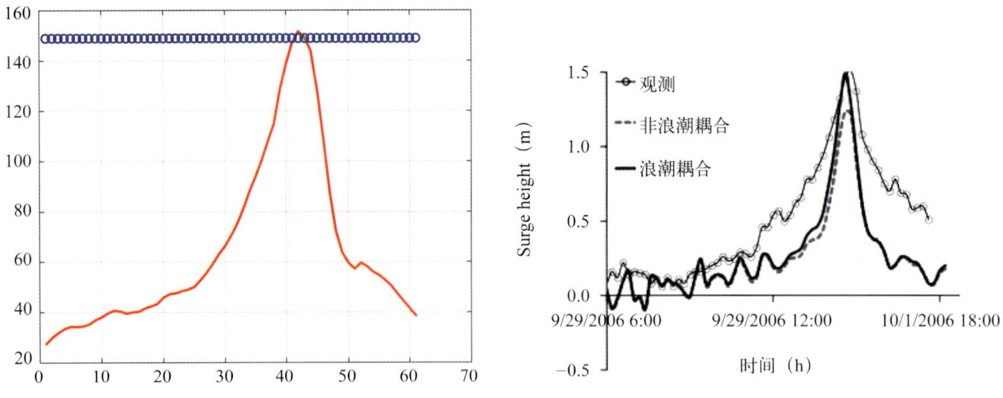

图4.17 Son Tra 站增水与实况对比情况

左：模拟值；右：圈实线为观测值

4）“海燕”台风风暴潮

“海燕”台风于2013年11月4日08时在菲律宾以东海域生成，随后强度迅猛增强，6日上午达到超强台风级别，之后强度继续加强，登陆前的11月8日02时达到最强（中心气压890 hPa，风速78 m/s）。由于几乎以巅峰状态登陆菲律宾，“海燕”成为全球有记录以来登陆风速最高的热带气旋。其猛烈风力及引起的大规模风暴潮在菲律宾中部造成毁灭性破坏。位于莱特省的塔克洛班机场航站楼风暴潮高度约5.2 m，机场几乎全部被毁坏，机场附近区域风暴潮约4 m，造成严重的人员伤亡。根据2014年4月17日菲律宾国家减灾委员会（NDRRMC）事后发布的最终报告，“海燕”共造成菲律宾6 300人死亡、1062人失踪、28 688人受伤，经济损失1 813.25亿菲律宾比索（约合36.4亿美元）。“海燕”穿过菲律宾后向西北方向移动，11日05时在越南广宁省下龙市沿海登陆，登陆时中心附近最大风力13级（40 m/s）。图4.18给出了“海燕”影响期间的最大风暴潮分布。

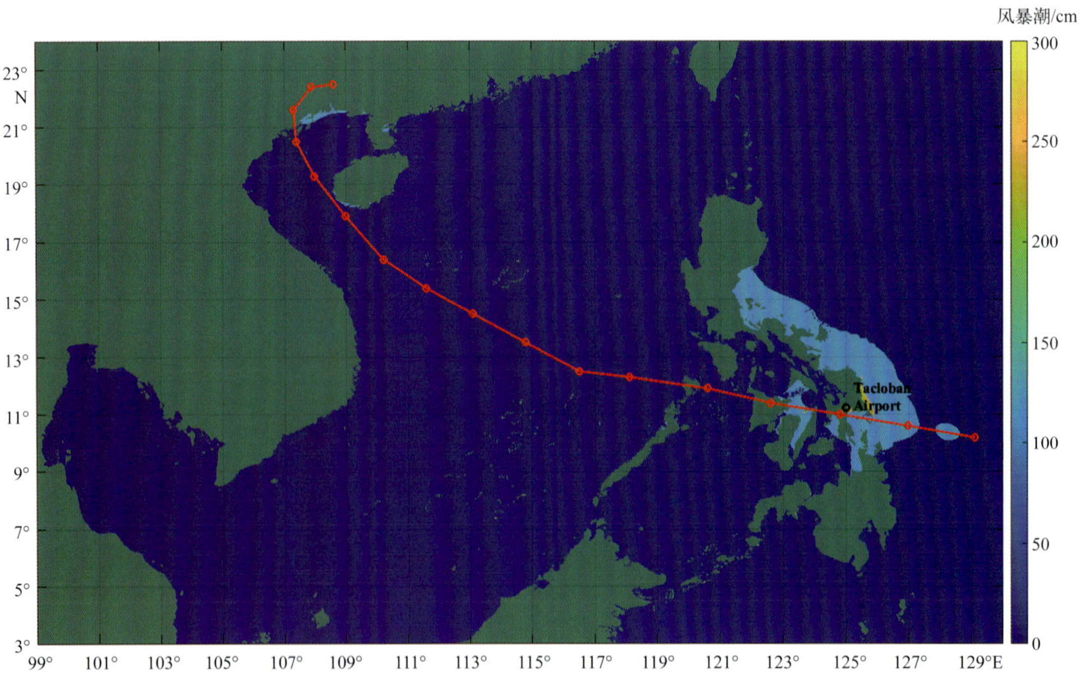

图4.18 “海燕”最大风暴潮分布

4.2.2 孟加拉湾地区的风暴潮数值预报系统建设及检验

4.2.2.1 孟加拉湾风暴潮预报系统概况

基于自主研发的风暴潮数值模型PMOST 1.0和Matlab+GUI建立了孟加拉湾区域风暴潮数值预报系统。该系统的计算范围为5°—25°N，77°—99°E，模型的分辨率为1分（约1.8 km），计算网格为1 586 521个，分辨率高于目前孟加拉湾区域的风暴潮数值模型（印度建立的模型分辨率3.7 km×3.5 km，日本建立的模型分辨率3.75 km）。可以较为清晰的刻画孟加拉湾区域特别是孟加拉国沿岸的水深地形变化特征（图4.19）。

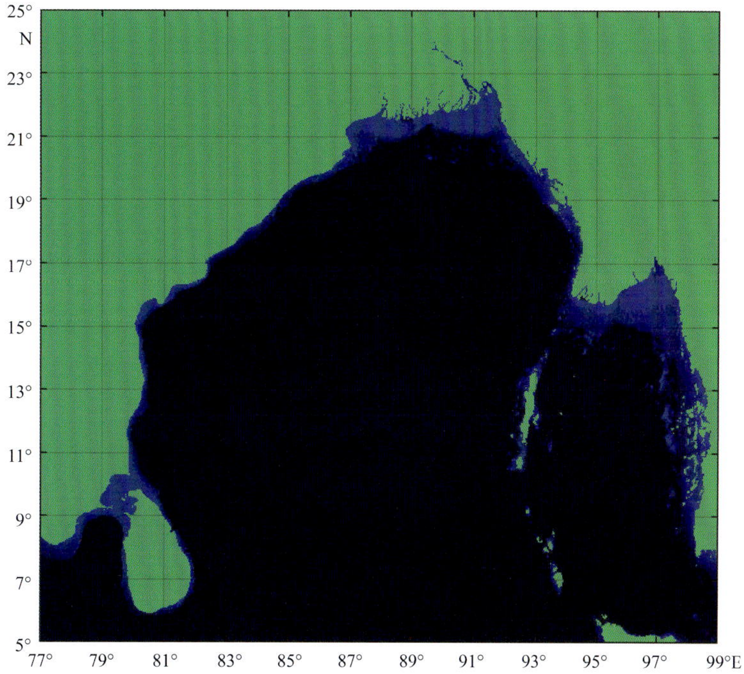

图4.19 孟加拉湾风暴潮数值预报系统预报区域

孟加拉湾风暴潮数值预报系统预报范围涵盖了印度、孟加拉国、缅甸和斯里兰卡等国家沿海地区，可以为上述国家的重要区域提供风暴潮预警报工作，共包括21个重要的输出站点，详见附表2.2。

4.2.2.2 孟加拉湾地区典型风暴潮过程模拟

孟加拉湾受风暴潮影响严重，在20世纪造成死亡人数最多的10次特大自然灾害中，风暴潮灾害占据两次，而且都发生在孟加拉湾沿岸的孟加拉国，见表4.1和表4.2。

孟加拉湾是全球热带气旋频繁活动的区域之一。热带气旋大多发生在南、北纬度5°—25°的热带海域，不同海域生成的热带气旋名称有所不同。产生在西太平洋，常常袭击菲律宾、中国、日本等国家的叫台风；生成地在大西洋，常常袭击美国、墨西哥等国家的叫飓风。活动在孟家拉湾，通常影响孟加拉、缅甸等国家的叫气旋风暴。每年4—10月，即当地夏季和夏秋之交，猛烈的气旋风暴常常伴着海潮汹涌而来，掀起滔天巨浪，呼啸着向恒河——布拉马普特拉河的河口冲去，风急浪高，造成巨大的灾害。为了应对严重的风暴潮灾害，沿岸地区在20世纪60—70年代建设了大量的海堤工程，截至到20世纪90年代初，这些工程都处于需要修复状态。1989年，世界银行批复了“热带气旋防护计划”，重新修复了一部分现有海堤并采用当地建筑材料和技术以及富余的劳动力修建了一些新的海堤和公路，并且沿着这些海堤和公路种了大量的水果树。孟加拉国西南部沿海有着世界上最大的红树林，此处由于孙德尔本斯国家公园而闻名，占地面积约571 500 hm^2，红树林在防御气旋及风暴潮灾害过程中发挥了特别重要的作用，由于砍伐，红树林带的面积在快速减小。

表4.1 20世纪以来全球造成死亡人数最多的十大自然灾害事件

排名	时间	地点	事件	死亡人数（万人）
1	1931.7	中国	1931年大洪水	100～400
2	2004.10.26	印度洋	印度洋地震和海啸	28
3	1920.12.16	中国	海原地震	28.82
4	1970.11	孟加拉国	波拉热带气旋及风暴潮	25～50
5	1976.7.28	中国	唐山大地震	24.276 9
6	1975.8.7	中国	台风“Nina”引起板桥大坝垮塌	22.9
7	2010.1.12	海地	海地大地震	16
8	1935	中国	长江洪水	14.5
9	1923.9.1	日本	日本关东大地震	14.2
10	1991.4	孟加拉国	热带气旋及风暴潮	13.886 6

表4.2 1960年以来登陆孟加拉国的主要气旋及灾害损失

登陆日期	登陆地点	最大风速（km/h）	最大风暴潮（m）	死亡人数（人）
1960.10.30	吉大港-考克斯巴扎	208	6.1	5 179
1961.5.9	波拉·诺阿卡利	160	3.0	11 468
1963.5.28	吉大港	203	3.7	11 520
1965.5.11	巴里萨尔-诺阿卡利	162	4.0	19 279
1965.12.5	考克斯巴扎	210	3.7	873
1966.10.23	诺阿卡利-吉大港	145	6.7	850
1970.11.12	吉大港	222	10.6	300 000
1985.5.25	吉大港	154	4.3	4 264
1988.11.29	库尔纳	160	4.4	1 498
1991.4.29	吉大港	225	6.1	138 000
1994.5.2	考克斯巴扎	215	3.3	188
1997.5.19	吉大港费尼	225	4.6	126
1997.9.26	吉大港	150	3.0	155
1998.5.16	吉大港-考克斯巴扎	165	2.5	12
2007.11.15	巴尔古纳，博杜阿卡利	220～250	6.0	3 500

1）“波拉（Bhola）”

“波拉”于1970年11月8日生成于孟加拉湾中部海域，随后向北移动并逐渐加强。11月11日达到过程最强（最大风速185 km/h，中心气压918 hPa）。11月12日夜间在孟加拉国沿岸登陆，当地适逢天文高潮，“波拉”引起在恒河三角洲附近引起的风暴潮高达10 m，淹没了很多恒河三角洲附近的低洼岛屿，很多村庄被彻底摧毁。在吉大港总水位超过平均海平面4 m，图4.20。“波拉”登陆后强度开始减弱并于11月13日减弱为气旋风暴。“波拉”是有记录以来造成死亡人数最多的热带气旋，高达30万～50万人丧生于此次风暴。图4.21为“波拉”最大风暴潮分布情况。

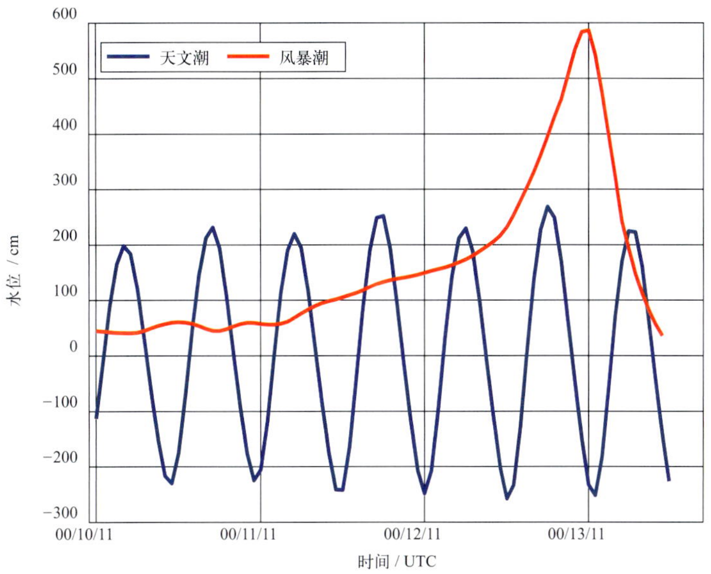

图4.20　吉大港风暴增水随时间变化曲线

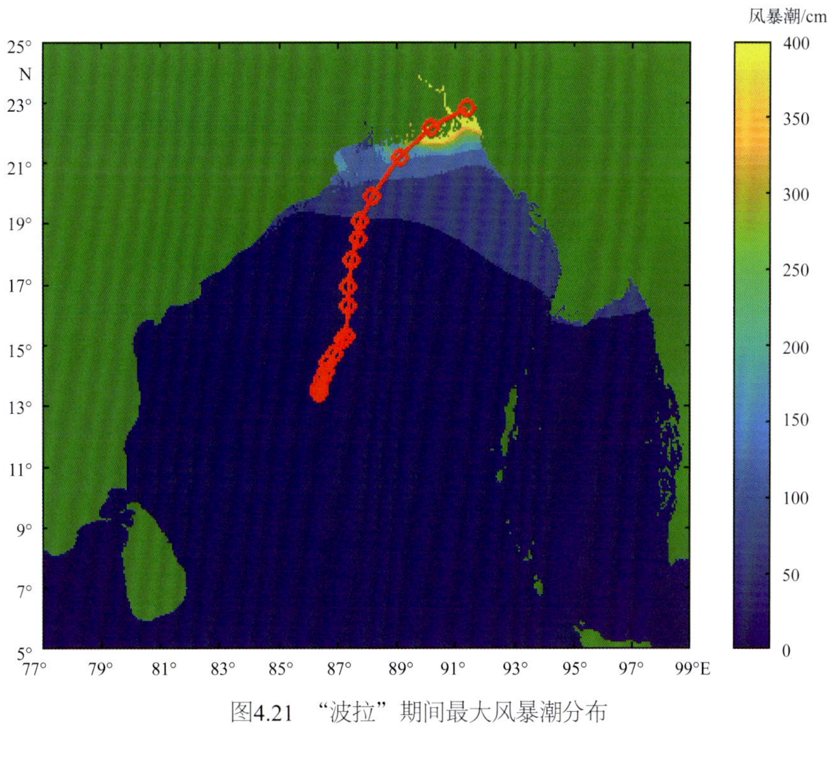

图4.21　“波拉”期间最大风暴潮分布

2）“TC 02B”

1991年4月22日，“TC 02B”的雏形生成于孟加拉湾南部海域，在两天之内，云团覆盖了孟加拉湾大部分区域（图4.22）。4月24日，IMD（印度气象部门）将此系统定为热带低压，而JTWC定为“TC 02B”。该系统生成后向西北方向移动，强度逐渐加强，4月25日，IMD将低压升级为气旋风暴，4月26日，继续升级为严重气旋风暴，4月27日，IMD将此系统继续升级为非常严重气旋风暴，预计风速达到142 km/h。此时，JTWC预计气旋将影响恒河三角洲一带区域。4月28日，受西南气流引导，“TC 02B”加速向北到东北方向移动，强度进一步加强，到4月28日晚上（登陆前31小时），JTWC预测该气旋的登陆地点是孟加拉国东南部。4月29日早些时候，IMD估计最低中心气压达到了918 hPa，而JTWC估计最低中心气压达到了898 hPa，达到5级飓风标准。4月29日19时（UTC），“TC 02B”以稍弱于峰值的强度登陆在吉大港南55 km的地方，随后迅速减弱，跨过印度东北部后减弱为热带低压。该热带气旋引起了5 ~ 8 m的风暴潮，并适逢天文高潮，造成了至少超过13万人死亡，超过1 000万人无家可归（图4.23）。

图4.22 “TC 02B”卫星云图

图4.23 “TC 02B”灾后场景

根据论文中提取的数据Cox’s Bazar 的过程最高水位为4.76 m，Sutakunda站的过程最高水位为7.17 m，而Noajhali的过程最高水位为5.37 m（图4.24）。图4.25为“TC 02B”期间最大风暴潮分布。

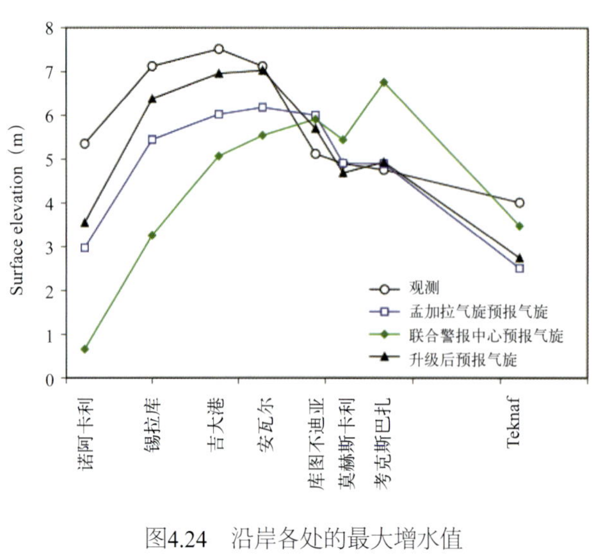

图4.24 沿岸各处的最大增水值

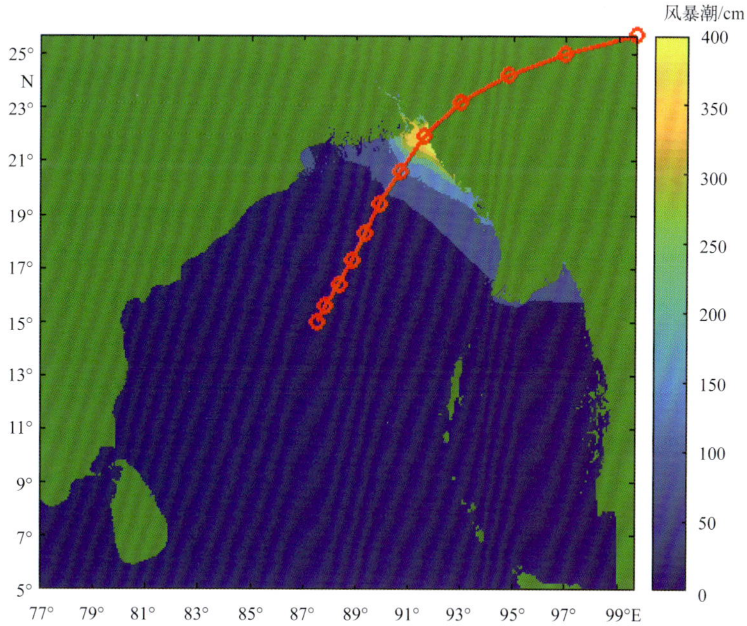

图4.25 “TC 02B”影响期间最大风暴潮分布

3）“TC 01B”

1997年5月13日，孟加拉湾近赤道生成低压区，随后沿低压系统北北西方向移动，5月14日，系统的环流中心对流加强，JTWC将其定义为01B。5月15日，印度气象局也开始监控此系统。5月16日，IMD将其升级为气旋风暴。5月17日，该气旋的风速为120 km/h，达到了1级飓风标准。5月18日，气旋眼壁继续发展并且达到了巅峰强度215 km/h。5月19日，该气旋在吉大港附近沿海登陆，登陆后快速向东北方向移动，于5月20日消失，此次过程期间，吉大港附近出现了超过3 m的风暴潮。图4.26为过程最大风暴潮分布。

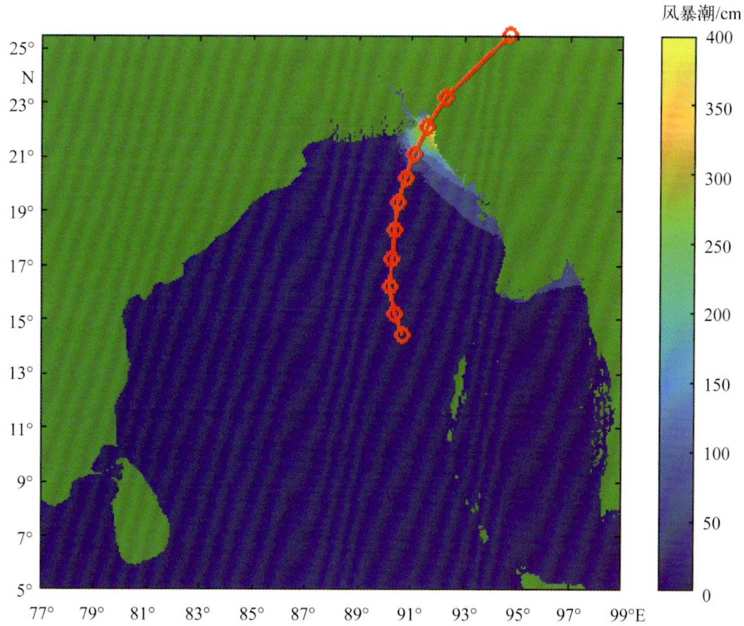

图4.26 “TC 021”影响期间最大风暴潮分布

4）“锡德（Sidr）”

2007年11月10日，第4号热带气旋“锡德”生成于孟加拉湾中部的海面上，随后向西北方向移动并且强度迅速加强，11月12日晚，IMD将其升级为严重气旋风暴，11月13日早晨，又将其升级为非常严重气旋风暴，11月15日早晨，“锡德”加强到215 km/h（IMD），而JTWC则认为其最大风速约260 km/h，达到了5级热带气旋标准。“锡德”于11月15日17时（UTC）前后在孟加拉国沿海登陆，登陆时风速达到215 km/h。其登陆地点与1970年“波拉”几乎相同。该热带气旋是1991年以来登陆孟加拉湾区域最强的热带气旋。Patuakhali（22°21′15″N，90°19′05″E），Barguna和Jhalokati District（22.6431°N，90.2000°E）等地区受到严重的袭击，此次过程最大风暴潮为约6 m左右。日本后来在灾害调查发现Khepupara（21.8021°N，90.16148°E）区域的潮位达到4 m左右。由于孟加拉国总计约200万人提前被疏散到紧急避难所，进行了人员疏散，最终造成3 447人死亡。一些当地官员描述此次过程造成的破坏比1991的热气旋更为严重，Patuakhali，Barguna and Jhalokati 等城市遭受到了超过5 m的风暴潮袭击。Sunderbans四分之一的世界自然遗产被毁坏，研究者认为，Sunderbans的红树林恢复到灾前至少需要40年（图4.27）。热带气旋Sidr对登陆地点以西的潮位影响不大，而在登陆地点以东，在低气压和强风的共同作用下，Khepupara点出现了大约4 m的水位，图4.28和图4.29给出了潮位变化过程，风暴潮还到达了距岸大约50 km的Galachipa，它还淹没了Pirojpur大约3 m，这个城市距岸边有80 km远。

此次灾害造成3 000多人死亡，远低于1991年风暴潮灾害死亡人数，主要有以下几个原因：①热带气旋SIDR经过区域的人口密度和城市规模要小于1991年的热带气旋所经过区域。②SIDR影响时间是在旱季，而1991年的热带气旋影响时间是在雨季。③海堤等灾害防御设施已经建成，避难所比以前有所增加。④1991年之后对沿岸居民进行了防灾减灾教育，对气旋灾害的理解有所提高。⑤天气预警能力在不断加强，通信也更加方便快捷。这其中的经验对于我国防御风暴潮灾害也有一定的启示意义。

图4.27　灾后数月Sunderbans的红树林

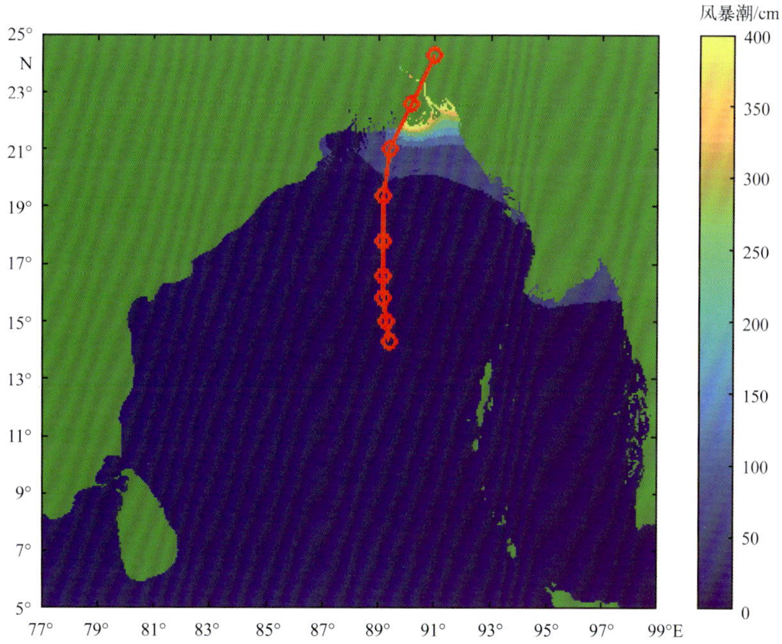

图4.28 “锡德”期间最大风暴潮分布

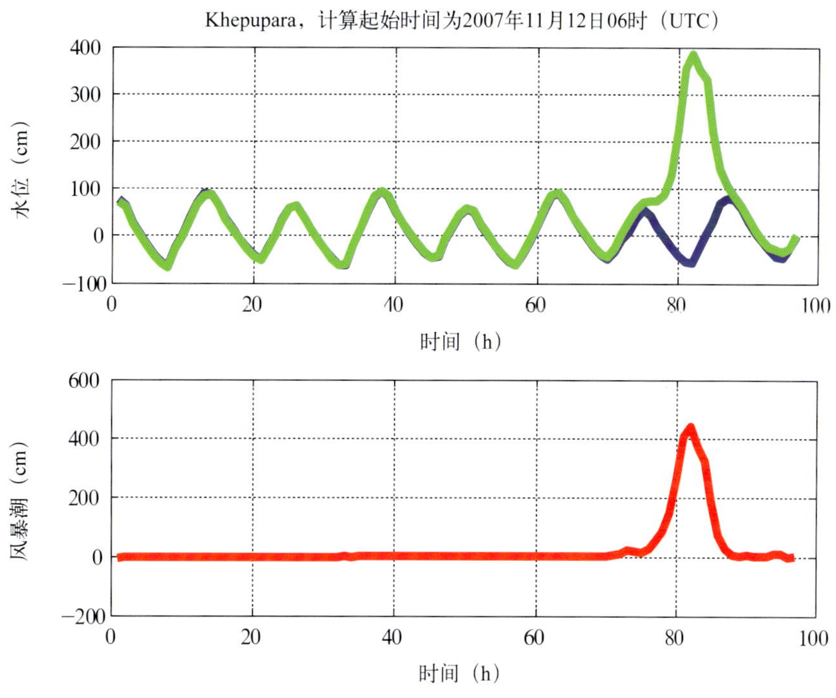

图4.29 Khepupara点的计算水位变化

5）“纳尔吉斯（Nargis）”

超强气旋风暴“纳尔吉斯”是2008年北印度洋气旋季第一个获得命名的热带气旋，它于4月27日生成于孟加拉湾中部海域，最初向西北方向缓慢移动，加上有利的环境场配合，其强度迅速加强。4月29日，经过干空气减弱后，其开始稳定的向东移动并且迅速加强达到至少165 km/h（根据印度气象部门的预测），根据JTWC的评估，风速极值可能达到215 km/h。5月2日20时（北京时间）前后“纳尔吉斯”以过程最强的强度登陆缅甸的伊洛瓦底区域，在经过仰光附近后，其逐渐减弱消失在缅甸和泰国边界处（图4.30）。“纳尔吉斯”是自2006年的气旋“马拉”以来第一个登陆缅甸的风暴。纳尔吉斯横扫了缅甸南部的海岸线（图4.31），引起严重风暴潮，造成了极大的破坏。“纳尔吉斯”在登陆地点附近引起的风暴潮超过5 m，淹没从岸线深入到内陆达50 km，联合国估计有150万人严重受到此次风暴影响，53 836人失踪，84 537人死亡，“纳尔吉斯”是1970年“波拉”以来，造成死亡人数最多的热带气旋。图4.32给出了“纳尔吉斯”登陆后不同区域的淹没深度，图4.33为“纳尔吉斯”登陆前后地物分布变化。图4.34给出了“纳尔吉斯”最大风暴潮分布场。

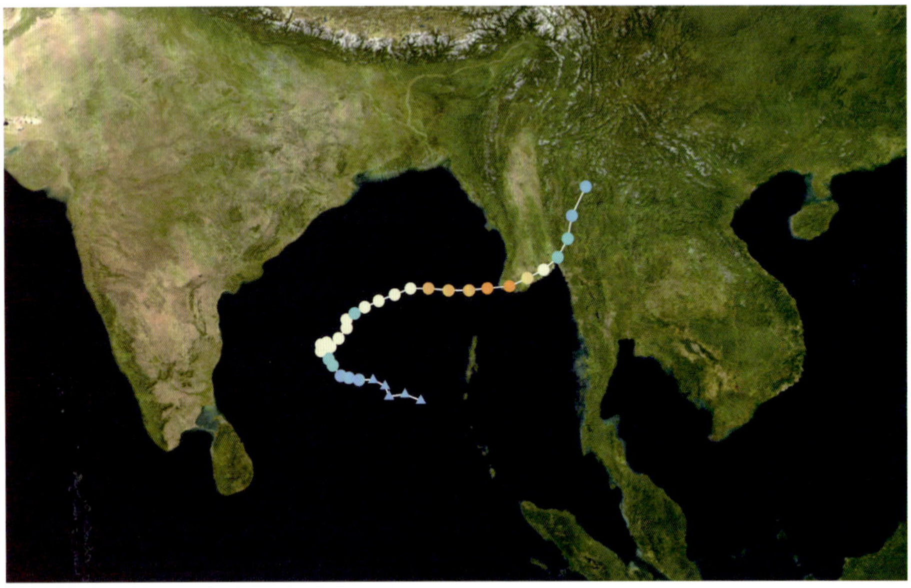

图4.30 热带气旋“Nargis”路径图

图4.31 热带气旋“纳尔吉斯”云图

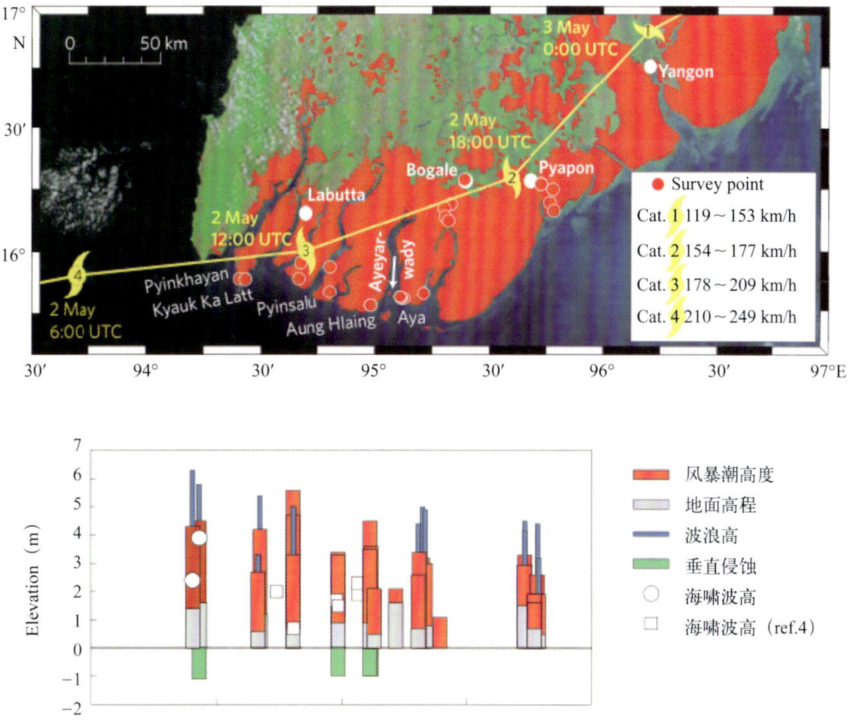

图4.32　来自卫星的沿岸风暴潮观测值

图4.33　伊洛瓦底河流域在“纳尔吉斯”登陆前后卫星图片对比

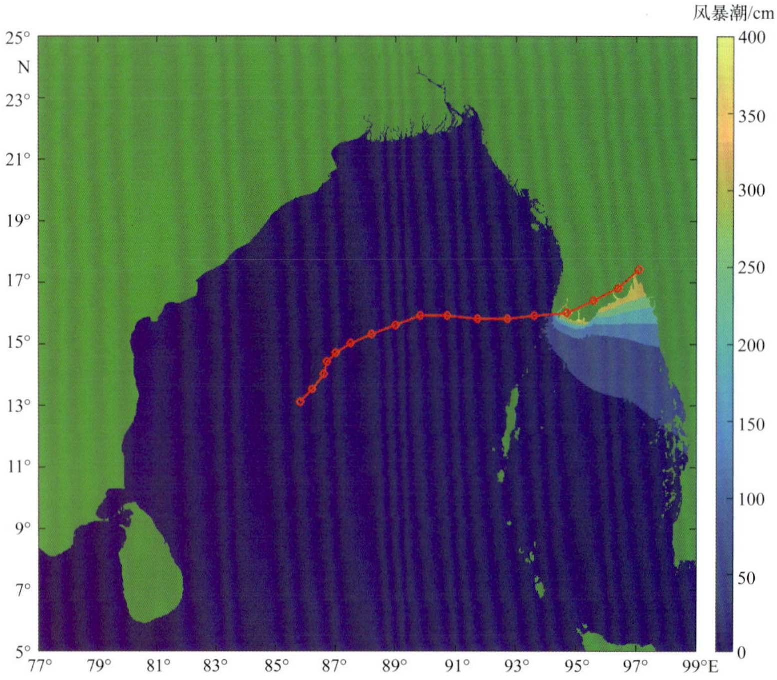

图4.34　2008年5月热带气旋在孟加拉湾沿岸引起的最大增水分布

4.2.3 阿拉伯海风暴潮数值预报系统建设及检验

4.2.3.1 阿拉伯海风暴潮预报系统概况

基于自主研发的风暴潮数值模型PMOST 1.0和Matlab+GUI建立了阿拉伯海区域的风暴潮数值预报系统。该系统的计算范围涵盖了5°—30°N，40°—78°E，模型的分辨率为1分（约1.8 km），计算网格为3 423 781个（图4.35），可以较为清晰的刻画阿拉伯海区域的水深地形变化特征。

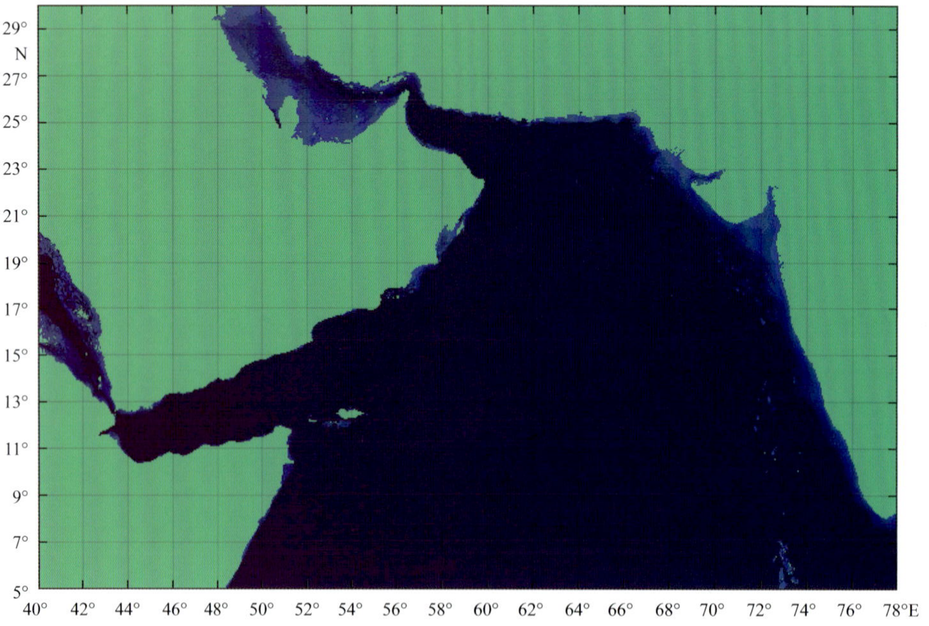

图4.35　阿拉伯海区域风暴潮数值预报系统预报区域

阿拉伯海风暴潮数值预报系统预报范围涵盖了印度、巴基斯坦、阿曼、也门、吉布提和索马里等沿海国家和地区，可以为上述国家的重要区域提供风暴潮预警报工作，共包括20多个重要的输出站点，详见附表2.3。

4.2.3.2 阿拉伯海典型风暴潮过程模拟

1）“Gonu（古努）”

热带气旋古努“Gonu”是有记录以来影响阿拉伯海的最强热带气旋，也是影响被印度洋区域的最强台风，是2007年第二个北印度洋被命名的热带气旋，2007年6月1日，古努生成于阿拉伯海东部。伴随着有利的高层辐散环境和温暖的海表温度，它于6月4日快速加强到235 km/h（印度气象局），6月6日早上，古努在遇到干空气和较冷海水后减弱，之后登陆于阿曼的最东边，是袭击阿拉伯半岛的最强热带气旋，也是1898年以来的登陆伊朗的首个台风。图4.36给出了“Gonu”过程期间的最大风暴潮分布场。

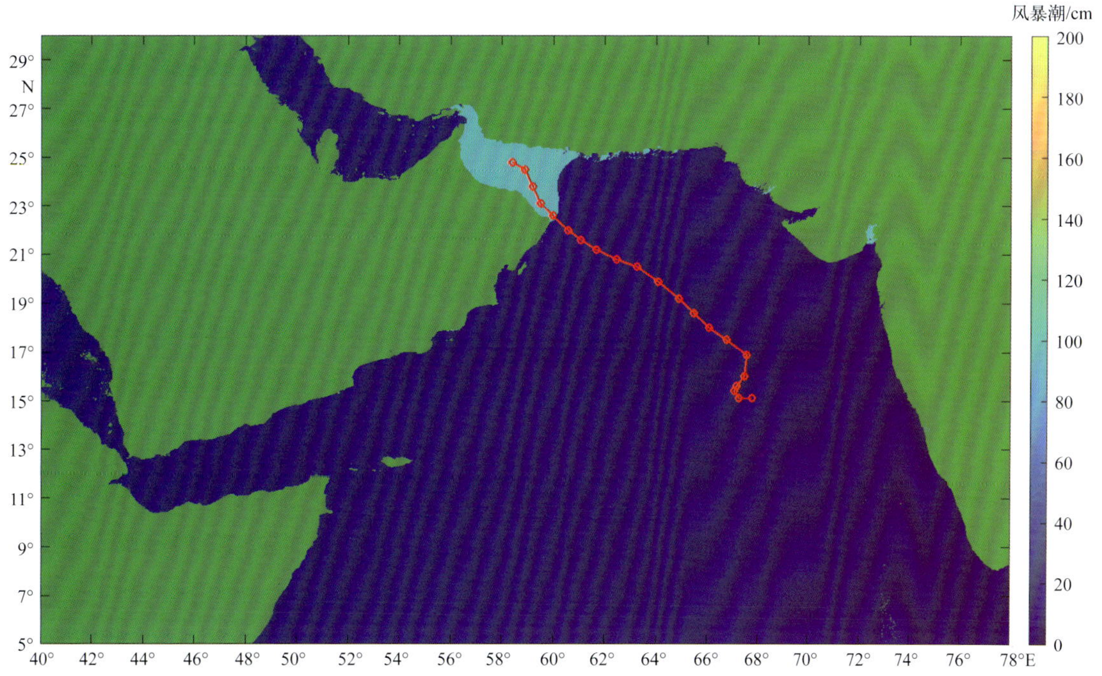

图4.36 “Gonu”影响期间最大风暴潮分布

2）“PHET（菲特）”

热带气旋“PHET”于2010年5月30日12时（UTC，下同）在阿拉伯海中部海面生成，之后向西北方向移动，5月31日18时发展为气旋风暴，6月2日12时发展为超强风暴，达到北印度洋热带气旋最高等级。此时“PHET”中心位于（18.2°N，60.0°E），中心最低气压为929 hPa，最大风速为64 m/s。3日00时，“PHET”发生第一次转向，向北移动，穿越阿拉伯半岛，在阿曼东北角登陆时最大风速超过45 m/s，5日00时减弱为气旋风暴，并在此转向东南方向移动，6日00时发生第三次转向，向东北方向移动，6日12时减弱为热带低压，在巴基斯坦二次登陆。图4.37为“PHET”影响期间阿拉伯的最大风暴潮分布。

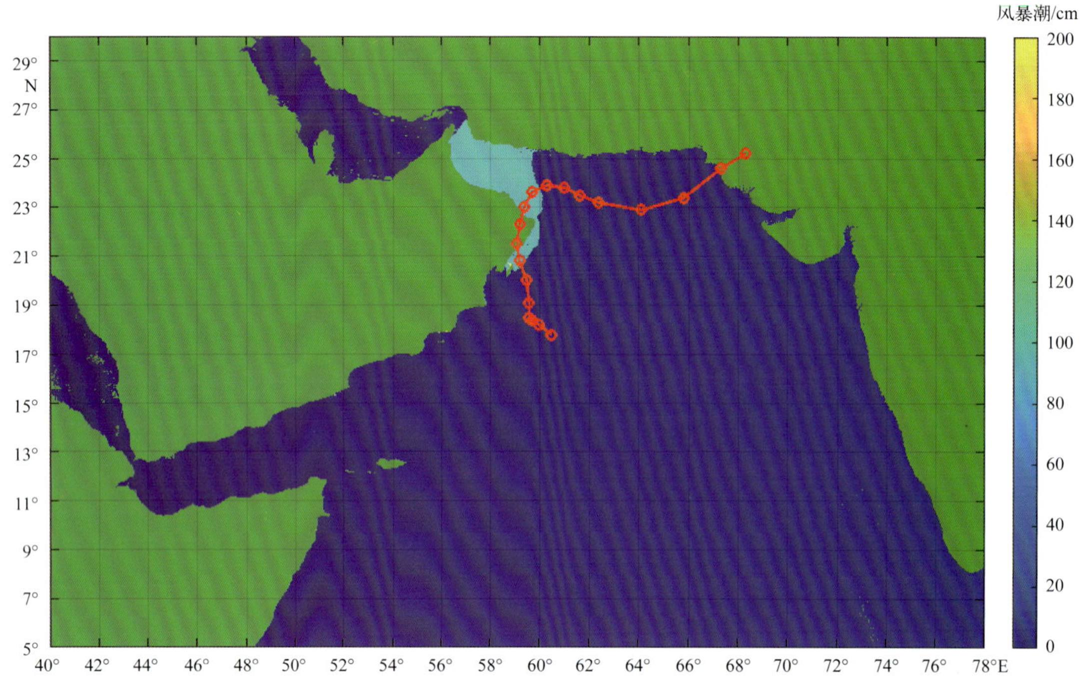

图4.37 “PHET”过程期间最大风暴潮分布

4.3 风暴潮数值预报产品及个例

4.3.1 南中国海风暴潮数值预报产品

“山竹”台风风暴潮

受2018年第22号台风“山竹”（超强台风级）的影响，9月16日凌晨至17日中午，福建南部沿海出现了50 ~ 80 cm的风暴增水，广东汕头到汕尾沿海出现了90 ~ 180 cm的风暴增水，广东惠州到江门沿海出现了150 ~ 340 cm的风暴增水，广东阳江到雷州半岛东岸沿海出风暴增水60 ~ 150 cm，海南岛东北部沿海风暴增水50 ~ 80 cm，广西和雷州半岛西岸沿海风暴增水50 ~ 120 cm，广东惠州、盐田和珠海潮位站于16日中午前后出现了超过当地红色警戒潮位的高潮位，广东赤湾、黄埔、横门和三灶潮位站于16日傍晚前后出现了超过当地红色警戒潮位的高潮位，广东汕尾潮位站于16日下午出现了达到当地橙色警戒潮位的高潮位。

台风“山竹”在有利的环境场和菲律宾东部高海温的共同作用下，强度快速增强至65 m/s，并维持至登陆吕宋岛前，为2018年度西北太平洋区域强度排名第二的台风，其影响范围超过1 000 km。登陆吕宋岛后强度略有减弱，以强台风级别进入南中国海，“山竹”登陆前，香港、澳门以及广东汕尾、惠州、深圳和珠海等沿海地区普遍出现13级以上的平均风，珠三角12级以上大风持续长达16小时，惠州沱泞列岛观测到阵风达62.8 m/s，平均风为43.4 m/s，珠海黄茅洲观测到平均风45 m/s，惠州三门岛观测到42.4 m/s的平均风。由此可见，“山竹”台风不仅强度强而且范围广，持续时间长。图4.38为“山竹”路径，图4.39给出了“山竹”可能不同路径影响下最大增水场预报。图4.40给出了“山竹”最大增水场概率分布预报，图4.41至图4.46给出了“山竹”可能不同路径在汕尾、闸坡、水东、湛江、南渡和秀英等站的增水过程曲线预报。

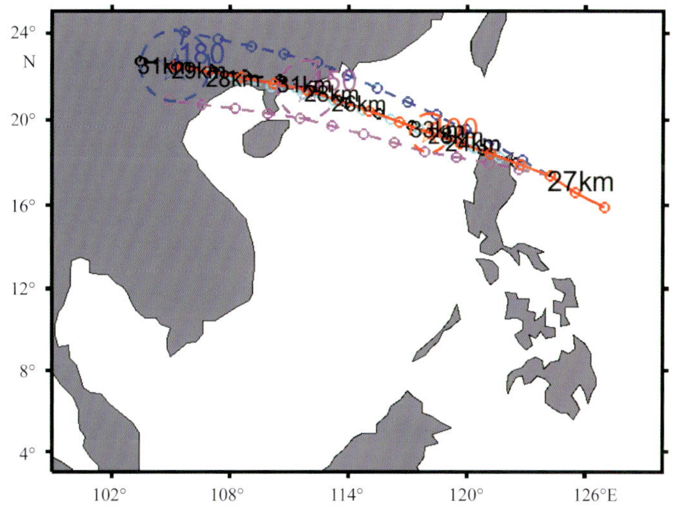

图4.38 “山竹”的集合路径

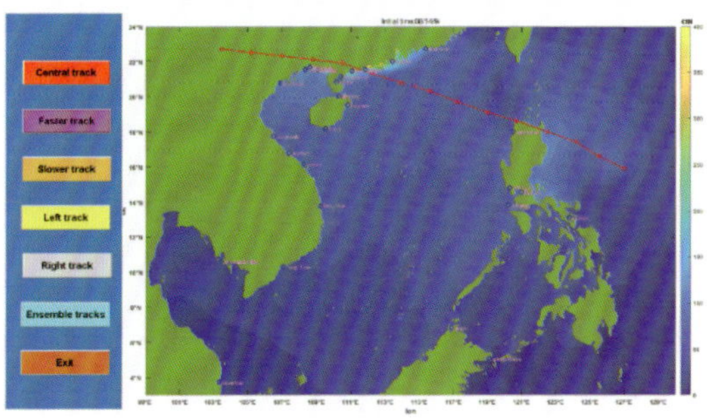

(a)

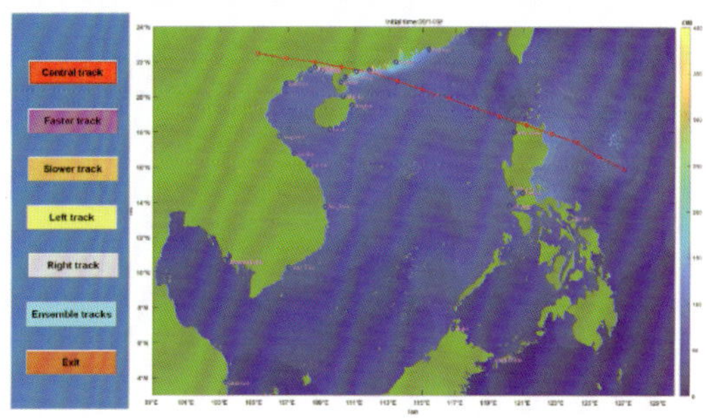

(b)

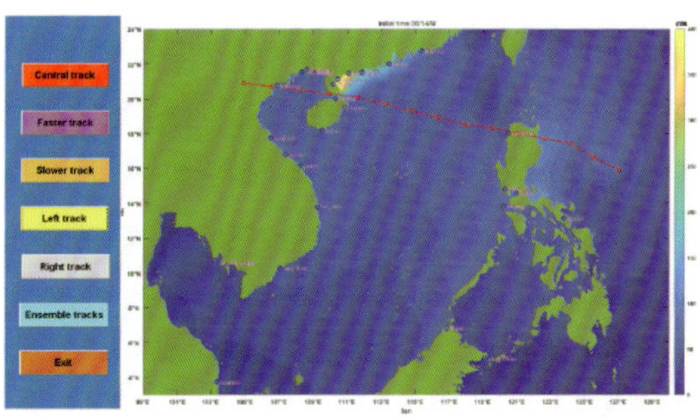

(c)

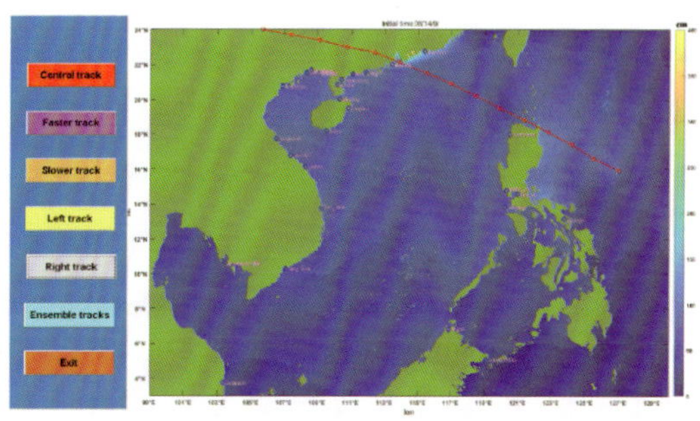

(d)

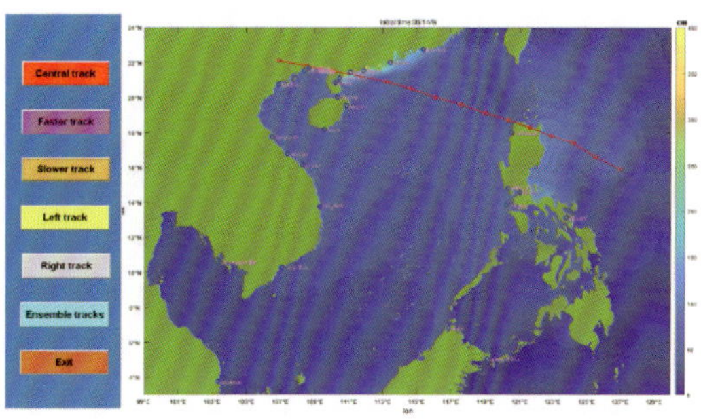

(e)

图4.39 “山竹”可能不同台风路径的最大增水分布场预报

（a）～（e）分别为中间、偏快、偏慢、偏左和偏右路径

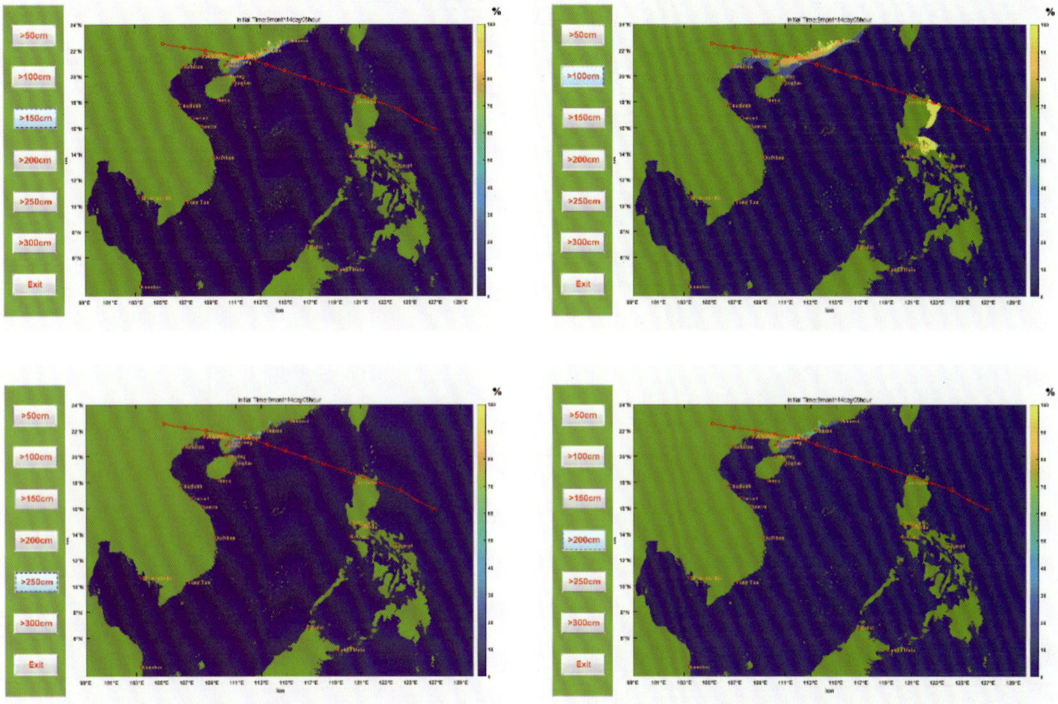

图4.40 “山竹”风暴增水大于100 cm、150 cm、200 cm和250 cm的概率分布预报

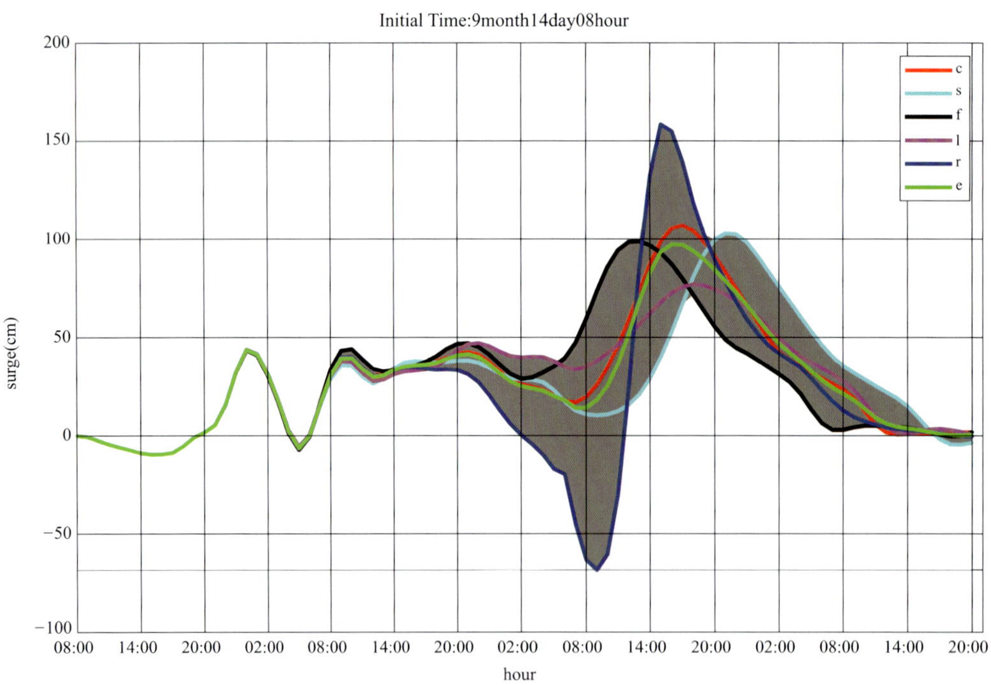

图4.41 “山竹”可能不同路径在汕尾站的逐时增水预报

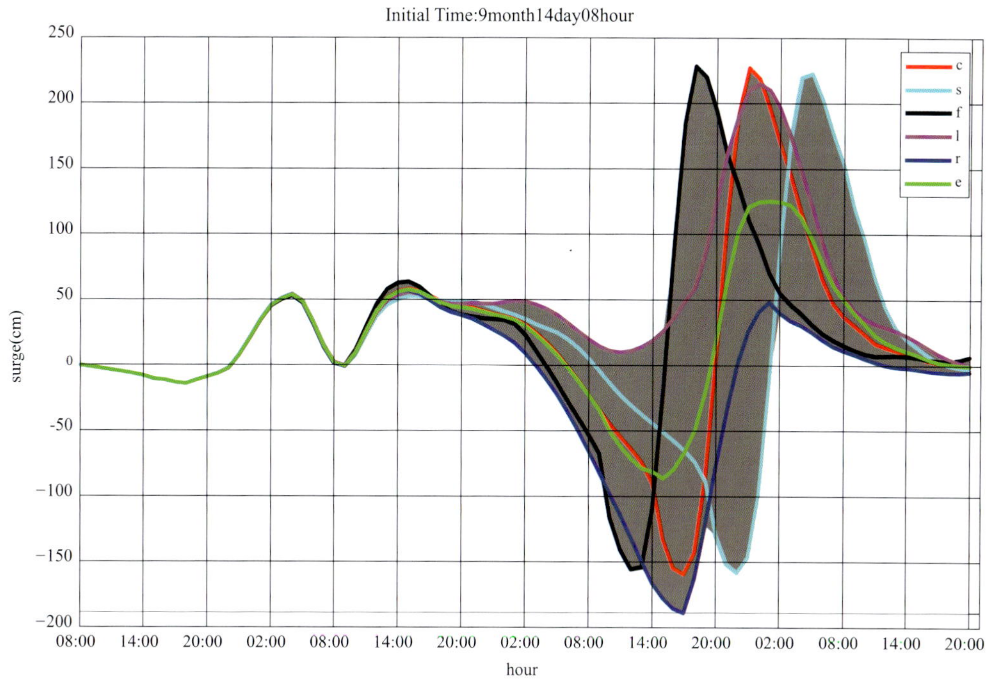

图4.42 “山竹”可能不同路径在闸坡站的逐时增水预报

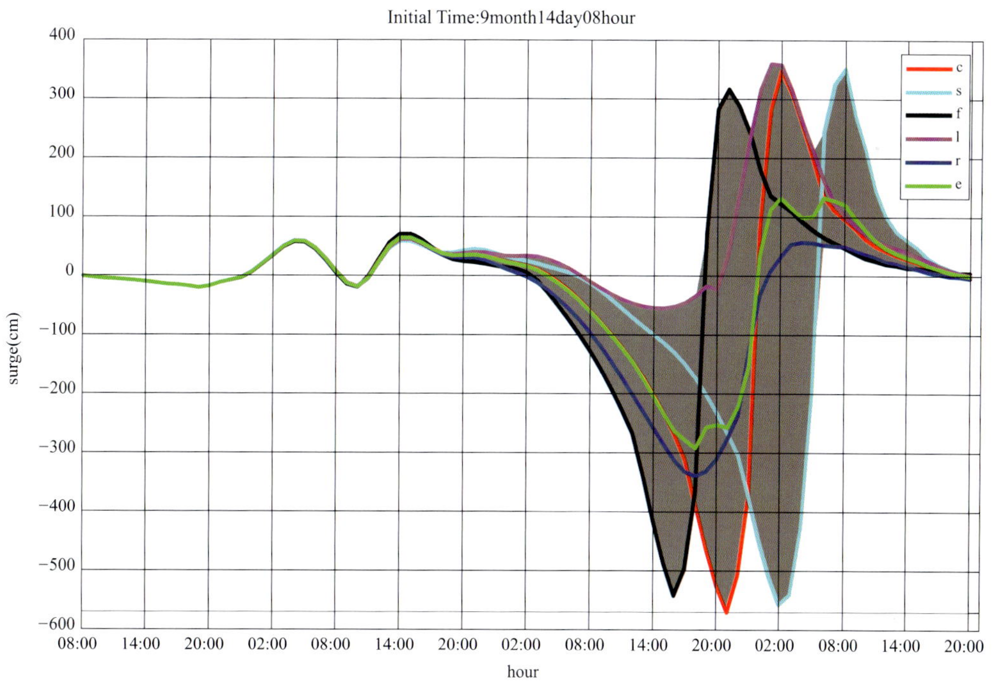

图4.43 “山竹”可能不同路径在水东站的逐时增水预报

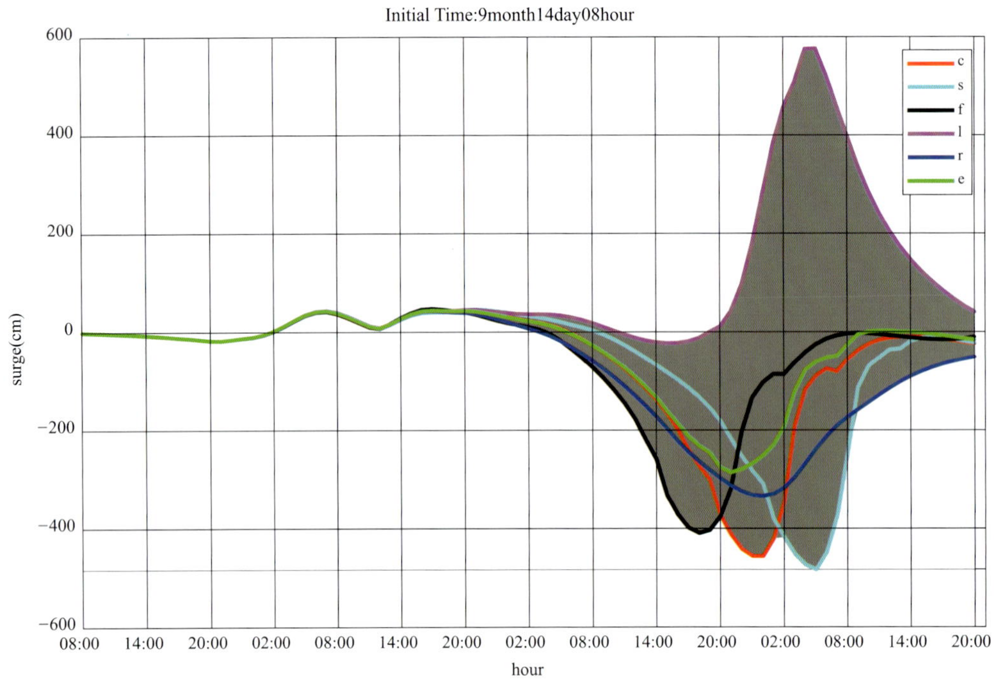

图4.44 “山竹”可能不同路径在湛江站的逐时增水预报

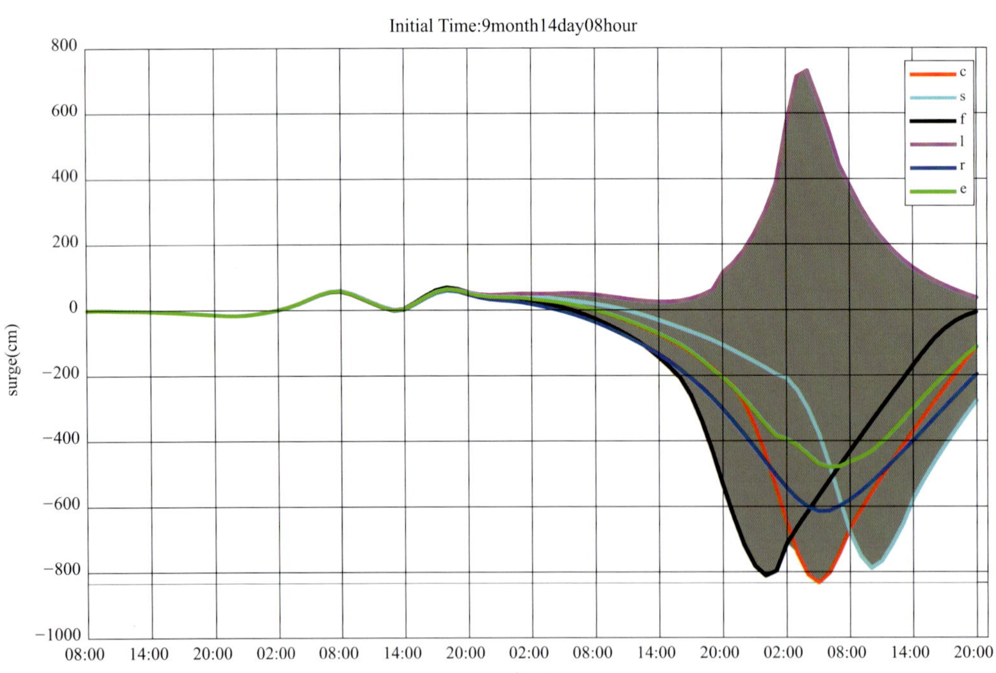

图4.45 “山竹”可能不同路径在南渡站的逐时增水预报

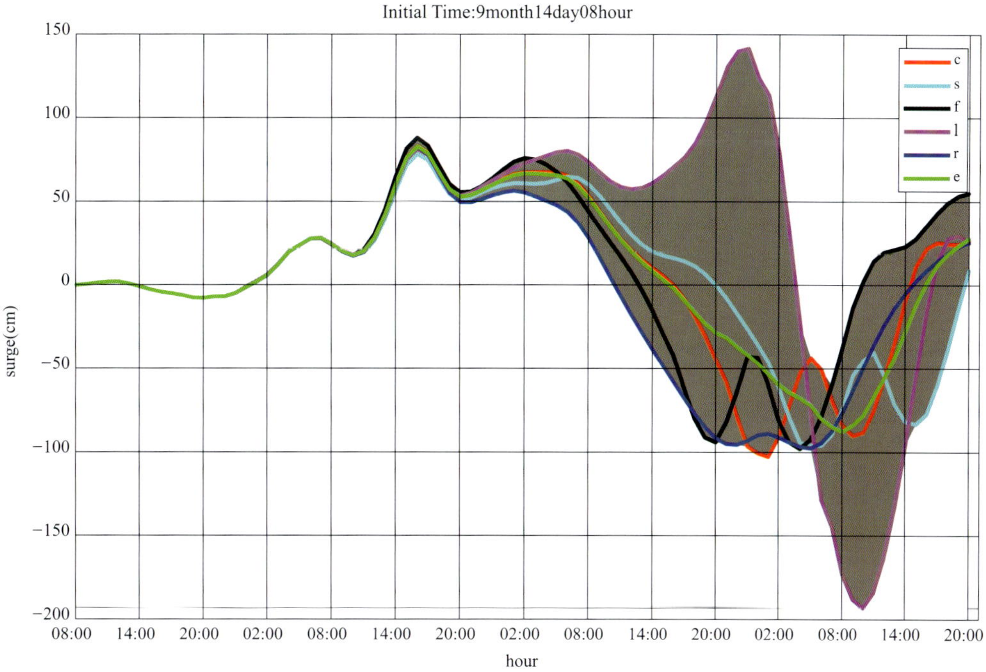

图4.46 “山竹”可能不同路径在秀英站的逐时增水预报

4.3.2 孟加拉湾区域的数值预报产品

“气旋GAJA”风暴潮于2018年11月11日08时，JTWC发布热带气旋形成警示，深低压加强为气旋风暴，并且并命名为“GAJA”，之后数天其沿西南偏西方向行进，气旋风暴“GAJA” 11月16日早晨4时（北京时）前后在印度泰米尔纳德邦东部沿海登陆，中心附近最大风力10级（28 m/s，相当于我国的强热带风暴）。之后继续西行，穿过印度南部，进入阿拉伯海。图4.47给出了“GAJA”各可能路径。图4.48和图4.49分别由各可能路径诱发的最大风暴潮场分布和不同增水值的概率分布预报图。图4.50至图44.53为沿岸典型站的增水曲线预报图。

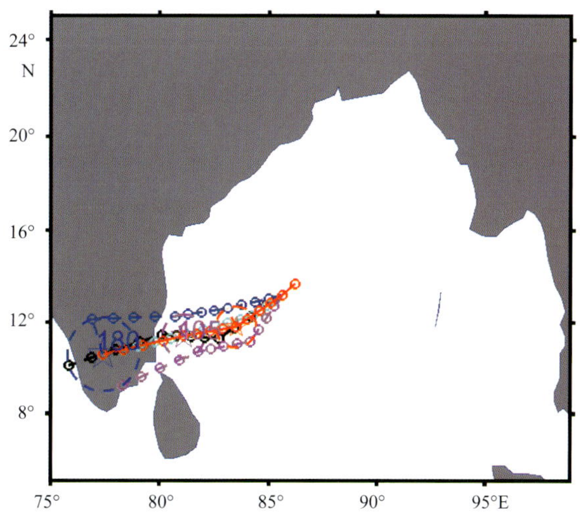

图4.47 热带气旋“GAJA”路径图

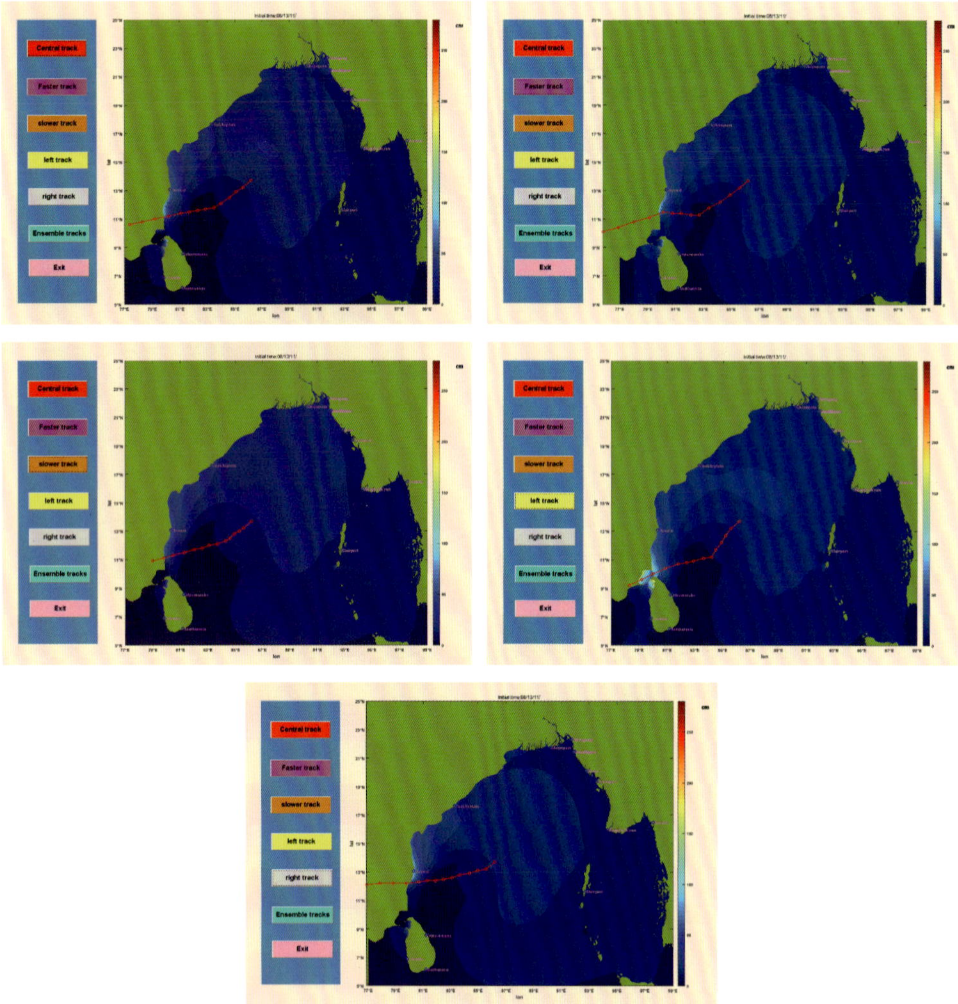

图4.48 “GAJA”中间、偏快、偏慢、偏左和偏右路径诱发的最大增水场预报

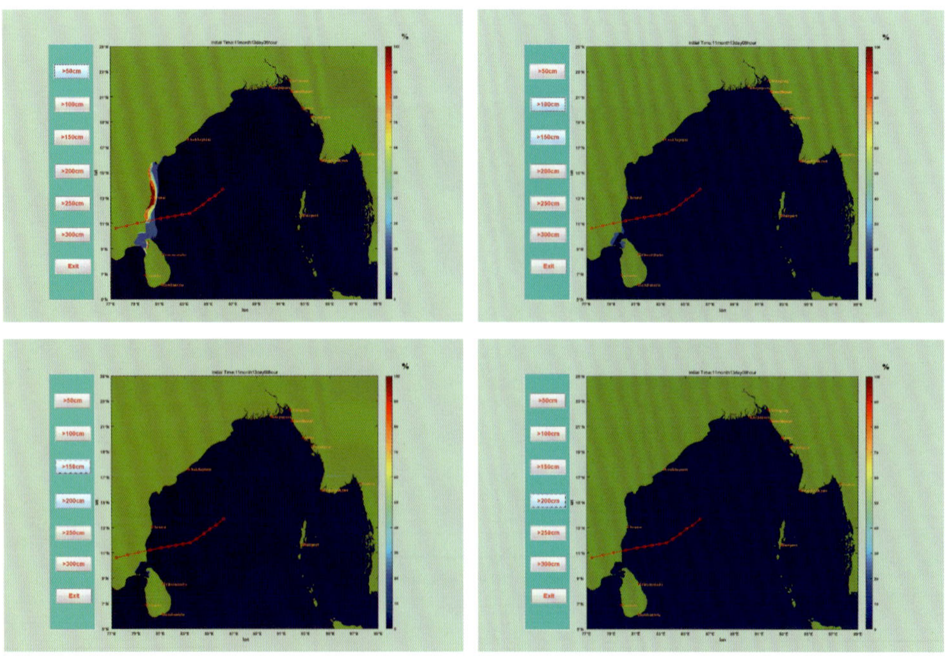

图4.49 “GAJA”风暴增水大于50 cm、100 cm、150 cm和200 cm的概率分布预报

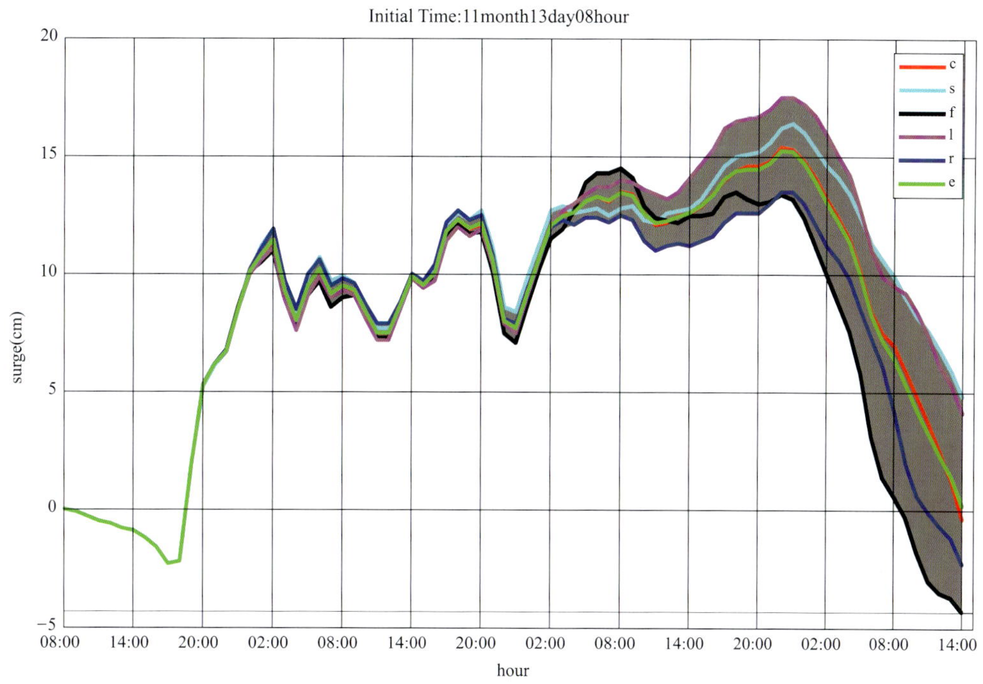

图4.50 "GAJA"过程期间各可能路径在索纳迪亚岛站的逐时增水预报

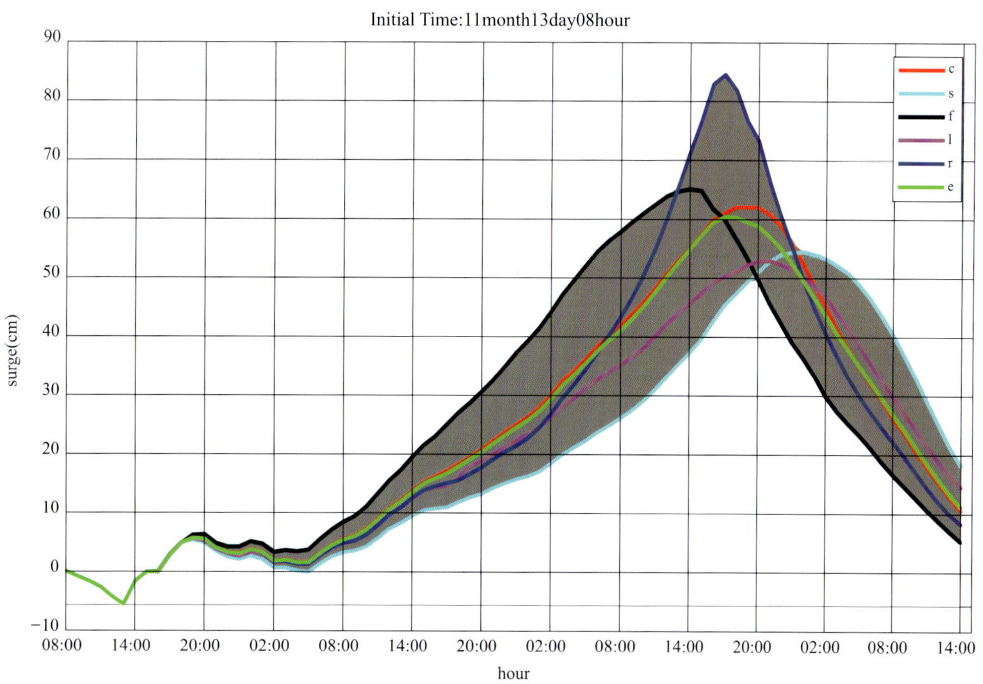

图4.51 "GAJA"过程期间各可能路径在钦奈站的逐时增水预报

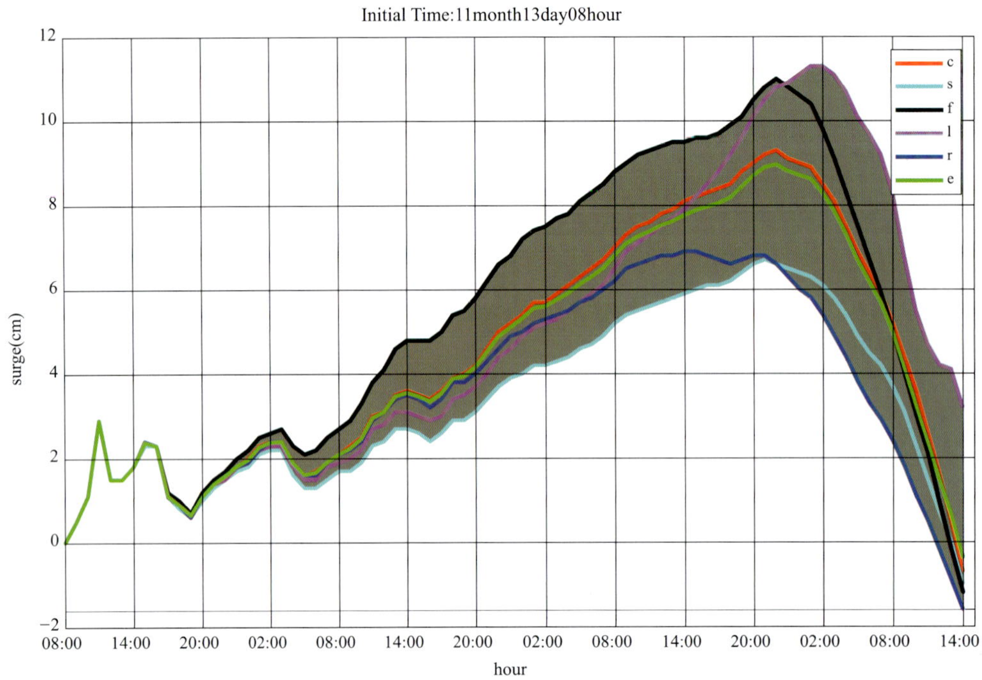

图4.52 “GAJA”过程期间各可能路径在科伦坡站的逐时增水预报

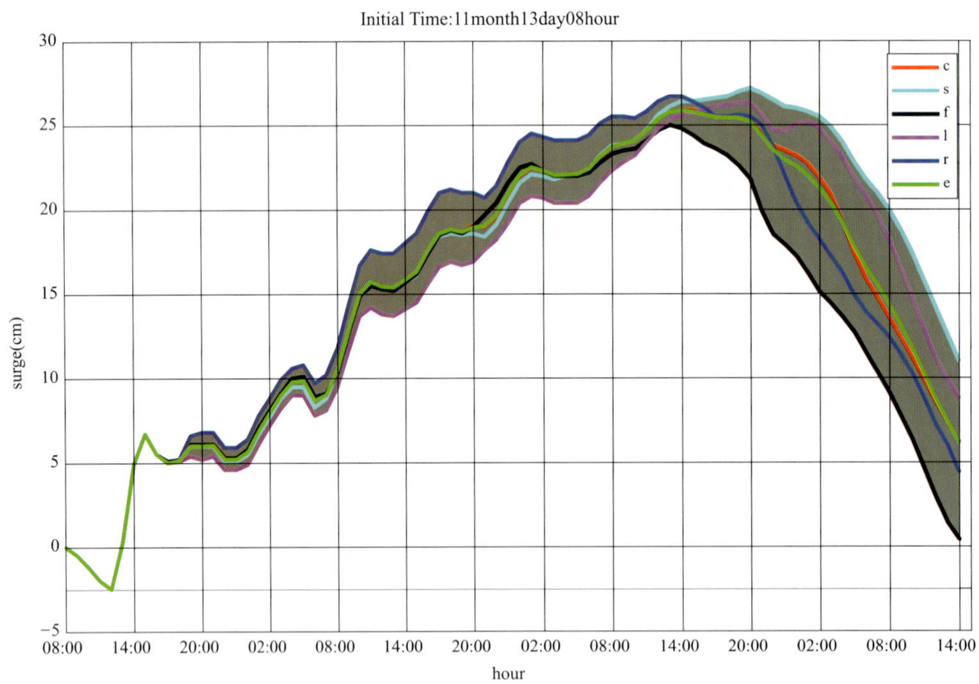

图4.53 “GAJA”过程期间各可能路径在维沙卡帕特站的逐时增水预报

4.3.3 阿拉伯海风暴潮数值预报产品

阿拉伯海气旋风暴“梅库纳”（MEKUNU）于2018年5月23日在阿拉伯海西部海面上生成，5月24日加强为特强气旋风暴，上午8点钟其中心位于阿曼与也门交界处东南方大约490 km的海面上，13.1°N、55.8°E，中心附近最大风力有12级（35 m/s，相当于我国的台风级），中心最低气压为970 hPa。“梅库纳”于5月26日03时前后在阿曼南部佐法尔省（ZUFAR）沿海登陆，登陆时中心附近最大风力有47 m/s（14级，相当于我国的强台风级）。上午8时其中心位于阿曼西部内陆地区，中心附近最大风力有13级（40 m/s，相当于我国的台风级），中心最低气压为960 hPa。5月27日，“梅库纳”减弱为深低压。图4.54给出了“梅库纳”的云图路径。图4.55给出了各可能路径诱发的最大风暴潮场预报。图4.56给出了不同增水值的概率分布预报。图4.57至图4.60给出了沿岸典型站的增水曲线图。

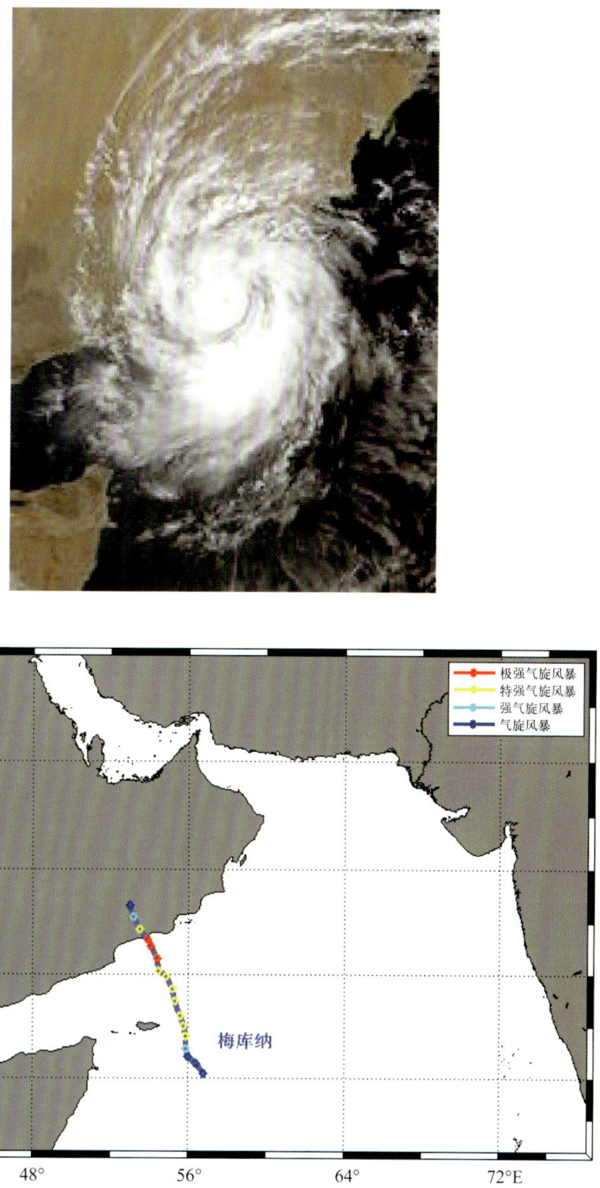

图4.54　特强气旋风暴“梅库纳”卫星云图和移动路径

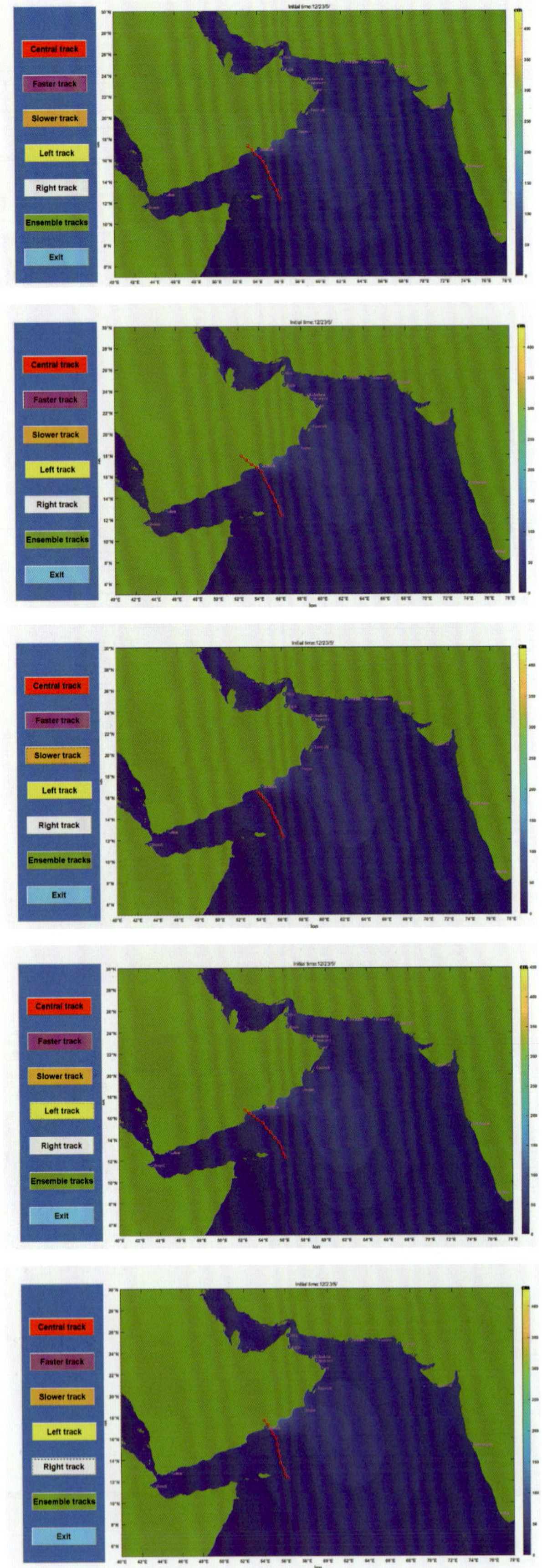

图4.55 “梅库纳”可能中间、偏快、偏慢、偏左和偏右路径诱发的最大增水场预报

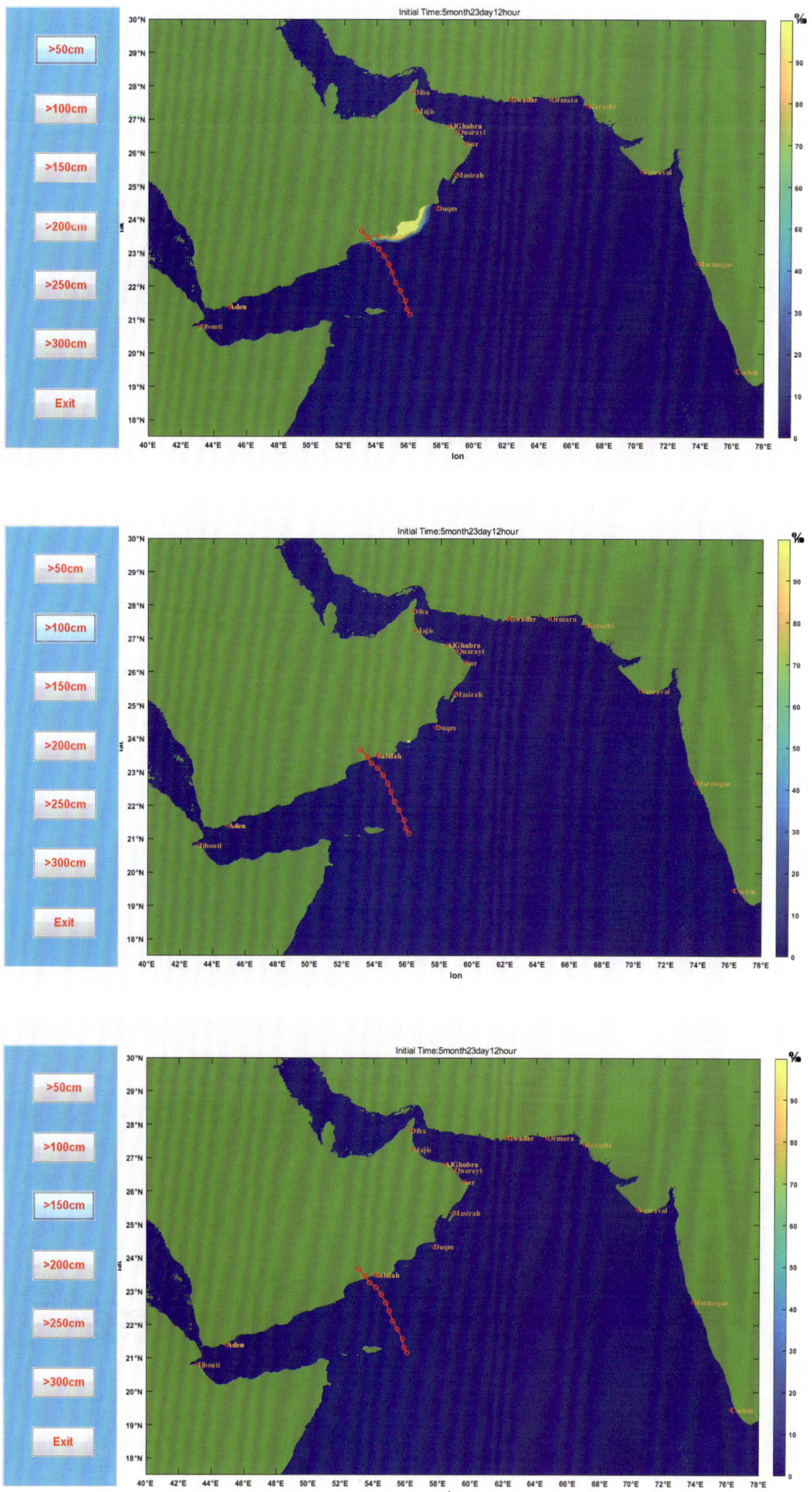

图4.56 “梅库纳”期间风暴潮大于150 cm的概率分布预报

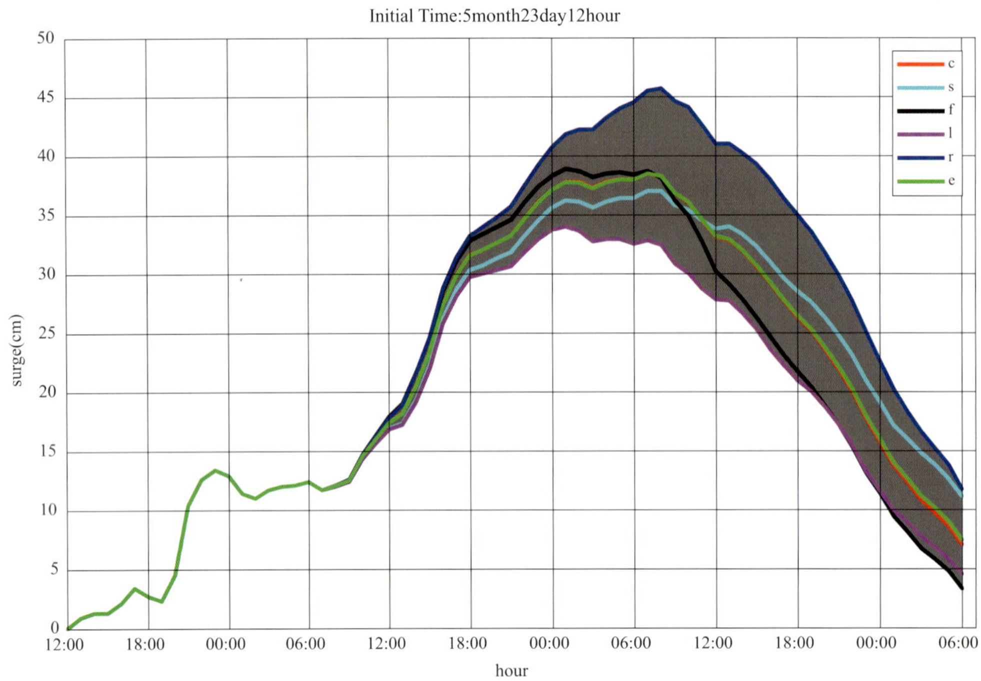

图4.57 “梅库纳”过程期间各可能路径在杜库姆站的逐时增水预报

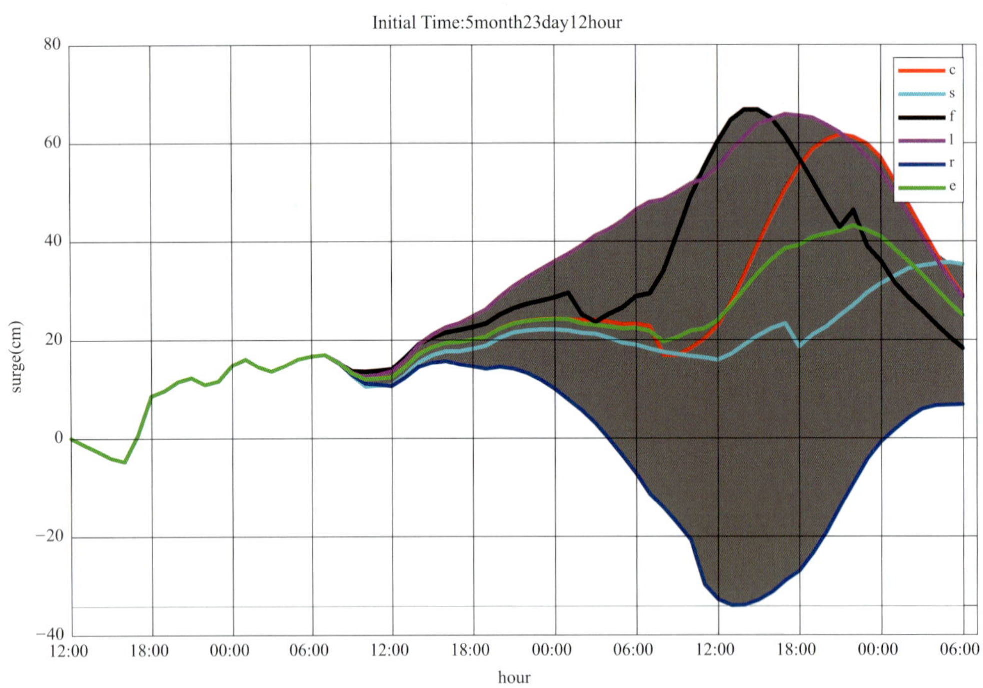

图4.58 “梅库纳”过程期间各可能路径在塞拉莱站的逐时增水预报

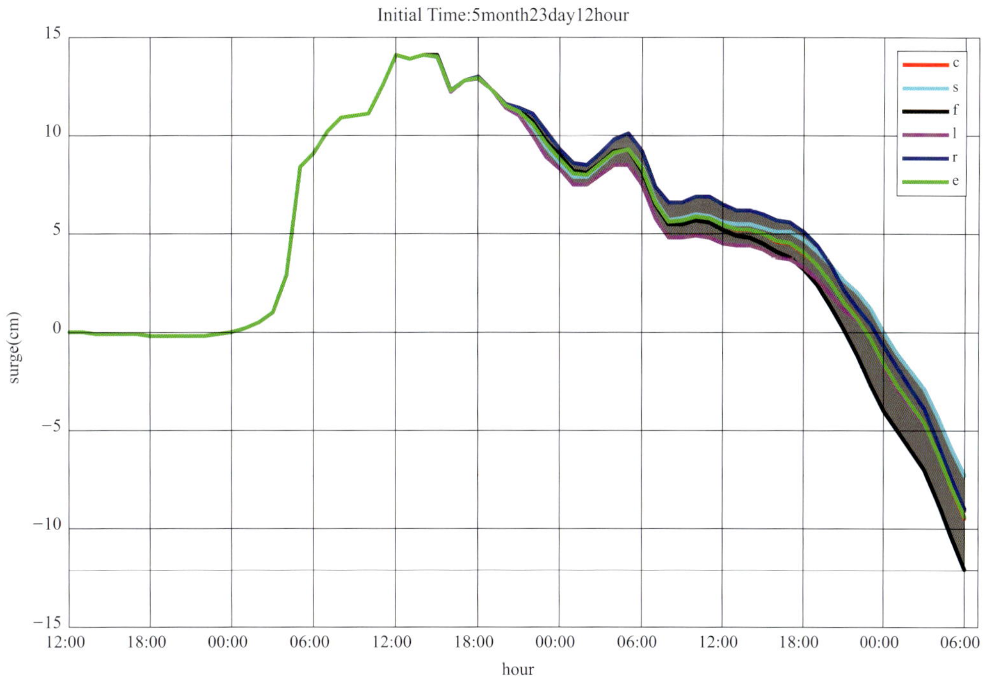

图4.59 “梅库纳”过程期间各可能路径在韦拉沃尔站的逐时增水预报

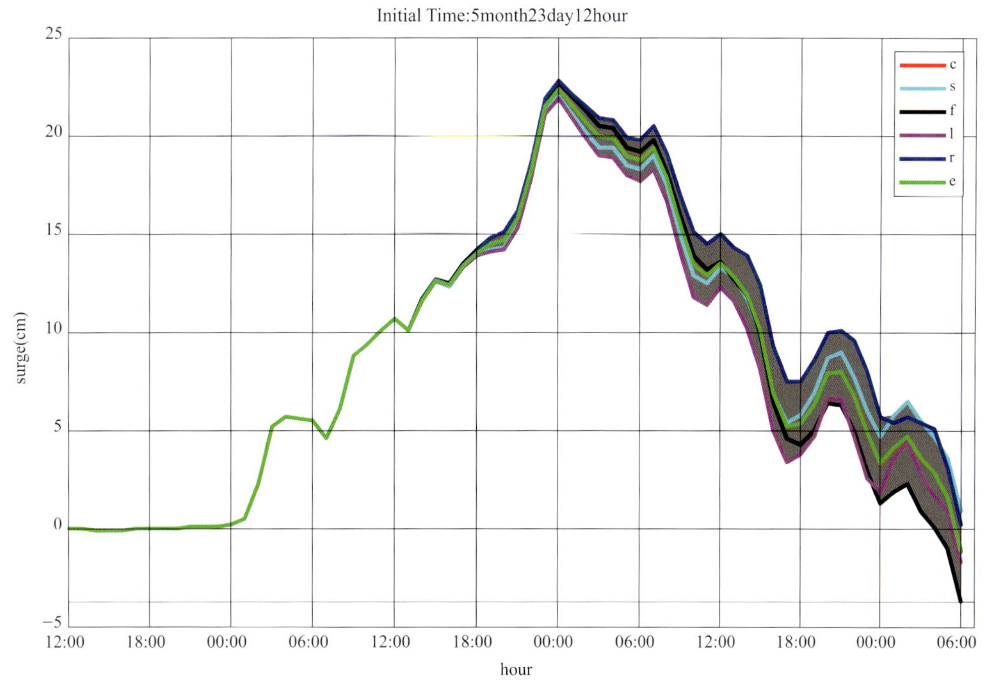

图4.60 “梅库纳”过程期间各可能路径在瓜达尔站的逐时增水预报

阿拉伯海风暴潮数值预报系统预报范围涵盖了印度、巴基斯坦、阿曼、也门、吉布提和索马里等沿海国家和地区（图4.61），可以为上述国家的重要区域提供风暴潮预警报工作，共包括20多个重要的输出站点。主要的预报站点包括如表4.3所示。

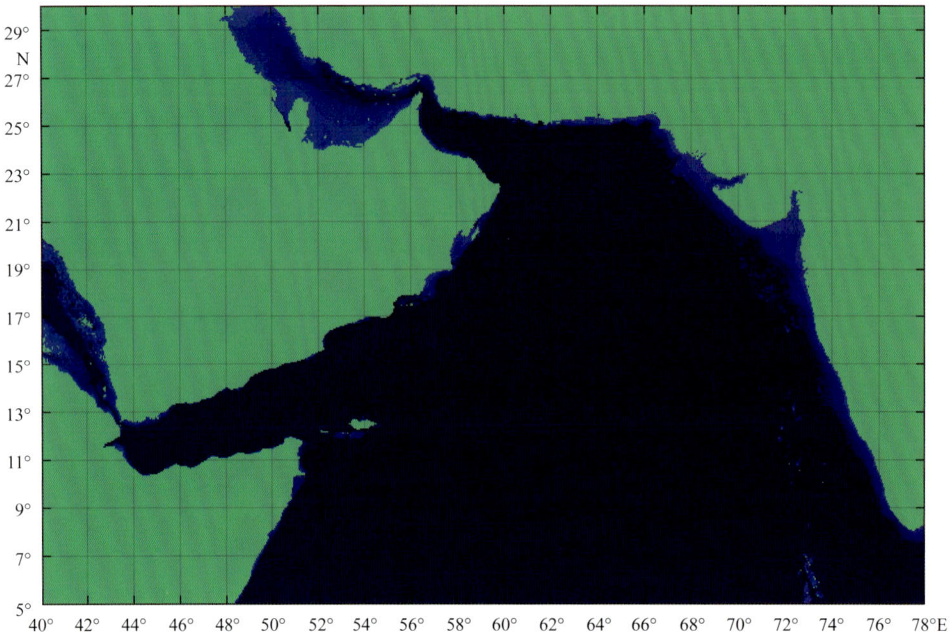

图4.61 阿拉伯海区域风暴潮数值预报系统预报区域

表4.3 阿拉伯海沿海站点

编号	站名	纬度	经度	国别
1	Trivandrum	8.514°	76.92°	印度
2	Cochin	9.96°	76.26°	印度
3	Marmagao	15.41°	73.8°	印度
4	Bombay	19.077°	72.891°	印度
5	Veeraval	20.9°	70.36°	印度
6	Gwadar	25.112 194°	62.339 378°	巴基斯坦
7	Karachi	24.811 7°	66.975°	巴基斯坦
8	Ormara	25.203 653°	64.676 439°	巴基斯坦
9	Chabahar	25.296°	60.603°	伊朗
10	Jask	25.63°	57.77°	伊朗
11	Ashkhara	21.85°	59.57°	阿曼
12	Dibba	25.649°	56.269°	阿曼
13	Duqm	19.66°	57.72°	阿曼
14	Sohar	24.518°	56.606°	阿曼

续表

编号	站名	纬度	经度	国别
15	Muscat	23.633°	58.567°	阿曼
16	Salalah	16.935°	54.006 7°	阿曼
17	Masirah	20.683 3°	58.866 7°	阿曼
18	Sur	22.57°	59.52°	阿曼
19	Qurayat	23.26°	58.925°	阿曼
20	Mukalla	14.53°	49.128°	也门
21	Aden	12.788 3°	44.974 2°	也门
22	Djibouti	11.6°	43.166 6°	吉布提
23	Hanimadhoo	6.767°	73.167°	马尔代夫

第5章 海啸数值预报系统

5.1 地震海啸数值预报模型

海啸数值计算模型是实时海啸预警和海啸研究的有效手段之一，二维浅水动力学方程是模型通常的数学物理基础。海啸预警模型追求的两个目标是预警速度快和计算精度高，但往往两者不可兼得。2014年以来，国际主流预警机构逐步实现了由基于基本地震参数的定性海啸预警向基于数据库和快速实时数值模型的定量海啸预警的过渡。目前，国际上通用的作法是在地震发生后立即采用海啸情景数据库快速调用海啸危险性的定量预警结果，在获取地震震源机制解后，采用线性或非线性浅水方程模拟海啸波在海水中的传播，并采用不同的并行计算技术使得模拟所需时间尽量缩短。

5.1.1 海啸情景数据库预报方法

引发大规模海啸的地震源集中在全球重要板块相互作用的海底俯冲带上，主要包括环太平洋地震俯冲带、印度洋桑达地震俯冲带和地中海地震带等。如2004年，苏门答腊9.2级地震发生在印度洋板块–欧亚板块之间的桑达地震俯冲带上；2011年，日本9.0级地震发生在太平洋板块和欧亚板块之间的日本海沟中。对于局地地震海啸源，海啸波往往在地震发生后数十分钟即可抵达近岸并造成灾害，因此留给海啸预警的时间往往仅有短短的数分钟。尽管当今并行数值模拟技术（如OpenMP并行和GPU并行）和计算机运行速度已经可以初步满足实时预警的需求，但即便是5 ~ 10年前，洋盆尺度的海啸波传播过程模拟仍需耗时十分钟至数十分钟。为缩短预警响应时间，最快捷的做法就是提前模拟可能发生的地震海啸场景，然后将运算结果存储在数据库中。一旦发生地震，根据一定的插值和检索算法将预警岸段的波幅预报结果快速提取出来。

具体技术思路是提前将地震俯冲带按照一定的空间间隔离散为点源，假设每个点源上典型深度处发生典型震级（一般是6.5 ~ 9.0级，以0.5为间隔）的地震，根据该点源所在位置设定合适的走向角、倾角和走向角，基于震级–滑移量和震级–破裂长度等标定率，模拟海啸波的生成和传播场景。当在地震俯冲带中任意位置和任意深度上（小于100 km）发生一定震级地震，从数据库中调取相邻震级、震源深度和空间位置的海啸场景（2n个场景，插值维数n=3）进行插值，可近似得到海啸波幅预报结果。如图5.1所示，假设日本本州岛近岸10 km深度处发生地震，利用水平和垂向空间插值算法将8个预先计算的海啸场景进行插值（此处未考虑震级维度的插值）。

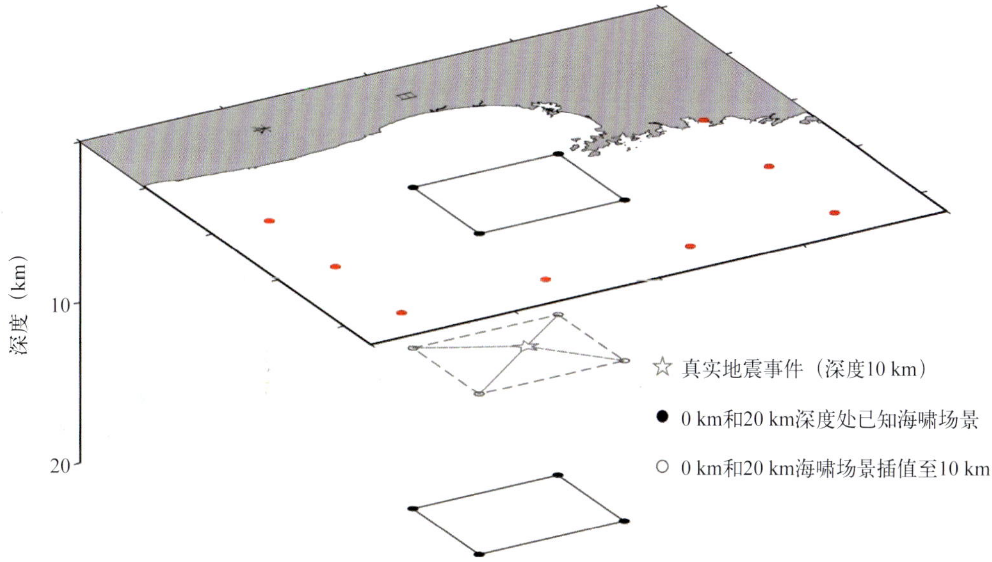

图5.1 海啸场景数据库检索和插值方法示意图
红色和黑色实心圆点代表数据库中存储的海啸场景

5.1.1.1 印度洋潜在地震海啸源及其参数

本定量海啸预警系统的预警岸段为印度洋区域沿岸28个国家和地区。首先，需要根据历史地震和历史海啸事件分布的空间范围，划分潜在海啸源区域；其次，根据地震发生断层属性及发震构造，确定可能引发海啸地震的地震震源机制，断层参数主要包括走向角、倾角和滑动角。

震源机制解，或称断层面解，是用地球物理学方法判别断层类型和地震发震机制的一种方法。一次地震发生后，通过对不同的地震台站所接受到的地震波信号进行数学分析，即可求出其震源机制解。震源机制解不仅可以了解断层的类型（是正断层、逆断层还是走滑断层），而且还可以揭示断层在地震前后发震断层错动方式。

美国哈佛大学从1981年起测定全球5.0级以上地震的震源机制解，2006年哈佛大学与哥伦比亚大学拉蒙特-多赫蒂地球观象台共同承担“全球矩心矩张量项目”（GCMT，http://www.globalcmt.org/CMTsearch.html.）。我们可以访问在线数据库获取地震震源机制的两个节面的走向、倾角和滑动角，P轴、T轴的倾角和方位角，研究北印度洋地区地震震源的发震机制以及区域地块的应力状态，为理解潜在海啸源位置和确定假想海啸源点震源参数提供客观的判断依据。

研究区内震源机制解分布如图5.2所示，震级下限为6.0级，可见地震大体沿俯冲带走向破裂，且在俯冲带附近多为逆冲断层，容易引发海啸。

本节主要通过对地震震源机制、主要俯冲破裂带参数以及参考Slab1.0模型参数确定假想海啸源参数，包括走向、倾角、滑动角参数。参考美国Slab1.0俯冲带模型参数，分析印度洋主要俯冲带的几何形状，包括板片的俯冲深度、走向和倾角（图5.3），为海啸风险评估提供合理的断层参数。

根据主要俯冲带的位置和倾向，结合划定区域内历史地震震源机制解，确定假想海啸源震源参数。Hayes等结合地震和地质资料确定了全球主要俯冲带的模型参数，该模型参数为地学研究人员提供了可靠的研究参考。参考Slab1.0模型参数，确定印度洋有安达曼-苏门答腊-爪哇海沟带和莫克兰海沟强震震源机制参数。

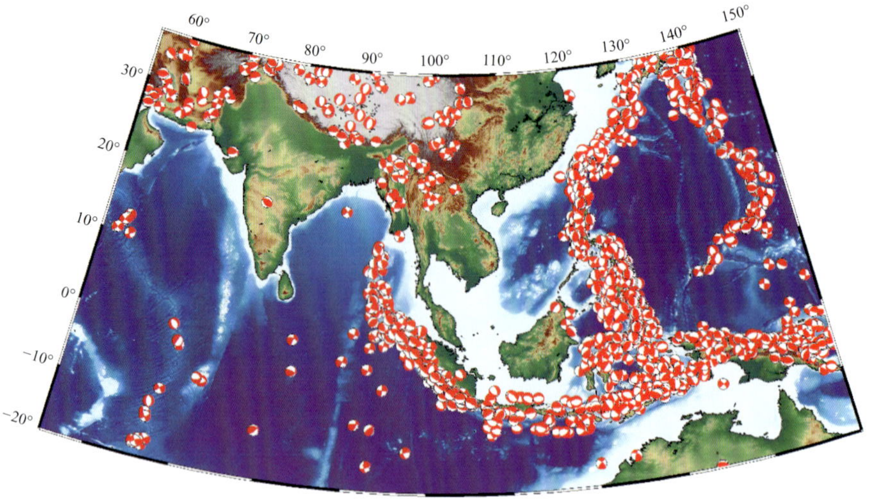

图5.2　北印度洋及西北太平洋地震震源机制分布

图中震源机制解解采用下半球投影方法，震源球红色为压缩区、白色为拉伸区。数据来源于哈佛大学震源机制解数据库（http://www.globalcmt.org/CMTsearch.html.）

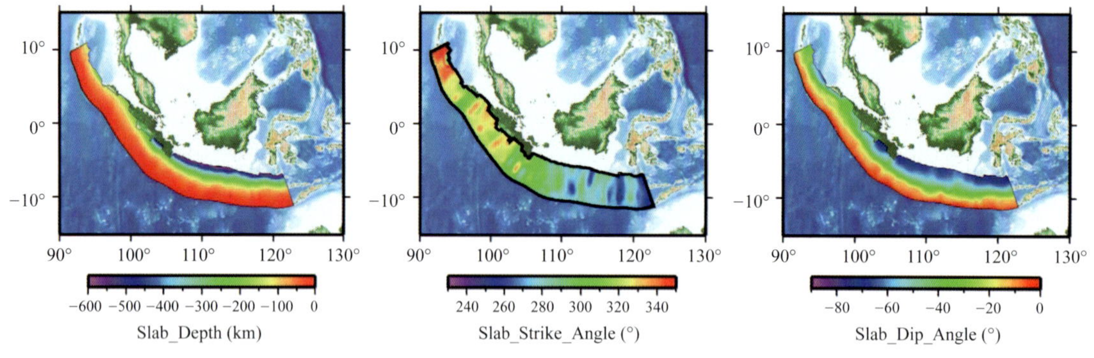

图5.3　印度洋主要俯冲带板片深度（a）、倾角（b）和走向角（c）分布

根据上述历史地震分析，结合区域内的已有的地质构造信息，划分了北印度洋潜在地震海啸源（如图5.4），共计756个，其中安达曼-苏门答腊-爪哇地震俯冲带609个，莫克兰海沟147个。每个海啸源长按照50 km间隔分布，并给定了相应的震源几何参数。

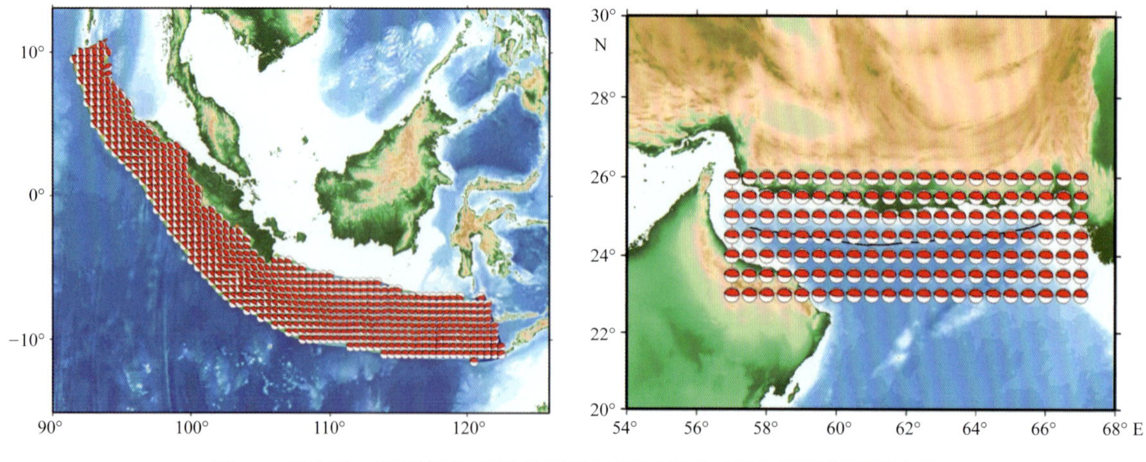

图5.4　安达曼-苏门答腊-爪哇地震俯冲带和莫克兰海沟海啸源震源参数

在每个地震海啸源上，假设在不同震源深度处发生不同震级的假想地震。其中震级分为6.5级、7.0级、7.5级、8.0级、8.5级和9.0级，低于6.5级认为不会引发海啸；震源深度分为0 km、20 km、40 km、60 km、80 km、100 km，其中震深超过100 km时认为不会引发海啸。针对每个假想海啸源将提供36种假想模拟结果。在印度洋区域内，本数据库存储着27 216个海啸情景模拟结果。

5.1.1.2 海啸情景数据库计算和入库

潜在地震海啸源及其参数确定后，利用线性海啸数值模型对所有潜在的海啸情景进行海量数值计算。数值模型及有关设置如下。

1）线性海啸数值模型建立

海啸数值模型所采用的基础模型是在COMCOT（Liu et al., 1998. Cornell Multi-grid Coupled Tsunami model）基础上改进得到的。为了使该模型能够满足海量计算的需求，对其进行了并行开发和代码优化。COMCOT是海啸研究领域应用常用的模型之一（Kian et al., 2014），Wang等（2006）验证了模型的准确性和可靠性。但是，COMCOT作为一个研究模型，不能满足海啸预警业务的需求（Lin et al., 2015）。主要原因包括以下几个方面：一是模型代码采用串行格式编写，对于实时海啸预警流程而言，时间开销太大；二是模型的输入输出文件均采用ASCLL码格式，数据读写效率不高；三是其他影响计算效率的代码，如大量循环计算中的逻辑判断语句，以及数据在内存和高速缓冲存储器中的读写顺序等。为了突破上述效率瓶颈，对模型做了并行开发和针对性的优化工作，使其能够满足业务化海啸预警的时效性。

采用OpenMP和GPU并行技术对海啸数值模型进行了二次开发。并行化之后的模型较原先的串行版本加速比达到100倍左右，计算效率大幅提升。将并行模拟结果与串行结果进行了对比分析，结果显示，海啸最大波幅相对误差不超过5%。

2）海啸源计算

在均一破裂假设条件下，海啸数值模型需要9个震源参数，分别为震源经度、纬度、深度、走向角、倾角、滑动角、断层长度、宽度以及均一滑移量。如前所述，对于每个海啸源情景，震源位置、深度，以及走向角、倾角和滑动角已经确定；断层的长度和宽度则是根据震级-破裂尺度标定律公式进行估计。考虑到引发灾难性海啸的地震大部分为俯冲型强震，选择了Blaser等（2010）推导的大洋俯冲带逆冲型标定率：

$$\log_{10} L = a + b \times Mw,\ a = -2.81\ \ b = 0.62$$

$$\log_{10} L = a + b \times Mw,\ a = -1.79\ \ b = 0.95$$

作为断层破裂长度和宽度的计算公式，其中，Mw为矩震级。再根据震源深度计算剪切模量μ，美国地质调查局（USGS）给出的地壳剪切模量参考量为32 GPa 。但实际上，μ是一个随深度变化的量，Geist和Bilek（2001）对海啸产生过程中剪切模量随深度的变化进行了综述。我们采用了Bilek和Lay（1999）的经验关系计算剪切模量，但是将其阈值设定在[18, 40]。最后计算均一滑移量：

$$\bar{D} = M_0 / \mu LW$$

其中：M_0为地震矩，可转化为地震矩震级。

3）深水区海啸传播情景计算

海啸波在大洋中的传播，几乎可以不考虑非线性效应，线性浅水方程即可很好的模拟海啸波的行进，因此球坐标系下的线性浅水方程表达式为：

$$\frac{\partial \eta}{\partial t}+\frac{1}{R\cos\phi}\left[\frac{\partial P}{\partial \psi}+\frac{\partial}{\partial \phi}(\cos\phi Q)\right]=0$$

$$\frac{\partial P}{\partial t}+\frac{gH}{R\cos\phi}\frac{\partial \eta}{\partial \psi}-fQ=0$$

$$\frac{\partial Q}{\partial t}+\frac{gH}{R\cos\phi}\frac{\partial \eta}{\partial \phi}+fP=0$$

式中：η为相对于平均海平面的自由表面位移；ϕ为纬度；Ψ为纬度；R为地球半径；P为沿纬度单位宽度的通量；Q为沿经度单位宽度的通量；f为科氏力系数；g为重力加速度。

模型区域范围5°S—50°N、99°—160°E。空间分辨率4分，地形水深采用GEBCO_14。模型采用线性浅水方程，差分方案为球坐标系下蛙跳和迎风格式。经测试，时间步长4 s满足CFL稳定性条件，模型最小水深10 m，辐射边界条件。模型部署的硬件计算环境为2个8核Inter Xeon CPU E5-2650 v2芯片（16进程），主频为2.6 GHz，64G内存。

当海啸波传播到陆架或者近岸区域，水深变浅，波长变短，海啸波传播不再满足线性浅水假设。因此，为了满足岸段预警的需求同时兼顾科学性，采用和太平洋海啸预警中心类似的方法（Wang et al., 2012），即利用格林公式将模型离岸深水区（Offshore）的海啸波幅预报结果换算到沿岸预报点（Coast）：

$$A_c=A_o\,(H_o/H_c)^{1/4}$$

式中：A_c和A_o分别为近岸（Coastal）和离岸（Offshore）预报点最大海啸波幅，H_o和H_c分别对应离岸和近岸预报点水深。根据模型分辨率的不同，Wang等（2012）对离岸预报点的水深做了条件限制。例如，对于4 arc-min的模型分辨率，H_o应大于992 m，分辨率越高，H_o的上限值越小；H_c使用固定值1 m。

最终，沿着印度洋海岸线一共选取了462个城市岸段预报点和与之对应的离岸预报点，用于海啸预警结果输出。

5.1.1.3 海啸预警检索查询方法

当从地震台网获取地震位置、震级和震源深度等地震基本信息以后，系统输入这些参数，可实时获取影响我国和南中国海区域各个岸段的海啸预警信息，包括海啸抵达时间和最大海啸波幅。以震级为7.3级、震源深度为23 km的地震海啸预警结果检索为例。该地震位于4个地震海啸点源之间（图5.5）。首先，从数据库中获取周边4个地震海啸点源上，震级分别为7.0级和7.5级、震源深度分别为20 km和40 km的16个海啸情景；在每个点源上，第一步将同一深度上7.0级和7.5级地震海啸情景进行插值；紧接着对相邻深度的插值结果进行二次插值；最后对4个相邻点源的插值结果按照反距离线性插值进行第三次插值，得到最终的预警结果。

1）空间位置插值检索算法设计

反距离权重法主要依赖于反距离的幂值，幂参数可基于距输出点的距离来控制已知点对内插值的影响。幂参数是一个正实数，默认值为2。通过定义更高的幂值，可进一步强调最近点。因此，邻近数据将受到更大影响，表面会变得更加详细（更不平滑）。随着幂数的增大，内插值将逐渐接近最近采样点的值。指定较小的幂值将对距离较远的周围点产生更大的影响，从而导致平面更加平滑。在IDW插值之前，我们可以事先获取一个离散点子集，用于计算插值的权重；离散点距离插值点越远，其对插值点的影响力越低，甚至完全没有影响力。加权函数：

$$W_i=\frac{\left[\frac{R-h}{Rh}\right]^2}{\sum_{j=1}^{n}\left[\frac{R-h}{Rh}\right]^2}$$

其中：$h_i=\sqrt{(x-x_i)^2+(y-y_i)^2}$是离散点到插值点的距离；$x_i$、$y_i$是潜在海啸源位置；$R$是潜在海啸源到插值点最远距离；$n$是离散点总数。

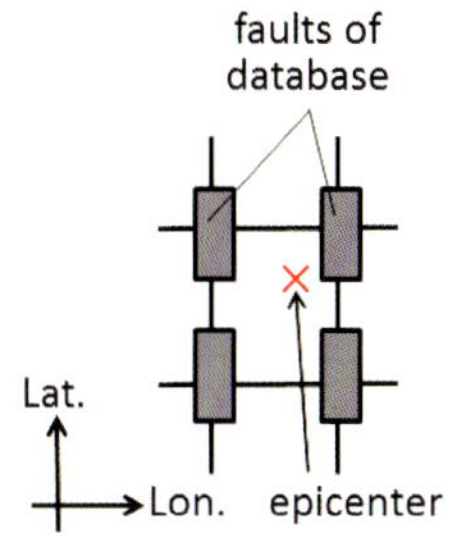

图5.5 空间位置插值示意图

当查询点超出所有潜在海啸源范围之外时（外缘外扩0.5°），系统不在提供插值结果。当查询点附近只有一个潜在海啸源时，即采用该点源上的海啸情景进行插值。

2）震级插值检索算法设计

首先探讨海啸波幅随着震级变化的定量关系。通过设计一组数值实验说明震级与海啸波幅的量化关系。假定潜在海啸源位置28.25°N，127.25°E，震源深度为10 km，走向角度为240°。考察震级为6.5～8.5级，间隔为0.1的震级-海啸波幅对应关系。

从图5.6中可以看出，震级与波幅的对数呈线性相关性。通常，线性关系通用的拟合公式采用如下形式：

$$f(x)=f(x_0)\times(1-k)+f(x_1)\times k$$

其中：x在区间$[x_0, x_1]$，并且它距离x_0, x_1之间的比为k:1−k。

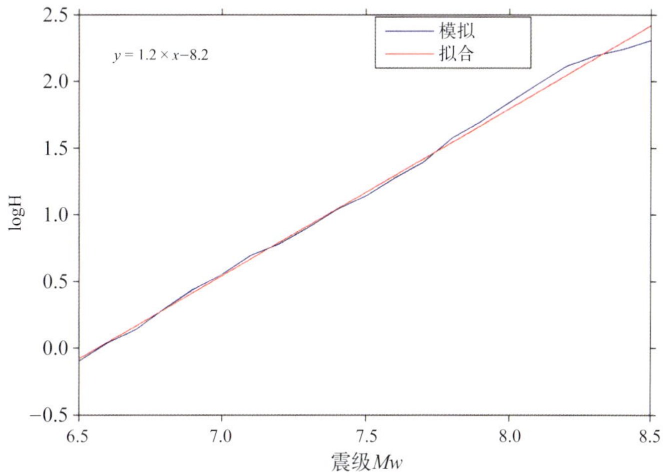

图5.6 震源震级与海啸波幅的线性对数关系

3）震源深度插值检索算法设计

接着通过设计另一组数值实验讨论海啸波幅随着震源深度变化的定量关系。假定潜在海啸源位置28.25°N，127.25°E，震级为7.5级，走向角度为240°。考察震源深度从2～100 km，间隔为2 km的震源深度–海啸波幅对应关系（图5.7）。

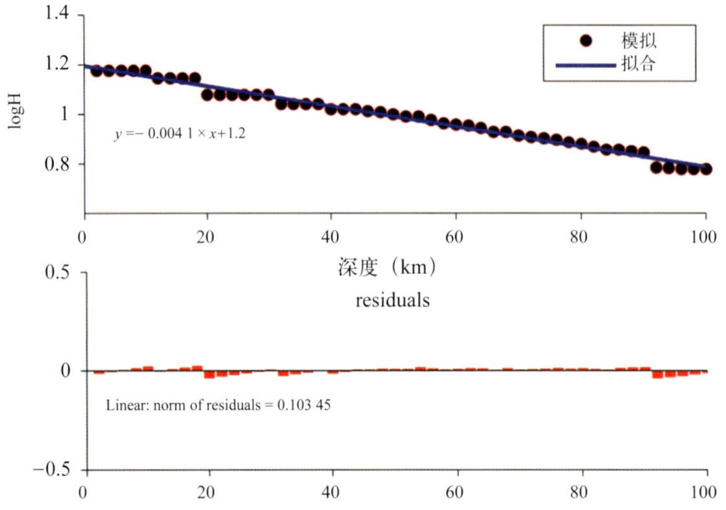

图5.7　震源深度与海啸波幅散点图

同样，相邻震源深度的地震海啸情景进一步通过以下的公式插值得到。

$$f(x,y)=(1-l)\left[(1-k)f(x_0,y_0)+kf(x_1,y_0)\right]+l\left[(1-k)f(x_0,y_1)+kf(x_1,y_1)\right]$$

5.1.2　印度洋海啸实时预报模型

海啸数值计算模型是实时海啸预警和海啸研究的有效手段之一，二维浅水动力学方程是模型通常的数学物理基础。海啸预警模型追求的两个目标是预警速度快和计算精度高，但往往两者不可兼得。2014年以来，国际主流预警机构逐步实现了由基于基本地震参数的定性海啸预警向基于数据库或快速实时数值模型的定量海啸预警的过渡。目前国际上通用的作法是采用线性或非线性浅水方程模拟海啸波在海水中传播，采用不同的并行计算技术使得模拟所需时间尽量缩短。

海啸数值计算模型的运行需要硬件支持，如工作站、小型工作站或者大型计算机，运行方式包括串行和并行两种。通常，并行方式的计算效率更高，基于CPU的并行技术包括OpenMP（Open Multi-Processing）和MPI（Message Passing Interface）。OpenMP利用单计算节点内含CPU的多核心和共享内存并行提速，可扩展性差，MPI采用多计算节点和分布式内存，可扩展性好。计算节点指的是大型计算机上由1～2颗CPU组成用于指定任务处理的硬件集成环境，一旦执行某项作业，其他作业便无法介入，作业执行阶段具有独占性。

利用OpenMP技术实现单计算节点多计算核心的并行加速的具体方案是在海啸数值计算模型循环代码中加入OpenMP引导语句，通过切割将计算范围分成若干子区域，每个子区域负责执行与其他子区域间无依赖关系的计算代码。每次循环完成之后，在共享内存内完成数据通讯、分配和聚合。计算核心指的是CPU内部的物理核心数量。

上述两种并行方式的缺点：基于MPI的并行技术需要多个计算节点和高速交换机，硬件成本高，代码学习难度大；基于OpenMP并行技术的代码学习成本较低，但是计算性能则受到单个计算节点内含CPU的计算核心数量限制。目前英特尔公司最先进的Core i9处理器也只有18个物理核心。上述两种并行加速方案阻碍了越洋海啸数值计算在海啸预警系统中效能的进一步提升。

当前的海啸计算模型都是通过高性能计算机在其中央处理器CPU上执行。英伟达公司(NVIDIA)在1999年发布GeForce256显卡时，首先提出GPU(Graphic Processing Unit)的概念，最初仅将其用于数字图形处理和动画渲染。随着GPU计算能力的不断提高，GPGPU(General Purpose GPU)的概念被提了出来，其应用场景正在向通用计算领域不断渗透。与传统CPU相比，GPU拥有更强的计算性能和更高的访存带宽是天然并行的、数据间无相互依赖关系的纯净计算环境。

印度洋海啸实时数值预报模型基于GPU和OpenMP混合并行计算框架的海啸数值模型研制。并行计算框架如下。

考虑到基于浅水方程的海啸数值模型对于方程线性部分采用蛙跃格式，非线性对流项采用迎风格式，离散后可以进行显式求解。因此，可以对模型的动量方程、连续方程和边界条件处理等按照CUDA C并行编程语言进行重新编写，并且优化程序结构。

海啸计算模型运行首先要声明变量和分配内存、读取模型配置参数和地震断层参数，然后，根据计算区域生成网格。本模型采用球坐标下曲面正交网格，将高精度的洋底地形和水深格点数据插值到网格上。随后，根据断层参数计算海底地震引起的初始海平面形变(等价于海底形变)。通常采用基于弹性形变理论的Okada模型来估计海底形变量，也可以直接以文件的形式直接读取初始海表面形变信息。

海啸波本质上是长周期小振幅重力波的传播，可以采用二维水动力模型对海啸波进行模拟刻画。在大洋深水区，海啸波长很长，传播过程的能量损失很小，一般采用线性浅水方程模拟海啸波的传播过程，球坐标系下的二维线性浅水方程可表示如下：

$$\frac{\partial \eta}{\partial t}+\frac{1}{R\cos\varphi}\left[\frac{\partial P}{\partial \psi}+\frac{\partial}{\partial \varphi}(\cos\varphi Q)\right]=-\frac{\partial h}{\partial t}$$

$$\frac{\partial P}{\partial t}+\frac{gh}{R\cos\varphi}\frac{\partial \eta}{\partial \psi}-fQ=0$$

$$\frac{\partial Q}{\partial t}+\frac{gh}{R}\frac{\partial \eta}{\partial \varphi}+fP=0$$

当海啸波传播至陆架浅水区时，非线性效应逐渐显现，因此，应采用非线性浅水方程对海啸传播过程进行刻画，球坐标下方程如下：

$$\frac{\partial \eta}{\partial t}+\frac{1}{R\cos\varphi}\left[\frac{\partial P}{\partial \psi}+\frac{\partial}{\partial \varphi}(\cos\varphi Q)\right]=-\frac{\partial h}{\partial t}$$

$$\frac{\partial P}{\partial t}+\frac{1}{R\cos\varphi}\frac{\partial}{\partial \psi}\left(\frac{P^2}{H}\right)+\frac{1}{R}\frac{\partial}{\partial \varphi}\left(\frac{PQ}{H}\right)+\frac{gH}{R\cos\varphi}\frac{\partial \eta}{\partial \psi}-fQ+F_x=0$$

$$\frac{\partial Q}{\partial t}+\frac{1}{R\cos\varphi}\frac{\partial}{\partial \psi}\left(\frac{PQ}{H}\right)+\frac{1}{R}\frac{\partial}{\partial \varphi}\left(\frac{Q^2}{H}\right)+\frac{gH}{R}\frac{\partial \eta}{\partial \varphi}+fP+F_y=0$$

式中：H为总水深；F_x、F_y分别为经度和纬度方向的底摩擦力。

采用有限差分法来求解浅水长波动力方程，差分方法为交错式显性蛙跃法，在空间边界采用吸收边界条件。交错式显性蛙跃法以球坐标系下的线性差分方程：

$$\frac{\eta_{i,j}^{n+1/2}-\eta_{i,j}^{n-1/2}}{\Delta t}+\left[\frac{1}{R\cos\varphi}\right]_{i,j}\frac{P_{i+1/2,j}^{n}-P_{i-\Delta 1/2,j}^{n}}{\Delta\psi}+\left[\frac{1}{R\cos\varphi}\right]_{i,j}\frac{(\cos\varphi_{i,j+1/2})Q_{i,j+1/2}^{n}-(\cos\varphi_{i,j-1/2})Q_{i,j-1/2}^{n}}{\Delta\varphi}=-\frac{h_{i,j}^{n+1/2}-h_{i,j}^{n-1/2}}{\Delta t}$$

$$\frac{P_{i+1/2,j}^{n+1}-P_{i+1/2,j}^{n}}{\Delta t}+\left[\frac{gh}{R\cos\varphi}\right]_{i+1/2,j}\frac{\eta_{i+1,j}^{n+1/2}-\eta_{i,j}^{n+1/2}}{\Delta\psi}-fQ_{i,j+1/2}^{n}=0$$

$$\frac{Q_{i,j+1/2}^{n+1}-Q_{i,j+1/2}^{n}}{\Delta t}+\left[\frac{gh}{R}\right]_{i,j+1/2}\frac{\eta_{i,j+1}^{n+1/2}-\eta_{i,j}^{n+1/2}}{\Delta\psi}-fP_{i+1/2,j}^{n}=0$$

每个变量含义同方程（1）~方程（3），变量下标表示网格中的位置，变量上标表示时间点。η、P和Q三个变量在空间上交错分布，当前时刻的η值由上一时刻该变量和其他变量唯一确定，变量P和Q情况相似。

基于CPU进行海啸数值计算的方法是：在CPU端利用OpenMP技术将计算区域根据核心数量平均切割，每个核心在自己的范围内负责一个进程，顺序执行各自代码，在共享内存完成数据通讯，并且必须保持同步执行。技术缺点主要是两个方面：①单计算节点内部的CPU计算核心数量有限，海啸传播计算模块的代码并行率不高，降低了计算效率；②对于需要大量浮点运算的海啸计算模型而言，大量数据的内存吞吐不可避免，内存访问速度是另一制约模型效率的核心指标。

利用CUDA_C语言编程将最耗机时的海啸传播计算模块整体移植到GPU端执行，充分利用并行程度更高、计算核心更多的GPU芯片对模型进行加速；与此同时，利用CUDA_C编写内核函数，将核心计算模块需要的参数和初始海表面形变量通过PCI-E 3.0接口一次性传递至GPU显存，充分利用GPU芯片内部更高的显存带宽，优化计算核心和存储器之间的通讯。在需要输出海啸计算结果的时间节点，通过指令将GPU端的数据通过PCI-E 3.0接口回传至CPU端进行输出。通过上述方式，海啸数值计算模型的整体执行效率有了显著的提升。

总体来看，GPU对一个海啸数值计算模型的海啸传播计算模块进行加速，模型的输入、输出以及流程控制仍由CPU来负责执行。充分利用两种芯片的特长，完成对海啸计算模型整体执行效率的提升。

更详细地讲，利用Fortran语言和CUDA_C语言混编实现了基于中央及处理器（CPU）和图形处理器（GPU）异构的高性能海啸传播并行计算。其中，Fortran编程的部分在CPU端（主机端）执行，包括主机端声明变量和分配内存、模型参数读取，生成计算网格和插值水深、计算初始海面形变量以及计算结果输出；CUDA_C编程部分在GPU端执行，包括声明设备端变量和分配内存、从主机向设备传递数组、循环求解离散化的二维浅水动力方程及从设备向主机回传计算结果。流程图详见图5.8，具体实现步骤如下：

（1）搭建CPU+GPU通用高性能计算服务器和软件环境，软件环境包括C、C++、Fortran编译器和CUDA Toolkit等。

（2）根据地震发生位置和海啸影响区域确定模型计算区域，设定海啸计算空间范围、空间分辨率，时间分辨率以及计算时长；根据空间范围和空间分辨率计算生成球坐标系下正交曲线网格以及相应的网格参数；读取原始地形水深文件，插值得到地形水深网格数据；计算Courant系数，据此判断模型稳定性。利用Fortran语言编程，在CPU端声明所有变量并赋初值。编写子程序读入一个固定格式的模型参数文件，根据计算区域和空间分辨率计算正交曲面网格每一点的经纬度并插值水深；编写子程序对Courant系数是否满足稳定性条件进行判断，若不满足，对时间步长进行调整。

（3）获取海底断层破裂引起的海底形变信息，即初始海表面形变量。在假设海水不可压缩的条件下，可以根据Okada断层公式，结合地震震级、断层的长度、宽度、走向角、倾角、滑动角以及滑移量计算得到初始海表面形变，也可以以文件的形式直接读取。方案：利用Fortran语言编程，根据Okada断层模型，结合读入的地震和断层参数计算初始海表面形变；或者直接读入文件格式的初始海表面形变量和动量通量信息。

（4）将海啸传播计算模块需要的变量和参数通过PCI-E 3.0接口传递至GPU显存。方案：利用CUDA_C语言的cudaMalloc命令，在GPU端声明变量、分配显存，然后再用cudaMemcpy(*, cudaMemcpyHostToDevice)命令，实现从CPU向GPU传递所有参与海啸传播计算的变量和参数，包括海平面初始垂向位移、沿经度和纬度动量通量。

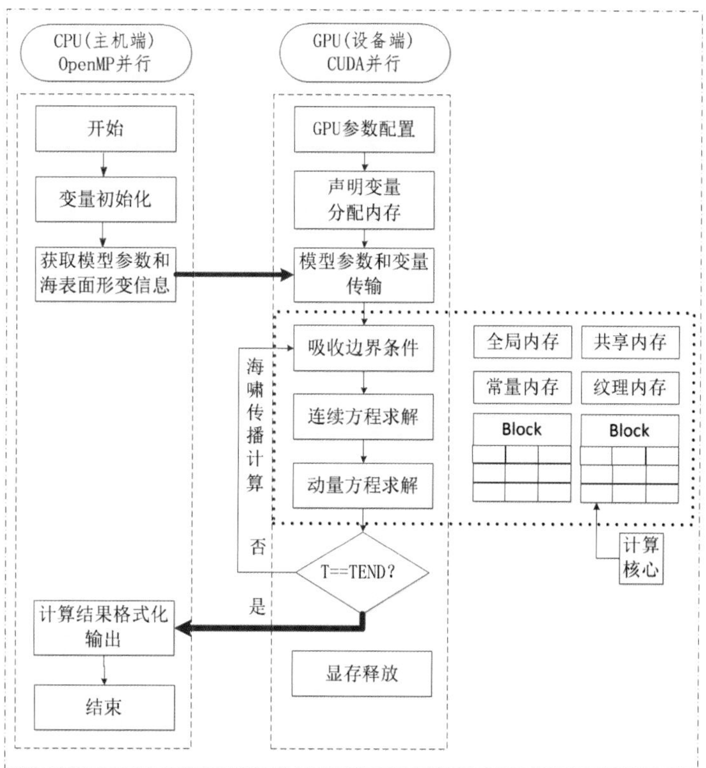

图5.8 基于GPU和OpenMP混合并行框架的海啸数值模型编写流程图

（5）海啸波在大洋深水区的传播计算，即数值求解线性浅水方程，包括质量连续方程、经向和纬向动量方程和定解边界条件。方案：利用CUDA_C语言编写在设备端执行的内核函数__global__void **_kernel(…)，包括离散化的质量连续方程、经向和纬向动量方程和海啸波吸收边界算法。采用交错式显性蛙越方案求解方程，网格中心点是海啸波高和水深，上下及相邻四边为沿经向和纬向的动量通量。时间上，GPU执行逐时间步长迭代计算；空间上，GPU执行沿经度和纬度两个方向求解；当执行至网格边界时，采用吸收边界算法滤波。同一时间步长，GPU必须遍历所有网格点，然后才能进入下一个时间步长计算，循环往复直至设定的计算时长。方程的解包括海啸波高和两个方向的海啸动量通量。该方案最大优点在于，下一时刻整个模拟范围内所有计算格点值(如海啸波幅，海啸动量通量)取决于上一时刻该格点及其周边格点的数值。当前时刻每个格点的数值之间不存在依赖关系，这是利用GPU并行加速的技术基础。

（6）海啸波在浅水区域的传播计算，即数值求解非线性浅水方程，包括质量连续方程、经向和纬向动量方程和吸收边界算发；动量方程中增加了底摩擦项和非线性对流项。

（7）输出保存海啸计算结果，采用NetCDF格式对结果进行输出保存。方案：利用CUDA_C语言的cudaMemcpy(*，cudaMemcpyDeviceToHost)命令，实现当前时刻海啸计算结果从GPU向CPU的回传；利用Fortran语言编程，调用NetCDF库实现标准化格式数据的文件输出，调用命令包括定义并打开文件nf90_create、定义变量维度nf90_def_dim、定义变量nf90_def_var、定义变量属性nf90_put_att、结束文件定义nf90_enddef、输入变量nf90_put_var、关闭文件nf90_close。

（8）待全部计算过程结束，释放内存。方案：利用CUDA_C语言的cudaFree命令，释放GPU内存。

其中步骤2至步骤4和步骤7至步骤8不需要逐个时间步长迭代，计算量很小，在CPU端执行。步骤5至步骤6需要对大规模数组进行时间迭代，因此，利用CUDA_C语言编程，通过内核函数实现其在GPU端的高性能并行计算，待计算结束，结果回传至CPU端，完成结果的格式化输出和保存。

如图5.9所示，对于基于浅水方程的海啸数值模型所用的有限差分方法，其本质上是利用下一时刻某计算格点的数值是利用周边的四个格点上一时刻的数值按照一定的计算规则进行求解，因此每个格点的计算相对于其他格点来说是独立，这就使得此类数值模型可以利用GPU里面的每个计算核心来分别计算每个格点。这恰恰利用了GPU的优势，即计算核心多。目前主流的Nvidia K40计算显卡的计算核心多达2 880个，并且主频也超过了800 MHz。而传统的双CPU计算节点最多也就16～28个计算核心，主频大约为2 500～3 200 MHz。

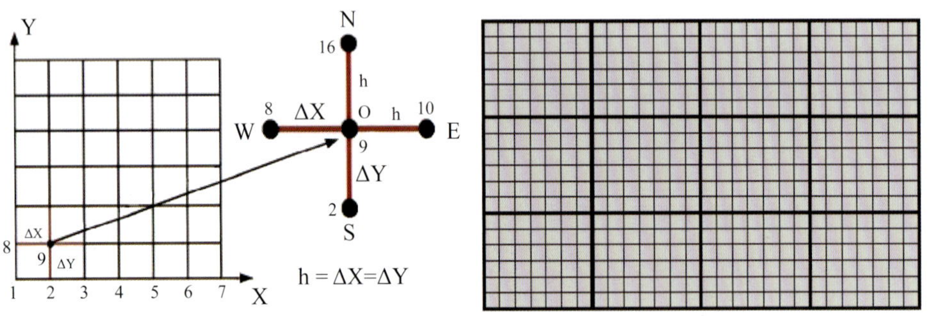

图5.9　典型的一阶或二阶精度的有限差分方法示意图

经在英伟达K40GPU计算显卡上进行测试，并行海啸数值模型的计算效率(Speed-up)大幅提升。对于印度洋，仅仅依赖共享内存并行计算框架(OpenMP并行)的海啸数值模型计算效率较串行版本而言，提升约14～15倍，而对于GPU并行计算框架而言，并行效率提升60～100倍。

5.2　印度洋地震海啸预警系统建设及检验

5.2.1　印度洋地震海啸监测预警范围

针对印度洋区域6.5级以上地震发布海啸信息。地震海啸监控区域如图5.10所示（40°S—30°N，

20°—130°E）。该区域主要包括28个沿海国家和地区，分别是澳大利亚、东帝汶、印度尼西亚、缅甸、泰国、马来西亚、新加坡、孟加拉国、印度、斯里兰卡、马尔代夫、巴基斯坦、阿曼、阿联酋、伊朗、也门、吉布提、索马里、坦桑尼亚、肯尼亚、莫桑比克、马达加斯加、南非、科摩罗、毛里求斯、塞舌尔、法属印度洋诸岛、英属印度洋诸岛。

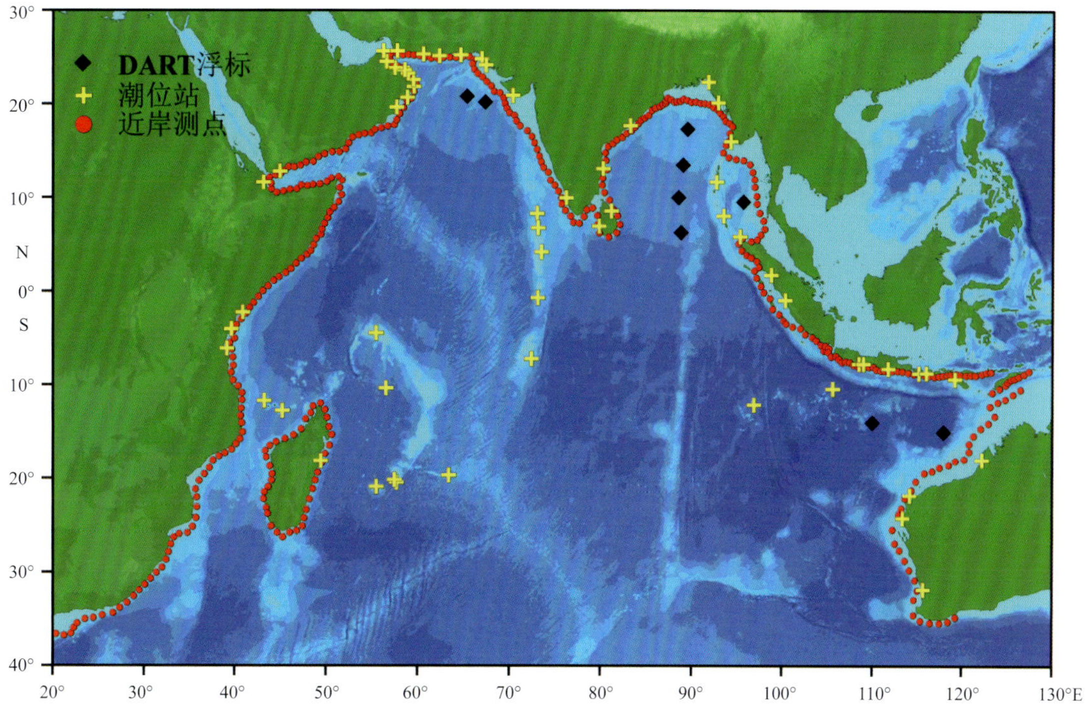

图5.10 印度洋区域地震海啸监控范围

5.2.2 产品种类和等级

在印度洋区域，各区域海啸预警中心针对6.5级以上地震发布海啸信息。沿着印度洋各国沿岸，以100 km为间隔划分岸段，每个岸段均提供海啸最大波幅和预计到达时间预报结果。如某岸段出现大于50 cm的海啸波，该岸段具有海啸灾害危险（Under Threat）。

本系统规定的印度洋海啸预警产品，根据地震震级及其在沿岸引发的最大海啸波幅（数值预测结果），将海啸产品分为海啸信息（Tsunami Information）和海啸危险性信息（Tsunami Threat Message）两类（表5.1）。这种方式主要借鉴太平洋区域的产品形式。由于发布海啸警报是各国地震海啸监测预警主管部门的职责，涉及国家主权问题，为了避免混淆，自2014年起，国际上已经取消区域级的海啸警报产品，转而发布海啸危险性信息。在该产品中，仅提供海啸最大波幅的定量预报结果，而不制定海啸警报等级（表5.2）。本系统规定的产品中，将最大海啸波幅划分为4个等级，分别是小于0.3 m，0.3 ~ 1.0 m，1.0 ~ 3.0 m和3.0 m以上。在预报单中，按照上述4个等级进行预报，避免采用具体数值，规避由于地震参数和局地地形等因素影响造成的数值预报结果不确定性。针对6.5级以上地震发布的海啸预警产品分为文字和图形产品两类，后者又包括海啸波幅图和近岸危险性等级预报图。

表5.1 海啸产品分类

产品类型		标准	内容	时间线
海啸信息	仅一期	$M_w \geq 6.5$ and on land; or depth≥100 km	地震参数，结论为“不会引发海啸”	5~10 min
	仅一期，除非有观测确认海啸波	Mag. of 6.5~7.0	地震参数，结论为“震中附近产品轻微海啸波动”	5~10 min
海啸危险性信息	含有预报点（岸段）的定量海啸产品	7.1级及以上	地震参数	10~15 min
	含有海啸观测结果的海啸产品（续报）		地震参数，预报点的最大海啸波幅和预计到达时间预报，潮位站和浮标观测值	
	解除报		“没有监测到海啸”或者“海啸影响已经结束”	

表5.2 海啸危险性定型判断

震级（M_w）	定性海啸危险性判断
$6.5 \leq M_w \leq 7.0$	可能在震中附近引发轻微海啸波动，但不会造成灾害性影响
$7.1 \leq M_w \leq 7.5$	可能在震中100~300 km范围内引发局地海啸
$7.6 \leq M_w \leq 7.8$	可能在震中1 000 km范围内引发区域海啸
$M_w \geq 7.9$	可能引发印度洋越洋海啸

5.2.3 典型地震海啸过程后报检验

基于OpenMP和GPU并行技术，开发了快速海啸数值预报模型。北印度洋海啸发生频次较低，据统计，海啸频次仅占全球海啸次数的4%左右。选择了11次历史海啸事件对模型可靠性进行了验证，其中北印度洋海啸过程2次，太平洋海啸过程9次。需要指出的是，主要检验海啸线性数值模型的准确性。

5.2.3.1 海啸源计算

海啸源，即地震引发的初始海表面位错，采用基于弹性回跳理论的OKADA模型（Okada，1985）。在均一破裂假设条件下，模型需要9个震源参数，分别为震源经度、纬度、深度、走向角、倾角、滑动角、断层长度、宽度以及均一滑移量。其中，震源位置和深度可以由地震监测系统直接测定给出；震源机制（即走向角、倾角和滑动角）可利用W-phase方法在震后15~20 min反演得到；断层的长度和宽度则是根据震级-破裂尺度标定律公式进行估计，所谓标定率是一个经验统计关系，Stirling等（2013）根据地质构造类型和断层属性对其进行了综述。考虑到引发灾难性海啸的地震大部分为俯冲型强震，因此，本文所述预警系统选择了Blaser等（2010）推导的大洋俯冲带逆冲型标定率：

$$\log_{10} L = a + b \times M_w \quad a = -2.81 \quad b = 0.62$$

$$\log_{10} L = a + b \times M_w \quad a = -1.79 \quad b = 0.45$$

作为断层破裂长度和宽度的计算公式，其中，M_w为矩震级。再根据震源深度计算剪切模量，美国地质调查局（United States Geological Survey，USGS）给出的地壳剪切模量参考量为32 GPa。但实际上剪切模量是一个随深度变化的量，Geist和Bilek（2001）对海啸产生过程中剪切模量随深度的变化进行了综述。我们采用了Bilek和Lay（1999）的经验关系计算剪切模量，但是将其阈值设定在[18, 40]。最后计算均一滑移量：

$$\bar{D} = M_0 / \mu LW$$

$$M_w = \frac{2}{3}(\log M_0 - 16.1)$$

其中，M_0为地震矩，与地震释放的能量有关。

5.2.3.2 模型设置

模型区域覆盖太平洋和北印度洋，空间分辨率分别为5分和4分，地形水深采用GEBCO_14。模型采用线性浅水方程，差分方案为球坐标系下蛙跳格式有限中央差分。经测试，时间步长6 s和4 s分别满足上述两个区域的CFL稳定性条件，模型最小水深10 m，辐射边界条件。模型部署的硬件计算环境为2个8核Inter Xeon CPU E5-2650 v2芯片（16进程），主频为2.6 GHz，64 G内存 。

当海啸波传播到陆架或者近岸区域，水深变浅，波长变短，海啸波传播不再满足线性浅水假设。因此，为了满足岸段预警的需求同时兼顾科学性，我们采用和太平洋海啸预警中心类似的方法（Wang et al., 2012），即利用格林公式将模型离岸深水区(Offshore)的海啸波幅预报结果换算到沿岸预报点（Coast）：

$$A_c = A_o (H_o / H_c)^{1/4}$$

式中：A_c和A_o分别为近岸（Coastal）和离岸（Offshore）预报点最大海啸波幅；H_o和H_c分别对应离岸和近岸预报点水深。根据模型分辨率的不同，Wang等（2012）对离岸预报点的水深做了条件限制。例如，对于4 arc-min的模型分辨率，H_o应大于992 m，分辨率越高，H_o的上限值越小；H_c使用固定值1 m。

5.2.4 数据和检验方法

评价检验是任何一个业务化数值预报系统正式上线运行之前不应忽略的技术环节。通常，海啸波幅预报系统检验包括浮标检验和验潮站检验两种手段。浮标位于深海之中，海啸波传播过程理论上应满足线性浅水假设，而且浮标周围没有地形遮掩，理论上监测到的海啸波信噪比应该非常高。在海啸源刻画比较准确的情况下，浮标处的海啸模拟结果应该和观测具有非常高的吻合度。我们选取了浮标观测资料最为丰富的2011年3月11日日本东北地震海啸对线性模型的计算结果进行检验。针对近岸海啸爬坡格林公式，选取了太平洋区域和北印度洋区域2004年以来重大地震海啸事件作为样本，与验潮站观测到的海啸最大波幅进行对比检验。

筛选了2004—2017年11次引发较大规模海啸的事件作为预报系统检验的样本（图5.11），地震基本信息见表5.3。样本事件的来源为美国国家环境信息中心（National Centers for Environmental Information，NCEI）。具体筛选条件为：

（1）从海啸源数据库（Tsunami Source Event Search, https://www.ngdc.noaa.gov/ nndc/struts/form?t=101650&s=70&d=7）中筛选2004—2017年模型覆盖的太平洋区域，地震震级超过M_w 8.0，

信度超过4(确定为海啸)的海啸事件；

（2）再结合海啸观测数据库（Tsunami Runup Research，https://www.ngdc.noaa.gov/ nndc/ struts/form?t=101650&s=167&d=166），从中筛选出所有观测站中最大海啸波幅超过0.99 m的海啸事件；

（3）震源机制解选择美国地质调查局USGS基于W-phase的矩张量反演结果。

海啸观测从海啸观测数据库（Tsunami Runup Research，https://www.ngdc.noaa.gov/ nndc/ struts/form?t=101650&s=167&d=166）中找到筛选得到的海啸事件，从中提取每个样本事件中超过10 cm的验潮站观测作为检验数据。

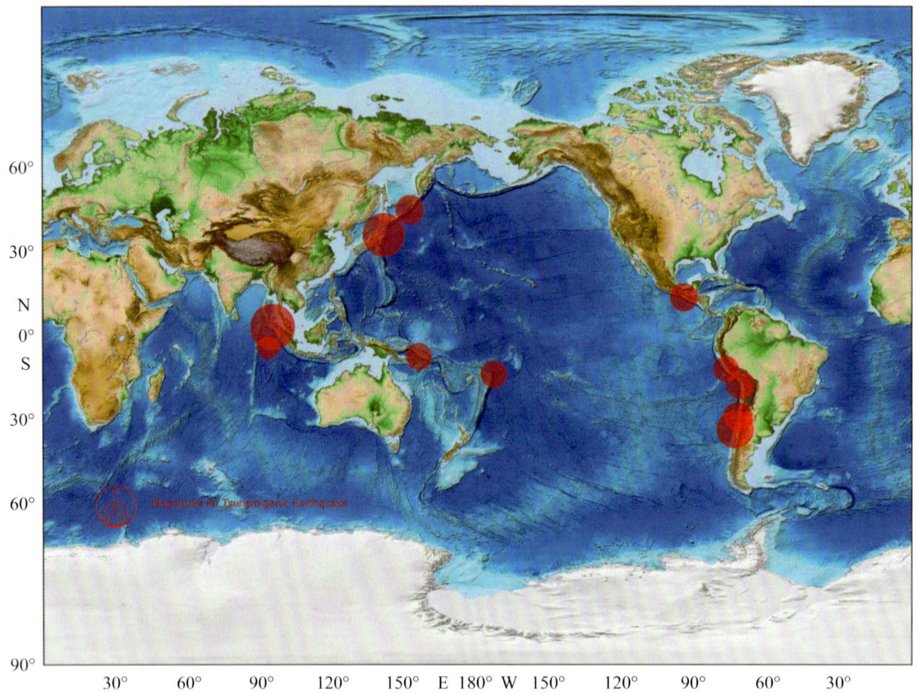

图5.11 11个地震事件样本空间分布

表5.3 引发海啸的地震事件样本和基本信息

日期（GMT）	时间（GMT）	震中纬度（°）	震中经度（°）	震源深度（km）	震级（M_w）
2004年12月26日	00:58	3.295	95.982	30	9.2
2006年11月15日	11:14	46.592	153.266	12	8.3
2007年4月1日	20:39	−8.46	157.044	10	8.1
2007年8月15日	23:40	−13.386	−76.603	39	8.0
2009年9月29日	17:48	−15.489	−172.095	18	8.1
2010年2月27日	6:34	−36.122	−72.898	23	8.8
2011年3月11日	5:46	38.297	142.372	30	9.1
2014年4月1日	23:46	−19.61	−70.769	25	8.2
2015年9月16日	22:54	−31.573	−71.674	22	8.3
2016年3月2日	12:49	−4.9	94.2	25	7.8
2017年9月8日	4:49	15.022	−93.899	47	8.2

5.2.4.1 深水区和近岸海啸波幅结果检验方法

选取上述个例中海啸浮标观测最丰富的2011年3月11日日本东北地震海啸作为线性模型的检验个例。地震引发的海啸波传播到了太平洋的每一个角落，所有布放在太平洋上的海啸浮标（DART_BUOY）均监测到了此次事件。利用带通滤波器对原始浮标数据进行滤波，滤波周期范围4 ~120 min，再从滤波数据中筛选出23个波幅超过10 cm的时间序列作为检验数据。23个浮标的地理分布覆盖了走向角太平洋一侧180°的范围（图5.12）。

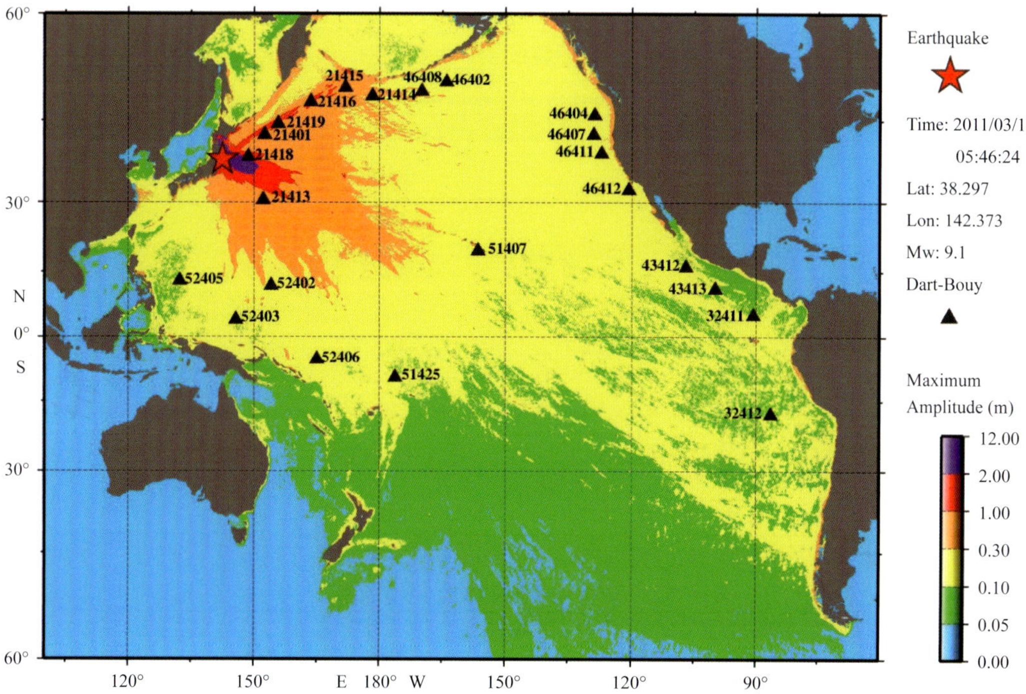

图5.12 2011年3月11日日本东北地震海啸最大波幅图和23个海啸浮标空间分布

为了使模型验证结果可信，海啸源没有直接采用均一破裂模型，而是采用了Fujii(2011)的海啸源结果。这样做的目的是尽量将海啸源造成的误差从结果中剔除，着重检验线性模型对海啸波在深水区传播的刻画能力。

海啸波传播到近岸之后变成了一个极其复杂的物理过程。包括海啸波长距离传播频散、底摩擦耗散、陆架边缘衍射波以及港池共振等物理效应。因此，即便是在海啸源刻画非常准确的前提下，大尺度的海啸数值预报结果也会在模型误差和局地小尺度物理效应的双重影响下出现相当大的不确定性。Hayashi（2010）利用日本部署在离岸和近岸区域的波浪计和验潮站数据，统计了海啸事件中近岸观测点和离岸观测点之间的波幅经验关系。根据统计结果，按照残差一倍标准差的水平，利用离岸点计算近岸波幅的估值区间为[68% 148%]。

为了使检验结果具有统计意义，对样本中11次海啸事件的所有超过10 cm的海啸观测记录进行了岸段和离岸深水区的成对选点，获得了183个验潮站481个站次的最大波幅数据。近岸水深设置了两种方案，见表5.4。需要指出的是，不是所有的近岸观测点都能找到对应的离岸深水预报点。格林公式有比较严格的适用条件，通常要求岸段点位于开阔平直的岸线，且近岸水深不能有剧烈的梯度变化。

表5.4　两种格林公式水深设置

	格林公式-1 (GL-1)		格林公式-2 (GL-2)	
离岸预报点水深（m）	(150,3354]	[30 150]	(150,3354]	[30, 150]
近岸预报点水深（m）	20	30	10	20

选择预警报结论合理性、最大波幅的绝对误差和相对误差作为检验指标。预警标准参考原国家海洋局发布的《风暴潮、海浪、海啸和海冰灾害应急预案》，合理性指标详见表5.5。

表5.5　海啸预警报合理性检验指标

预警级别	观测波幅（cm）	预报波幅（cm）	合理性指标
海啸信息	[0,30)	[30, ~)	高估
		[0,30]	合理
海啸黄色预警	[30,100)	[100, ~)	高估
		[30,100)	合理
		[0,30]	低估
海啸橙色预警	[100,300)	[300, ~)	高估
		[100,300)	合理
		[0,100]	低估
海啸红色预警	[300, ~)	[300, ~)	合理
		[0,300]	低估

5.2.4.2　深水区浮标检验

选取的地震海啸事件的最大波幅预报图如图5.13和图5.14所示。

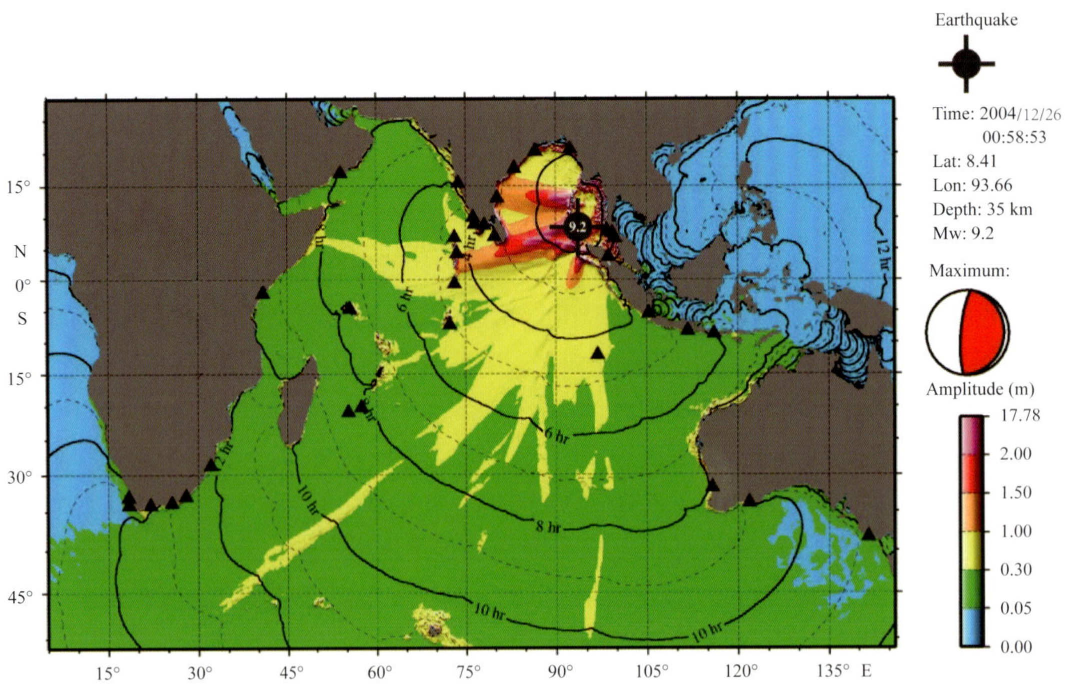

图5.13　北印度洋2004年12月26日海啸最大波幅后报图和观测点分布

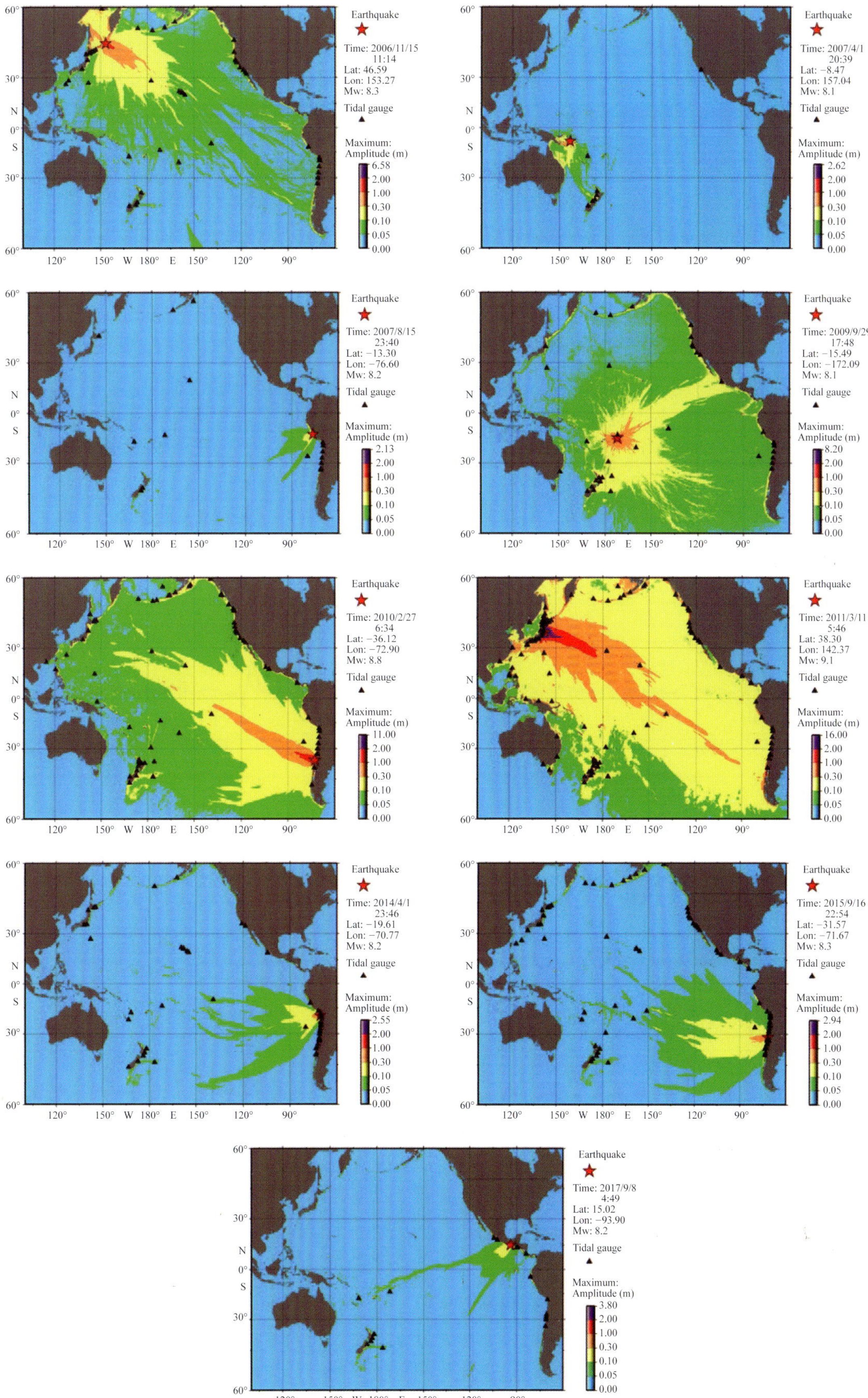

图5.14 太平洋9次地震海啸过程最大波幅预报图和观测点分布

从图5.15和图5.16给出了2011年日本东北9.1级地震引发的海啸在23个浮标处观测的时间序列和模拟结果的对比图。从波幅上来看，近场两个浮标21416和21418分别出现相对明显的高估和低估，可能和海啸源的偏差有关，实际地震的破裂过程相当复杂，在现有技术和数据条件下，海啸源反演结果仍存在不确定性；当海啸传播9个小时之后，部分站位出现了波幅模拟不足的情况，如43412和43413，这可能和海啸波长时间传播后的能量扩散有一定的关系，线性模型对此刻画能力较弱。

从位相角度分析，海啸首波在9小时之前到达的浮标位相都取得了非常好的模拟效果，不仅首波模拟的非常准确，后续波的位相匹配度也非常高。但是，当首波到时超过9小时，其位相的模拟结果稍显提前，如46411，随着首波到时的继续延长，这种位相提前现象更加明显，见32411和32412，这是因为在海啸波在长距离传播过程中，频散效应逐渐显现，而模型未能很好的刻画。

总体而言，线性模型模拟的海啸波时间序列与观测结果的重合度是令人满意的，较为充分的体现了线性模型对海啸在深水区传播的模拟能力。针对8次地震海啸过程中（部分地震海啸过程没有海啸浮标观测资料）的深水海啸浮标的62个站位资料进行验证，首波海啸波幅相对误差为21%，海啸传播时间误差为8分钟。

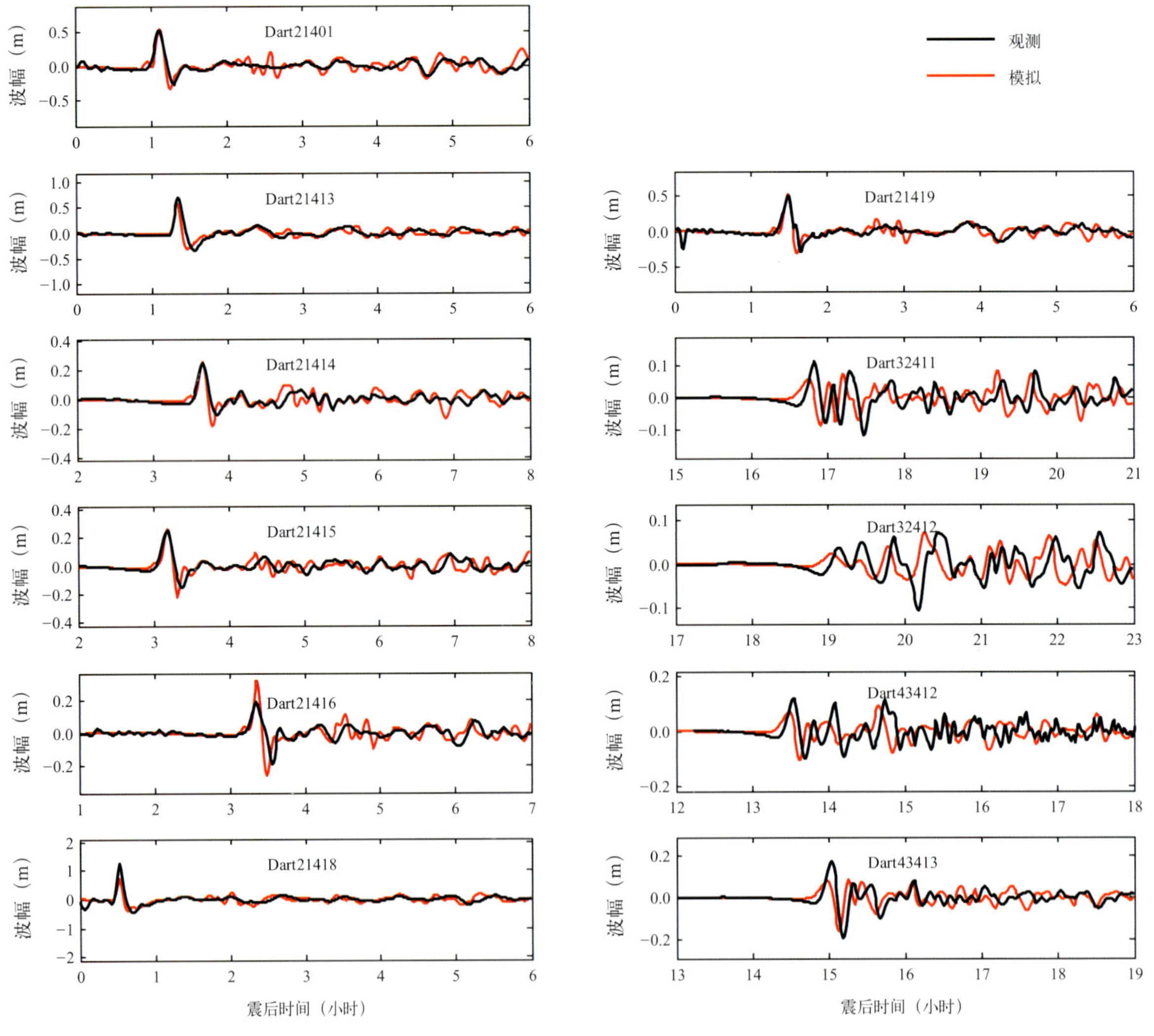

图5.15　深海海啸浮标验证结果一

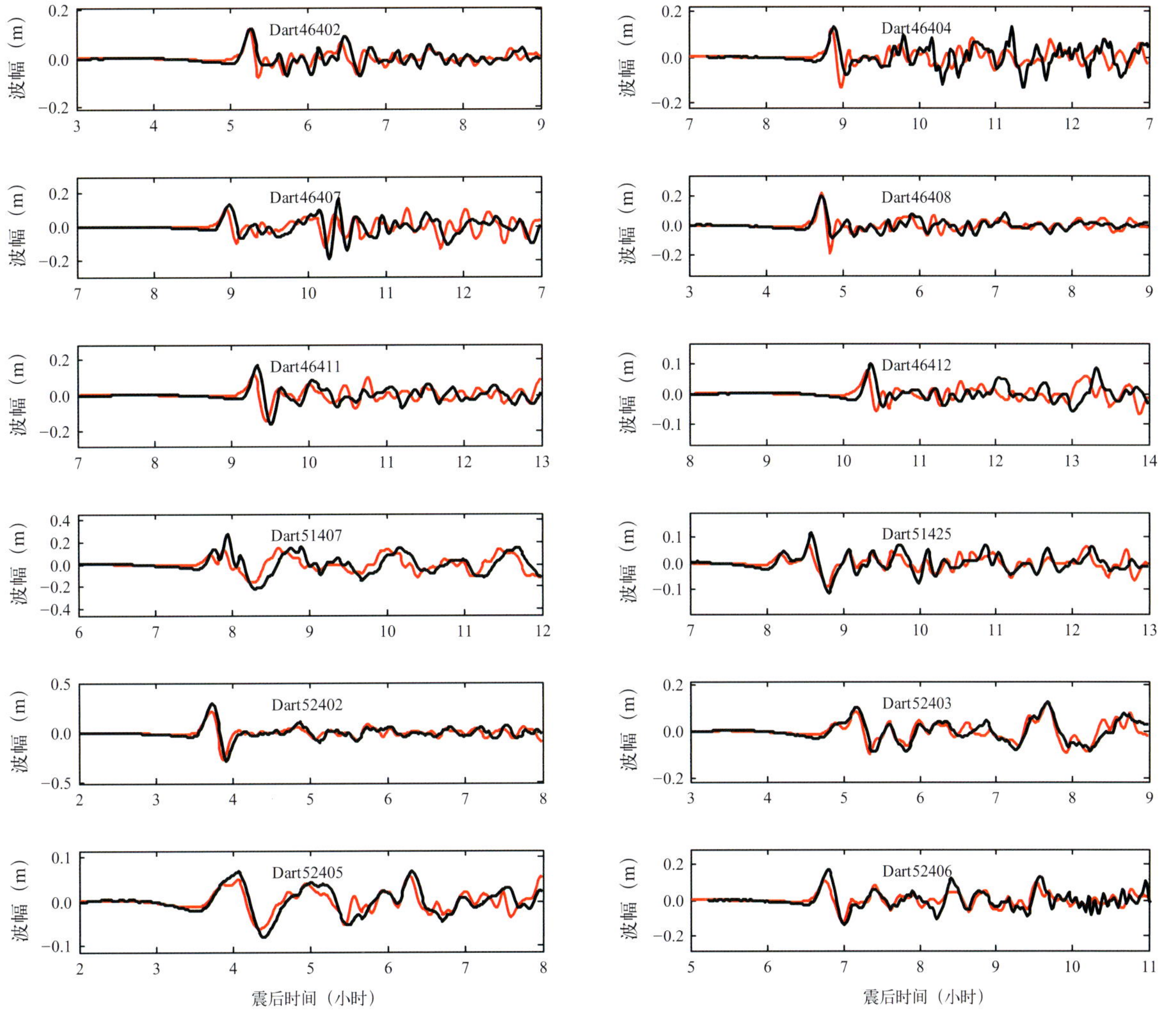

图5.16　深海海啸浮标验证结果二

5.2.4.3　近岸波幅预警结果整体检验

格林公式只考虑了海啸波随着水深变浅产生的放大效应，而近岸的实际地形则会导致海啸波产生更为复杂的变化。根据计算结果，以下几种情况直接使用格林公式计算近岸波幅可能会产生较大误差：①海湾或者防波堤的衰减效应，半遮挡的海湾可能会反射相当部分的海啸波，直接使用格林公式进行波幅估计，预警结果往往会高估实际危险性，代表站位如智利的ANCUD站（−41.867, −73.828）、新西兰的WELLINGTON站（−41.2846, 174.779）、美国的HILO HAWAII站（19.730, −155.055）等站位；②港湾、港池内部验潮站，这样的地形配置无法归纳其放大（或衰减）效应，例如站位智利TALCAHUANO站（−36.695, −73.106）和美国的CRESCENT CITY站（41.746, −124.184），后者记录到了9次太平洋海啸事件中的8次，其中模拟结果低于观测值的情况出现了7次；而同样是港池内的观测，夏威夷岛OAHU站（21.307, −157.867）的5次事件模拟结果均大于观测，放大倍数约为1.0～3.5倍，当然这其中包含了水深剧烈变化的贡献。因此，港池与海啸波的相互作用需要针对具体问题分析；③岛礁、曲折陆缘形状和深入内陆的水道等复杂的地形和剧烈的水深变化，例如，斐济的SUVA KING’S WHARF站（−18.134, 178.424）、美国的SAND POINT站（55.337, −160.502）以及加拿大的TOFINO BRITISH COLUMBIA站（49.153,

−125.913）等代表站，海啸波幅对地形的响应与此类似，同样需要具体分析。

直接采用格林公式做统一简单处理无法对以上验潮站点位进行合理的波幅估计，因此，在统计分析的过程中，已经将上述验潮站以及具有类似情况的验潮站从个例样本中剔除。根据太平洋海啸预警与减灾系统海啸预警分级标准，以及原国家海洋局《风暴潮、海浪、海啸和海冰灾害应急预案》，图5.17和图5.18从海啸预警的角度统计了11次海啸事件中太平洋周边国家共计481个验潮站次的后报预警结果偏差。

可以看到，在格林公式两种近岸水深GL-1和GL-2设置下，481个站次的合理预警结果比例分别达到75%和79%。在GL-1设置下，预警结果低估比例为18%，高估比例为7%，显然预警结果更倾向于低估；在GL-2设置下，减小了近岸水深，增加了波幅放大系数，这种低估倾向得到了改善，低估和高估比例基本平衡，分别为11%和10%。在当前预警阈值的设置条件下，采用GL-2作为近岸波幅估计公式显然更为合理。

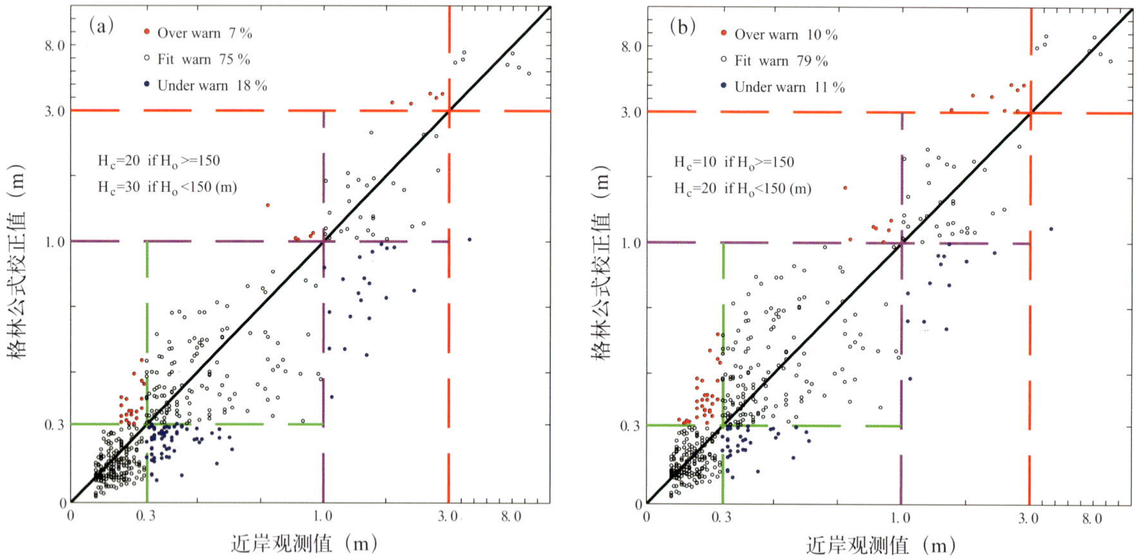

图5.17　11次历史海啸事件481个周边国家沿岸验潮站次后报预警结果偏差

其中黑色空心点表示预警结果合理；蓝色实心点表示预警结果低估了海啸危险性；红色实心点表示预警结果高估了海啸危险性。绿色虚线表示以30 cm为标准的黄色预警临界；紫色虚线表示以1 m为标准的黄色和橙色预警分界；红色虚线为以3 m为标准的红色预警临界

然而，如果从相对误差的角度出发，GL-1相比于GL-2拥有更高的波幅预报准确率，两者的平均相对误差分别为34%和36%。容易理解，因为从相对误差计算公式中我们能够发现，若果波幅计算结果偏低，相对误差最多不会超过100%；而波幅计算结果偏大的情况，则会导致相对误差轻易超过100%，例如，观测波幅为10 cm，当预报结果为30 cm时，相对误差可以轻松达到200%。在GL-1设置中，预警结论低估的比例明显高于高估的比例，在GL-2设置增加了放大系数的情况下，预警结论高估的比例增加，带动了相对误差的整体升高。

在481个海啸观测站次中，[10, 30] cm区间的数量为206（占比45%），在GL-1和GL-2设置下，相对误差分别为36%和39%；[30, 100] cm区间的数量为202（占比42%），两个格林公式的相对误差分别为31%和33%；[100，300] cm区间的数量为65（占比12%），相对误差分别为38%和40%；[300, ~) cm区间的数量为8（占比不足2%），相对误差分别为50%和57%。

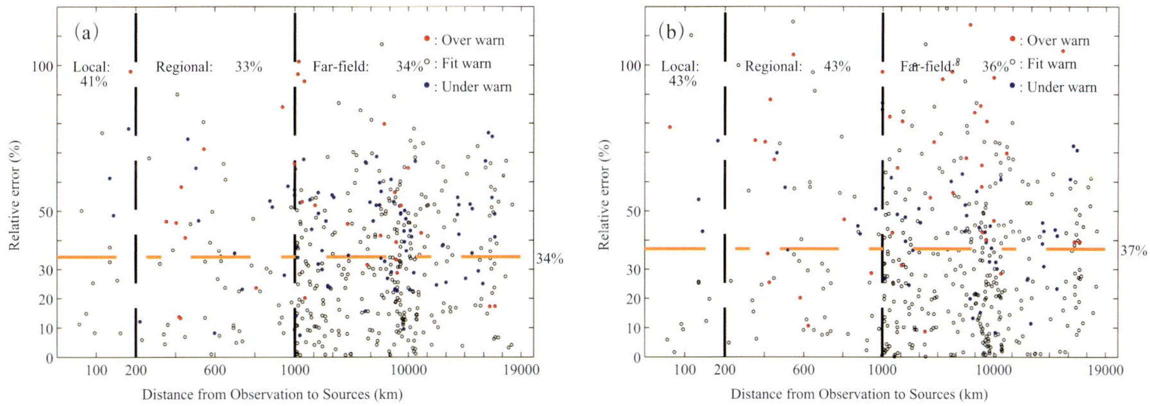

图5.18　11次历史海啸事件481个太平洋周边国家沿岸验潮站波幅后报结果相对误差分布

两条黑色虚线以200 km和1 000 km将近场、局地和远场海啸进行了划分。其中：黑色空心点表示预警结果合理；蓝色实心点表示预警结果低估了海啸危险性；红色实心点表示预警结果高估了海啸危险性

我们按照距离对波幅预报误差进行了统计（表5.6）。结果发现，局地海啸的波幅预报误差最大，分别为41%和43%；远场海啸波幅预报误差最小，分别为34%和36%；格林公式近岸换算水深的变化导致了上述两个距离条件下，波幅相对误差的一致性变化。而对于区域海啸而言，相对误差在不同格林公式设置下差异达到10%，GL-1条件下的区域海啸预报相对误差更接近远场结果，约为33%；GL-2条件下的区域海啸预报相对误差和近场结果相同，约为43%。综合来看，相比于区域海啸和远场海啸，均一海啸源会导致更大的近场海啸预报误差；区域海啸对于破裂模型和格林公式都比较敏感；相对而言，远场海啸的计算结果则比较稳定，海啸源和格林公式对其影响都是最小的。从图中我们还能发现，预警结果的高估和低估没有明显的空间分布特征。

表5.6　10次海啸事件两种格林公式近岸水深设置条件下的模拟相对误差与震级对应关系

事件编号	对应震级	潮位站观测站次	相对误差	
			Green's Law-20/30	Green's Law-10/20
1	*Mw* 9.2	24	30%	30%
2	*Mw* 8.3	50	31%	31%
3	*Mw* 8.1	7	43%	47%
4	*Mw* 8.0	17	50%	44%
5	*Mw* 8.1	40	35%	48%
6	*Mw* 8.8	73	34%	35%
7	*Mw* 9.1	121	32%	39%
8	*Mw* 8.2	49	33%	30%
9	*Mw* 8.3	82	37%	35%
10	*Mw* 8.2	18	34%	38%
所有事件		481	34%	36%

注：去除2016年北印度洋7.8级海啸事件，无近岸观测。

5.3 印度洋地震海啸产品及个例

印度洋地震海啸产品主要包括文字产品和图形产品。文字产品包括地震参数、海啸潜在危险性判断、印度洋周边78个重点城市/港口或潮位站的最大波幅和预计到时预报、海啸观测等信息。只有海啸波幅大于0.3 m的预报点列于文字产品中。图形产品包括地震位置图、最大波幅预报图和岸段等级预报图（图5.20和图5.21）。最大波幅预报图将预报海啸波幅等值线利用四色填充，并且叠加了地形光照效果和海啸传播时间等值线图（每条等值线间隔为1小时）。岸段预报图是将海啸数值模型输出的海啸波幅场中，沿着岸线按照100 km的间隔输出，共计选取了462个岸段预报点进行显示（图5.19）。岸段填充色采用四色标准显示。

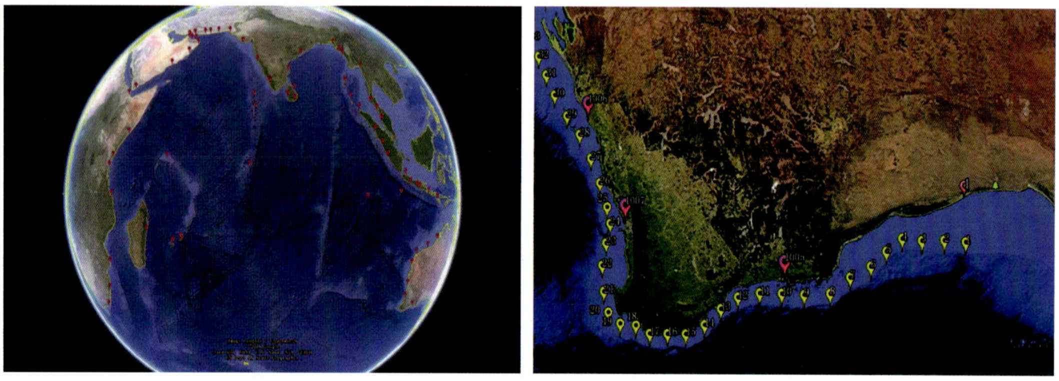

图5.19　重点城市预报点和沿岸预报点分布示意图

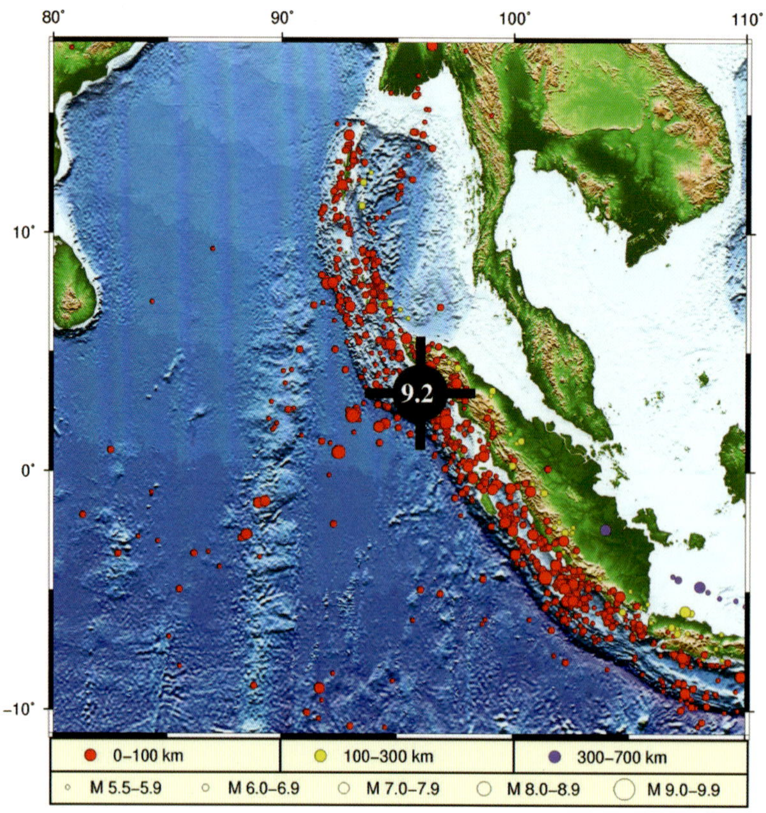

图5.20　以苏门答腊9.2级地震海啸场景作为产品样例

5.3.1 文字产品

印度洋海啸预警文字产品分为中文和英文两种。以2004年12月26日0时58分印度洋苏门答腊海沟发生的9.2级地震海啸为例，中、英文产品如下。

5.3.1.1 英文产品示例

SAMPLES FOR DEMONSTRATION ONLY, THIS IS NOT A REAL EVENT

TSUNAMI BULLETIN NUMBER 2

ISSUED BY NATIONAL TSUNAMI WARNING CENTER, MINISTRY OF NATURAL RESOURCES

ISSUED 0130 UTC DECEMBER 26 2004

...POTENTIAL TSUNAMI THREAT EXISTS FOR INDONESIA,THAILAND,SRI LANKA,INDIA,MYANMAR,MALAYSIA,MALDIVES,BANGLADESH,SOMALIA,YEMAN,OMAN,AUSTRALIA,MADAGASCAR,MAURITIUS,SEYCHELLES,KENYA,TANZANIA,SOUTH AFRICA,MOZAMBIQUE...

**** NOTICE **** NOTICE **** NOTICE **** NOTICE **** NOTICE ***** NOTICE *****

THIS STATEMENT IS ISSUED FOR INFORMATION ONLY. NATIONAL AUTHORITIES IN THE AREAS

WILL BE RESPONSIBLE FOR DETERMINATION OF THE APPROPRIATE LEVEL OF ALERT FOR EACH

COUNTRY. CHINESE CITIZENS AND ORGANIZATIONS SHOULD FOLLOW THE GUIDANCE OF LOCAL WARNING AND DISASTER MANAGEMENT AGENCIES.

**** NOTICE **** NOTICE ****NOTICE **** NOTICE **** NOTICE ***** NOTICE *****

[PRELIMINARY EARTHQUAKE PARAMETERS]

*MAGNITUDE 9.2

*ORIGIN TIME 0058 UTC DEC 26 2004

*COORDINATES 3.29°N, 95.98°E

*DEPTH 30.0 km

*LOCATION OFF W COAST OF NORTHERN SUMATRA

[EVALUATION]

THERE IS A POSSIBILITY OF A DESTRUCTIVE BASIN-WIDE TSUNAMI BASED ON AVAILABLE INFORMATION.

[TSUNAMI AMPLITUDE AND ETA FORECASTS]

COUNTRY	FORECAST POINT	COORD-INATES	ETA(UTC)	MAX.	AMPL
INDONESIA	ENGGANO	102.28	−5.35	03:16:18	1−3M
INDONESIA	PANGANDARAN	108.50	−7.75	04:31:46	0.3−1M
INDONESIA	TELUKDALAM	97.82	0.55	02:24:31	>3M
MALDIVES	GAN	73.15	−0.69	04:49:23	1−3M
MALDIVES	HANIMADHOO	73.17	6.77	05:10:13	1−3M
MALDIVES	HULULE	73.53	4.19	04:53:55	>3M
INDIA	LACCADIVE IS.	73.05	8.28	05:12:43	1−3M
INDIA	VEERAVAL	70.36	20.90	09:00:45	0.3−1M
UNITED KINGDOM	DIEGO GARCIA	72.43	−7.23	05:06:19	1−3M
MAURITIUS	AGALEGA	56.59	−10.35	07:48:05	0.3−1M
MAURITIUS	BLUE BAY	57.71	−20.44	07:52:12	0.3−1M
MAURITIUS	PORT MATHURIN RODRIGUES	63.42	−19.68	07:15:09	1−3M
AUSTRALIA	CAPE CUVIER WHARF	113.40	−24.22	06:35:15	0.3−1M
AUSTRALIA	CHRISTMAS ISLAND	105.67	−10.43	03:42:54	0.3−1M
AUSTRALIA	GERALDTON	114.56	−28.76	07:58:02	0.3−1M
AUSTRALIA	POINT MURAT	114.19	−21.82	06:17:22	0.3−1M
MOZAMBIQUE	PEMBA	40.48	−12.97	10:40:41	0.3−1M
SEYCHELLES	DENIS ISLAND	55.67	−3.80	07:44:45	0.3−1M
SEYCHELLES	POINTE LA RUE	55.50	−4.50	08:38:39	0.3−1M
FRANCE	POINTE DES GALETS	55.29	−20.93	08:16:30	0.3−1M
FRANCE	SAINTE MARIE	55.54	−20.89	08:15:34	0.3−1M
TANZANIA	ZANZIBAR	39.18	−6.15	12:12:49	0.3−1M
IRAN	CHABAHAR	60.60	25.30	08:59:46	0.3−1M
IRAN	JASK	57.77	25.63	09:16:01	0.3−1M
OMAN	ASHKHARA	59.57	21.85	08:49:26	0.3−1M
OMAN	DUQM	57.72	19.66	09:05:26	0.3−1M
OMAN	SUR	59.52	22.57	08:41:27	0.3−1M

* THIS LIST IS GROUPED BY COUNTRIES, AND COUNTRY NAMES ARE ORDERED ACCORDING TO

THREAT LEVELS.

* ETA - ESTIMATED TSUNAMI ARRIVAL TIME FOR INITIAL WAVE. NOTING THAT IN SOME

COASTAL AREA TSUNAMI WAVES MAY ARRIVE EARLIER THAN OUR ESTIMATE DUE

TO COARSE

BATHYMETRY USED BY MODEL.

* MAX. AMPL - MAXIMUM WAVE HEIGHT RELATIVE TO NORMAL SEA LEVEL, WHICH ARE

EXTRACTED FROM MODEL RESULTS AND GROUPED INTO FOUR BINS OF <0.3 M, 0.3 TO 1 M,

1 TO 3 M and ABOVE 3 M. NOTING THAT THE INITIAL WAVE MAY NOT NECESSARILY THE

LARGEST, AND WAVE ACTIVITIES MAY VARY SIGNIFICANT ALONG COASTS DUE TO LOCAL FEATURES.

[RECOMMENDED ACTIONS]

* THE OVERSEA BODIES WHO SUBSCRIBE THIS BULLETIN SERVICE SHOULD TAKE APPROPRIATE ACTIONS IN RESPONSE TO THIS POTENTIAL HAZARD.

* PERSONS OR BODIES LOCATED IN THREATENED COASTAL AREAS SHOULD KEEP ALERT FOR WARNING INFORMATION AND FOLLOW INSTRUCTIONS FROM LOCAL AUTHORITIES.

[UPDATES]

THE NEXT BULLETIN WILL BE ISSUED AS MORE INFORMATION BECOMES AVAILABLE.

[ADDITIONAL INFORMATION]

* MORE DETAILED INFORMATION CAN BE FOUND AT WEBSITE *******.

* TSUNAMI BULLETIN REGARDING THIS EVENT MAY BE ISSUED BY LOCAL WARNING AGENCIES. IN CASE OF CONFLICTING INFORMATION, MORE CONSERVATIVE INFORMATION SHOULD BE ADOPTED.

* TEL: +86-10-62104561

* EMAIL: TSU@NMEFC.CN

---------------------------------END OF BULLETIN ------------------- -------------

SAMPLES FOR DEMONSTRATION ONLY, THIS IS NOT A REAL EVENT

5.3.1.2 中文示例

***仅为示例 ***

发布编号：2

发布单位：中国自然资源部海啸预警中心

发布时间：2018年12月26日01时30分 (世界时)

…海啸危险性信息…

[注意]

针对印度洋区域发布的海啸消息仅用于参考。印度洋区域内各国的国家海啸预警中心负责本国的海啸预警发布。中国海外有关组织和个人应关注所在国家和地区发布的海啸预警信息并听从当地应急管理部门指挥。

[初步地震参数]

*震级 9.2

*发生时刻 2018年12月26日00时58分（世界时）

*震中位置 3.29°N，95.98°E

*震源深度 30.0 km

*地理位置 苏门答腊北部近海

[评估结论]

自然资源部海啸预警中心根据初步地震参数判断，地震可能在印度洋区域引发越洋海啸. 影响的国家和地区包括: 印度洋区域印度尼西亚、泰国、斯里兰卡、印度、缅甸、马来西亚、马尔代夫、孟加拉国、索马里、也门、阿曼、澳大利亚、马达加斯加、毛里求斯、塞舌尔、肯尼亚、坦桑尼亚、南非、莫桑比亚。

[海啸波幅和预计到时预报]

国家		预报点	位置	预计到时(UTC)	最大波幅(m)
印度尼西亚	ENGGANO	102.28	−5.35	03:16:18	1−3M
印度尼西亚	PANGANDARAN	108.50	−7.75	04:31:46	0.3−1M
印度尼西亚	TELUKDALAM	97.82	0.55	02:24:31	>3M
马尔代夫	GAN	73.15	−0.69	04:49:23	1−3M
马尔代夫	HANIMADHOO	73.17	6.77	05:10:13	1−3M
马尔代夫	HULULE	73.53	4.19	04:53:55	>3M
印度	LACCADIVE IS.	73.05	8.28	05:12:43	1−3M
印度	VEERAVAL	70.36	20.90	09:00:45	0.3−1M
英国	DIEGO GARCIA	72.43	−7.23	05:06:19	1−3M
毛里求斯	AGALEGA	56.59	−10.35	07:48:05	0.3−1M
毛里求斯	BLUE BAY	57.71	−20.44	07:52:12	0.3−1M
毛里求斯	PORT MATHURIN RODRIGUES	63.42	−19.68	07:15:09	1−3M
澳大利亚	CAPE CUVIER WHARF	113.40	−24.22	06:35:15	0.3−1M

澳大利亚	CHRISTMAS ISLAND	105.67	−10.43	03:42:54	0.3−1M
澳大利亚	GERALDTON	114.56	−28.76	07:58:02	0.3−1M
澳大利亚	POINT MURAT	114.19	−21.82	06:17:22	0.3−1M
莫桑比克	PEMBA	40.48	−12.97	10:40:41	0.3−1M
塞舌尔	DENIS ISLAND	55.67	−3.80	07:44:45	0.3−1M
塞舌尔	POINTE LA RUE	55.50	−4.50	08:38:39	0.3−1M
法国	POINTE DES GALETS	55.29	−20.93	08:16:30	0.3−1M
法国	SAINTE MARIE	55.54	−20.89	08:15:34	0.3−1M
坦桑尼亚	ZANZIBAR	39.18	−6.15	12:12:49	0.3−1M
伊朗	CHABAHAR	60.60	25.30	08:59:46	0.3−1M
伊朗	JASK	57.77	25.63	09:16:01	0.3−1M
阿曼	ASHKHARA	59.57	21.85	08:49:26	0.3−1M
阿曼	DUQM	57.72	19.66	09:05:26	0.3−1M
阿曼	SUR	59.52	22.57	08:41:27	0.3−1M

* 国家名称按照海啸危险等级进行排序。

* 预计到时–初始海啸波预计抵达时间：由于地形分辨率原因，注意某些预报点初始海啸波可能比预计时间早到达。

* 最大波幅–海啸数值模型输出的相对于平均海平面的最大海啸波高，按照海啸危险性等级分为<0.3 m，0.3 ~ 1 m，1 ~ 3 m和3 m以上。注意最大海啸波幅不一定出现在海啸初始波，且由于局地地形影响部分岸段数值可能远大于预报值。

[建议措施]

* 海外有关单位和个人应该采取必要的措施防范此次潜在地震海啸事件风险。

* 位于沿海的有关单位和个人应密切关注所在国家和地区海啸预警中心和应急管理部门的预警信息和防御疏散建议。

[信息更新]

自然资源部海啸预警中心将继续跟踪分析地震和海啸监测数据，并及时发布信息。

[其他信息]

* 更多详情请关注网址www.nmefc.cn.

* 印度洋区域有关国家和地区的海啸预警中心可能发布此次地震海啸事件的预警信息，如与本信息结论存在差异，请参考最为保守的预报结论，确保人身财产安全。

* TEL: +86-10-62104561

* EMAIL: TSU@NMEFC.CN

---------------------------------END OF BULLETIN ------------------ ------------

仅为示例

5.3.2 图形产品

图形产品示例可见图5.21所示。

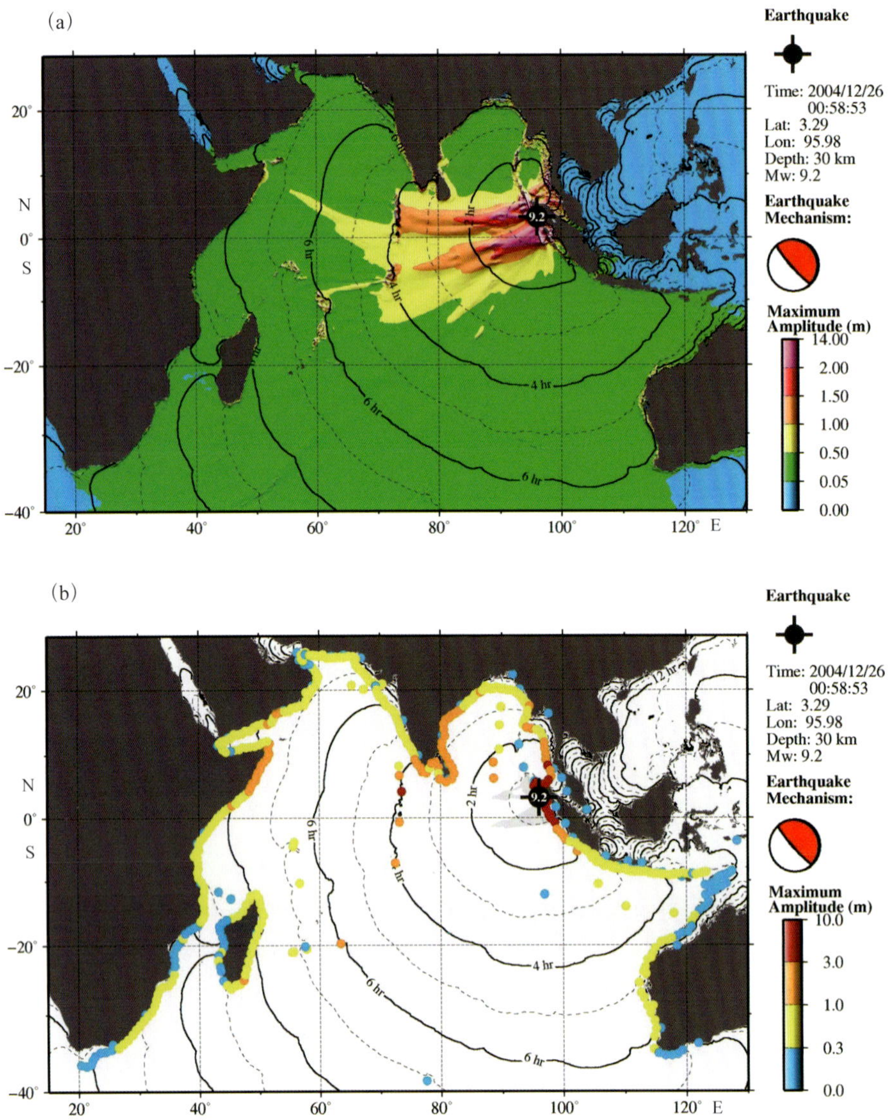

图5.21 苏门答腊地震海啸场景图形产品

(a) 最大海啸波幅图；(b) 岸段预报图

第6章 搜救数值预报系统

6.1 海上目标物半解析解漂移轨迹模型

“十一五”期间，国家海洋环境预报中心以浙江/宁波海域为示范区，在宁波海域进行了一次海上无动力船舶漂移试验，对漂移路径上的海流、气象状况进行测量分析，研究了船舶漂移速度与海洋环境条件的关系，初步建立了海上漂浮目标漂移轨迹计算模型。在“十二五”期间引进了国外先进的搜救预报模型LEEWAY和预报软件SARMAP，开展了不同模型的对比和评估，同时与国家海洋局北海预报中心、东海预报中心、南海预报中心和国家海洋信息中心联合建立了国家海上搜救环境保障服务系统，系统集成了各家单位的搜救模型开展搜救集合预报研究。期间成功应对了“西沙搜救”，“‘雪龙’号搜救应急保障”，“马航MH370搜救应急”等重大事件。

已有的NMEFC模型和引进的LEEWAY模型，均需通过开展大量的海上目标漂移试验来获取漂移观测数据，利用经验统计方法拟合得到风压与海面风速之间的关系，确定模型参数，并忽略波浪作用力。“海上丝绸之路”保障区域扩展到北印度洋，对于保障对象形态特征、船舶类型等目前均掌握不完全，事故类型很可能并不被包含在已有NMEFC模型和LEEWAY模型参数库里面，而我们也没有相关的海上试验资料来对模型参数进行率定和优化补充。

基于此，我们开发了半解析解模型。与NMEFC模型和LEEWAY模型相比，基于半解析方法建立的船舶漂移模型，考虑船舶外形特征及海洋环境场的作用力，模型参数少，对于海上目标漂移试验数据不存在依赖性，有助于从理论上了解海上船舶的漂移运动特征，该方法被广泛应用于集装箱、海冰以及落水人员等海上目标的漂移轨迹模拟研究中（Sodhi et al., 1980; Perrie et al., 1997; Daniel et al., 2002; Kubat et al., 2005; Breivik et al., 2012; Maio et al., 2016）。

6.1.1 模型基本公式

海上目标在海面漂移时，根据牛顿第二定律，其动力学方程可以写为如下：

$$\overline{F_{\mathrm{w}}}+\overline{F_{\mathrm{a}}}+\overline{F_{\mathrm{wa}}}+\overline{F_{\mathrm{g}}}+\overline{F_{\mathrm{b}}}=m\left(\frac{\mathrm{d}\overline{V_{\mathrm{o}}}}{\mathrm{d}t}+\overline{f}\times\overline{V_{\mathrm{o}}}\right) \tag{6.1}$$

式中：t是漂移时间；m是质量；$\overline{f}$是科氏力参数；$\overline{V_{\mathrm{o}}}$是运动速度；$\overline{F_{\mathrm{a}}}$表示大气拖曳力；$\overline{F_{\mathrm{w}}}$表示海水拖曳力；$\overline{F_{\mathrm{wa}}}$表示波浪辐射力；$\overline{F_{\mathrm{g}}}$表示重力；$\overline{F_{\mathrm{b}}}$表示浮力。

大气拖曳力如下：

$$\overline{F_{\mathrm{a}}}=\frac{1}{2}\rho_{\mathrm{a}}C_{\mathrm{a}}A_{\mathrm{a}}\left|\overline{V_{\mathrm{ra}}}\right|\overline{V_{\mathrm{ra}}} \tag{6.2}$$

式中：ρ_a是大气密度；C_a是风拖曳系数；A_a是风作用于海面以上目标的受力面积；$\overline{V_{ra}}$是相对海上目标的风速。

海水拖曳力如下：

$$\overline{F_w}=\frac{1}{2}\rho_w C_w A_w\left|\overline{V_{rw}}\right|\overline{V_{rw}} \tag{6.3}$$

式中：ρ_w是海水密度；C_w是流拖曳系数；A_w是海流作用于海面以下目标的受力面积；$\overline{V_{rw}}$是相对海上目标的流速。

波浪辐射力如下：

$$\overline{F_{wa}}=\frac{1}{4}\rho_w gLH^2 \tag{6.4}$$

式中：g是重力加速度；L一般指海上目标的长度；H是波浪振幅。

假设只考虑海上船舶的水平漂移运动，船舶在单位时间内受力平衡，每个时刻的物理量相互独立，科氏力与大气拖曳力和海水拖曳力相比量级较小，当偏小2个量级时可忽略，假定忽略科氏力，则运动方程简化为如下形式:

$$\rho_a C_a A_a\left|\overline{V_a}-\overline{V_o}\right|\left(\overline{V_a}-\overline{V_o}\right)+\rho_w C_w A_w\left|\overline{V_w}-\overline{V_o}\right|\left(\overline{V_w}-\overline{V_o}\right)=0 \tag{6.5}$$

$\overline{V_a}-\overline{V_o}$与$\overline{V_w}-\overline{V_o}$的方向相反。令

$$f=\sqrt{\frac{\rho_a C_a A_a}{\rho_w C_w A_w}}\approx\sqrt{\frac{\rho_a C_a A_{1a}}{\rho_w C_w A_{1w}}}=\sqrt{\frac{\rho_a C_a}{\rho_w C_w}f_a} \tag{6.6}$$

简化后的模型如下：

$$\overline{V_o}=\frac{1}{1+f}\overline{V_w}+\frac{1}{1+f}\overline{V_a} \tag{6.7}$$

从公式（6.7）中可以看出，海上船舶的漂移运动速度是海流速度$\overline{V_w}$与海面风速$\overline{V_a}$的线性关系式，模型需要输入的海洋环境数据包括海面风场和表层流场。公式（6.6）中，f_a为水面以上侧向投影面积A_{1a}与水面以下侧向投影面积A_{1w}的比值，本书称为面积比，是表示船舶漂浮状态的一个参数。

关于风拖曳系数C_a的取值，针对集装箱取1（Smith, 1993; Daniel et al., 2002），针对外形复杂的冰山取1.5（Sodhi et al., 1980），针对海上船舶取值为0.7 ~ 1.3（洪碧光，1991），在对大尺寸海上船舶进行模拟时，C_a取1.5，以此考虑风浪的作用。关于流拖曳系数C_w，有研究的试验结果为0.8 ~ 1.2，针对集装箱取1（Daniel et al., 2002），本书中取值为0.8 ~ 1.2。

6.1.2 模型求解

漂移轨迹的计算采用拉格朗日质点追踪方法。拉格朗日方法是把海上漂浮目标看作质点，通过对该质点的运动过程进行追踪，来描述该质点的位置随时间变化的规律，即漂移轨迹。质点位移计算的向量方程为:

$$\frac{\mathrm{d}x}{\mathrm{d}t}=\overline{V_o}(x,t) \tag{6.8}$$

对于漂移轨迹方程的求解，本书采用欧拉法，它是一种显式单步方法，具有一阶精度，是解微分方程的一种最简单和普遍的方法。用欧拉法解轨迹方程，可以写为:

$$x^{n+1}=x^{n}+\overrightarrow{V_{\mathrm{o}}}(x^{n},t^{n})\cdot\Delta t \tag{6.9}$$

式中：Δt为积分步长；n是时间指数，$t^{n}=n\Delta t$。

6.1.3 模型验证

6.1.3.1 舟山海上试验

利用中国近海两次海上漂移试验的无动力渔船轨迹对该模型进行了检验。海上试验的观测数据来源于2011年2月和4月在珠江口海域开展的无动力渔船漂移试验。该渔船类型为珠江口海域较为普遍的木质渔船，长约20 m，宽6 m（图6.1），渔船上装载有GPS 定位系统、300 kHz 声学多普勒海流剖面仪（Acoustic Doppler Current Profilers，ADCP）和船舶用自动气象站。海上试验中，渔船处于无动力漂移状态，同步观测表层海流（海面以下5 m 的海流）和海面风（海面以上6 m 的风），同时每10min 记录一次渔船位置。本书所用的海流、海面风观测数据为10 min平均的数据（周水华等，2013）。

图6.1 珠江口海域常见渔船

2011年2月试验，无动力渔船持续向西南方向漂移约17 h，试验海域以东北风为主，风速以6 ~ 10 m/s为主，海流以西南和南向流为主，最大流速约0.5 m/s。4 月试验，无动力渔船持续漂移约73 h，试验海域海况良好，以西南风为主，在试验初期以东北风为主，先后转为东南风、西南风，风速以1 ~ 5 m/s 为主，最大风速约7 m/s，最大流速约0.5 m/s。为分析该模型对渔船漂移轨迹的模拟能力，试验现场观测的风、流数据经修订后用于模型驱动计算，此处假设风、流场是空间均匀的。观测海面风根据公式（6.10）被调整为海面以上10 m 高度风，表层海流以观测到的海面以下5 m 的流来表示。

$$U_{10}=\frac{\ln\left(\dfrac{10}{Z_0}\right)}{\ln\left(\dfrac{Z}{Z_0}\right)}U_Z \tag{6.10}$$

式中：U_{10}为海面以上10 m高度风速；Z为观测风速的高度；U_Z为观测风速，当风速大于7 m/s 时，Z_0=0.022，当风速不大于7 m/s 时，Z_0=0.023。(谢小萍等，2014)

由于渔船在海上漂浮时的面积比没有准确的记录值，因此考虑了在不同载重情况下的多种面积比进行渔船漂移轨迹的模拟。假定风拖曳系数C_a和流拖曳系数C_w均取1，从结果来看，当选择合适的模型参数时，可对该渔船的漂移轨迹进行合理模拟。在2月试验中，面积比为1时模拟轨迹与实际轨迹基本吻合；在4 月试验中，面积比为3 时模拟轨迹与观测轨迹最为接近（图6.2）。

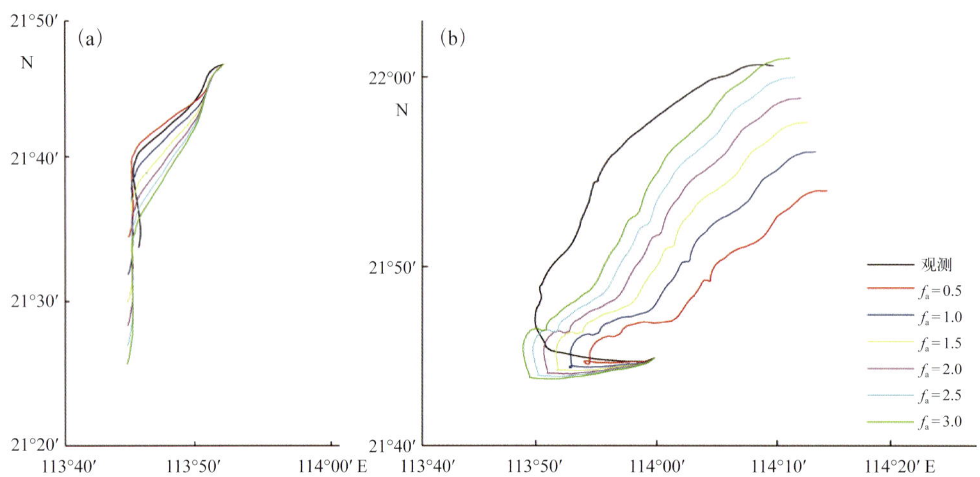

图6.2 珠江口无动力渔船漂移模拟轨迹与观测轨迹对比图

（a）2011年2月；（b）2011年4月

6.1.3.2 “桑吉”轮碰撞事件

2018 年1 月6 日20 时左右，在浙江外海（30°51′N，124°58′E）处发生船只相撞事故，“桑吉”轮爆燃并在燃烧状态下自由漂移，于1 月14 日16 时45 分，在（28°22′N，125°55′E）处沉没，漂移轨迹见图6.3。据了解，该油轮总长约274 m，型宽约50 m，型深约23 m，设计吃水约17 m，设计载重约16 万t。

“桑吉”轮的漂移轨迹模拟采用的表层海流数据来自国家海洋环境预报中心基于ROMS（Regional Ocean Modeling System）开发的黄东海业务化海流预报系统输出的0～17 m 水深垂直平均流（ROMS 流场），该预报系统的模式水平分辨率为1/30°×1/30°，同化了海表面温度、海表面高度等观测资料，利用GFS风场、热通量、淡水通量进行强迫，每日20时进行起报，做未来5 天的流场大面预报。模拟采用的海面10 m 高度风场预报数据来自国家海洋环境预报中心基于WRF（Weather Research and Forecasting）开发的西北太平洋业务化海面风场预报系统输出的海面以上10 m 高度风场24 h 预报（WRF 风场），该预报系统的模式水平分辨率为0.2°×0.2°，每日08 时和20 时进行起报，做未来5 天的海面风场预报。

利用收集的船舶信息对模型参数进行估计，考虑到船载的凝析油在不断燃烧之后，其载重会减少，面积比会增大，因此假定面积比为1.5，同时由于油轮在自由漂移约1天之后周边海域风力增强，风速大于10 m/s，最大风速达15 m/s，海浪对该尺寸的船只影响不可忽视，因此通过增加风拖曳系数来考虑局地风浪对船舶漂移的作用，假定风拖曳系数为1.5。此外，流拖曳系数取1。

利用WRF 风场、ROMS 流场驱动模型，分别开展逐日模拟，模型参数的设置均为f_a=1.5，C_w=1，C_a=1.5。逐日模拟以当日获取的油轮位置为起点共进行了8次模拟，第1～7天模拟时间为

24 h，第8天模拟时间为29 h（最后时刻为“桑吉”轮沉没时刻）。每日模拟轨迹与实际观测位置的对比结果显示第1天和第2天预报的油轮轨迹与实测位置比较接近，对假定的面积比、风拖曳系数、流拖曳系数的合理性进行了初步验证，第3天预报的漂移方向与实际漂移方向在开始比较吻合，之后逐渐向左偏移，预报漂移速度低于实际漂移速度，第4天预报的油轮漂移速度与实际的相当，但漂移方向均偏左，第8天预报的油轮漂移轨迹与实测位置基本吻合（图6.3）。

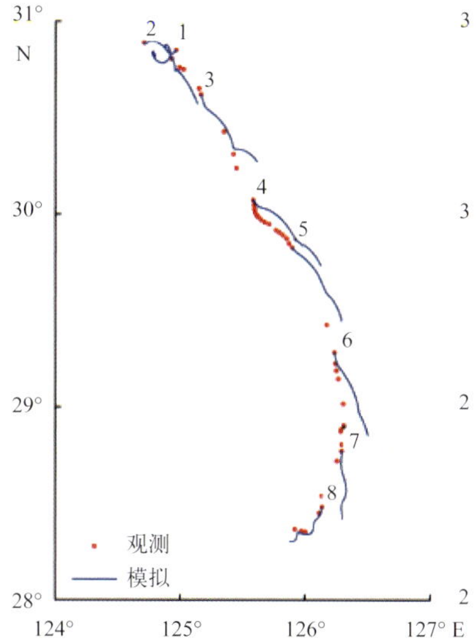

图6.3 “桑吉”轮漂移逐日模拟轨迹

6.2 海上搜救漂移轨迹应急预报系统及检验

基于已有的业务化搜救系统架构（图6.4），将半解析解漂移轨迹模型替换之前的搜救模型，并将之前衔接的西北太平洋业务化风场和流场预报系统贴换为北印度洋海洋环流数值预报系统和北印度洋海面风场数值预报系统。北印度洋海洋环流数值预报系统保障区域范围包括印度洋、南中国海、印度尼西亚周边和西太平洋等海域。按工程标准要求对替换部分的接口进行修改和编写，让系统实现六大部分的无缝衔接，保障业务化系统的流畅运行，最终在可视化平台上展示预测失事目标物漂移轨迹结果。

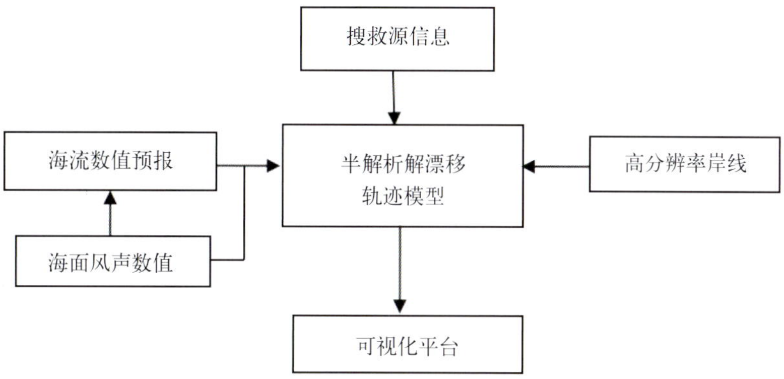

图6.4 系统框架结构

6.2.1 强台风“蝴蝶”搜救应急响应系统预测结果检验评估

2013年9月29日下午，受第21号强台风“蝴蝶”的影响，5艘渔船在西沙珊瑚岛海域遇险，其中粤台渔62108、粤台渔62116、粤台渔62150这3艘渔船先后沉没，共88人落水。在海军、交通部、农业部、海洋局、海警、边防，以及香港、广东和海南省等各方面力量的密切配合下，我国对西沙事发海域展开了立体地毯式搜救，经过9天的大范围搜救，截止到10月8日，共有26人获救，14人遇难，仍有48人失踪。

以此案例开展系统预测结果检验评估。系统提供两种形式的预报产品：漂移预测轨迹（图6.5）、搜寻区域（图6.6）。根据搜救过程中救生筏、人员、遇难尸体、大量漂浮物等物体的发现位置，我们对这两种不同形式的预报结果进行了检验。

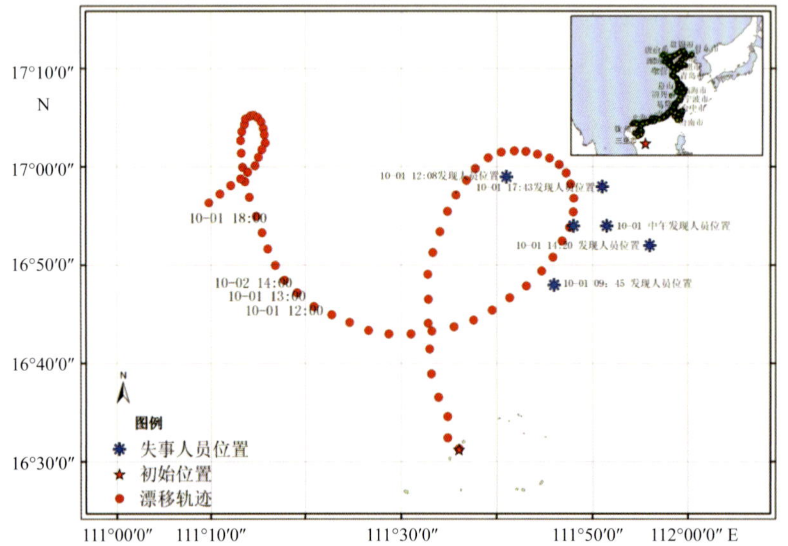

图6.5 10月1日落水人员漂移预测轨迹及实际获救位置的对比图（29日17:00起报）

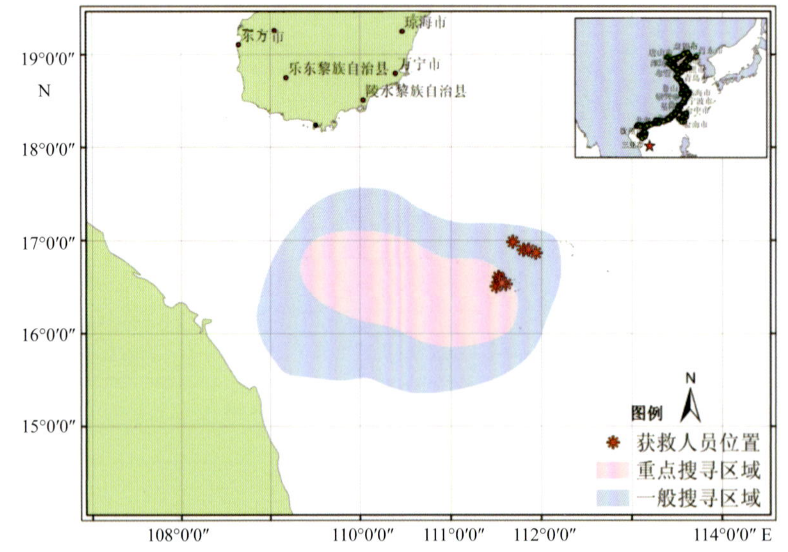

图6.6 10月6日落水人员搜寻区域与实际发现位置的对比图（6日起报）

结果显示搜寻区域的预报准确率达100%，预测轨迹距离误差基本控制在5 km以内。具体对比分析如下：

从图中人员预测轨迹及实际获救人员的时间和位置进行对比分析，可看出预测轨迹的漂移速度较快，预测位置的误差有4个点是在5 km以内，1个点约9 km，1个点约18 km，如以预测位置5 km为搜寻范围，则预报准确率约为67%，如以预测位置10 km为搜寻范围，则预报准确率约为83%。从图6.6中可以看出，发现人员位置都在搜寻区域以内。综上所述，此次搜救应急预报较为准确。

6.3 搜救产品方案

针对“海上丝绸之路”发布对象的不同，对预报产品做了较大的改进，并提供中、英文两种版本的预报产品。我们调研了国际各预报机构的预报发布情况，参考国际流行的预报发布形式，对预报发布内容和格式都做了较大调整，预报产品更加简洁明了，预报内容的翻译和表达上也借鉴了国际通用方式，预报图表达信息更加清晰准确，尽量让服务对象能通过一张预报图就能获取想要的信息。搜救中英文预报单见图6.7。

西沙群岛海域事故搜救漂移预测简报

发布时间：2013 年 10 月 02 日 11 时 00 分

起始时间：2013 年 09 月 29 日 17 时 00 分
预测时长：96 小时
预测起始点经纬度：111.62° E，16.51° N
搜救应急漂移预测结果：

救生筏漂移轨迹预测图（29日17:00起报）

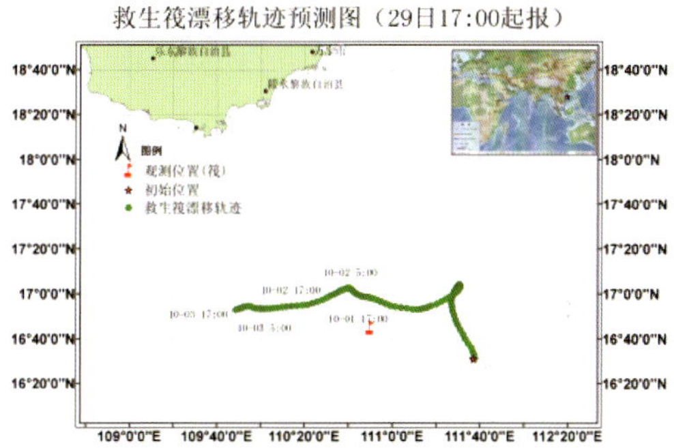

图 1 漂移轨迹预测图

表 1 目标物漂移轨迹 24 小时间隔经纬度位置

序号	预报时间	时间	经度	纬度
1	0h	2013/09/29, 17:00	112.86°	16.51°
2	24h	2013/09/30, 17:00	112.86°	17.12°
3	48h	2013/10/01, 17:00	111.84°	16.96°
4	72h	2013/10/02, 17:00	111.83°	16.97°
5	96h	2013/10/03, 17:00	110.83°	16.87°

模拟结果，仅供参考。

Report of Drift-Diffusion Forecast for Oil Spill Accident in the Paracel Islands

Release Time: 2013/10/02, 11:00 (UTC+8)

Start Time: 2013/09/29, 17:00 (UTC+8)
Period of Validity: 96 hours
Spill Site Position: 111.62° E，16.51° N
Drift-Diffusion Forecasts:

Predicted Drift Trajectory of Life Raft(begin at 17:00 on the 29th)

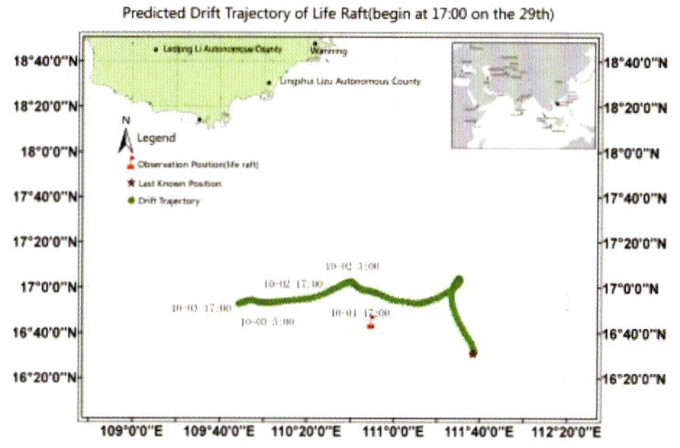

Fig.1 Drift trajectory

Tab.1 Predicted Drift Center Position

No.	Period Validity	Date (UTC+8)	Longitude (E)	Latitude (N)
1	0h	2013/09/29, 17:00	112.86°	16.51°
2	24h	2013/09/30, 17:00	112.86°	17.12°
3	48h	2013/10/01, 17:00	111.84°	16.96°
4	72h	2013/10/02, 17:00	111.83°	16.97°
5	96h	2013/10/03, 17:00	110.83°	16.87°

The simulation results are for reference only.

图6.7 搜救预报单

为使预报产品能在“一带一路”专题网站和APP等渠道展示，经同网站和APP建设人员协商讨论，确定提供给网站的产品格式修改为txt文件和jpg文件，将预报单中文字部分内容修改格式后放置在txt文件中，预报单中的图片单独存放为jpg格式文件提供，并对文件名做了规范。文件命名规范如下：

按照搜救事件发布，每次事件发布若干次预报，一次预报产品分为两部分组成，如下所示：

1）搜救预报产品辅助信息文件

文件后缀：.txt

命名方式：en_EventIDs_SN_ YYYYMMDDhh24mi.txt/

cn_EventIDs_SN_ YYYYMMDDhh24mi.txt/

en：产品指示符，en表示英文产品.cn：产品指示符，cn表示中文产品。

EventID：事件发生时间20181127140000。s代表搜救预报。

SN：一次事件的期数序号，从1开始，逐步增加，直至一次时间结束。

YYYYMMDDhh24mi：发布时间，如20181127140000。

文件内内容：

#EventID：和产品文件命名中EventID一致。

#EventCnName：搜救事件英文名称。

#EventEnName：搜救事件中文名称。

#CnPosition：中文描述搜救海域，如舟山附近海域。

#EnPosition：英文描述搜救海域。

#Lat：十进制纬度，值域范围[-90,90]，北纬为正，南纬为负，保留小数点2位，如30.45。

#Lon：十进制经度，值域范围[-180,180]，东经为正，西经为负，保留小数点2位，如90.67。

搜救产品描述信息：中文描述搜救产品采用的技术方法解释，风场数据来源描述，流场数据来源及搜救模型解释，外加产品免责声明。英文对应上述中文的英文描述。

预报单包含的其他信息，如：事发时间、起报时间、事发位置、起报位置、预报时长、预报结果分析及表格等。其中表格表达形式在txt里面转换成文字表达而不用表格形式。

2）预报产品图（格式）

命名方式：

en_EventIDs_SN _YYYYMMDDhh24mi_tn.png/

cn_EventIDs_SN _YYYYMMDDhh24mi_tn.png/

en：产品指示符，en表示英文产品；cn：产品指示符，cn表示中文产品。

EventID：事件发生时间20181127140000。s代表搜救预报。

SN：一次事件的期数序号，从1开始，逐步增加，直至一次时间结束。

YYYYMMDDhh24mi：发布时间，如20181127140000。

Tn：本次预报发布的预报图编号，从1开始，不超过5张。

图6.8至图6.10为搜救提供网站和APP样本示例。

#EventID:201309291700s
#EventCnName:西沙群岛海域事故
#CnPosition:南海
#Lat:16.51
#Lon:111.62

注意!
该系统发布的产品是利用北印度洋GFS风场、北印度洋NEMO流场，基于风压模型的数值预报结果，仅供参考。

预报结果：
1.漂移中心位置预测（救生筏）

序号	预报时间	时间	经度	纬度
1	0h	2013/09/29, 17:00	111°37′25″E	16°30′53″N
2	24h	2013/09/30, 17:00	111°30′26″E	17°06′54″N
3	48h	2013/10/01, 17:00	110°37′25″E	16°30′53″N
4	72h	2013/10/02, 17:00	111°37′25″E	16°30′53″N
5	96h	2013/10/03, 17:00	109°37′25″E	16°30′53″N

2.漂移中心位置预测（人）

序号	预报时间	时间	经度	纬度
1	0h	2013/09/29, 17:00	111°37′25″E	16°30′53″N
2	24h	2013/09/30, 17:00	111°52′02″E	17°00′05″N
3	48h	2013/10/01, 17:00	111°15′20″E	16°52′11″N
4	72h	2013/10/02, 17:00	111°07′47″E	16°52′02″N
5	96h	2013/10/03, 17:00	110°32′51″E	16°58′24″N

#EventID:201309291700s
#EventEnName:the Paracel Islands accident
#EnPosition:South China Sea
#Lat:16.51
#Lon:111.62

**** NOTICE **** NOTICE **** NOTICE **** NOTICE **** NOTICE ***** NOTICE *****
Based leeway drift model forced by 10 meter height wind data from GFS and surface current data from NEMO, the pro
reference only.

Last Known Time: 201309291700
Initial Time:201309291700
Last Known Position: 111.62 16.51
Initial Position: 111.62 16.51
Period Validity: 96 hours

Forecasts:
1.Predicted Drift Center Position(life raft)

No.	Period of Validity	Date (UTC+8)	Longitude (E)	Latitude (N)
1	0h	2013/09/29, 17:00	112.86	16.51
2	24h	2013/09/30, 17:00	112.86	17.12
3	48h	2013/10/01, 17:00	111.84	16.96
4	72h	2013/10/02, 17:00	111.83	16.97
5	96h	2013/10/03, 17:00	110.83	16.87

2.Predicted Drift Center Position(person)

No.	Period of Validity	Date (UTC+8)	Longitude (E)	Latitude (N)
1	0h	2013/09/29, 17:00	111.62	16.51
2	24h	2013/09/30, 17:00	111.87	17.00

图6.8 搜救提供网站和APP的txt文件样本

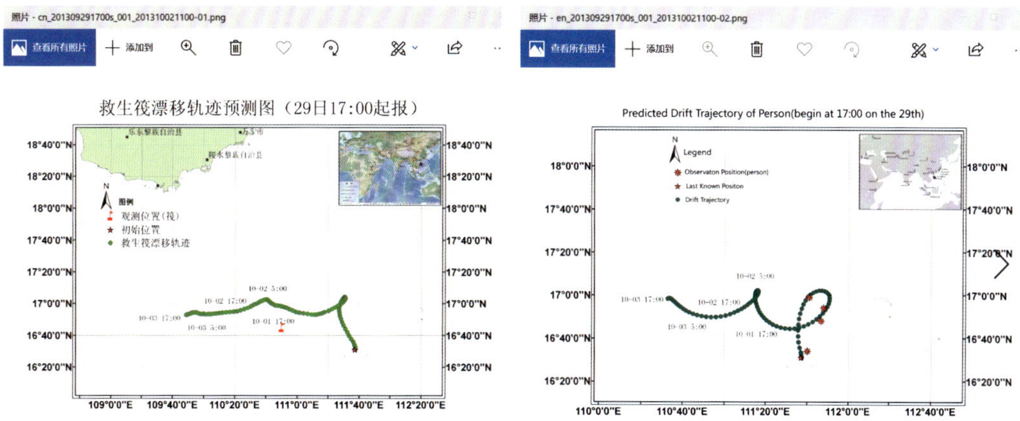

图6.9 搜救提供网站和APP的png文件样本（一）

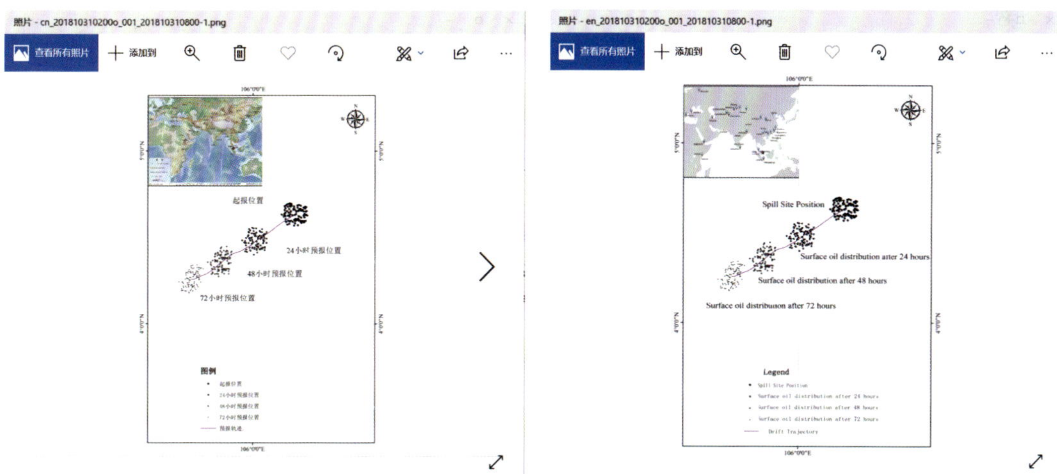

图6.10 搜救提供网站和APP的png文件样本（二）

第7章 溢油数值预报系统

7.1 三维溢油漂移扩散数值模型

溢油在海洋水体中的运动主要表现为两种过程：在平流作用下的整体位移和在剪流和湍流作用下的扩散。溢油自身的表面扩散过程持续时间很短，而持续时间较长的运动形式主要表现为平流输运和湍流扩散。这两种运动机制分别受制于“平流”和“湍流”。实际上，这两种过程总是同时存在，通常称为“平流–扩散”问题。以往多数研究方法都是基于各种类型的平流扩散方程的数值求解。这类数值方法的主要困难在于数值扩散问题。即数值离散引进的一种与物理扩散无关的伪扩散效应。有时，数值扩散会相当大，以至于完全掩盖了物理扩散，而所得的数值结果完全失真，不能描述真实的物理过程。另外，还有一些过程也难于利用平流扩散方程来模式化，如比较典型的非Fick扩散问题等。

基于上述，本研究采用“油粒子”方法来模拟溢油在海洋环境种的时空行为。这种方法是把溢油分成许多离散的小油滴（或小斑块）来模拟溢油在海水中的输运扩散过程。采用“粒子扩散”概念研究平流扩散过程是与前述数值方法不同的新方法。这种方法是直接模拟导出扩散方程的实际现象，而不是去求解扩散方程。Johansen和Elliott发现，采用这种方法可以真实地重现许多实际观测到的溢油扩散的特征，例如，潮流和风将油膜拉长，波浪导致油膜的破裂等特征。

粒子模型方法将运动过程分成两个主要部分，即平流过程和扩散过程。采用确定性方法模拟溢油（粒子云团）的输运过程。

7.1.1 输运模型基本方程

溢油三维输运扩散运动可以分为平流过程、扩散过程，垂向上海浪对“油粒子”入水、浮力、湍流和垂向海流的作用，下面给出“油粒子”运动方程：

$$\begin{cases} u_o = u_c + \alpha(u_a \cos\beta - v_a \sin\beta) + u_w + <u'> \\ v_o = v_c + \alpha(u_a \sin\beta + v_a \cos\beta) + v_w + <v'> \\ w_o = w_c + w_{ok} + <w'> \end{cases} \tag{7.1}$$

式中：u_o和v_o是“油粒子”的水平速度，w_o是“油粒子”的垂向速度。方程中等号右边第一项是海流的流速，u_c和v_c表示“油粒子”位置处水平方向上的流速，w_c表示“油粒子”位置处垂直方向上的流速，这些都来源于海流模式的模拟结果，代表这“油粒子”周围海流的运动情况。方程中等号右边第二项代表风对“油粒子”运动的拖曳作用，u_a和v_a是“油粒子”所在位置海面10 m高处的风速，该风速也是通过大气数值模式的模拟结果获得，而且当“油粒子”在水中时该项作用不予考虑。α和β是风漂因子和偏角，风漂因子通常为1%～6%，偏角绝对值通常为0°～45°，在北半球时右偏为负值，南半球时左偏为正值。本书中设α=0.03；β=0。u_w和v_w是非线性波产生的波余流带来的“油粒子”漂移速度。由于油膜的存在而导致表面张力增大，使海面趋于平滑，海浪的非线性效应大为减弱，相应的波余流也大为减小，所以在计算“油粒子”运动时可以忽略。w_{ok}是浮力作用下的垂向速度，根据Stokes定律：

$$\begin{cases} w_{ok} = \dfrac{gd^2(1-\rho_o/\rho_w)}{18v}, (d \leqslant d_c) \\ w_{ok} = \sqrt{\dfrac{8}{3}gd(1-\rho_o/\rho_w)}, (d > d_c) \end{cases} \tag{7.2}$$

$$d_c = \frac{9.52v^{2/3}}{g^{1/3}(1-\rho_o/\rho_w)^{1/3}}$$

式中：d“油粒子”半径；d_c“油粒子”临界半径。本书中假设“油粒子”半径为10～1000 μm之间的对数正态分布。v为水的黏度，ρ_o和ρ_w分别为油和水的密度，本书建模过程中假设油的密度为830 kg/m^3，水的密度假设为1 025 kg/m^3，水的黏度为1.311 mm^3/s。

湍流速度（$<u'>, <v'>, <w'>$）采用随机游走方法：

$$\begin{cases} u' = \xi\sqrt{c'A_m/\Delta t}\cos(2\pi\xi) \\ v' = \xi\sqrt{c'A_m/\Delta t}\sin(2\pi\xi) \\ w' = \xi\sqrt{c'K_h/\Delta t} \end{cases} \tag{7.3}$$

式中：ζ为标准高斯“white noise”；A_m为水平扩散系数；K_h为垂向扩散系数；Δt为时间步长；C'为常数。假设水平扩散为Fick扩散，用垂向涡旋黏性（K_{wave}）代表K_h。K_{wave}源自由于海面波浪导致的雷诺应力的半经验公式（Ichiye，1967）：

$$K_{wave} = 0.028\frac{H_S^2}{T}e^{-2\kappa z} \tag{7.4}$$

式中：H_S为有效波高；κ为波数；T为平均周期；Z为“油粒子”所在位置离海面的距离。湍流扩散包含涡旋和分子扩散，通常涡旋扩散远远大于分子扩散，因此我们可以忽略分子扩散，直接用涡旋扩散来代表扩散系数。有效波高采用 Neumann and Pierson (1996)建议的公式：

$$\begin{cases} H_s = 2.12\times10^{-2}\times(u_a^2+v_a^2) \\ \overline{T} = 0.81\dfrac{2\pi\sqrt{u_a^2+v_a^2}}{g} \\ \kappa = \dfrac{2\pi}{\lambda} = \dfrac{4\pi^2}{gT^2} \end{cases} \tag{7.5}$$

7.1.2 方程求解方法

对于输运扩散方程中平流部分的求解可以采用多种数值方法。欧拉法（Euler method）是一种显式单步方法，它具有一阶精度，是解微分方程的一种最简单和普遍的方法。用欧拉法解轨迹方程，可以写为：

$$x^{n+1} \approx x^n + v_a(x^n, t^n) \cdot \Delta t \tag{7.6}$$

式中：Δt为积分步长；n是时间指数，$t_n=n\Delta t$。

改进的欧拉方法（modified Euler method）利用数值积分方法中的梯形公式来近似积分式，它具有二阶精度。用改进的欧拉方法求解轨迹方程，可以写为：

$$\begin{cases} a = v_a(x^n, t^n) \cdot \Delta t \\ b = v_a(x^n + a, t^{n+1}) \cdot \Delta t \\ x^{n+1} \approx x^n + (a+b)/2 \end{cases} \tag{7.7}$$

经典龙格-库塔方法（classical Runge-Kutta method）利用在(x_n, x_{n+1})之间预测多点的斜率，通过加权平均作为平均斜率以提高积分精度。它具有四阶精度。用经典龙格-库塔方法解轨迹方程，可以写为：

$$\begin{cases} a = v_a(x^n, t^n) \cdot \Delta t \\ b = v_a(x^n + a/2, t^{n+1/2}) \cdot \Delta t \\ c = v_a(x^n + b/2, t^{n+1/2}) \cdot \Delta t \\ d = v_a(x^n + c, t^{n+1}) \cdot \Delta t \\ x^{n+1} \approx x^n + (a+2b+2c+d)/6 \end{cases} \tag{7.8}$$

中间时刻的速度用插值法求得：

$$v^{n+1/2} = \frac{5}{16}v^{n+1} + \frac{15}{16}v^n - \frac{15}{16}v^{n-1} + \frac{1}{16}v^{n-2} \tag{7.9}$$

上式右边的流速分别为质点在$n+1$、n、$n-1$、$n-2$四个时刻的流速。

参考文献《拉格朗日漂移过程各阶精度数值解与解析解比较》可知，龙格-库塔方法在求解微分方程时具有较高的精度。特别是在定常流场中，一阶精度和二阶精度的欧拉方法随着积分时间的增加，频散效应逐渐增大，而龙格-库塔方法的误差始终控制的较好；在往复流中，三种求解方案均没有出现数值频散，龙格-库塔方法误差最小，积分步长在30分钟和10分钟时，48小时内数值解的误差量级均能控制在100内，积分步长10分钟时的误差比之30分钟时无明显提高；真实海洋的流场复杂，其中既含有环流成分和风的驱动成分，又含有往复运动的潮流成分，因此本研究采用四阶精度的龙格-库塔方法求解漂移方程，但在业务化应用中考虑到预报时效的问题，采用二阶精度的欧拉方法求解。

7.1.3 边界处理方法

本模式中油粒子云团的运动是二维的，在运动过程中，可能到达陆地边界层、浮出海面或漂移出预报区域。

在海面边界层处理方式上，有反射条件和无反射条件。所谓反射条件，即为粒子沉降到海底、靠岸或浮升到海面时，将被反射回水体内部。无反射条件则为，当向下沉降的粒子达到海底或者靠岸时，它将被“永久”地黏附在海底或岸线上（形成沉积）。当上浮的粒子到达海面时，将被滞留在海面上，随表面流水平运动。

由于油滴的黏性较大，本模型在处理油粒子到达海面、海岸时，采用无反射条件。即当水中油滴升到海面时，便成为表面粒子并与其他的表面粒子一起随表面流平移和扩散。油粒子在漂移的过程中可能到达陆地边界，这时，也认为这些粒子黏着在陆地上，在计算中也声明该粒子“死掉”，不再参与计算。当粒子到达计算区域边界时也认为该粒子“死掉”，不再参与计算。

海底和海岸边界的处理有一定的局限性。因为，触底和登陆底油块有可能在湍流底作用下重新回到水域内。但目前还难以对这些过程进行精确的定量描述，因此，本模型采用上述处理方式。

这里涉及“油粒子”靠岸判断技术。图7.1中可以看到，在本模式中，我们采用判断“油粒子”当前和下一时刻位置连成的线段，同岸线线段的关系来判断是否靠岸。因此岸线的分辨率越高，判断的越准确。但是，岸线同时需要同海流预报模型中的水深、岸线数据相匹配，否则将出现靠岸了“油粒子”还在继续运动，或者还没到岸“油粒子”已经停止运动，被判断为到达海岸的现象。

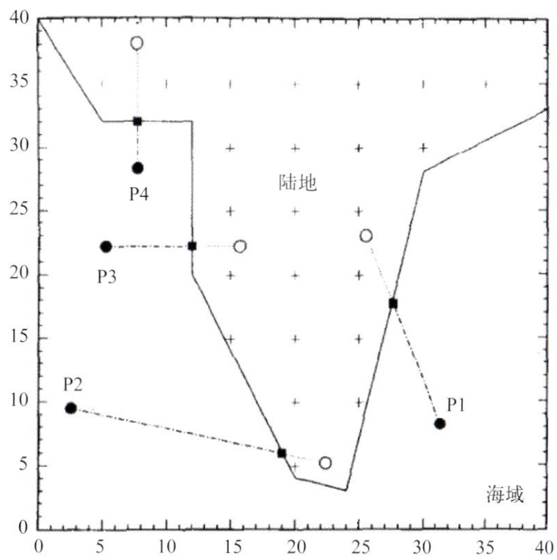

图7.1 “油粒子”靠岸判断技术

7.1.4 溢油风化模型

海面溢油在其输运扩散的过程中，也同时经历着诸如蒸发和乳化等各种风化过程，直接导致油膜的理化性质的变化。

溢油的风化过程是相当复杂的。本模型主要研究溢油的蒸发过程和乳化过程。对于诸如生物降解和光氧化过程等则不予考虑。

7.1.4.1 蒸发（Evaporation）

在溢油发生后的第一个小时内，蒸发是溢油油量和物理化学性质改变的非常重要的过程。蒸发的比例由油品、海水温度、风速和其他过程（如扩展、乳化）所决定，本系统采用Stiver和Mackay(1985)提出的参数化公式计算蒸发率和蒸发量。

蒸发系数定义为：

$$\theta' = \frac{k'At}{V_0} = \frac{k't}{\delta} \tag{7.10}$$

其中：$k'=0.78\times2.5\times10^{-3}\ U_w$，$U_w$为海面以上10 m处的风速；$A$为油膜的面积；$V_0$为溢油的初始体积；$t$为时间。

蒸发率则是蒸发系数、沸点温度等因素的函数：

$$F_V = \ln\left[1 + B'\left(\frac{T_G}{T}\right)\theta' e^{\left(A'-B'\frac{T_0}{T}\right)}\right]\frac{T}{B'T_G} \tag{7.11}$$

其中：F_V是蒸发率；A'=6.3；B'=10.3；T_G为沸点曲线的梯度；T为油的温度；T_0为油（在F_V=0时）的初始沸点温度。

7.1.4.2 乳化（Emulsification）

溢油在乳化过程中，分散油滴与海水形成“油包水”的乳胶物，呈深棕色泡沫状结构，其含水量可达80%。这种乳化物具有较高的密度和黏性，因而它可以影响溢油的扩散过程，并为溢油清除带来困难。轻质的易挥发的油很少形成乳化物，重质燃料油或原油会形成相当大量的乳化物。乳化过程受风速、波浪、油的厚度、环境温度、油风化过程等因素的影响，一般用含水率Y_W来表征乳化程度。计算乳化物含水量的公式（Mackay et al., 1980）为：

$$Y_W = \frac{1}{K_B}\left[1 - e^{-K_A K_B (1+U_w)^2_t}\right] \tag{7.12}$$

其中：Y_W为乳化物的含水量（%）；K_A=4.5×10^{-8}；U_w为风速；K_B=1/YFW≈1.25；YFW是最终含水量；t为时间。

密度的变化将影响“油粒子”所受浮力的变化，从而影响其垂向运动。

乳化对油密度的影响表示为：

$$\rho_e = (1-Y_W)\,\rho_0 + Y_W \cdot \rho_w \tag{7.13}$$

其中：ρ_e为乳化后油的密度；ρ_0为乳化前油的初始密度；ρ_w为海水密度；Y_W为乳化物含水量。

蒸发对油密度的影响表示为：

$$\rho = \left(0.6 \cdot \rho_0 - 0.34\right) F_V + \rho_0 \tag{7.14}$$

综合两者的影响，油的密度表达为：

$$\rho = (1-Y_W)\left[(0.6 \cdot \rho_0 - 0.34)\, F_V + \rho_0\right] + Y_W \cdot \rho_w \tag{7.15}$$

油黏性随温度而变化，本模型假设温度变化较小，因此可不考虑温度变化对黏性的影响。

7.1.5 溢油输运扩散及风化模式设计及计算流程

通过对溢油行为的了解，以及模式中影响溢油输运扩散的各要素作用的分析，模式结构已基本清晰（见图7.2）。本模式基本可以分为输运模块和风化模块。输运模块采用“油粒子”模型进行计算，海面的粒子主要考虑风的拖曳作用、海面流的作用、水平扩散和垂向运动导致入水的影响；对在水中的粒子则考虑海流的作用（包括垂向流）、水平扩散、垂向扩散（考虑海浪作用下增强的海水上层湍流混合作用）和浮力的作用；同时无论是海面还是海水中的粒子，每计算一步都要进行一次是否靠岸或者沉降海底（即搁浅）的判断；输运模式计算得到溢油影响面积给风化模块。风化模块在获得海面风和溢油影响面积的信息后，根据公式（7.10）至公式（7.15）计算残油量和“油粒子”密度，并将结果返回给输运模块。

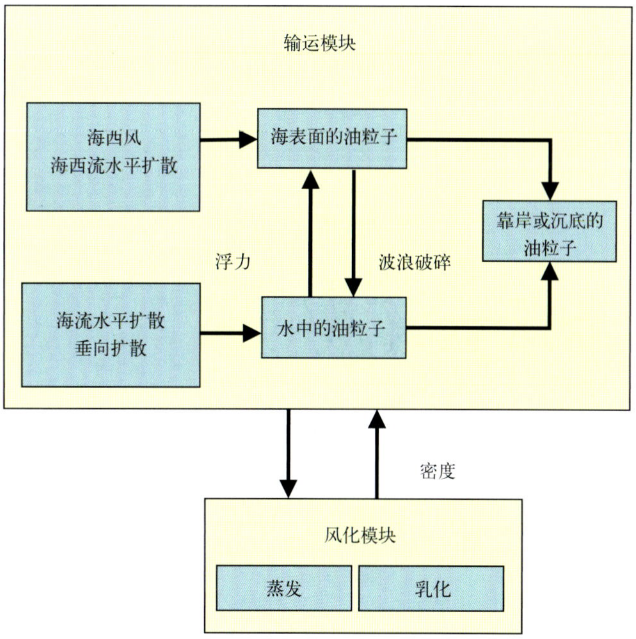

图7.2 溢油输运扩散及风化模式结构设计

7.1.6 模型验证

7.1.6.1 “蓬莱19-3”平台漏油事件

2011年6月18日，国家海洋局北海预报中心的卫星遥感图中发现两个溢油带（图7.3），并于21日的卫星遥感图中（图7.4）发现该区域附近仍有溢油存在，因此可以初步判定和18日的溢油带是同一片油。我们从图中提取溢油信息，对两个溢油带开展漂移漂移预报，预报结果见图7.5所示。

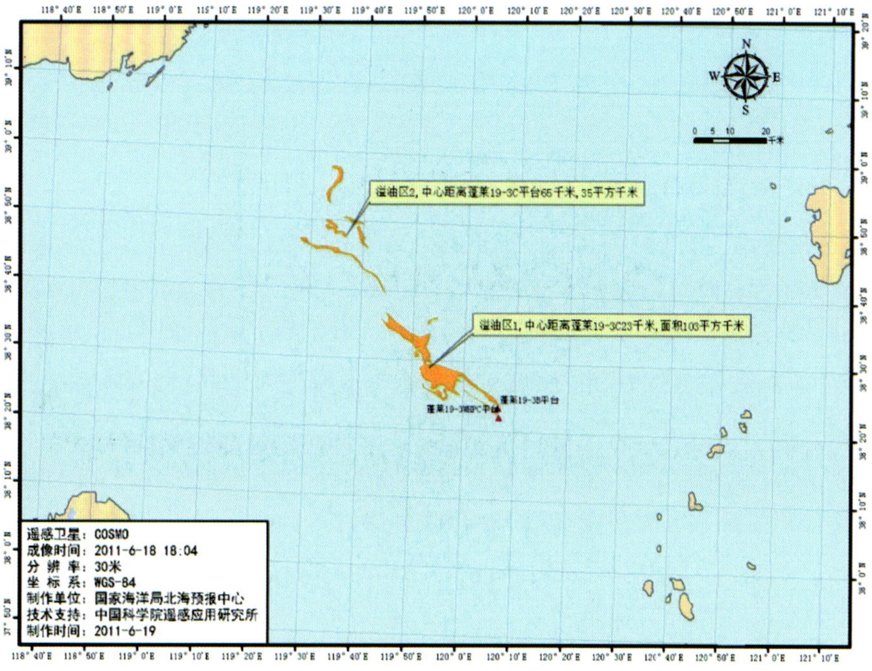

图7.3 北海预报中心2011年6月18日卫星遥感溢油解译图

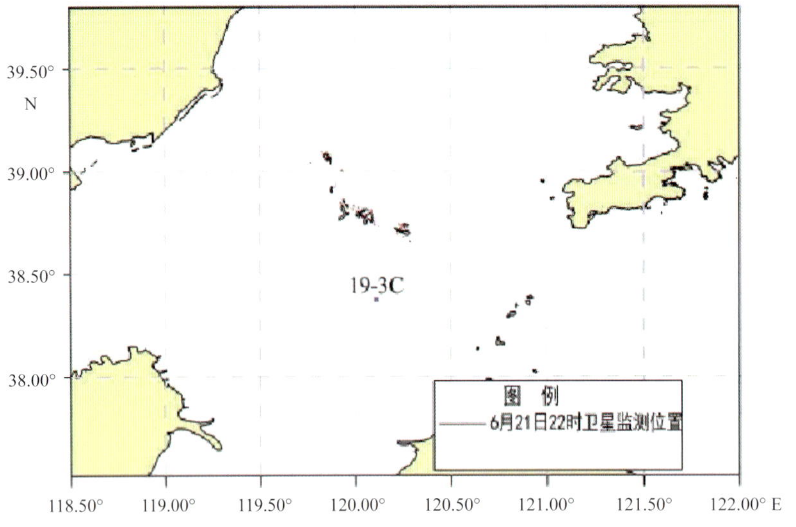

图7.4　北海预报中心2011年6月21日卫星遥感溢油解译图

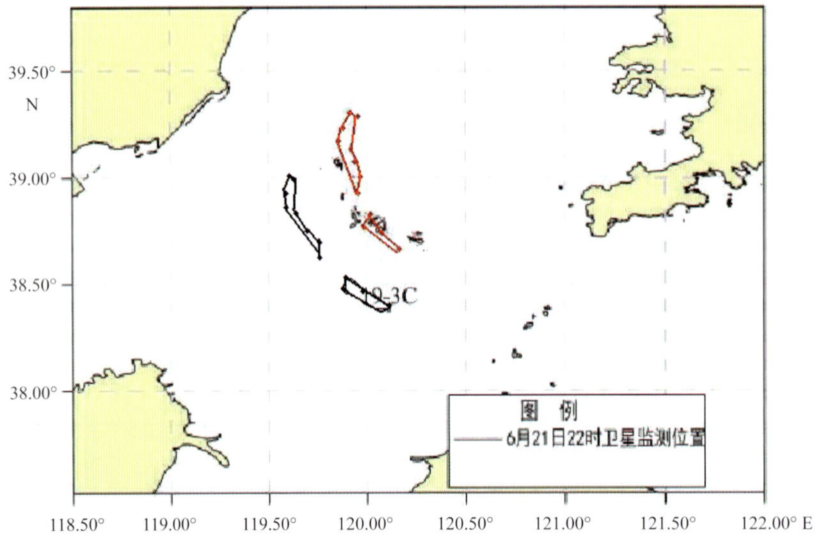

图7.5　溢油漂移预报结果（红色线包围区域为预报位置）

从图7.5中可以看到，预报结果和观测结果的位置基本重合，只是形态上有较大差别，因此不易进行定量的误差检验。但可以看到预报的漂移方向基本一致，漂移速度也相差不大。

图7.6为2011年6月19日10时（左）和6月19日17时（右）的卫星遥感图片，可以清楚看到，左边图片中的A1区溢油即为右边图片中A区溢油。我们提取左边图片中A1区溢油信息进行模拟，预报结果见图7.7。

图7.7中红色区域为预报结果，蓝色区域为10时观测到的该片油膜的位置，黑色区域为17时观测到的油膜位置。可见漂移方向和速度基本一致，如果以黄色数字所在位置分别为三个区域的中心点来计算误差，则漂移方向绝对误差为11.96°，模式计算漂移距离为12.39 km，观测漂移距离为14.19 km，速度绝对误差为0.247 km/h。

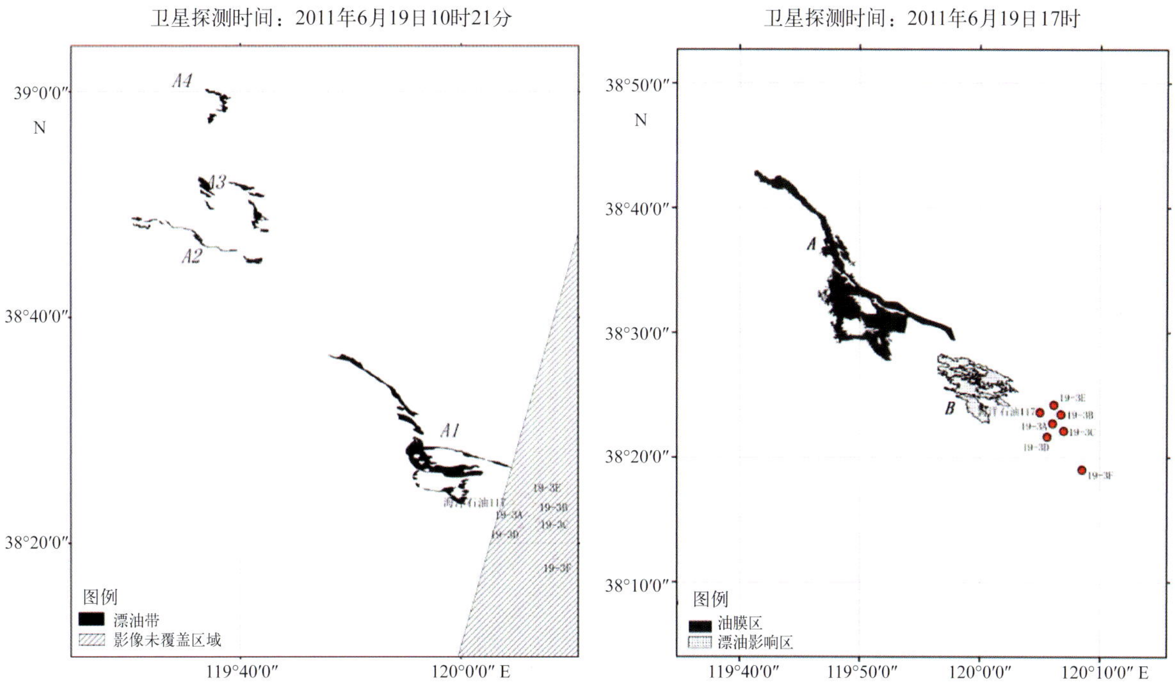

图7.6　卫星中心渤海溢油遥感监测解译图

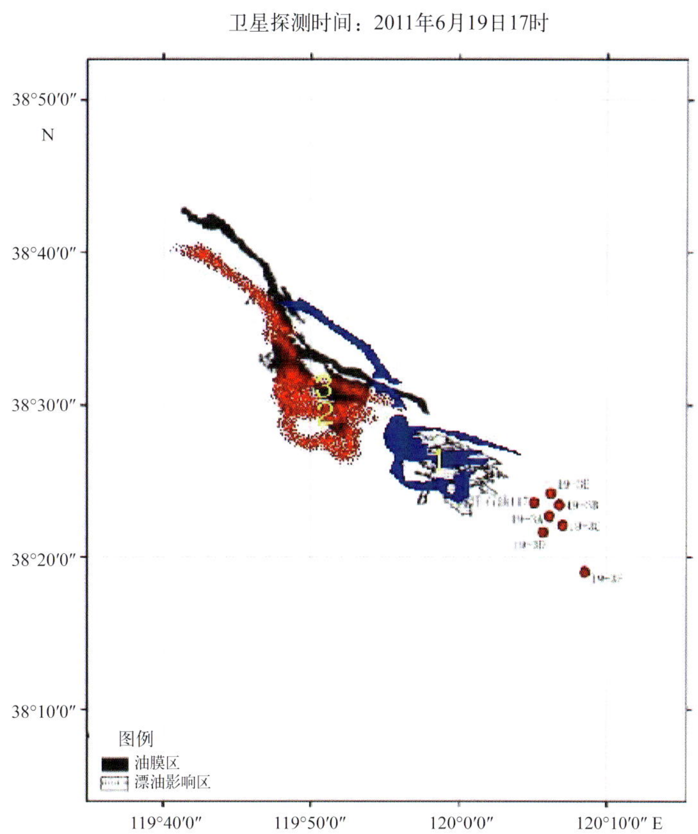

图7.7　预报结果和观测位置对比图

7.1.6.2 “桑吉”轮碰撞沉没溢油事件

根据卫星中心提供的1月15日06时19分东海应急遥感监测影像图（图7.8），在油轮沉没海域监测到最大东西长约12 km，最大南北长约9 km的溢油区，核心面积约57.87 km^2，中心位置28°24′28″N，125°56′57″E。国家海洋环境预报中心以1月15日06时19分为起报时间，对图7.8中的溢油区开展了未来72小时的漂移扩散预测，并与1月16日和17日的卫星监测结果进行了对比检验（图7.9）。

根据预测结果，未来24 h，油膜向偏北方向漂移扩散，速度约0.75 km/h；未来24～48 h，油膜由偏北转为向东南方向漂移扩散，速度约1.25 km/h；未来48～72 h，油膜向东南方向漂移扩散，速度约0.54 km/h。1月16日04时51分，油膜区预测中心位置距离监测中心位置约5.9 km，1月17日17时42分，油膜区预测中心位置距离监测中心位置约15.4 km。

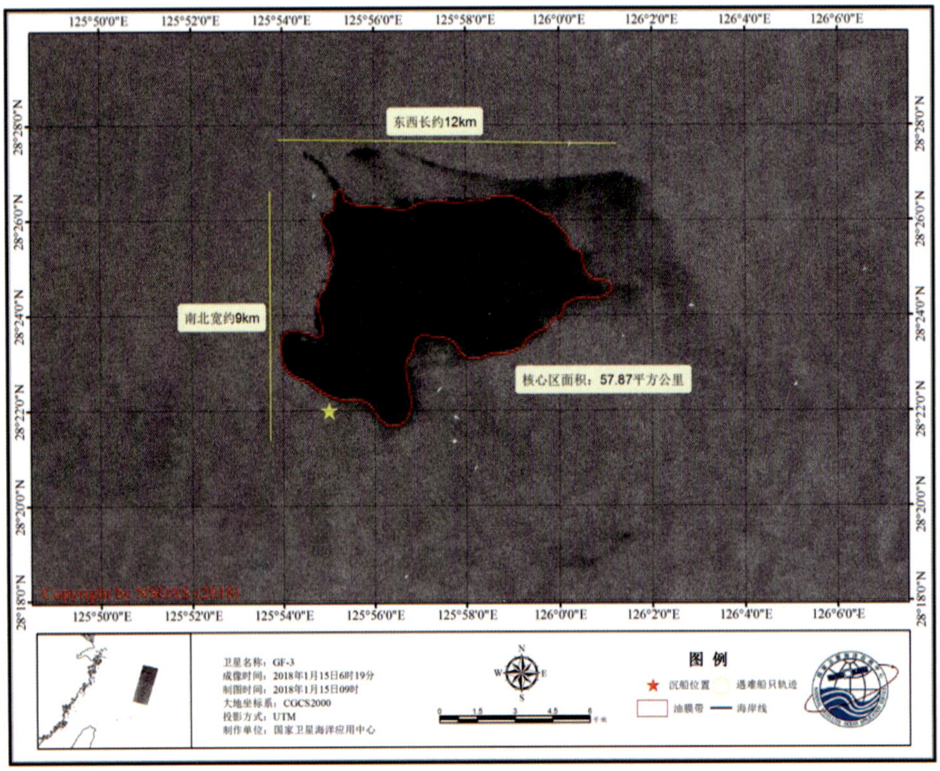

图7.8 东海应急遥感监测1月15日影像图

资料来源：国家卫星海洋应用中心

根据卫星中心提供的1月17日17时42分东海应急遥感监测影像图（见图7.3），在油轮沉没海域监测到最大面积约48 km^{2}的溢油带，中心位置28°42′5″N，126°9′9″E。预报中心以1月17日17时42分为起报时间，对图中的最大面积溢油区开展了未来72小时的漂移扩散预测，并与1月19日和20日的卫星监测结果进行了对比检验（见图7.9至图7.11）。

根据预测结果，未来48 h内，油膜向东南方向漂移扩散，速度约0.45 km/h；未来48～72 h，油膜向东−东南方向漂移扩散，速度约1.0 km/h。在1月19日05时30分，油膜区预测中心位置距离监测中心位置约9.5 km，在1月20日06时12分，油膜区预测中心位置距离监测中心位置约16.0 km。

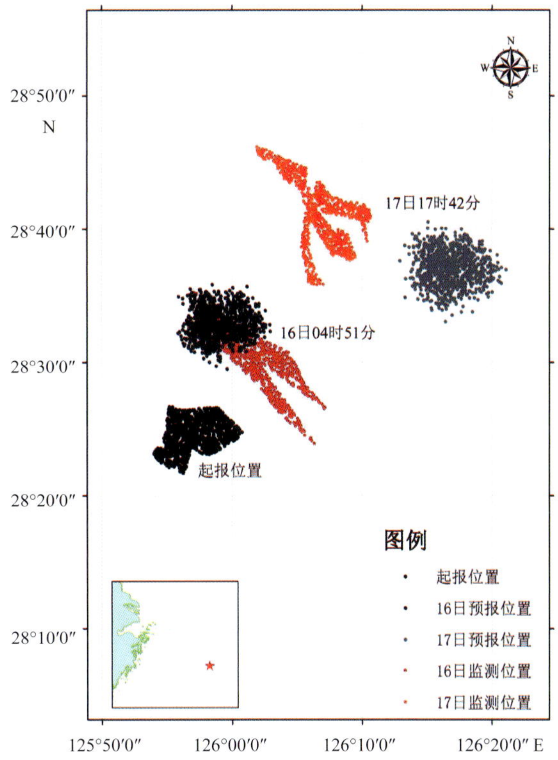

图7.9　油膜漂移扩散预测与监测结果对比图（1月15日起报）

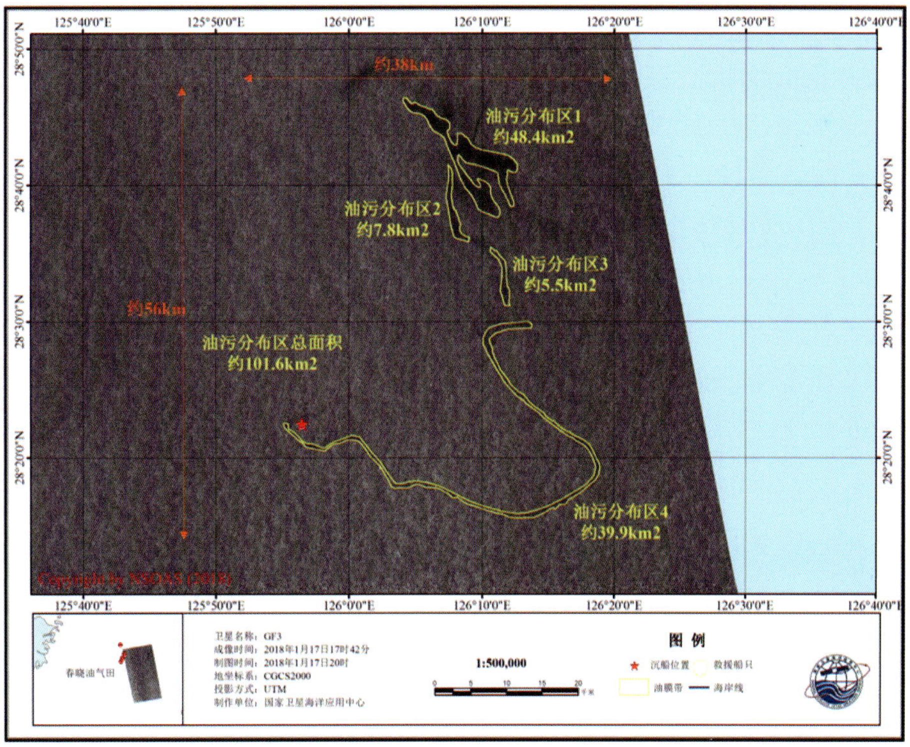

图7.10　东海应急遥感监测1月17日影像图

资料来源：国家卫星海洋应用中心

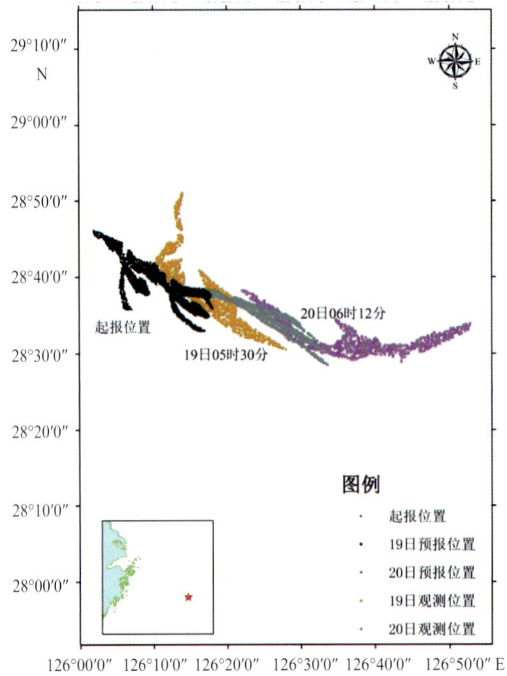

图7.11　油膜漂移扩散预测与监测结果对比图（1月17日起报）

7.1.7　三维溢油漂移扩散数值模型对比评估

国家海洋环境预报中心引进了挪威SINTF工业和科学研究院的OSCAR（Oil Spill Contigency and Response）溢油应急与响应系统。OSCAR系统主要包括四个部分：①风化模型：基于油品和化学数据库模拟溢油的风化过程；②三维行为与归宿模型：模拟溢油轨漂移轨迹和化学归宿；③溢油应急反应：通过模拟为应急反应做策略分析。④生物暴露模型：计算海面和水体中的溢油对海洋浮游植物，浮游动物、底栖生物、鱼类和幼体的的短期和长期影响。

7.1.7.1　风化过程对比评估

在风化过程、溢油行为与归宿、气象与海洋要素和深海模块方面，表7.1对比了国家海洋环境预报中心现有的四套溢油模式。由于现有的OSCAR和NMEFC具备拉格朗日坐标系下三维溢油漂移轨迹的预报功能，因此重点对比了这两个模式的风化模块和垂向扩散方案模块。其中表7.2中对比了OSCAR和NMEFC风化模型中的扩展、蒸发、乳化、密度和自然扩散过程。

表7.1　OSCAR、NMEFC、GNOME和OILMAP的比较

	OSCAR	NMEFC	GNOME	OILMAP
风化过程	扩展、蒸发、溶解、乳化、自然分散、消油剂分散和生物降解	扩展、蒸发和乳化	扩展、蒸发、扩散和乳化	
溢油漂移	3D	2D 3D	2D 3D	2D 3D（不可用）
归宿	蒸发到空气中，残留在海面，分散入水体中，岸线吸附，油与海床和冰的相互作用	空气、海面、水体、岸线	同OSCAR	同OSCAR
气象、海洋要素	风、流、波浪；温、盐（密度）剖面应用与深海溢油	风、流	风、流	风、流

表7.2　风化模型对比

	OSCAR	NMEFC
扩展	Fay 1969; Hoult 1972; Fannelop and Waldman 1972; and also account for turbulent spreading.	Fay 1969; Mackay 1980
蒸发	25 pseudo-components, Reed et al. 1999b; Thibodeaux 1979; Mackay et al. 1980; Sebastio and Soares 1995.	Stiver and Mackay 1984
乳化	Lab data according to procedures of Daling 1990, 1997; Cormack 1983.	Mackay et al. 1980
密度	Mooney 1951; Mackay et al. 1980; and fitting parameters from lab data.	Mooney 1951; Mackay et al. 1980
自然扩散	Delvigen and Sweeney 1988	Li Yan 2012

依据文献（P. Sebastiao and C. Guedes，1995），应用两个模式模拟了100 t原油在5 m/s风速下和15℃的海温下的风化过程。需要说明的是，OSCAR油品数据库中对原油有多种选择，物化特性差异较大，密度在0.8～0.9 kg/m^{3}之间变化，黏性系数为几厘泊到上千厘泊不等，倾点可从零下50～20℃变化；这里选取LUNO 2010为例，其密度为0.85 kg/m^3，黏性系数为30 cp，倾点为6℃。两个模式蒸发、扩展、乳化（黏度系数）变化过程对比见图7.12至图7.14。从图3.25中可以看出，两个模式的蒸发过程大致相同，OSCAR预测10天后约50%的油量蒸发至大气中，约30%的油量分散成油滴进入水中，约15%的油量残留在水面上，还有一少部分的油污通过生物降解净化。OSCAR结果表明10天后油膜面积为30 km^2，远小于NMEFC预测的120 km^2，如前所述OSCAR有30%的油量在波浪的作用下，由油膜破裂形成油滴进入水中，由于此处NMEFC是在二维拉格朗日坐标系下模拟的，导致高估了实际情况。即使假设OSCAR也只考虑二维情况，则将会覆盖大约90 km^{2}的海域，仍是低于NMEFC的预测。此外可以看到，OSCAR中油膜总面积会在总体上升过程中上下浮动，这是由于扩展过程中考虑到湍的作用，另外，有些进入水中的大尺寸油滴还会重新在浮力的作用下上升至海面。黏性系数的变化受油品影响很大，由于文献中没有给出原油的具体物化特性，所以OSCAR中所得到的50 000 cp的乳化油，没有重现文献的黏性系数也在预想之中，而NMEFC给出了更为黏稠的油。

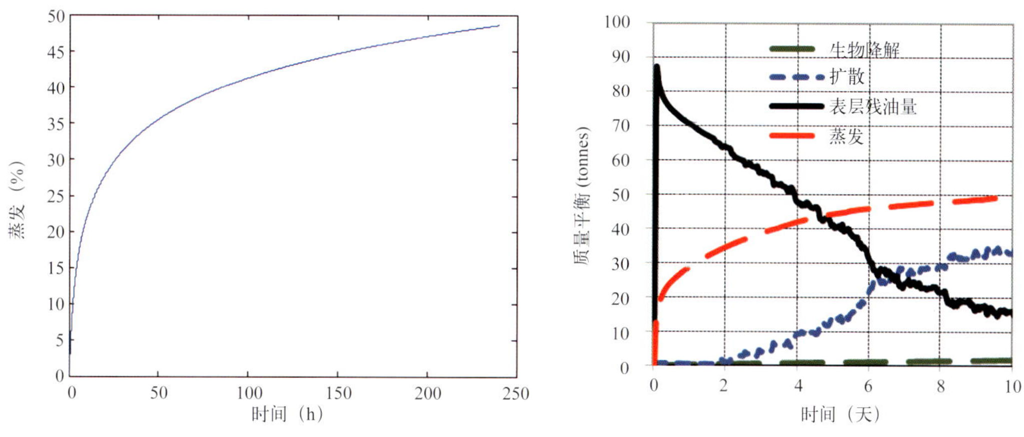

OSCAR　　NMEFC

图7.12　蒸发过程的对比

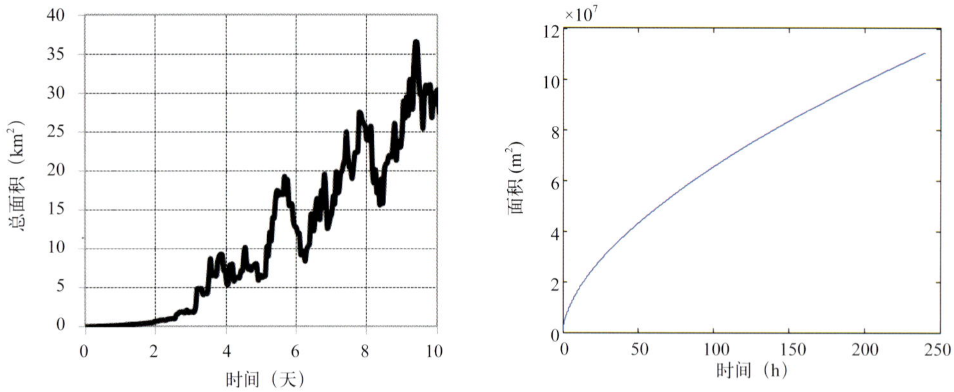

OSCAR　　NMEFC

图7.13　扩展过程对比

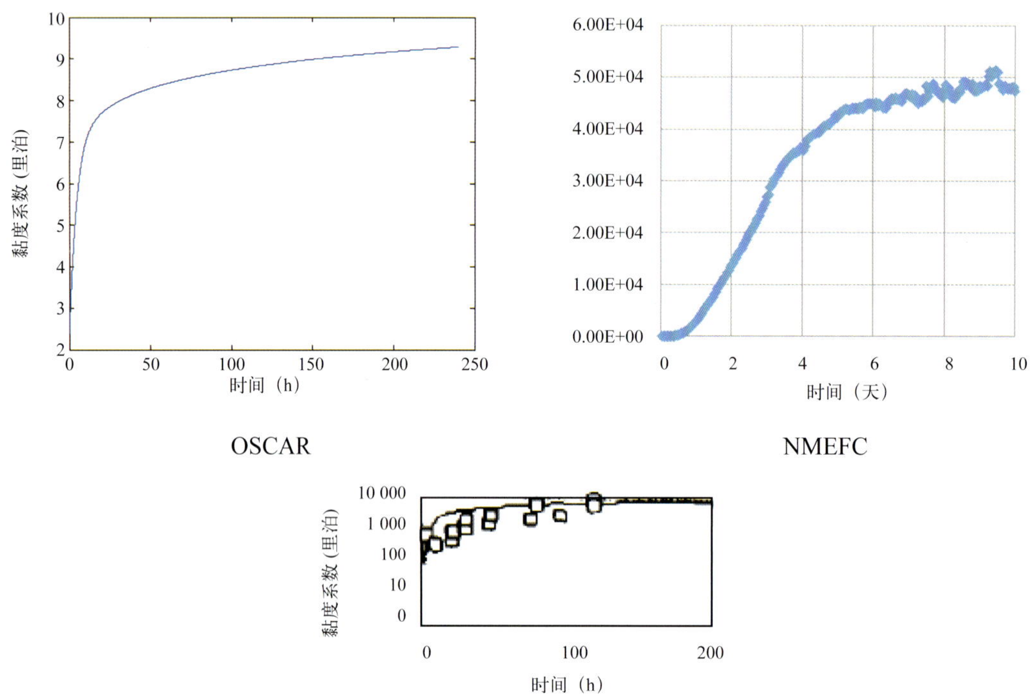

OSCAR　　NMEFC

图7.14　黏性系数变化过程对比
资料来源：P. SEBASTIAO and C. GUEDES, 1995

7.1.7.2　垂向扩散对比评估

现有的溢油模拟研究中，明确指出了海浪在油膜破碎、溢油入水以及其在水中的扩散过程中所起到的重要作用。OSCAR中分散过程应用Delvigne和Sweeney（1988）提出的经验公式计算：

$$Q_{d_i}=C^{*}D^{0.57}SFd_i^{0.7}\Delta d \tag{7.16}$$

其中：Q_{d_i}为每单位表面面积上尺寸在$d_i-\Delta d$到$d_i+\Delta d$的油滴进入速率，单位为 kg/(m²·s)；C^{*}为基于油品黏性系数的经验参数；S为油在海面的覆盖率；D为单位面积的耗散的破碎波的能量，单位为kg/s²；F为海面单位时间遭遇破碎波的份数。

OSCAR中垂向湍流扩散方案采用Ichiye（1967）方案，如公式（7.4），同于NMEFC提出的三种垂向湍方案中的一种，其他两种垂向方案不在此赘述，详情参见李燕（2012）的论述。

OSCAR模拟了初始位置在38.392°N，120.112°E溢出的100 t STATFJORD BLEND原油（密度0.834 kg/m^3，黏性系数21 cp，倾点−3℃），在三个不同风速下$u10$=2 m/s，$v10$=2 m/s；$u10$=4.5 m/s，$v10$=4.5 m/s；$u10$=7.5 m/s，$v10$=7.5 m/s的漂移。为了比较风对溢油输运的影响，流设为0；可见定性上，OSCAR和NMEFC都能模拟出溢油随着风速逐渐增大，漂移距离越远，油粒子入水比例越大，入水深度也越深；但OSCAR的入水深度都比NMEFC要大，这是因为OSCAR中考虑了浪所产生的分散作用，而NMEFC模型中没有考虑。但值得一提的是，NMEFC模型中是用POM（Princeton Oceanic Model）海流模式在前述风场强迫下所得的流驱动的，POM虽然考虑了海浪对表层海流混合的考虑，但是溢油本身模式中缺少浪对油膜的作用（图7.15）。对于评估哪一种垂向方案的优劣性来说，在实验数条件缺乏时，可通过查找相关文献数据或者建立多相流动力学模型来评估。在OSCAR模拟中可以看到表层油膜随风速增大，扩散程度越大。油粒子在油膜厚的时候，油粒子直径较大，反之，在油膜薄的时候，会产生较小的油粒子。图7.16中对比两个模式中油粒子入水比例，OSCAR的入水比例小于NMEFC模式，OSCAR模式显示油粒子逐步进入水中，而NMEFC则模拟出油粒子是在最初的几个小时进入水中，这样的差别原因之一是OSCAR没有考虑流的作用，二是两者对油品风化过程的刻画不同，随着乳化，油的黏度和密度增加，波浪把油滴打散入水中的难度增加，导致OSCAR算的入水比例更小。

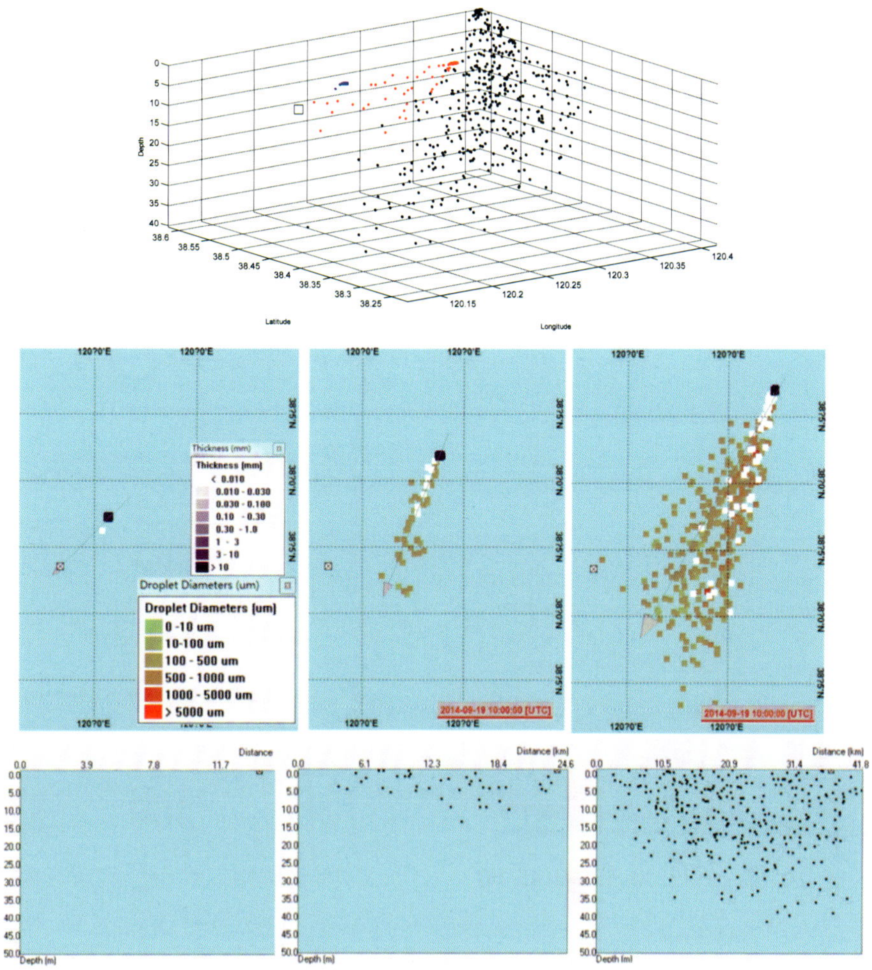

（a）

图7.15　三个风速下扩散对比

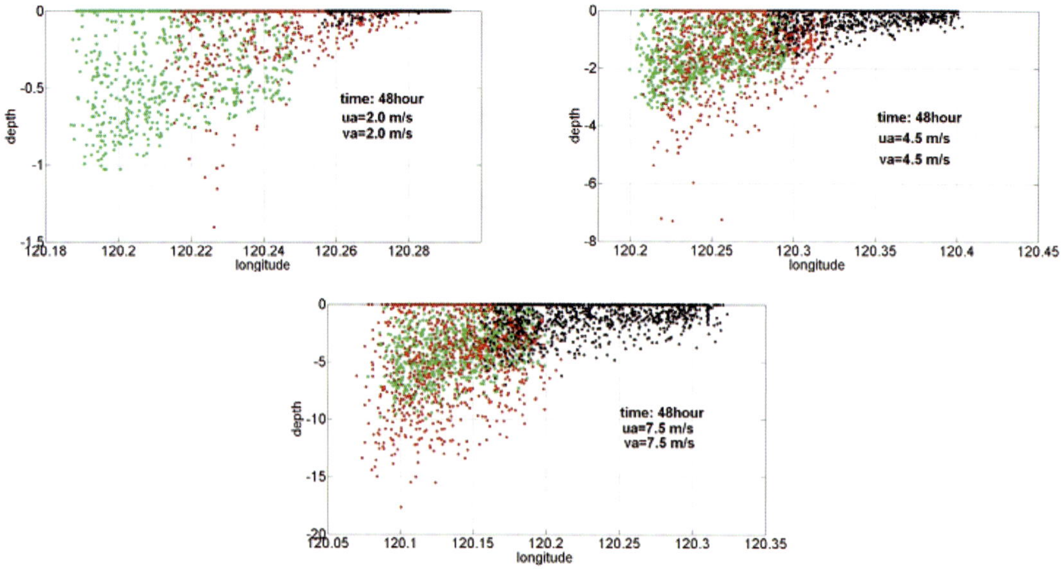

（b）

图7.15　三个风速下扩散对比（续）

（a）为三个风速下，OSCAR模拟的油滴48 h后的三维空间分布对比。蓝点：$u10=v10=2$ m/s；红点：$u10=v10=4.5$ m/s；黑点：$u10=v10=7.5$ m/s。方框为初始位置；（b）为三个风速下，OSCAR的海面油膜厚度和水下油滴直径尺寸分布，以及纵剖面油滴垂向分布，并与NMEFC模拟结果的对比。NMEFC结果中不同颜色的散点代表三种垂向方案，红色点是采用和OSCAR一样的垂向湍扩散方案，在此用作比较

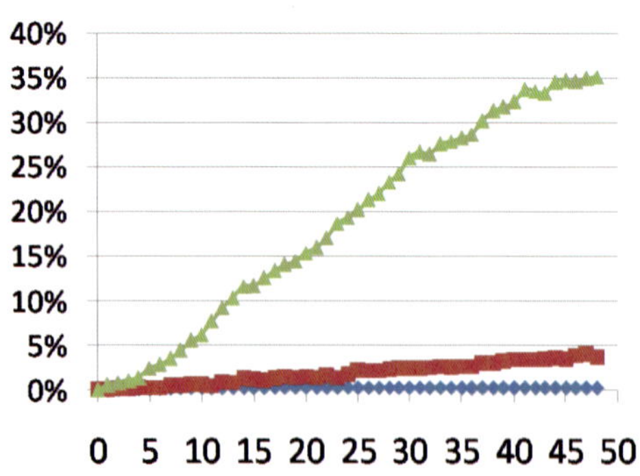

OSCAR

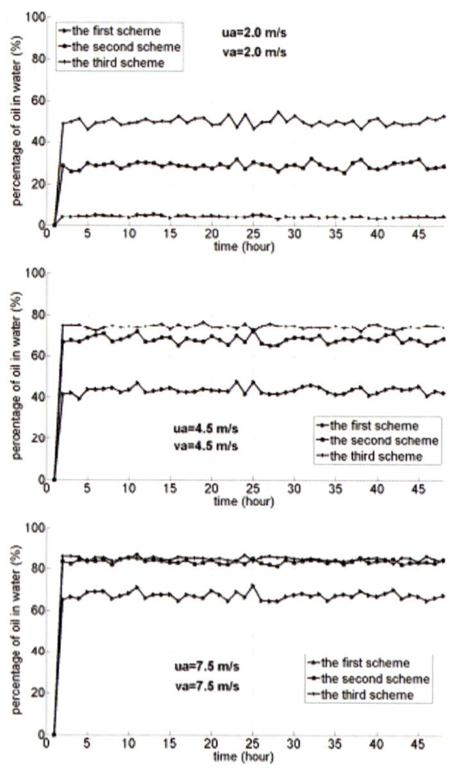

NMEFC

图7.16　OSCAR和NMEFC模拟的油粒子入水比例的对比

OSCAR中蓝点：$u10=v10=2$ m/s；红点：$u10=v10=4.5$ m/s；绿点：$u10=v10=7.5$ m/s。NMEFC中用作对比的是方点图表示的垂向方案

7.2 海上溢油漂移轨迹业务化预报系统建设

7.2.1 系统结构

目前中心溢油应急预报系统是在溢油输运扩散和归宿数值模型的基础上，结合国家海洋环境预报中心已经业务化的西北太平洋海流和风场数值预报系统，建立业务化海上三维溢油应急预报系统，该系统分为六个部分（图7.17）。

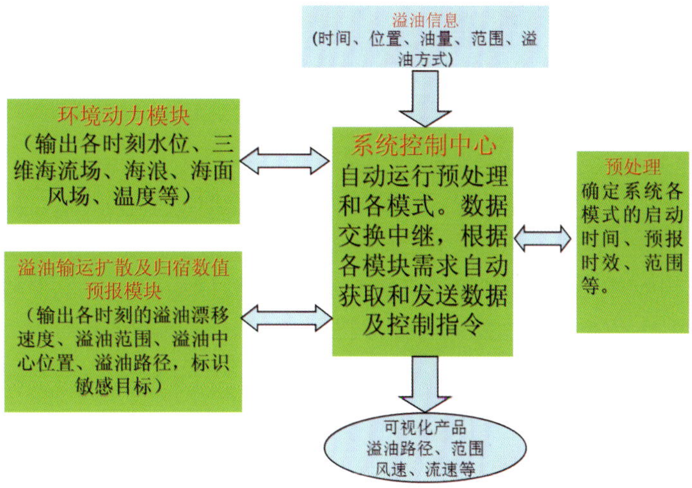

图7.17　业务化海上三维溢油应急预报系统结构图

该系统分为六个部分，每个部分作用如下：

系统控制中心控制预处理模块和其他模块按设定时间自动运行，并根据各模块需求自动获取和发送数据及控制指令。预处理模块向系统控制中心提交系统各模块启动时间、预报时效、预报范围等。

溢油信息模块提供给系统控制中心溢油源的信息，包括溢油时间、地点、范围、溢油量、溢油方式等，此模块包含一个溢油卫星遥感观测图数字化信息处理功能，可将观测图片中的油源信息转化为输运模式所需数据格式。

环境动力模块则给系统控制中心提供海洋环境要素，如三维海流流速、水位、三维海温、海浪、海面风场、气温、湿度等。

溢油输运扩散数值预报模块是在接收到系统控制中心提供的溢油源信息、环境动力要素之后，经过溢油模式计算，向系统提供溢油预报结果，包括预报各时刻的溢油漂移速度、溢油范围、溢油位置、溢油路径等。

最后是产品可视化模块，该模块方便快捷并且直观地表达出客户所需要的产品。

各模块数据交换关系见图7.18。地形数据、海流预报结果和风场预报结果都存储在数据库中以备溢油输运扩散和归宿模型使用。一旦发生溢油，则先根据溢油事故信息利用预处理模块生成模式参数文件，提供给溢油输运扩散和归宿模型。输运扩散模块和风化模块间有信息交换，溢油输运扩撒和归宿模型计算结果给可视化模块，得到“油粒子”分布、垂向分布和浓度分布等信息。

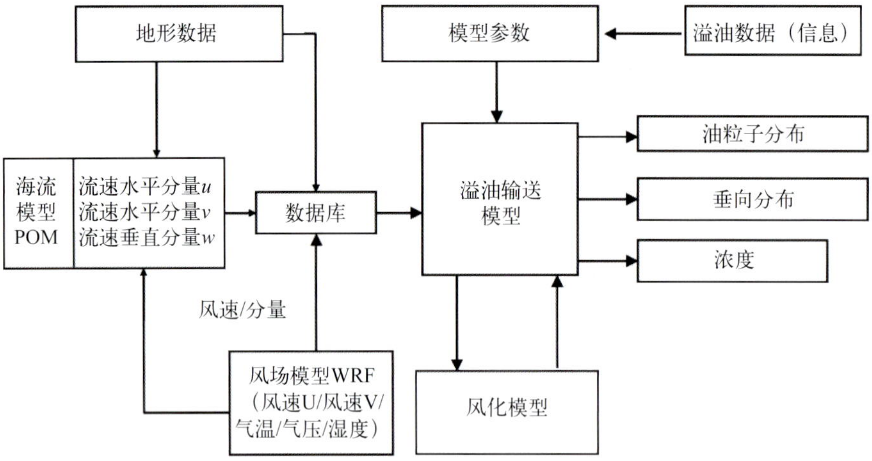

图7.18　各模块数据交换关系图

本项目基于已有的业务化溢油预报系统架构，将三维溢油漂移预测模型替换之前的二维漂移预测模型，并将之前衔接的西北太平洋业务化风场和流场预报系统贴换为北印度洋海洋环流数值预报系统和北印度洋海面风场数值预报系统。北印度洋海洋环流数值预报系统保障区域范围包括印度洋、南中国海、印度尼西亚周边和西太平洋等海域。按工程标准要求对替换部分的接口进行修改和编写，实现系统中六大部分的无缝衔接，各模块间数据的顺利传输转化，保障业务化系统的流畅运行，最终在可视化平台上提供展示预测失事目标物漂移轨迹结果。

7.2.2　系统运行流程

本系统主要包括数值模式和使用界面输入、动画显示输出和文本存储输出三大部分。运行流程如图7.19所示。

对于环境动力模块，每天早上8时前先后启动该模块中的气象模式、海洋模式，并将环境动力模块的结果按需求存储于系统控制中心模块备用。一旦发生溢油事件，则启动本应急预报业务系统，从使用界面输入溢油源信息并将信息按需求格式存储于系统控制中心；之后启动溢油漂移扩散数值预报模块，由该模块判断能否从系统控制中心获取环境动力模块结果，并将计算结果存储于系统控制中心；最后启动产品可视化模块，将客户所需要的预报结果动态地、直观地表现出来，提供给有关使用部门。

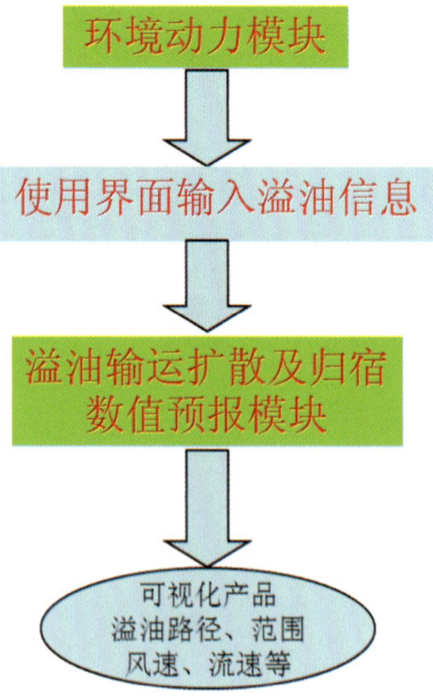

图7.19　系统运行流程

7.2.3　系统主要功能

本系统可对以下种类的溢油源资料进行模拟预报，预报油膜的漂移路径、范围和登陆点等。

（1）海面油井平台瞬时或者连续溢油；

（2）海面运动油轮连续溢油；

（3）海底沉船连续溢油；

（4）海底输油管道连续溢油；

（5）提取卫星图片中油膜形态和油膜位置。

系统输入溢油信息数据后，自动进行预报，实时地三维动画显示溢油漂移的情况，并显示溢油分布范围、油膜面积、位置、溢油的抵岸时间、地点、油量、影响范围、沉降海底的位置、海上残油量等信息。整个预报过程具有可视化、直观化的特点。

7.3 溢油产品方案

针对“海上丝绸之路”发布对象的不同，对预报产品做了较大的改进，并提供中英文两种版本的预报产品。我们调研了国际各预报机构的预报发布情况，参考国际流行的预报发布形式，对预报发布内容和格式都做了较大调整，预报产品更加简洁明了，预报内容的翻译和表达上也借鉴了国际通用方式，预报图表达信息更加清晰准确，尽量让服务对象能通过一张预报图就能获取想要的信息。溢油中、英文预报单见图7.20。

南海溢油事故漂移扩散预测简报

发布时间：2018 年 10 月 31 日 08 时 00 分

起始时间：2018 年 10 月 31 日 02 时 00 分
预测时长：72 小时
预测起始点经纬度：106° 14.527′ E，4° 37.568′ N
油品：凝析油
油量：10000 吨
溢油应急漂移预测结果：

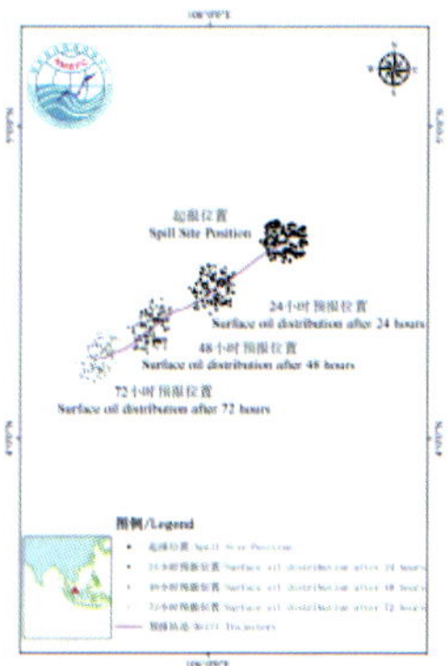

图 1 漂移轨迹及溢油分布范围预报示意图

表 1 漂移预测位置

序号	预报时间	时间	经度	纬度
1	0h	2018/11/01, 02:00	106° 14.527′	4° 37.568′
2	24h	2018/11/02, 02:00	106° 01.132′	4° 28.813′
3	48h	2018/11/03, 02:00	105° 48.895′	4° 21.452′
4	72h	2018/11/04, 02:00	105° 38.426′	4° 15.544′

模拟结果，仅供参考。

Report of Drift-Diffusion Forecast for Oil Spill Accident in the South China Sea

Release Time: 2018/10/31, 08:00 (UTC+8)

Start Time: 2018/10/31, 02:00 (UTC+8)
Period of Validity: 72 hours
Spill Site Position: 106° 14.527′ E, 4° 37.568′ N
Oil type: Condensate
Oil Spill Amount:10000 Tonnes
Drift-Diffusion Forecasts:

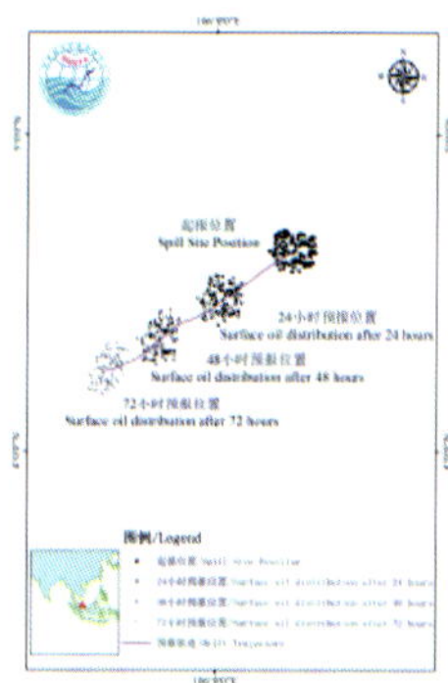

Fig.1 Forecast of drift trajectory and oil spill spatial distribution.

Tab.1 Predicted Drift position

序号 No.	预报时间 Period of Validity	时间 Date (UTC+8)	经度 Longitude (E)	纬度 Latitude (N)
1	0h	2018/11/01, 02:00	106° 14.527′	4° 37.568′
2	24h	2018/11/02, 02:00	106° 01.132′	4° 28.813′
3	48h	2018/11/03, 02:00	105° 48.895′	4° 21.452′
4	72h	2018/11/04, 02:00	105° 38.426′	4° 15.544′

The simulation results are for reference only.

图7.20 溢油预报单

为使预报产品能在“一带一路”专题网站和APP等渠道展示，经同网站和APP建设人员协商讨论，确定提供给网站的产品格式修改为txt文件和jpg文件，将预报单中文字部分内容修改格式后放置在txt文件中，预报单中的图片单独存放为jpg格式文件提供，并对文件名做了规范。文件命名规范如下。

按照溢油事件发布，每次事件发布若干次预报，一次预报产品分为两部分组成，如下所示：

1）溢油预报产品辅助信息文件

文件后缀：.txt

命名方式：

en_EventIDO_SN_ YYYYMMDDhh24mi.txt/

cn_EventIDO_SN_ YYYYMMDDhh24mi.txt

en：产品指示符，en表示英文产品；cn：产品指示符，cn表示中文产品。

EventID：事件发生时间20181127140000，O代表溢油预报。

SN：一次事件的期数序号，从1开始，逐步增加，直至一次时间结束。

YYYYMMDDhh24mi：发布时间，如20181127140000。

文件内容：

#EventID:和产品文件命名中EventID一致。

#EventCnName:溢油事件英文名称。

#EventEnName:溢油事件中文名称。

#CnPosition:中文描述溢油海域，如舟山附近海域。

#EnPosition:英文描述溢油海域。

#Lat:十进制纬度，值域范围[−90,90]，北纬为正，南纬为负，保留小数点两位，如30.45。

#Lon:十进制经度，值域范围[−180,180]，东经为正，西经为负，保留小数点两位，如90.67。

溢油产品描述信息：中文描述溢油产品采用的技术方法解释，风场数据来源描述，流场数据来源及溢油模型解释，外加产品免责声明。英文对应上述中文的英文描述。

预报单包含的其他信息，如：事发时间、起报时间、事发位置、起报位置、预报时长、油品类型、溢油量，预报结果分析及表格等。其中表格表达形式在txt里面转换成文字表达而不用表格形式。

2）预报产品图（格式）

命名方式：

en_EventIDO_SN _YYYYMMDDhh24mi_tn.png /

cn_EventIDO_SN _YYYYMMDDhh24mi_tn.png

en：产品指示符，en表示英文产品；cn：产品指示符，cn表示中文产品。

EventID：事件发生时间20181127140000。O代表溢油预报。

SN：一次事件的期数序号，从1开始，逐步增加，直至一次时间结束。

YYYYMMDDhh24mi：发布时间，如20181127140000。

Tn：本次预报发布的预报图编号，从1开始，不超过5张。

溢油提供网站和APP的文件样本如图7.21和图7.22所示。

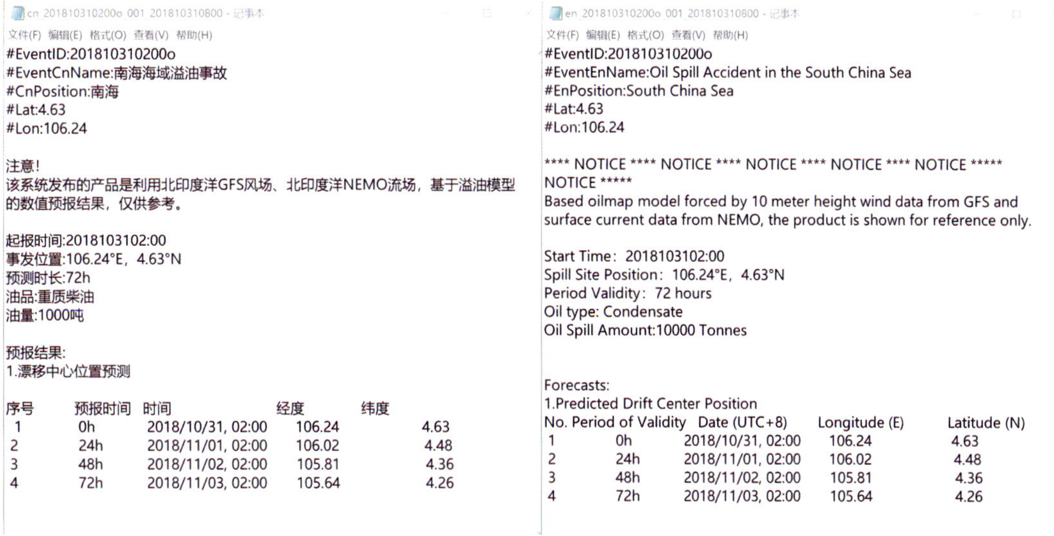

cn 201810310200o 001 201810310800 - 记事本

文件(F) 编辑(E) 格式(O) 查看(V) 帮助(H)

#EventID:201810310200o
#EventCnName:南海海域溢油事故
#CnPosition:南海
#Lat:4.63
#Lon:106.24

注意！
该系统发布的产品是利用北印度洋GFS风场、北印度洋NEMO流场，基于溢油模型的数值预报结果，仅供参考。

起报时间:2018103102:00
事发位置:106.24°E，4.63°N
预测时长:72h
油品:重质柴油
油量:1000吨

预报结果:
1.漂移中心位置预测

序号	预报时间	时间	经度	纬度
1	0h	2018/10/31, 02:00	106.24	4.63
2	24h	2018/11/01, 02:00	106.02	4.48
3	48h	2018/11/02, 02:00	105.81	4.36
4	72h	2018/11/03, 02:00	105.64	4.26

en 201810310200o 001 201810310800 - 记事本

文件(F) 编辑(E) 格式(O) 查看(V) 帮助(H)

#EventID:201810310200o
#EventEnName:Oil Spill Accident in the South China Sea
#EnPosition:South China Sea
#Lat:4.63
#Lon:106.24

**** NOTICE **** NOTICE **** NOTICE **** NOTICE **** NOTICE *****
NOTICE *****
Based oilmap model forced by 10 meter height wind data from GFS and surface current data from NEMO, the product is shown for reference only.

Start Time：2018103102:00
Spill Site Position：106.24°E，4.63°N
Period Validity：72 hours
Oil type: Condensate
Oil Spill Amount:10000 Tonnes

Forecasts:
1.Predicted Drift Center Position

No.	Period of Validity	Date (UTC+8)	Longitude (E)	Latitude (N)
1	0h	2018/10/31, 02:00	106.24	4.63
2	24h	2018/11/01, 02:00	106.02	4.48
3	48h	2018/11/02, 02:00	105.81	4.36
4	72h	2018/11/03, 02:00	105.64	4.26

图7.21　溢油提供网站和APP的txt文件样本

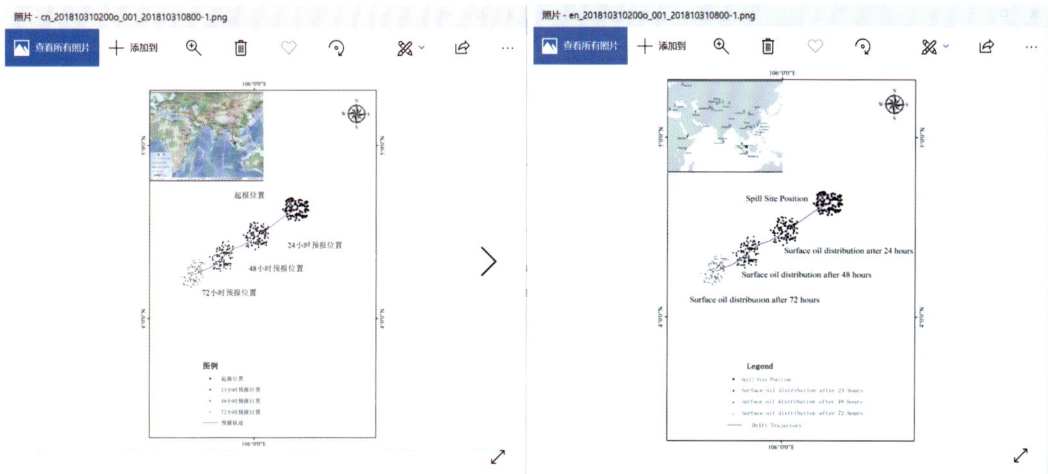

图7.22　溢油提供网站和APP的png文件样本

附录1 印度洋地震海啸产品模板

A. 海啸信息

A.1 海啸信息 (震中位于陆地)

发布编号：1
发布单位：中国自然资源部海啸预警中心
发布时间：2018年08月05日11时56分 (世界时)

…海啸信息…

[注意]

针对印度洋区域发布的海啸消息仅用于参考。印度洋区域内各国的国家海啸预警中心负责本国的海啸预警发布，中国海外有关组织和个人应关注所在国家和地区发布的海啸预警信息并听从当地应急管理部门指挥。

[初步地震参数]

*震级 6.9
*发生时刻 2018年08月05日11时46分（世界时）
*震中位置 8.26°S，116.44°E
*震源深度 34.0 km
*地理位置 印尼松巴哇岛地区海域

[评估结论]

自然资源部海啸预警中心根据初步地震参数判断，此次地震不会引发海啸灾害。震中近岸局部区域可能会有轻微水位波动。

[建议措施]

不需采取特别措施。

[信息更新]

自然资源部海啸预警中心将继续跟踪分析地震和海啸监测数据，如监测信息及预报结论无重要变化，将不会发布后续信息。

[其他信息]

* 更多详情请关注网址www.nmefc.cn。
* 印度洋区域有关国家和地区的海啸预警中心可能发布此次地震海啸事件的预警信息，如与

本信息结论存在差异，请参考最为保守的预报结论，确保人身财产安全。

* TEL: +86-10-62104561

* EMAIL: TSU@NMEFC.CN

TSUNAMI BULLETIN NUMBER 1

ISSUED BY NATIONAL TSUNAMI WARNING CENTER, MINISTRY OF NATURAL RESOURCES

ISSUED 1156 UTC AUGUST 05 2018

…TSUNAMI INFORMATION…

**** NOTICE **** NOTICE **** NOTICE **** NOTICE **** NOTICE ***** NOTICE *****

THIS STATEMENT IS ISSUED FOR INFORMATION ONLY. NATIONAL AUTHORITIES IN THE AREAS

WILL BE RESPONSIBLE FOR DETERMINATION OF THE APPROPRIATE LEVEL OF ALERT FOR EACH

COUNTRY. CHINESE CITIZENS AND ORGANIZATIONS SHOULD FOLLOW THE GUIDANCE OF LOCAL WARNING AND DISASTER MANAGEMENT AGENCIES.

**** NOTICE **** NOTICE ****NOTICE **** NOTICE **** NOTICE ***** NOTICE *****

[PRELIMINARY EARTHQUAKE PARAMETERS]

*MAGNITUDE 6.9

*ORIGIN TIME 1146 UTC AUG 05 2018

*COORDINATES 8.26°S, 116.44°E

*DEPTH 34.0 km

*LOCATION SW OF LOLOAN, INDONESIA

[EVALUATION]

THERE IS NO TSUNAMI THREAT FROM THIS EARTHQUAKE BASED ON PRELIMINARY EARTHQUAKE PARAMETERS.

[RECOMMENDED ACTIONS]

NO ACTIONS IS REQUIRED.

[UPDATES]

THIS WILL BE THE ONLY BULLETIN REGARDING THIS EVENT UNLESS MAJOR REVISION ON EARTHQUAKE PARAMETERS BECOME AVAILABLE OR TSUNAMI WAVES ARE CONFIRMED.

[ADDITIONAL INFORMATION]

* MORE DETAILED INFORMATION CAN BE FOUND AT WEBSITE *******.

* TSUNAMI BULLETIN REGARDING THIS EVENT MAY BE ISSUED BY LOCAL WARNING AGENCIES. IN CASE OF CONFLICTING INFORMATION, MORE CONSERVATIVE INFORMATION SHOULD BE ADOPTED.

* TEL: +86-10-62104561

* EMAIL: TSU@NMEFC.CN

---END OF BULLETIN ---

A.2 海啸信息（震源深度大于100 km）

发布编号：1

发布单位：中国自然资源部海啸预警中心

发布时间：2018年08月17日15时45分 (世界时)

…海啸信息…

[注意]

针对印度洋区域发布的海啸消息仅用于参考。印度洋区域内各国的国家海啸预警中心负责本国的海啸预警发布，中国海外有关组织和个人应关注所在国家和地区发布的海啸预警信息并听从当地应急管理部门指挥。

[初步地震参数]

*震级　6.5

*发生时刻　2018年08月17日15时35分 (世界时)

*震中位置　7.37°S，119.80°E

*震源深度　529.0 km

*地理位置　印尼松巴哇岛地区北部海域

[评估结论]

自然资源部海啸预警中心根据初步地震参数判断，此次地震不会引发海啸灾害。震中近岸局部区域可能会有轻微水位波动。

[建议措施]

不需采取特别措施。

[信息更新]

自然资源部海啸预警中心将继续跟踪分析地震和海啸监测数据，如监测信息及预报结论无重要变化，将不会发布后续信息。

[其他信息]

* 更多详情请关注网址www.nmefc.cn.

* 印度洋区域有关国家和地区的海啸预警中心可能发布此次地震海啸事件的预警信息，如与本信息结论存在差异，请参考最为保守的预报结论，确保人身财产安全。

* TEL: +86-10-62104561

* EMAIL: TSU@NMEFC.CN

TSUNAMI BULLETIN NUMBER 1

ISSUED BY NATIONAL TSUNAMI WARNING CENTER, MINISTRY OF NATURAL RESOURCES

ISSUED 1545 UTC AUGUST 17 2018

…TSUNAMI INFORMATION…

**** NOTICE **** NOTICE **** NOTICE **** NOTICE **** NOTICE ***** NOTICE *****

THIS STATEMENT IS ISSUED FOR INFORMATION ONLY. NATIONAL AUTHORITIES IN THE AREAS

WILL BE RESPONSIBLE FOR DETERMINATION OF THE APPROPRIATE LEVEL OF ALERT FOR EACH

COUNTRY. CHINESE CITIZENS AND ORGANIZATIONS SHOULD FOLLOW THE GUIDANCE OF LOCAL WARNING AND DISASTER MANAGEMENT AGENCIES.

**** NOTICE **** NOTICE ****NOTICE **** NOTICE **** NOTICE ***** NOTICE *****

[PRELIMINARY EARTHQUAKE PARAMETERS]

*MAGNITUDE 6.5

*ORIGIN TIME 1535 UTC AUG 17 2018

*COORDINATES 7.37°S, 119.80°E

*DEPTH 529.0 km

*LOCATION NNW of NGGILAT, INDONESIA

[EVALUATION]

THERE IS NO TSUNAMI THREAT FROM THIS EARTHQUAKE BASED ON PRELIMINARY EARTHQUAKE PARAMETERS.

[RECOMMENDED ACTIONS]
NO ACTIONS IS REQUIRED.

[UPDATES]
THIS WILL BE THE ONLY BULLETIN REGARDING THIS EVENT UNLESS MAJOR REVISION ON EARTHQUAKE PARAMETERS BECOME AVAILABLE OR TSUNAMI WAVES ARE CONFIRMED.

[ADDITIONAL INFORMATION]
* MORE DETAILED INFORMATION CAN BE FOUND AT WEBSITE *******.
* TSUNAMI BULLETIN REGARDING THIS EVENT MAY BE ISSUED BY LOCAL WARNING AGENCIES. IN CASE OF CONFLICTING INFORMATION, MORE CONSERVATIVE INFORMATION SHOULD BE ADOPTED.
* TEL: +86-10-62104561
* EMAIL: TSU@NMEFC.CN

--END OF BULLETIN --

A.3 海啸信息（震级6.5～7.0，预计有轻微海啸波动）

发布编号：1
发布单位：中国自然资源部海啸预警中心
发布时间：2018年08月05日11时56分 (世界时)

…海啸信息…

[注意]
针对印度洋区域发布的海啸消息仅用于参考。印度洋区域内各国的国家海啸预警中心负责本国的海啸预警发布，中国海外有关组织和个人应关注所在国家和地区发布的海啸预警信息并听从当地应急管理部门指挥。

[初步地震参数]
*震级　6.9
*发生时刻　2018年08月05日11时46分（世界时）
*震中位置　9.50°S，116.44°E
*震源深度　20.0 km
*地理位置　印尼松巴哇岛地区海域

[评估结论]

自然资源部海啸预警中心根据初步地震参数判断，地震可能会在震源周围引发局地海啸，但不会造成灾害。

[建议措施]

地震可能在震中附近引发轻微水位波动和近岸强流，应密切关注其对海上及近岸设施的影响.海边休闲度假或生产作业人员应远离海岸。

[信息更新]

自然资源部海啸预警中心将继续跟踪分析地震和海啸监测数据，如监测信息及预报结论无重要变化，将不会发布后续信息。

[其他信息]

* 更多详情请关注网址www.nmefc.cn.

* 印度洋区域有关国家和地区的海啸预警中心可能发布此次地震海啸事件的预警信息，如与本信息结论存在差异，请参考最为保守的预报结论，确保人身财产安全。

* TEL: +86-10-62104561

* EMAIL: TSU@NMEFC.CN

TSUNAMI BULLETIN NUMBER 1

ISSUED BY NATIONAL TSUNAMI WARNING CENTER, MINISTRY OF NATURAL RESOURCES

ISSUED 1156 UTC AUGUST 05 2018

…TSUNAMI INFORMATION…

**** NOTICE **** NOTICE **** NOTICE **** NOTICE **** NOTICE ***** NOTICE *****

THIS STATEMENT IS ISSUED FOR INFORMATION ONLY. NATIONAL AUTHORITIES IN THE AREAS

WILL BE RESPONSIBLE FOR DETERMINATION OF THE APPROPRIATE LEVEL OF ALERT FOR EACH

COUNTRY. CHINESE CITIZENS AND ORGANIZATIONS SHOULD FOLLOW THE GUIDANCE OF LOCAL WARNING AND DISASTER MANAGEMENT AGENCIES.

**** NOTICE **** NOTICE ****NOTICE **** NOTICE **** NOTICE ***** NOTICE *****

[PRELIMINARY EARTHQUAKE PARAMETERS]

*MAGNITUDE 6.9

*ORIGIN TIME 1146 UTC AUG 05 2018
*COORDINATES 9.50°S, 116.44°E
*DEPTH 20.0 km
*LOCATION SW OF LOLOAN, INDONESIA

[EVALUATION]
THERE IS NO TSUNAMI THREAT FROM THIS EARTHQUAKE BASED ON HISTORICAL EARTHQUAKE AND TSUNAMI DATA. HOWEVER, NON-DESTRUCTIVE SEA LEVEL FLUCTUATIONS MAY BE GENERATED ALONG COASTS NEAR THE EPICENTER.

[RECOMMENDED ACTIONS]
PERSONS ALONG COASTAL AREAS NEAR THE EPICENTER SHOULD BE AWARE OF POSSIBILITY OF MINOR TSUNAMI WAVES AND UNUSUAL CURRENT. NO OTHER ACTION IS REQUIRED.

[UPDATES]
THIS WILL BE THE ONLY BULLETIN REGARDING THIS EVENT UNLESS MAJOR REVISION ON EARTHQUAKE PARAMETERS BECOME AVAILABLE OR TSUNAMI WAVES ARE CONFIRMED.

[ADDITIONAL INFORMATION]
* MORE DETAILED INFORMATION CAN BE FOUND AT WEBSITE *******.
* TSUNAMI BULLETIN REGARDING THIS EVENT MAY BE ISSUED BY LOCAL WARNING AGENCIES. IN CASE OF CONFLICTING INFORMATION, MORE CONSERVATIVE INFORMATION SHOULD BE ADOPTED.
* TEL: +86-10-62104561
* EMAIL: TSU@NMEFC.CN

--END OF BULLETIN --

A.4 海啸信息（海啸波确认，发布观测信息）

发布编号：2
发布单位：中国自然资源部海啸预警中心
发布时间：2018年08月05日13时20分 (世界时)

…海啸信息…

[注意]

针对印度洋区域发布的海啸消息仅用于参考。印度洋区域内各国的国家海啸预警中心负责本国的海啸预警发布，中国海外有关组织和个人应关注所在国家和地区发布的海啸预警信息并听从当地应急管理部门指挥。

[初步地震参数]

*震级　　6.9

*发生时刻　2018年08月05日11时46分（世界时）

*震中位置　9.50°S，116.44°E

*震源深度　20.0 km

*地理位置　印尼松巴哇岛地区海域

[海啸观测]

潮位站		位置	坐标	海啸到时(UTC)	最大波幅(m)
SAPE	印度尼西亚	119.02	-8.57	1250	0.25M

* 最大海啸波幅 - 相对于平均海平面的最大海啸波高。

[评估结论]

截至目前，地震已经在震中周围引发轻微水位波动，但不会造成海啸灾害. 注意由于沿岸地形变化，海啸波幅在不同局部岸段会有一定差异。

[建议措施]

地震可能在震中附近引发轻微水位波动和近岸强流，应密切关注其对海上及近岸设施的影响. 海边休闲度假或生产作业人员应远离海岸。

[信息更新]

自然资源部海啸预警中心将继续跟踪分析地震和海啸监测数据，如监测信息及预报结论无重要变化，将不会发布后续信息。

[其他信息]

* 更多详情请关注网址www.nmefc.cn。
* 印度洋区域有关国家和地区的海啸预警中心可能发布此次地震海啸事件的预警信息，如与本信息结论存在差异，请参考最为保守的预报结论，确保人身财产安全。
* TEL: +86-10-62104561
* EMAIL: TSU@NMEFC.CN

TSUNAMI BULLETIN NUMBER 1

ISSUED BY NATIONAL TSUNAMI WARNING CENTER, MINISTRY OF NATURAL RESOURCES

ISSUED 1320 UTC AUGUST 05 2018

…TSUNAMI INFORMATION (SUPPLEMENT)…

**** NOTICE **** NOTICE **** NOTICE **** NOTICE **** NOTICE ***** NOTICE *****

THIS STATEMENT IS ISSUED FOR INFORMATION ONLY. NATIONAL AUTHORITIES IN THE AREAS

WILL BE RESPONSIBLE FOR DETERMINATION OF THE APPROPRIATE LEVEL OF ALERT FOR EACH

COUNTRY. CHINESE CITIZENS AND ORGANIZATIONS SHOULD FOLLOW THE GUIDANCE OF LOCAL WARNING AND DISASTER MANAGEMENT AGENCIES.

**** NOTICE **** NOTICE ****NOTICE **** NOTICE **** NOTICE ***** NOTICE *****

[PRELIMINARY EARTHQUAKE PARAMETERS]

*MAGNITUDE	6.9
*ORIGIN TIME	1146 UTC AUG 05 2018
*COORDINATES	9.50°S, 116.44°E
*DEPTH	20.0 km

[TSUNAMI OBSERVATIONS]

GAUGE NAME	REGION	COORDINATES	TIME (UTC)	MAX. AMPL
SAPE	INDONESIA	8.6S, 119.0E	1250	0.25 M

* MAX. AMPL - TSUNAMI AMPLITUDE MEASURED RELATIVE TO NORMAL SEA LEVEL.

[EVALUATION]

ACCORDING TO AVAILABLE SEA LEVEL READINGS, THERE IS NO TSUNAMI THREAT FROM THIS EARTHQUAKE.

* TSUNAMI OBSERVATIONS INDICATE MINOR TSUNAMI WAVES WERE ACTUALLY GENERATED BY EARTHQUAKE. TSUNAMI AMPLITUDES MAY VARY ALONG COASTS DUE TO LOCAL FEATURES.

[RECOMMENDED ACTIONS]

PERSONS ALONG COASTAL AREAS NEAR THE EPICENTER SHOULD BE AWARE OF POSSIBILITY OF MINOR TSUNAMI WAVES AND UNUSUAL CURRENT. NO OTHER ACTION IS REQUIRED.

[UPDATES]

THIS WILL BE THE FINAL BULLETIN REGARDING THIS EVENT UNLESS FURTHER INFORMATION BECOMES AVAILABLE.

[ADDITIONAL INFORMATION]

* MORE DETAILED INFORMATION CAN BE FOUND AT WEBSITE *******.

* TSUNAMI BULLETIN REGARDING THIS EVENT MAY BE ISSUED BY LOCAL WARNING AGENCIES. IN CASE OF CONFLICTING INFORMATION, MORE CONSERVATIVE INFORMATION SHOULD BE ADOPTED.

* TEL: +86-10-62104561

* EMAIL: TSU@NMEFC.CN

--END OF BULLETIN --

B. 海啸危险性信息

B.1 海啸危险性信息（后续信息，发布海啸观测信息）

发布编号：3

发布单位：中国自然资源部海啸预警中心

发布时间：2018年12月26日02时30分 (世界时)

…海啸危险性信息…

[注意]

针对印度洋区域发布的海啸消息仅用于参考。印度洋区域内各国的国家海啸预警中心负责本国的海啸预警发布。中国海外有关组织和个人应关注所在国家和地区发布的海啸预警信息并听从当地应急管理部门指挥。

[初步地震参数]

*震级　9.2

*发生时刻　2018年12月26日00时58分（世界时）

*震中位置　3.29°N，95.98°E

*震源深度　30.0 km

*地理位置　苏门答腊北部近海

[海啸观测]

潮位站		位置	坐标	海啸到时(UTC)	最大波幅(m)
CALANG	印度尼西亚	95.58	4.64	01:30	5.65M
ULEE_LHUE	印度尼西亚	95.29	5.57	01:50	4.32M

* 最大海啸波幅 – 相对于平均海平面的最大海啸波高。

[评估结论]

自然资源部海啸预警中心根据初步地震参数判断，地震可能在印度洋区域引发越洋海啸。影响的国家和地区包括: 印度洋区域印度尼西亚、泰国、斯里兰卡、印度、缅甸、马来西亚、马尔代夫、孟加拉国、索马里、也门、阿曼、澳大利亚、马达加斯加、毛里求斯、塞舌尔、肯尼亚、坦桑尼亚、南非、莫桑比亚。

[海啸波幅和预计到时预报]

国家		预报点	位置	预计到时(UTC)	最大波幅(m)
印度尼西亚	ENGGANO	102.28	−5.35	03:16:18	1−3M
印度尼西亚	PANGANDARAN	108.50	−7.75	04:31:46	0.3−1M
印度尼西亚	TELUKDALAM	97.82	0.55	02:24:31	>3M
马尔代夫	GAN	73.15	−0.69	04:49:23	1−3M
马尔代夫	HANIMADHOO	73.17	6.77	05:10:13	1−3M
马尔代夫	HULULE	73.53	4.19	04:53:55	>3M
印度	LACCADIVE IS.	73.05	8.28	05:12:43	1−3M
印度	VEERAVAL	70.36	20.90	09:00:45	0.3−1M
英国	DIEGO GARCIA	72.43	−7.23	05:06:19	1−3M
毛里求斯	AGALEGA	56.59	−10.35	07:48:05	0.3−1M
毛里求斯	BLUE BAY	57.71	−20.44	07:52:12	0.3−1M
毛里求斯	PORT MATHURIN RODRIGUES	63.42	−19.68	07:15:09	1−3M
澳大利亚	CAPE CUVIER WHARF	113.40	−24.22	06:35:15	0.3−1M
澳大利亚	CHRISTMAS ISLAND	105.67	−10.43	03:42:54	0.3−1M
澳大利亚	GERALDTON	114.56	−28.76	07:58:02	0.3−1M
澳大利亚	POINT MURAT	114.19	−21.82	06:17:22	0.3−1M
莫桑比克	PEMBA	40.48	−12.97	10:40:41	0.3−1M
塞舌尔	DENIS ISLAND	55.67	−3.80	07:44:45	0.3−1M
塞舌尔	POINTE LA RUE	55.50	−4.50	08:38:39	0.3−1M
法国	POINTE DES GALETS	55.29	−20.93	08:16:30	0.3−1M
法国	SAINTE MARIE	55.54	−20.89	08:15:34	0.3−1M
坦桑尼亚	ZANZIBAR	39.18	−6.15	12:12:49	0.3−1M
伊朗	CHABAHAR	60.60	25.30	08:59:46	0.3−1M
伊朗	JASK	57.77	25.63	09:16:01	0.3−1M
阿曼	ASHKHARA	59.57	21.85	08:49:26	0.3−1M
阿曼	DUQM	57.72	19.66	09:05:26	0.3−1M
阿曼	SUR	59.52	22.57	08:41:27	0.3−1M

* 国家名称按照海啸危险等级进行排序。

* 预计到时 – 初始海啸波预计抵达时间：由于地形分辨率原因，注意某些预报点初始海啸波可能比预计时间早到达。

* 最大波幅–海啸数值模型输出的相对于平均海平面的最大海啸波高，按照海啸危险性等级分为<0.3 m，0.3 ~ 1 m，1 ~ 3 m和3 m以上。注意最大海啸波幅不一定出现在海啸初始波，且由于局地地形影响部分岸段数值可能远大于预报值。

[建议措施]

* 海外有关单位和个人应该采取必要的措施防范此次潜在地震海啸事件风险。

* 位于沿海的有关单位和个人应密切关注所在国家和地区海啸预警中心和应急管理部门的预警信息和防御疏散建议。

[信息更新]

自然资源部海啸预警中心将继续跟踪分析地震和海啸监测数据，并及时发布信息。

[其他信息]

* 更多详情请关注网址www.nmefc.cn.

* 印度洋区域有关国家和地区的海啸预警中心可能发布此次地震海啸事件的预警信息，如与本信息结论存在差异，请参考最为保守的预报结论，确保人身财产安全。

* TEL: +86-10-62104561

* EMAIL: TSU@NMEFC.CN

TSUNAMI BULLETIN NUMBER 3

ISSUED BY NATIONAL TSUNAMI WARNING CENTER, MINISTRY OF NATURAL RESOURCES

ISSUED 0230 UTC DECEMBER 26 2004

…POTENTIAL TSUNAMI THREAT EXISTS FOR INDONESIA,THAILAND, SRI LANKA, INDIA, MYANMAR, MALAYSIA, MALDIVES, BANGLADESH, SOMALIA, YEMAN, OMAN, AUSTRALIA, MADAGASCAR, MAURITIUS, SEYCHELLES, KENYA, TANZANIA, SOUTH AFRICA, MOZAMBIQUE…

**** NOTICE **** NOTICE **** NOTICE **** NOTICE **** NOTICE ***** NOTICE *****

THIS STATEMENT IS ISSUED FOR INFORMATION ONLY. NATIONAL AUTHORITIES IN THE AREAS

WILL BE RESPONSIBLE FOR DETERMINATION OF THE APPROPRIATE LEVEL OF ALERT FOR EACH

COUNTRY. CHINESE CITIZENS AND ORGANIZATIONS SHOULD FOLLOW THE GUIDANCE OF LOCAL WARNING AND DISASTER MANAGEMENT AGENCIES.

**** NOTICE **** NOTICE ****NOTICE **** NOTICE **** NOTICE ***** NOTICE *****

[PRELIMINARY EARTHQUAKE PARAMETERS]

*MAGNITUDE 9.2

*ORIGIN TIME 0058 UTC DEC 26 2004

*COORDINATES 3.29°N, 95.98°E

*DEPTH 30.0 km

*LOCATION OFF W COAST OF NORTHERN SUMATRA

[TSUNAMI OBSERVATIONS]

GAUGE NAME	REGION	COORDINATES	TIME (UTC)	MAX. AMPL
CALANG	INDONESIA	4.64N, 95.58E	0130	5.65 M
ULEE_LHUE	INDONESIA	5.57N, 95.29E	0150	4.32M

* MAX. AMPL - TSUNAMI AMPLITUDE MEASURED RELATIVE TO NORMAL SEA LEVEL.

[EVALUATION]

THERE IS A POSSIBILITY OF A DESTRUCTIVE BASIN-WIDE TSUNAMI BASED ON AVAILABLE INFORMATION.

[TSUNAMI AMPLITUDE AND ETA FORECASTS]

COUNTRY	FORECAST POINT	COORD-INATES	ETA(UTC)	MAX.	AMPL
INDONESIA	ENGGANO	102.28	−5.35	03:16:18	1−3M
INDONESIA	PANGANDARAN	108.50	−7.75	04:31:46	0.3−1M
INDONESIA	TELUKDALAM	97.82	0.55	02:24:31	>3M
MALDIVES	GAN	73.15	−0.69	04:49:23	1−3M
MALDIVES	HANIMADHOO	73.17	6.77	05:10:13	1−3M
MALDIVES	HULULE	73.53	4.19	04:53:55	>3M
INDIA	LACCADIVE IS.	73.05	8.28	05:12:43	1−3M
INDIA	VEERAVAL	70.36	20.90	09:00:45	0.3−1M
UNITED KINGDOM	DIEGO GARCIA	72.43	−7.23	05:06:19	1−3M
MAURITIUS	AGALEGA	56.59	−10.35	07:48:05	0.3−1M
MAURITIUS	BLUE BAY	57.71	−20.44	07:52:12	0.3−1M
MAURITIUS	PORT MATHURIN RODRIGUES	63.42	−19.68	07:15:09	1−3M
AUSTRALIA	CAPE CUVIER WHARF	113.40	−24.22	06:35:15	0.3−1M
AUSTRALIA	CHRISTMAS ISLAND	105.67	−10.43	03:42:54	0.3−1M
AUSTRALIA	GERALDTON	114.56	−28.76	07:58:02	0.3−1M
AUSTRALIA	POINT MURAT	114.19	−21.82	06:17:22	0.3−1M
MOZAMBIQUE	PEMBA	40.48	−12.97	10:40:41	0.3−1M
SEYCHELLES	DENIS ISLAND	55.67	−3.80	07:44:45	0.3−1M
SEYCHELLES	POINTE LA RUE	55.50	−4.50	08:38:39	0.3−1M
FRANCE	POINTE DES GALETS	55.29	−20.93	08:16:30	0.3−1M
FRANCE	SAINTE MARIE	55.54	−20.89	08:15:34	0.3−1M
TANZANIA	ZANZIBAR	39.18	−6.15	12:12:49	0.3−1M

IRAN	CHABAHAR	60.60	25.30	08:59:46	0.3−1M
IRAN	JASK	57.77	25.63	09:16:01	0.3−1M
OMAN	ASHKHARA	59.57	21.85	08:49:26	0.3−1M
OMAN	DUQM	57.72	19.66	09:05:26	0.3−1M
OMAN	SUR	59.52	22.57	08:41:27	0.3−1M

* THIS LIST IS GROUPED BY COUNTRIES, AND COUNTRY NAMES ARE ORDERED ACCORDING TO

THREAT LEVELS.

* ETA - ESTIMATED TSUNAMI ARRIVAL TIME FOR INITIAL WAVE. NOTING THAT IN SOME

COASTAL AREA TSUNAMI WAVES MAY ARRIVE EARLIER THAN OUR ESTIMATE DUE TO COARSE

BATHYMETRY USED BY MODEL.

* MAX. AMPL - MAXIMUM WAVE HEIGHT RELATIVE TO NORMAL SEA LEVEL, WHICH ARE

EXTRACTED FROM MODEL RESULTS AND GROUPED INTO FOUR BINS OF <0.3 M, 0.3 TO 1 M,

1 TO 3 M and ABOVE 3 M. NOTING THAT THE INITIAL WAVE MAY NOT NECESSARILY THE

LARGEST, AND WAVE ACTIVITIES MAY VARY SIGNIFICANT ALONG COASTS DUE TO LOCAL FEATURES.

[RECOMMENDED ACTIONS]

* THE OVERSEA BODIES WHO SUBSCRIBE THIS BULLETIN SERVICE SHOULD TAKE APPROPRIATE ACTIONS IN

RESPONSE TO THIS POTENTIAL HAZARD.

* PERSONS OR BODIES LOCATED IN THREATENED COASTAL AREAS SHOULD KEEP ALERT FOR WARNING

INFORMATION AND FOLLOW INSTRUCTIONS FROM LOCAL AUTHORITIES.

[UPDATES]

THE NEXT BULLETIN WILL BE ISSUED AS MORE INFORMATION BECOMES AVAILABLE.

[ADDITIONAL INFORMATION]

* MORE DETAILED INFORMATION CAN BE FOUND AT WEBSITE *******.

* TSUNAMI BULLETIN REGARDING THIS EVENT MAY BE ISSUED BY LOCAL WARNING AGENCIES. IN CASE OF CONFLICTING INFORMATION, MORE CONSERVATIVE INFORMATION SHOULD BE ADOPTED.

* TEL: +86-10-62104561

* EMAIL: TSU@NMEFC.CN

----------------------------------END OF BULLETIN ------------------- -------------

C. 解除报

C.1 解除报（未确认海啸波）

发布编号：3
发布单位：中国自然资源部海啸预警中心
发布时间：2018年08月05日15时20分 (世界时)

…未观测到灾害性海啸波动…

[注意]
针对印度洋区域发布的海啸消息仅用于参考。印度洋区域内各国的国家海啸预警中心负责本国的海啸预警发布，中国海外有关组织和个人应关注所在国家和地区发布的海啸预警信息并听从当地应急管理部门指挥。

[初步地震参数]
*震级 7.5
*发生时刻 2018年08月05日11时46分（世界时）
*震中位置 9.50°S，116.44°E
*震源深度 20.0 km
*地理位置 印尼松巴哇岛地区海域

[评估结论]
自然资源部海啸预警中心根据监测数据分析，截至目前此次地震没有监测到海啸。

[建议措施]
位于沿海的有关单位和个人应密切关注所在国家和地区海啸预警中心和应急管理部门的预警信息和防御疏散建议，在当地应急管理部门发布解除警报前不得前往沿岸区域。

[信息更新]
自然资源部海啸预警中心将继续跟踪分析地震和海啸监测数据，如监测信息及预报结论无重要变化，将不会发布后续信息。

[其他信息]
* 更多详情请关注网址www.nmefc.cn.
* 印度洋区域有关国家和地区的海啸预警中心可能发布此次地震海啸事件的预警信息，如与本信息结论存在差异，请参考最为保守的预报结论，确保人身财产安全。

* TEL: +86-10-62104561
* EMAIL: TSU@NMEFC.CN

TSUNAMI BULLETIN NUMBER 3

ISSUED BY NATIONAL TSUNAMI WARNING CENTER, MINISTRY OF NATURAL RESOURCES

ISSUED 1520 UTC AUGUST 05 2018

…TSUNAMI THREAT NOT CONFIRMED…

**** NOTICE **** NOTICE **** NOTICE **** NOTICE **** NOTICE ***** NOTICE *****

THIS STATEMENT IS ISSUED FOR INFORMATION ONLY. NATIONAL AUTHORITIES IN THE AREAS

WILL BE RESPONSIBLE FOR DETERMINATION OF THE APPROPRIATE LEVEL OF ALERT FOR EACH

COUNTRY. CHINESE CITIZENS AND ORGANIZATIONS SHOULD FOLLOW THE GUIDANCE OF LOCAL WARNING AND DISASTER MANAGEMENT AGENCIES.

**** NOTICE **** NOTICE ****NOTICE **** NOTICE **** NOTICE ***** NOTICE *****

[PRELIMINARY EARTHQUAKE PARAMETERS]

*MAGNITUDE 7.5
*ORIGIN TIME 1146 UTC AUG 05 2018
*COORDINATES 9.50°S, 116.44°E
*DEPTH 20.0 km

[EVALUATION]

NO EVIDENCE SHOWED A DESTRUCTIVE TSUNAMI ACTUALLY OCCURED BASED ON ALL AVAILABLE INFORMATION.

[RECOMMENDED ACTIONS]

* LOCAL AUTHORITIES MAY ASSUME NO TSUNAMI THREAT EXISTS WHEN NO OBVIOUS SEA LEVEL FLUCTUATION OBSERVED FOR TWO HOURS AFTER THE ESTIMATED TIME OF ARRIVAL.

* PERSONS LOCATED IN THREATENED COASTAL AREAS SHOULD KEEP ALERT FOR WARNING INFORMATION AND FOLLOW INSTRUCTIONS FROM LOCAL AUTHORITIES.

[UPDATES]

THIS WILL BE THE FINAL BULLETIN REGARDING THIS EVENT UNLESS ADDITIONAL

INFORMATION BECOMES AVAILABLE..

[ADDITIONAL INFORMATION]

* MORE DETAILED INFORMATION CAN BE FOUND AT WEBSITE *******.

* TSUNAMI BULLETIN REGARDING THIS EVENT MAY BE ISSUED BY LOCAL WARNING AGENCIES. IN CASE OF CONFLICTING INFORMATION, MORE CONSERVATIVE INFORMATION SHOULD BE ADOPTED.

* TEL: +86-10-62104561

* EMAIL: TSU@NMEFC.CN

---END OF BULLETIN ---

C.2　解除报（海啸过程已经结束）

发布编号：3

发布单位：中国自然资源部海啸预警中心

发布时间：2018年08月05日15时20分 (世界时)

…此次海啸过程已经结束…

[注意]

针对印度洋区域发布的海啸消息仅用于参考。印度洋区域内各国的国家海啸预警中心负责本国的海啸预警发布，中国海外有关组织和个人应关注所在国家和地区发布的海啸预警信息并听从当地应急管理部门指挥。

[初步地震参数]

*震级　7.5

*发生时刻　2018年08月05日11时46分（世界时）

*震中位置　9.50°S，116.44°E

*震源深度　20.0 km

*地理位置　印尼松巴哇岛地区海域

[评估结论]

自然资源部海啸预警中心根据监测数据分析，此次地震海啸过程已经结束。由于局地地形影响，部分岸段还可能存在海啸波动和近岸强流。

[建议措施]

位于沿海的有关单位和个人应密切关注所在国家和地区海啸预警中心和应急管理部门的预警信息和防御疏散建议，在当地应急管理部门发布解除警报前不得前往沿岸区域。

[信息更新]

自然资源部海啸预警中心将继续跟踪分析地震和海啸监测数据，如监测信息及预报结论无重要变化，将不会发布后续信息。

[其他信息]

* 更多详情请关注网址www.nmefc.cn.

* 印度洋区域有关国家和地区的海啸预警中心可能发布此次地震海啸事件的预警信息，如与本信息结论存在差异，请参考最为保守的预报结论，确保人身财产安全。

* TEL: +86-10-62104561

* EMAIL: TSU@NMEFC.CN

TSUNAMI BULLETIN NUMBER 3

ISSUED BY NATIONAL TSUNAMI WARNING CENTER, MINISTRY OF NATURAL RESOURCES

ISSUED 1520 UTC AUGUST 05 2018

…TSUNAMI THREAT HAS PASSED…

**** NOTICE **** NOTICE **** NOTICE **** NOTICE **** NOTICE ***** NOTICE *****

THIS STATEMENT IS ISSUED FOR INFORMATION ONLY. NATIONAL AUTHORITIES IN THE AREAS

WILL BE RESPONSIBLE FOR DETERMINATION OF THE APPROPRIATE LEVEL OF ALERT FOR EACH

COUNTRY. CHINESE CITIZENS AND ORGANIZATIONS SHOULD FOLLOW THE GUIDANCE OF LOCAL WARNING AND DISASTER MANAGEMENT AGENCIES.

**** NOTICE **** NOTICE ****NOTICE **** NOTICE **** NOTICE ***** NOTICE *****

[PRELIMINARY EARTHQUAKE PARAMETERS]

*MAGNITUDE 7.5

*ORIGIN TIME 1146 UTC AUG 05 2018

*COORDINATES 9.50°S, 116.44°E

*DEPTH 20.0 km

[EVALUATION]

BASED ON ALL AVAILABLE DATA, TSUNAMI THREAT NO LONGER EXISTS. HOWEVER, DUE TO LOCAL FEATURES MINOR SEA LEVEL FLUCTUATIONS MAY CONTINUE FOR HOURS.

[RECOMMENDED ACTIONS]

* LOCAL AUTHORITIES MAY ASSUME NO TSUNAMI THREAT EXISTS WHEN NO OBVIOUS SEA LEVEL FLUCTUATION OBSERVED FOR TWO HOURS AFTER THE ESTIMATED TIME OF ARRIVAL.

* PERSONS LOCATED IN THREATENED COASTAL AREAS SHOULD KEEP ALERT FOR WARNING INFORMATION AND FOLLOW INSTRUCTIONS FROM LOCAL AUTHORITIES.

[UPDATES]

THIS WILL BE THE FINAL BULLETIN REGARDING THIS EVENT UNLESS ADDITIONAL INFORMATION BECOMES AVAILABLE..

[ADDITIONAL INFORMATION]

* MORE DETAILED INFORMATION CAN BE FOUND AT WEBSITE *******.

* TSUNAMI BULLETIN REGARDING THIS EVENT MAY BE ISSUED BY LOCAL WARNING AGENCIES. IN CASE OF CONFLICTING INFORMATION, MORE CONSERVATIVE INFORMATION SHOULD BE ADOPTED.

* TEL: +86-10-62104561

* EMAIL: TSU@NMEFC.CN

--END OF BULLETIN --

附录2 风暴潮重点城市/港口和潮位站预报点分布

附表2.1 南中海风暴潮数值预报点

编号	站名	纬度	经度	所属国别
1	MUARA	5.0	115.1	文莱
2	Sihanoukville	10.6333	103.4833	柬埔寨
3	Vung Tau	10.34	107.071	越南
4	Quang_Ngai	15.1	108.9	越南
5	Da_Nang	16.0	108.3	越南
6	Nha_Trang	12.3	109.2	越南
7	Bac_Lieu	9.3	105.8	越南
8	Vinh	18.6	105.7	越南
9	Qui_Nhon	13.7751	109.2543	越南
10	Sontra	16.1667	108.2667	越南
11	HonDau	20.7733	106.8833	越南
12	Cuagianh	17.7667	106.4833	越南
13	Cuaviet	16.8	107.3667	越南
14	Legaspi	13.146214	123.758117	菲律宾
15	Lubang	13.818444	120.202225	菲律宾
16	Manila	14.5822	120.9716	菲律宾
17	Subic_Bay	14.8167	120.2833	菲律宾
18	Currimao	18.016667	120.483333	菲律宾
19	Laoag	18.2	120.6	菲律宾
20	San_Fernando	16.6	120.3	菲律宾
21	Iloilo	10.7	122.5	菲律宾
22	Puerto_Princesa	9.8	118.8	菲律宾
23	Zamboanga	7.0	122.3	菲律宾
24	Maimbung	5.9	121.0	菲律宾
25	Cotabuto_City	7.3	124.2	菲律宾
26	General_Santos	6.1	125.2	菲律宾
27	Davao	6.9	125.7	菲律宾
28	Xiuying	20.01667	110.2833	中国
29	Qinglan	19.5667	110.8167	中国
30	Sanya	18.2333	109.5333	中国
31	Shanwei	22.75	115.35	中国
32	Hongkong	22.3	114.2	中国香港
33	Macao	22.2	113.6	中国澳门
34	Shenzhen	22.5	113.9	中国
35	Kaohsiung	22.5	120.3	中国台湾

续表

编号	站名	纬度	经度	所属国别
36	Zhanjiang	21.1667	110.4	中国
37	Nandu	20.8667	110.1667	中国
38	Shuidong	21.4833	111.0667	中国
39	Zhapo	21.5833	111.8333	中国
40	Sanzao	22.0333	113.4	中国
41	Taishan	21.85	112.9167	中国
42	Beihai	21.4833	109.0833	中国
43	Qinzhou	21.6833	108.6167	中国
44	Kota_kinabalu	6.0	116.0	马来西亚
45	Kudat	6.877886	116.845969	马来西亚
46	Kuantan	3.8167	103.3	马来西亚
47	Lahad Datu	5.075556	119.0775	马来西亚
48	Sandakan	5.9	118.1	马来西亚
49	Pra_Khiri_Khan	11.8	99.8	泰国
50	Pattaya	12.8	100.9	泰国
51	NK_Si_Thammarat	8.4	100	泰国
52	Narathiwat	6.5	101.8	泰国
53	Pattane	7.0	101.3	泰国
54	Samui_island	9.5	100.1	泰国
55	Bangkok	13.4	100.6	泰国
56	Trat	12.0	102.6	泰国
57	Melonguane	4.1	126.6	印度尼西亚
58	Tabukan_Tengah	3.6	125.6	印度尼西亚

附表2.2　孟加拉湾风暴潮数值预报点

编号	站名	纬度	经度	所属国别
1	Phuket	7.817	98.417	泰国
2	Mergui	12.505	98.58	缅甸
3	Kyaukpyu	19.433	93.5667	缅甸
4	Sittwe	20.15	92.90	缅甸
5	HaingGyi Kyun	16.00	94.32	缅甸
6	Moulein	16.48	97.6166	缅甸
7	Khepupara	21.9833	90.2417	孟加拉国
8	Cox's bazar	21.443	91.978	孟加拉国
9	Chittagong	22.333	91.825	孟加拉国
10	**Sonadiaport**	21.4833	91.9	孟加拉国
11	Nancowry	8.05	93.55	印度

续表

编号	站名	纬度	经度	所属国别
12	Blair Port	11.68	92.76	印度
13	Calcutta	22.13	88.4	印度
14	Puri	19.802	85.832	印度
15	Visakhaptnam	17.68	83.28	印度
16	Chirala	15.79	80.358	印度
17	Chennai	13.1	80.3	印度
18	Chidambaram	11.365	79.78	印度
19	Hambantota	6.1833	81.1833	斯里兰卡
20	Colombo	6.94	79.85	斯里兰卡
21	Trinconmalee	8.5637	81.1996	斯里兰卡

附表2.3　阿拉伯海风暴潮数值预报点

编号	站名	纬度	经度	国别
1	Trivandrum	8.514	76.92	印度
2	Cochin	9.96	76.26	印度
3	Marmagao	15.41	73.8	印度
4	Bombay	19.077	72.891	印度
5	Veeraval	20.9	70.36	印度
6	Gwadar	25.112194	62.339378	巴基斯坦
7	Karachi	24.8117	66.975	巴基斯坦
8	Ormara	25.203653	64.676439	巴基斯坦
9	Chabahar	25.296	60.603	伊朗
10	Jask	25.63	57.77	伊朗
11	Ashkhara	21.85	59.57	阿曼
12	Dibba	25.649	56.269	阿曼
13	Duqm	19.66	57.72	阿曼
14	Sohar	24.518	56.606	阿曼
15	Muscat	23.633	58.567	阿曼
16	Salalah	16.935	54.0067	阿曼
17	Masirah	20.6833	58.8667	阿曼
18	Sur	22.57	59.52	阿曼
19	Qurayat	23.26	58.925	阿曼
20	Mukalla	14.53	49.128	也门
21	Aden	12.7883	44.9742	也门
22	Djibouti	11.6	43.1666	吉布提
23	Hanimadhoo	6.767	73.167	马尔代夫

附录3 地震海啸重点城市/港口和潮位站预报点分布

附表

Longitude	Latitude	Country	国家	城市
122.219	−18.001	Australia	澳大利亚	布鲁姆
113.397	−24.221	Australia	澳大利亚	库维恩角
105.669	−10.429	Australia	澳大利亚	圣诞岛
96.892	−12.117	Australia	澳大利亚	科科斯岛
121.895	−33.871	Australia	澳大利亚	埃斯佩兰斯
114.560	−28.760	Australia	澳大利亚	杰拉尔顿
115.739	−31.826	Australia	澳大利亚	帕斯
114.191	−21.817	Australia	澳大利亚	穆拉特
118.420	−20.040	Australia	澳大利亚	黑德兰港
115.217	−8.767	Indonesia	印度尼西亚	登巴萨
106.891	−6.107	Indonesia	印度尼西亚	雅加达
100.367	−0.950	Indonesia	印度尼西亚	巴东
108.501	−7.748	Indonesia	印度尼西亚	庞岸达兰
111.733	−8.283	Indonesia	印度尼西亚	普里吉
95.333	5.833	Indonesia	印度尼西亚	班达亚齐
110.798	−8.190	Indonesia	印度尼西亚	沙丁
101.599	−3.224	Indonesia	印度尼西亚	明古鲁市
98.800	1.733	Indonesia	印度尼西亚	锡博尔加
119.219	−9.390	Indonesia	印度尼西亚	松巴
99.767	6.416	Malaysia	马来西亚	兰卡威
100.617	4.233	Malaysia	马来西亚	邦咯岛
101.205	3.200	Malaysia	马来西亚	吉隆坡
98.417	7.817	Thailand	泰国	普吉岛
98.580	12.505	Myanmar	缅甸	丹老
97.617	16.483	Myanmar	缅甸	毛淡棉
93.532	19.428	Myanmar	缅甸	皎漂
92.900	20.150	Myanmar	缅甸	实兑
91.825	22.333	Bangladesh	孟加拉国	吉大港
93.550	8.050	India	印度	南考雷
92.760	11.680	India	印度	布莱尔港
88.400	22.130	India	印度	加尔各答
85.832	19.802	India	印度	普里
83.280	17.680	India	印度	维萨卡帕特南

续表

Longitude	Latitude	Country	国家	城市
80.358	15.790	India	印度	奇拉拉
80.300	13.100	India	印度	金奈（钦奈）
79.815	11.911	India	印度	本地治里
76.920	8.514	India	印度	特拉凡德伦
76.260	9.960	India	印度	科钦
73.800	15.410	India	印度	莫尔穆冈
72.891	19.077	India	印度	孟买
70.360	20.900	India	印度	韦拉瓦尔
81.110	6.116	Sri Lanka	斯里兰卡	汉班托塔
79.850	6.950	Sri Lanka	斯里兰卡	科伦坡
81.200	8.564	Sri Lanka	斯里兰卡	亭可马里
62.330	25.122	Pakistan	巴基斯坦	瓜达尔
66.975	24.812	Pakistan	巴基斯坦	卡拉奇
64.067	25.200	Pakistan	巴基斯坦	奥尔马拉
60.603	25.296	Iran	伊朗	查赫巴尔
57.770	25.630	Iran	伊朗	贾斯克
59.570	21.850	Oman	阿曼	阿什哈拉
56.269	25.600	Oman	阿曼	迪贝
57.720	19.660	Oman	阿曼	杜古姆
56.606	24.518	Oman	阿曼	苏哈尔
58.567	23.633	Oman	阿曼	马斯喀特
54.007	16.935	Oman	阿曼	塞拉莱
49.128	14.530	Yemen	也门	穆卡拉
44.974	12.788	Yemen	也门	亚丁
43.167	11.600	Djibouti	吉布提	吉布提
45.350	2.034	Somalia	索马里	摩加迪休
40.900	−2.267	Kenya	肯尼亚	拉穆
39.650	−4.067	Kenya	肯尼亚	蒙巴萨
39.160	−6.260	Tanzania	坦桑尼亚	桑给巴尔
40.200	−10.267	Tanzania	坦桑尼亚	姆特瓦拉
34.852	−19.840	Mozambique	莫桑比克	贝拉
32.600	−25.985	Mozambique	莫桑比克	马布多
31.033	−29.883	South Africa	南非	德班（德本）
25.633	−33.967	South Africa	南非	伊丽莎白港
18.420	−33.910	South Africa	南非	开普敦
43.260	−11.730	Union of Comoros	科摩罗	莫罗尼

续表

Longitude	Latitude	Country	国家	城市
45.242	12.015	Mayotte	马约特	马穆楚
49.428	−18.154	Madagascar	马达加斯加	图阿马西纳
55.537	−20.893	France	法国	留尼汪岛
57.711	−20.444	Mauritius	毛里求斯	蓝湾
57.504	−20.157	Mauritius	毛里求斯	路易斯港
55.500	−4.500	Seychelles	塞舌尔	维多利亚
73.167	6.767	Maldives	马尔代夫	霓玛阿都岛
73.527	4.190	Maldives	马尔代夫	马累
72.433	−7.233	United Kingdon	英国	迭戈加西亚

附图2.1 沿岸预报点分布

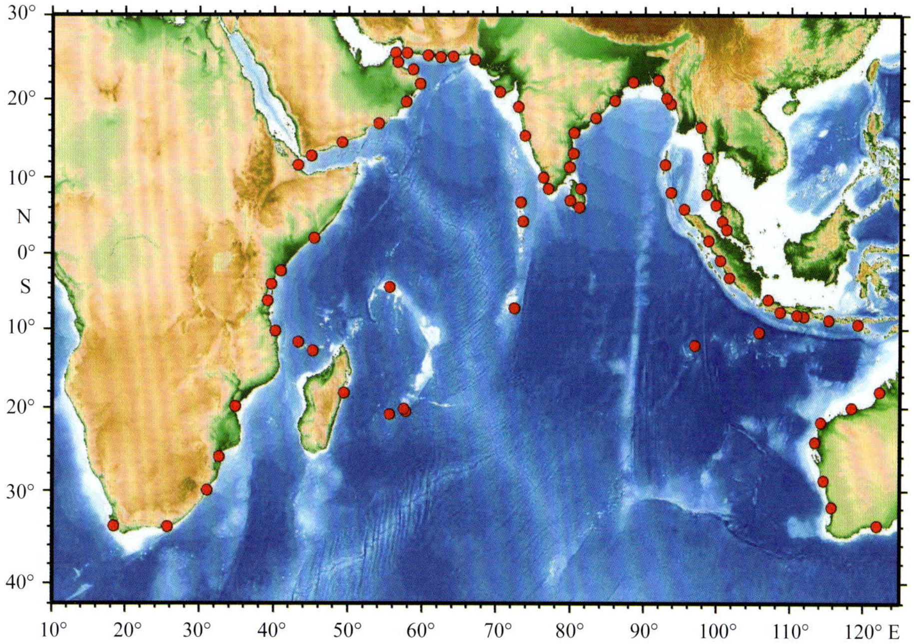

参考文献

安超, 2021. 海啸和海啸预警的研究进展与展望[J]. 中国科学（地球科学）, 51(1):1–14.

国家海洋环境预报中心, 2021. 一种有效校正越洋海啸传播延迟的方法及系统:CN202111519537.5[P].

国家海洋环境预报中心, 2021. 一种智能化海啸预警产品生成方法及系统:CN202111519525.2[P].

李宏伟, 徐志国, 王宗辰, 等, 2018. 地震监测系统在我国海啸预警业务中的应用[J]. 海洋预报, 35(2):1–7.

林志强, 边巴扎西, 文胜军, 等, 2013. 孟加拉湾热带风暴活动路径的客观分类[J]. 热带气象学报, 29(6):973–982.

任智源, 侯京明, 王培涛, 等, 2019. 精细化地震海啸波流实时预警系统研究与应用[J]. 海洋学报, 11: 145–155.

闪迪, 王培涛, 任智源, 等, 2017. 有限断层模型在2015年9月16日智利Mw8.3级地震海啸数值模拟中的应用与评估[J]. 海洋学报, 39(11): 49–60.

闪迪, 王培涛, 孙立宁, 等, 2018. 2010年智利和2011年日本地震海啸在我国东南沿岸诱导的波流特征及危险性分析[J]. 海洋通报, 37(3):310–319.

施国强, 1995. 1991年孟加拉湾特大台风灾害[J]. 自然灾害学报, 4(1):98–103.

孙立宁, 于福江, 王培涛, 2019. 2017年9月8日墨西哥沿岸Mw8.2级地震海啸观测数据分析与模拟[J]. 海洋学报, 41(5):35–46.

王培涛, 闪迪, 侯京明, 等, 2018. 港湾中海啸流的模拟及其时空演变特征对输入条件不确定性的响应分析[J].地球物理学报, 61(4):1325–1340.

王培涛, 闪迪, 王岗, 等, 2016. 日本东北MW9.0地震海啸在港池及邻近区域诱发的涡流危险性计算与评估分析[J]. 地球物理学报, 59(11):4162–4177.

王培涛, 于福江, 原野, 等, 2016. 海底地震有限断层破裂模型对近场海啸数值预报的影响[J]. 地球物理学报, 59(3): 1030–1045.

王宗辰, 原野, 李宏伟, 2020. 一个基于GPU并行加速的海啸数值模型[J]. 海洋通报, 39(2): 200–205.

王宗辰, 原野, 王培涛, 等, 2019. 一个覆盖太平洋区域的地震海啸波幅预报系统及检验[J]. 海洋学报, 41(2):1–13.

吴辉碇, 李国庆, 程斌, 1991. 孟加拉国风暴潮及其数值模拟[J].海洋通报, 10(6):10–17.

薛秋芳, 姚学祥, 1995. 1991年孟加拉国气旋性风暴灾害的综合分析[J]. 中国减灾, 5(1):27–31.

于福江, 等, 2020. 现代地震海啸预警技术[M], 北京，科学出版:16–17.

AKIHIRO M, OSAMU W, HIROSHI M, et al., 2018. Real-time tsunami inundation forecast system for tsunami disaster prevention and mitigation[J]. The Journal of Supercomputing, 74, 3093–3113.

CATALAN P A, GUBLER A, CANAS J, et al., 2020. Design and operational implementation of the integrated tsunami forecast and warning system in Chile (SIPAT). Coastal Engineering Journal, 62, 373–388.

DUBE S K, CHITTIBABU P, SINHA P C, et al., 2004. Numerical Modelling of Storm surge in the Head Bay of Bengal Using Location Specific Model[J]. Natural Hazards, 31:437–453.

DUBE S K, INDU JAIN, RAO A D, et al., 2009. Storm surge modelling for the Bay of Bangel and Arabia Sea[J]. Natural Hazards, 51:3–27.

FAZLUL K, NOBUO M,2008. Impact of climate change and sea-level rise on cyclonic storm surge floods in Bangladesh[J]. Global Environmental Change, 18:490–500.

GAILLER A, HÉBERT H, SCHINDELÉ F, et al., 2018. Coastal amplification laws for the French tsunami warning center: numerical modeling and fast estimate of tsunami wave heights along the French Riviera[J]. Pure Appl. Geophys, 175, 1429–1444.

GAZI MD, KHALIL, 1992. Cyclones and Storm Surges in Bangeldesh: Some Mitigative Measures[J]. Natural Hazards, 6:11–24.

HENRIK MADSEN, 2004. Flemming Jakobsen. cyclone induced storm surge and flood forecasting in the northern Bay of Bengal[J].Coastal Engineering, 51:277–296.

INAZU D, PUKIDO N, FUKUYAMA E et al., 2016. Near-field tsunami forecast system based on near real-time seismic moment tensor estimation in the regions of Indonesia, the Philippines, and Chile[J]. Earth Planet Space, 68,1–18.

LAY T, LIU C, KANAMORI H, 2019. Enhancing tsunami warning using P wave coda[J].Journal of Geophysical Research: Solid Earth, 124:10583–10609.

LIN Z Q, ZHAXI B B, WEN S J, et al., 2013. The objective clustering of tropical storms over the Bay of Bangel[J]. Journal of tropical meteorology, 29(6):973–982.

MARRAS S, MANDLI K T, 2020. Modeling and Simulation of Tsunami Impact: A Short Review of Recent Advances and Future Challenges[J]. Geosciences, 11, 5.

NOBUHITO M, KENJI S, DANIEL C, et al., 2022. Giant tsunami monitoring, early warning and hazard assessment[J]. Nature Reviews Earth & Environment, 3(9):557–572.

SHI G Q, 1995. The extremely severe typhoon disaster in the Bangladesh in 1991[J]. Journal of natural disasters, 4(1):98–103.

WANG Y C, HEIDARZADEH M, SATAKE K, et al., 2020. A Tsunami Warning System Based on Off shore Bottom Pressure Gauges and Data Assimilation for Crete Island in the Eastern Mediterranean Basin[J]. Journal of Geophysical Research: Solid Earth, 125,10.

WANG Y, MAEDA T, SATAKE K, et al., 2019. Tsunami Data Assimilation Without a Dense Observation Network[J]. Geophysical Research Letters, 46, 2045–2053.

WU H D, LI G Q, CHENG B, 1991. Storm surges in Bengal and numerical simulation[J].Marine Science Bulletin, 10(6):10–17.

XUE Q F, YAO X X, 1995. Tropical cyclone disaster's comprehensive analysis in Bangladesh in 1991[J]. Disaster Reduction in China, 5(1):27–31.

第三部分

“海上丝绸之路”航行安全发布平台与网站

第8章 航行安全保障平台

8.1 航行安全保障平台概况

8.1.1 平台建设目标

基于国家海洋环境预报中心已有的海洋环境预测预警业务基础，研制覆盖全球的我国主要大洋通道及重点港口的海洋预警报专题服务产品，建立集海上气象信息查询预警、船舶动态与轨迹查询等一体的综合信息服务平台，使公众、远洋运输企业及相关的管理部门可以快捷、准确的获取预报服务信息，从而提升我国对大洋重点航行海域的海洋环境保障水平和服务能力，逐步摆脱长期以来对国外机构的依赖。

8.1.2 平台总体框架

国家海洋环境预报中心通过将船舶AIS信息、卫星AIS数据、电子海图信息，与已有的预报中心的气象数据无缝集成，可实现预报中心业务人员对全球海域船舶静态、动态、轨迹和气象信息、预报信息的全程掌控，实现海上航运环境的全面监控。基于B/S(Browser/Server)架构的气象业务展示系统，能够实现数据获取与预处理、数据实时传输、气象预报产品等功能，并通过网页发布信息（图8.1和图8.2）。

系统采用五层体系架构，包括支撑层、数据层、服务层、表现层和应用层。

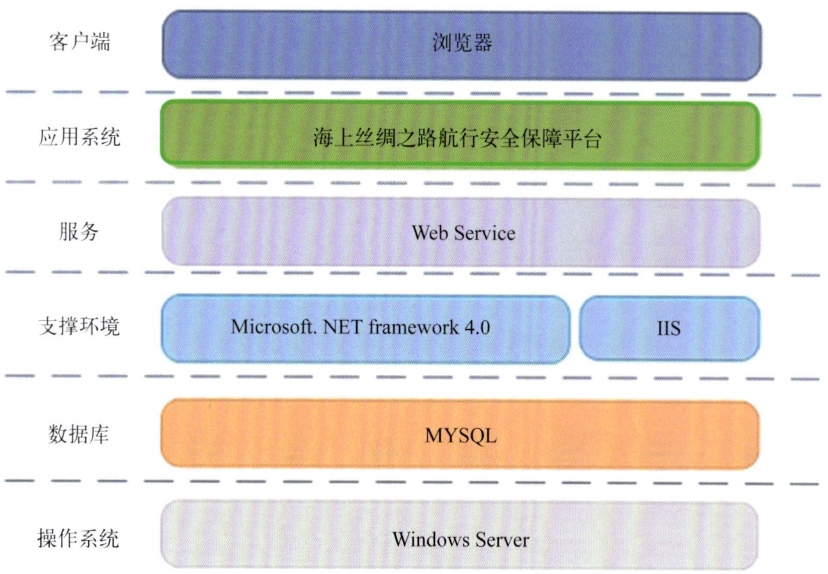

图8.1　技术选型说明图

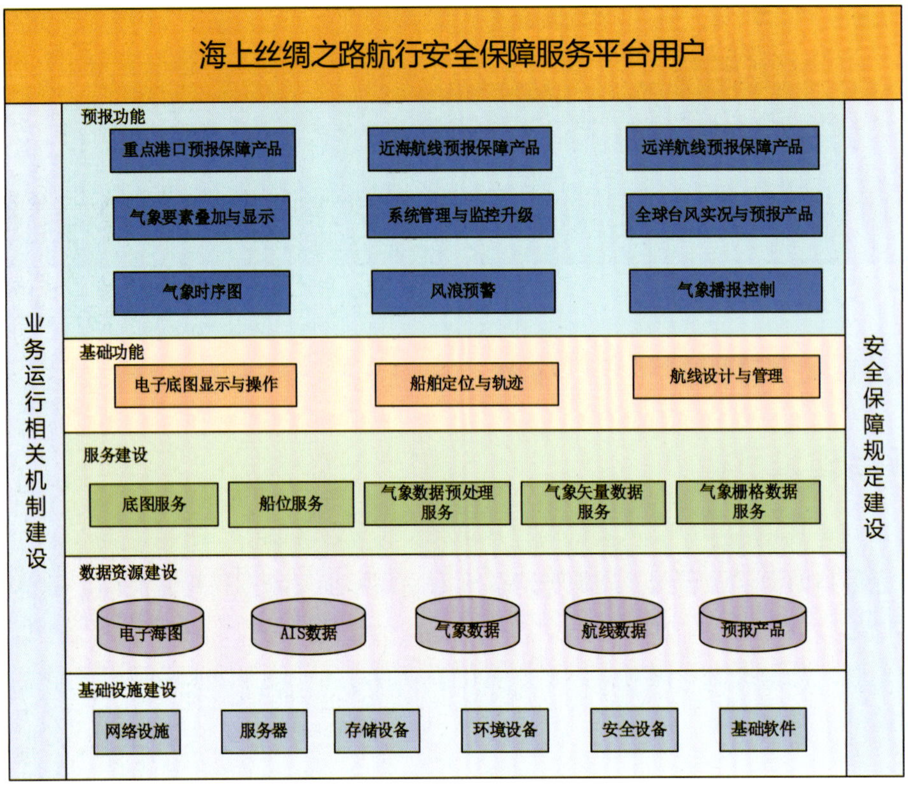

图8.2 体系结构图

8.1.2.1 支撑层

支撑层为基础设施建设相关的内容，为系统的建设和正常运行提供基础保障和支撑，把系统连接成逻辑的整体。支撑层包括网络环境、软硬件环境、安全环境等。

8.1.2.2 数据层

数据层是系统的基础部分。

数据类型主要包括：

1）AIS数据

为了全天时无障碍的获取与监控船舶的位置信息，提供基站AIS数据、卫星AIS数据等两种数据相互结合与补充。

岸基AIS数据：AIS是一种船载通信设备，可以不间断地发送本船的相关信息，通过AIS接收机即可接收到该数据。

卫星AIS数据：通常AIS接收基站都是部署在陆地上的，这样只能接收到基站附近约60 km范围内的船舶数据，而卫星AIS则是把AIS接收机安装到卫星上，作为岸基AIS数据的补充，可不受地域范围限制地接收到全球船舶的AIS信息。

2）电子海图数据

以栅格图片形式存储全球大陆架、岛屿、暗礁、港口、航道、水深、灯标、风、浪、流等海洋信息资料，能够为船舶安全生产和航行提供基础保障。电子海图数据定时更新，本系统实现电子海图的及时更新服务，即电子海图厂商更新海图后，本系统的海图服务即自动更新。

3）气象业务数据

来源于实时接收的海洋气象预报信息，包括降水、气压、气温、风场、海浪、海流和台风等信息数据，以及港口及航线的气象预报数据等。

8.1.2.3 服务层

根据国家海洋环境预报中心的实际需求及数据情况，服务层将数据信息通过服务形式进行传输，传递给数据的最终发布和展示平台，服务层主要有电子海图服务、船舶AIS数据服务及气象业务数据服务组成。

8.1.2.4 表现层

提供电子海图、船舶信息和气象信息三大类别的功能表现，包括海图的展示与操作、船位查询、船舶信息监控、船舶轨迹信息、各类气象要素叠加与显示等功能，最终实现国家海洋环境预报中心对全球海域尤其是西北太海域的全面监控与管理，提高预报中心业务信息化管理水平。

8.1.2.5 用户层

用户层主要是整个系统的服务对象，包括行业务用户、相关领导、系统管理员及其他用户。系统提供可视化的界面供用户操作，可帮助业务人员实现对气象数据的全面管理与监控，帮助领导层制定相关决策等。

8.1.3 平台网络架构

“海上丝绸之路”航行安全发布平台网络架构如图8.3所示。

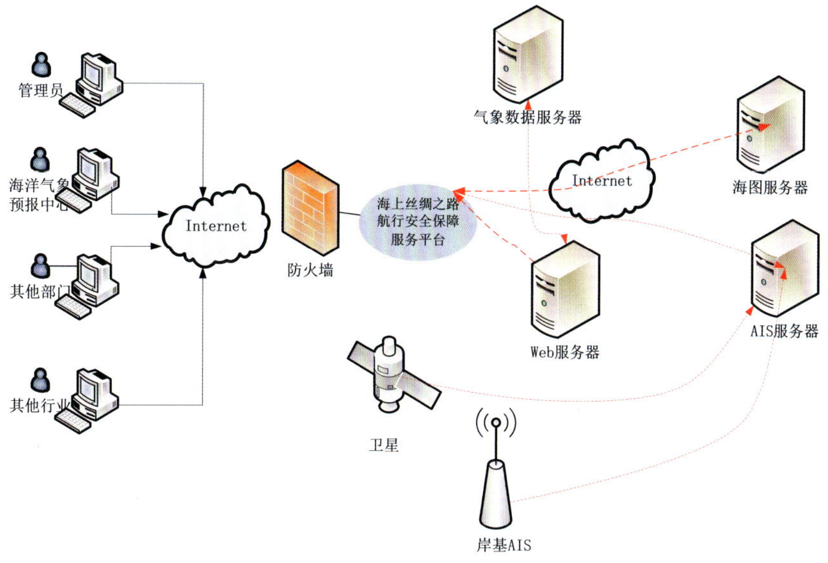

图8.3 网络架构图

8.1.4 性能设计

8.1.4.1 系统性能

（1）船舶数据覆盖：全球范围包含远洋（卫星数据），船舶数量不少于500艘；

（2）海图数据覆盖：全球范围，分18级，最精细达到0.05 km分辨率；

（3）支持叠加的气象要素：风、温、盐、浪、流、台风；

（4）支持多家机构的格点数据产品的切换，机构个数≥2；

（5）船舶数据更新：岸基数据2秒到10分钟，卫星数据2 ~ 6个小时；

（6）可支持的客户端数量：同时在线>300人；

（7）客户端响应时间：<5秒（在客户端需要载入较大网络数据的时以进度条方式呈现）。

8.1.4.2 系统可靠性

（1）平均无故障工作时间（MTBF）：>1 500小时；

（2）平均故障修复时间（MTTR）：<2小时；

（3）每年累计故障时间：<12小时。

8.1.5 设计原则

海上丝绸之路航行安全保障平台总体设计主要遵循：标准化与规范化原则、稳定安全可靠运行原则、灵活性与可扩展性原则、先进性与实用性兼顾原则。

（1）标准化与规范化原则：在系统的设计过程中，遵循相关的国际标准和规范、国家标准和规范以及行业标准和规范，遵循各项项目标准和规范，主要包括在术语上的规范、设计标书方法的规范、数据库数据格式与数据内容的规范、技术实现的规范。

（2）稳定安全可靠运行原则：系统的设计要严格遵守国家相关的安全保密标准和保密规范，充分发挥海洋气象信息价值，为电子政务及宏观决策服务。因此，系统的稳定可靠运行与服务至关重要。

（3）灵活性与可扩展性原则：系统的设计应遵从灵活性与扩展性原则，保障系统具有足够的灵活性和扩展性，便于系统的扩充、调整和维护。灵活性与扩展性主要体现在系统体系结构、数据结构、数据存储等方面。

（4）先进性与实用性兼顾原则：先进性具体体现在能够代表目前主流的方向，各项关键技术应采用业界先进的技术，并能够引领未来数年的发展；实用性具体体现在具有相关的国际标准或国家标准参照，相关技术在国外和国内的重大类似系统工程中得到过成功运用，具有较高成熟度。

8.1.6 设计依据

该平台设计遵循国家相关法律、法规，尤其是计算机信息系统安全的有关标准要求。本系统软件部分设计与实现应符合国家标准《软件可靠性和安全性设计准则》要求，需要保障数据安全，对用户访问进行控制，以及具有入侵防护和查杀病毒等功能。

平台所有设计、开发、安装调试和测试必须符合下列技术规范、标准：

（1）《计算机软件产品开发文件编制指南》GB/T 8567—88；

（2）《计算机软件需求编制指南》GB/T 9385—88；

（3）《计算机软件测试文件编制规范》GB/T 9386—88；

（4）《软件工程术语》GB/T 11457—95；

（5）《计算机软件质量保证计划规范》GB/T 12504—9；
（6）《软件维护指南》GB/T 14079—93；
（7）《信息处理系统计算机系统配置图符号及约定》GB/T 14085—93；
（8）《计算机软件可靠性及可维护性管理》GB/T 14394—93；
（9）《软件支持环境》GB/T 15853—95；
（10）《信息技术软件产品评价、质量特性及其使用指南》GB/T 16260—96；
（11）《信息技术、软件包、质量要求和测试》GB/T 17544—98；
（12）《计算机软件开发规范》GB-8566—88；
（13）《计算机软件产品》GB-8567—88；
（14）《计算机软件配置管理计划规范》GB/T 12505—90。

8.1.7 专业术语

下列术语和定义适用于本系统的设计及使用。

（1）航线预报 weather forecast for ship routes：船舶从出发地至目的地期间影响航行的气象海况预报。

（2）航线预报产品 weather forecast product for ship routes：为船舶或船运公司提供的航路上的气象海况预报产品，由数据及描述性文字组合而成的信息。

（3）港口预报产品 weather forecast product for ports：为船舶或船运公司提供的港口气象水文预报产品，由数据及描述性文字组合而成的信息。

（4）近海航线 coastal route：指本国港口间或港口至临近国家港口的海上运输航线的通称。

（5）远洋航线 ocean-going route：指使用船舶或其他水运工具跨越大洋的运输航线。

（6）海风 sea surface wind：海上10 m高度处的空气水平运动。

（7）海浪 wave：由风引起的海面波动现象，主要包括风浪和涌浪。

（8）表层海流 ocean surface current：海水在近表层的水平运动，主要由大气环流驱动。

8.1.8 系统环境

租用阿里云服务器，配置如表8.1至表8.3所示。

1）Web服务器

表8.1 Web服务器配置

名称	详细信息
网络	经典网络
CPU	系列Ⅲ（8核心16G）
操作系统	Windows镜像，Win Server 2012 R2 数据中心版 64位中文版
硬盘空间	系统盘SSD云盘 80G 数据盘，SSD云盘200G
网卡	公网带宽10Mbps

2）数据中心服务器

表8.2　数据中心服务器配置

名称	详细信息
网络	经典网络
CPU	系列Ⅲ（8核心16G）
操作系统	Windows镜像，Win Server 2012 R2 数据中心版 64位中文版
硬盘空间	系统盘SSD云盘 80G 数据盘，SSD云盘1000G
网卡	公网带宽3Mbps

3）气象数据预处理服务器

表8.3　气象数据预处理服务器配置

名称	详细信息
网络	经典网络
CPU	系列Ⅲ（8核心16G）
操作系统	Windows镜像，Win Server 2012 R2 数据中心版 64位中文版
硬盘空间	系统盘SSD云盘 80G 数据盘，SSD云盘200G
网卡	公网带宽5Mbps

8.2　航行安全保障平台主要功能

8.2.1　预警报信息处理子系统

该子系统为平台提供多要素格点数据预处理功能，存取数据、处理数据、切片等。气象要素包括海面风、2 m气温、海平面气压、海浪、海温、盐度、海流。

8.2.1.1　多源格点数据产品处理和加工

系统实时接收预报中心传输的海洋观测数据，包括降水、气压、气温、风场、海浪、海流、台风等气象要素资料，通过解析NC格式的气象要素数据，生成各类气象地理信息数据叠加于电子海图上，及时直观地反映监管区域的气象情况，为海洋灾害预报、海洋运输综合保障等提供预警数据和决策根据。

平台具备预警报产品的初步分析加工能力，包括自动计算自定义航线动态，提取航区环境要素，并开展平滑、差值等计算，生成用户易于知晓的航线预报产品。各种气象海洋要素格点数据包括海面风、2 m气温、海平面气压、海浪、海温、盐度、海流等。提取热带气旋强度、位置、移速、7级风圈半径、10级风圈半径等报文解析数据。支持动态读取预报中心实时更新的各类预警报产品，包括格点数据与各类港口预报产品，并提供数据流转的监管功能。

系统接收的气象原始数据来自国家海洋环境预报中心。气象数据文件格式为NetCDF格式，按指定的文件名格式存储在气象数据服务器对应目录下，一天更新两次。

1）文件名规范

YYYYMMDDHHMM表示产品起报时刻的年、月、日、时、分。

2）预报中心数据

（1）indo_YYYYMMDD.nc为印度洋海流数值产品；
（2）nwp20_depth_YYYYMMDD.nc为西北太平洋海流数值产品；
（3）rain.YYYYMMDDHH.nc为降雨量数值产品；
（4）SLP.YYYYMMDDHH.nc为海平面气压数值产品；
（5）U10.YYYYMMDDHH.nc为地面10 m纬向风数值产品；
（6）V10.YYYYMMDDHH.nc为地面10 m经向风数值产品；
（7）T2.YYYYMMDDHH.nc为地面2 m温度数值产品；
（8）waveYYYYMMDD.nc为海浪有效波高数值产品。

8.2.1.2 全球热带气旋预报数据解析

在可实时接收GTS报文的环境下，最大限度利用GTS内的各类与西北太平洋及南海、东北印度洋台风相关的信息是最可靠有效的手段。本系统从GTS报文中提取上述预报机构发布的海上的重要天气报告并进行自动解码，及时更新热热带气旋系统的发展趋势及情况。

全球气象电信系统（GTS）隶属于世界气象组织（WMO），是世界天气监视网的基本业务系统之一，其主要任务是在世界气象中心、区域气象中心和国家气象中心之间快速、高效、可靠地收集、交换和分发来自全球观测系统的基本观测资料和经全球气象资料处理系统加工过的气象情报，以满足各国开展气象业务、服务和研究工作的需要，也为大气科学的其他一些科学研究活动传输气象情报，通过全球气象电信主干电路及其支路-区域气象电信网-国家气象电信网三级分发到最终机构与用户。在可实时接收GTS报文的环境下，最大限度利用GTS内的台风报文数据是获取全球台风相关信息是最可靠最有效的手段之一。

如图8.4所示，热带气旋具有明显的地域性，不同海域的热带气旋无论在强度还是路径上都有很大的差异。世界气象组织（WMO）将热带气旋海域划分为北大西洋、东部和中部北太平洋、西北太平洋、北印度洋、西南印度洋、澳大利亚海区和南太平洋7 块。目前针对西北太活动的台风预报最常用的GTS报文分别来自于中国气象局（CMA，China Meteorological Administration）、日本气象厅（JMA，Japan Meteorological Agency）、香港天文台（HKO，Hong Kong Observatory）的以及美国联合台风警报中心（JTWC，Joint Typhoon Warning Center）。针对东北印度洋活动的台风预报最常用的GTS报文分别来自于印度气象局（IDM，Indian Meteorological Department）和美国联合台风警报中心（JTWC）。

在全球范围的台风信息发布过程中，多个气象机构按照自定格式编发台风报告（如图8.5所示），各家发布的频次与内容也不尽相同。主要包括发报机构代码、发布时间、台风等级、台风名称、编号、实况的日时分、台风的位置、定位的可靠性、中心气压值、中心最大风速、大风圈半径、过去6小时的移动方向及移速、未来的（包括12小时、24小时、48小时、72小时）经纬度位置、未来中心风速（持续及阵风）、未来移速移向等。

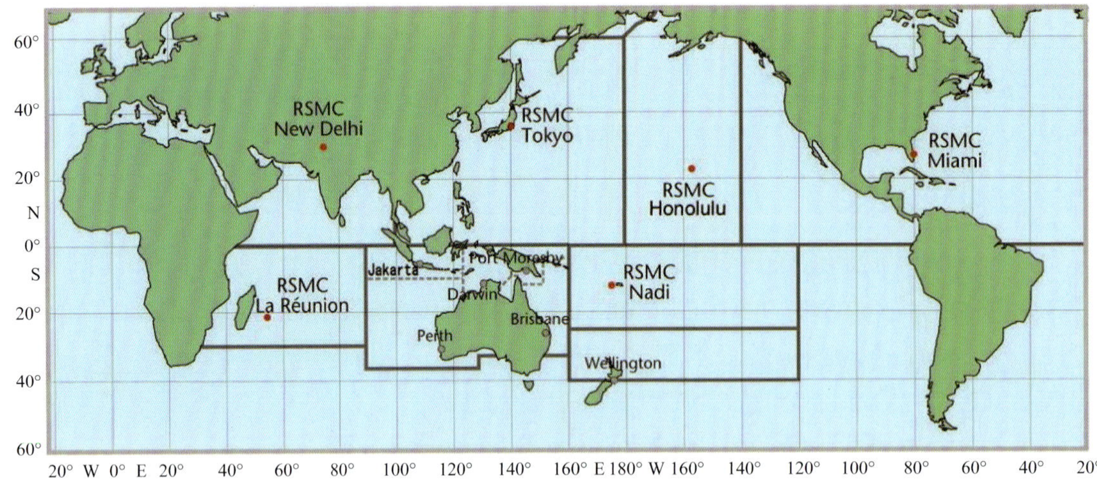

图8.4 WMO指定的区域专业气象中心（RSMC）管辖区划图

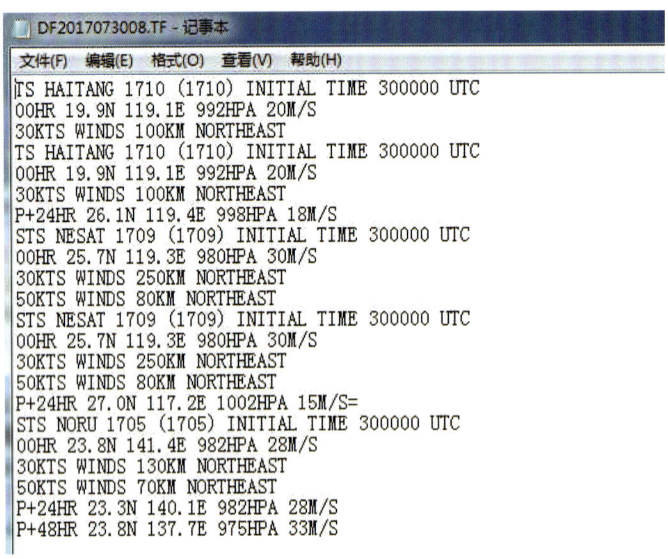

DF2017073008.TF - 记事本

文件(F) 编辑(E) 格式(O) 查看(V) 帮助(H)

```
TS HAITANG 1710 (1710) INITIAL TIME 300000 UTC
00HR 19.9N 119.1E 992HPA 20M/S
30KTS WINDS 100KM NORTHEAST
TS HAITANG 1710 (1710) INITIAL TIME 300000 UTC
00HR 19.9N 119.1E 992HPA 20M/S
30KTS WINDS 100KM NORTHEAST
P+24HR 26.1N 119.4E 998HPA 18M/S
STS NESAT 1709 (1709) INITIAL TIME 300000 UTC
00HR 25.7N 119.3E 980HPA 30M/S
30KTS WINDS 250KM NORTHEAST
50KTS WINDS 80KM NORTHEAST
STS NESAT 1709 (1709) INITIAL TIME 300000 UTC
00HR 25.7N 119.3E 980HPA 30M/S
30KTS WINDS 250KM NORTHEAST
50KTS WINDS 80KM NORTHEAST
P+24HR 27.0N 117.2E 1002HPA 15M/S=
STS NORU 1705 (1705) INITIAL TIME 300000 UTC
00HR 23.8N 141.4E 982HPA 28M/S
30KTS WINDS 130KM NORTHEAST
50KTS WINDS 70KM NORTHEAST
P+24HR 23.3N 140.1E 982HPA 28M/S
P+48HR 23.8N 137.7E 975HPA 33M/S
```

图8.5 热带气旋GTS报文解析

资料预处理分为4个步骤，一是热带气旋警报报告的提取，GTS（全球电传系统）数据没有进行报文分类，各类报文（如地面报告、探空报告、浮标报告、航空观测报告、天气警报报告等）是混编在一起的，因此首先需要将热带气旋警报报告从中提取出来，同时，由于各家机构发布的热带气旋警报报告格式不固定，需要为每家机构独立进行特征标示，进行分别识别、提取；二是对热带气旋警报报告的解码，由于没有固定的标准规范，需对每家机构的热带气旋警报报告进行大量的样本分析，为每家机构建立对应的信息提取规则，完成热带气旋信息实况、预报和辅助信息的自动化抽取；三是数据对比与简单质量控制，将各家机构的热带气旋信息以“热带气旋编号-实况时间”为键，对中心气压、最大速度、移动方向等要素进行横向对比（需转换为统一计量单位下），进行数据有效性检验，并标识；四是数据存储与业务自动化，将步骤1至步骤3进行算法化处理，并依托编程环境研发支持7天×24小时无人值守的预处理系统，自动实现对分散时刻采集的热带气旋数据的拼接，并将数据存储到数据库中保存，以积累形成历史数据。同时，系统自动记录、提示异常情况（如采集、提取、存储失败等情况），以便后期调试。对于外部系统的数据应用（解释应用系统或者模型），通过数据服务接口方式向其提供数据。需要进行解码的警报报文包括太平洋、南海和印度洋、大西洋的热带气旋警报报文。

8.2.1.3 气象数据产品服务

由于原始的格点数据是NC格式，无法直接呈现给用户，系统需具备数据转换的能力，将原始数据文件转换成本系统需要的格式，数据预处理工具负责对原始气象数据进行预处理，生成索引、等高线等。原始数据在经过预处理后生成文本格式和二进制格式的数据，文本格式用于等值线生成，二进制格式用于向用户客户端提供数据。考虑到全球气象实时观测数据的数据量以及客户端的用户体验，在数据量比较大的情况下，通过标准服务的建立和结构化的气象数据格式组织，可以很大提高客户端解析速度。系统通过建立标准的气象数据服务，以web服务形式向客户端提供各种气象数据。

数据接口包括气象预报时间接口、气象数据接口、等值线数据接口等。

以气象数据接口为例：

/grid.ashx?type=temp&minx=1&miny=2&maxx=3&maxy=4&time=2014-08-24 00:00:00&depth=0&level=5&enc=0&source=1

（1）参数：

time参数可以省略，这时候返回的是离现在时间最近的一组未来气象数据。

当Type是indo或nwp即海流时depth参数有效，可能的值为 -1000，-500，-200，-100，-50，-20，0。

level是当前海图缩放级别，从第2级开始，不同的Level会给出不同分辨率的数据，初步定在5级及以下是2*2的数据，5级以上是各类型数据的实际分辨率。

enc编码格式，0 - JSON，1 - BASE64编码的二进制。

出于JSON解析效率的考虑，Level在5级以上时，建议按4*4度的方式分割为多个请求，二进制不需要这样做。

（2）返回的数据：

{“status”:0,“type”:”temp”,”resolution”:”10”, “time”:”2014-08-24 00:00:00”,”data”:[{“lon”:”135”, ”lat”:”38”,”temp”:”ASDFGHJKL”,”salt”:”FJFHDFYRJFHN”},...]}

二进制格式（Base64编码）

返回值	uint16	返回值为0表示成功，1为失败，非0时后面的数据不需读取
数据发布时间	int	UTC时间，数据的发布时间
数据时间	int	UTC时间，数据的实际时间
X向分辨率	uint32	X方向上包含的经度个数
经度值数组	float[]	根据上面值循环读取
Y向分辨率	uint32	Y方向上包含的纬度个数
纬度值数组	float[]	根据上面值循环读取
数值个数	uint32	该数据类型包含的数值个数数值类型
string	float[]	数据类型字符串（根据XY读取数值二维数组，每次循环读取N个值，N是数值个数，对应于N个数值类）数值数组

8.2.2 航线预报保障子系统

8.2.2.1 重要港口预报保障产品显示

港口预报功能主要是为船舶或船运公司提供各重要港口的气象海况预报产品，由数据及描述性文字组合而成的信息。

港口预报数据来源于各区预报单位，每个预报单位会按照预报产品规范将预报数据上传至预报中心数据库，系统服务定时访问预报中心数据库获取港口最新的预报数据，实现重要港口预报保障产品的展示。

（1）预报时效

港口气象水文预报时效通常为72小时，时间步长24小时。用户可以自行进行切换，选择未来24小时、48小时、72小时的数据进行展示。

（2）预报要素

港口预报包含风向、风力、浪向、浪高、潮位时间及潮位等影响船舶靠泊的环境要素。

（3）预报产品内容与形式

系统根据国家海洋环境预报中心提供的重要港口名称和港口坐标数据，于底图上创建港口位置分布，系统后台服务定时连接预报中心数据库获取到当日港口预报数据，用户于海图上点击任意港口图标，弹出信息框显示该港口当前最新的风向、风力、浪向、浪高、潮位时间及潮位等信息（图8.6）。

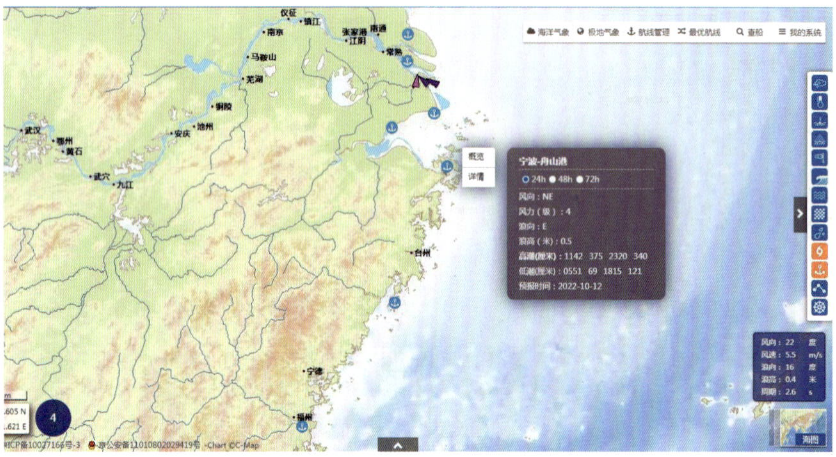

图8.6 重要港口预报保障产品显示

8.2.2.2 远洋重点航线预报产品集成显示

远洋重点航线预报功能主要是为船舶或船运公司提供的航线上的气象海况预报产品，由数据及描述性文字组合而成的信息。

远洋航线预报数据来源于各区预报单位，每个预报单位会按照预报产品规范将预报数据上传至预报中心数据库，系统服务定时访问预报中心数据库获取远洋航线最新的预报数据，实现航线预报保障产品的展示。

（1）预报时效

远洋航线气象水文预报时效通常为72小时，时间步长24小时。用户可以自行进行切换，选择未来24小时、48小时、72小时的数据进行展示。

（2）预报要素

远洋航线预报包含风向、风力、浪向、浪高等影响船舶行驶的环境要素。

（3）预报产品内容与形式

根据海洋环境预报中心提供的远洋航线的名称和航路点经纬度坐标数据，系统创建了若干远洋航线。远洋航线通常历时3天以上，时空范围变化大，因此针对某一长途航线应将其划分为多个矩形区域（具体某条固定航线的划分可按照预报人员的经验或相关气候统计特征进行），并按照24小时的时间步长制作多个矩形区域的要素预报。系统后台服务定时连接预报中心数据库获取到当日远洋航线各矩形区块的预报数据，用户于海图上点击任意航线任意矩形区块图标，弹出信息框显示该区块对应航段当前最新的风向、风力、浪向、浪高信息（图8.7）。

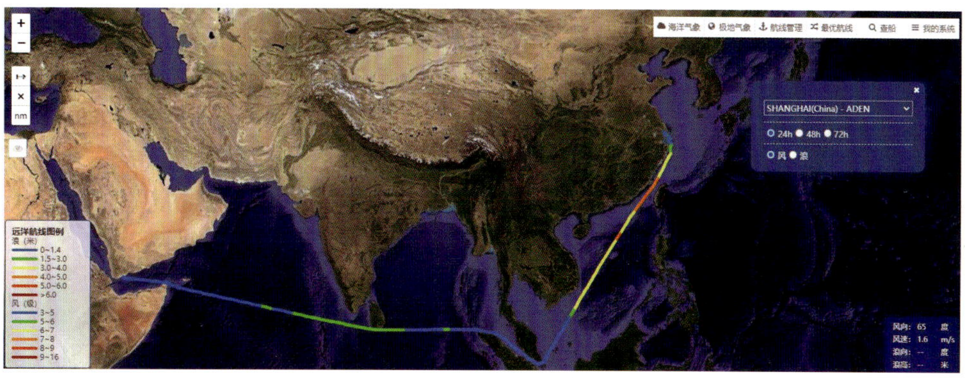

图8.7　远洋航线预报保障产品显示

8.2.3　GIS应用集成显示与产品发布子系统

GIS应用集成显示与产品发布子系统的开发技术采用H5，可以兼容PC端与移动端、Windows与Linux系统、安卓与IOS系统。

8.2.3.1　全球最新版电子海图背景

基于最新版C-map标准格式的电子海图及电子地图实现航海相关的海洋地理信息的可视化显示，为大洋航路环境保障服务产品和船舶实时位置叠加显示提供基础底图。数据主要包含大陆架、岛屿、暗礁、港口、航道、水深、灯标、风、浪、流等海洋信息资料，能够为船舶安全生产和航行提供基础保障。

通过ArcGIS的技术手段，将全球矢量海图转换为浏览器端可快速读取和浏览的栅格瓦片海图。全球的海图根据比例尺的大小划分为18个等级，由第1级到第18级比例尺逐渐增大。根据设定，第1级赤道比例尺为1：295 829 355，第18级赤道比例尺为1：70.5。

本项目的电子海图采取定时更新机制，每季度更新一次最新的电子海图瓦片，即每个季度将获取到的最新的电子海图重新切图发布。通过运行海图服务器上的Windows服务定期增量更新海图，保证当前海图时效性和正确性。

8.2.3.2　船舶实时动态定位及轨迹查询

船舶的AIS在不断向外发出的信息中包含三类，船舶动态信息、船舶静态信息、船舶航程信息。通过接收船舶的AIS数据，系统在电子海图的背景上标绘船舶符号，直观的呈现船舶的实时位置，实现船舶的实时动态监控。

本系统支持国家海洋环境预报中心的科研船舶和部分中国商船共计400多艘船舶的动态位置显示，另有科研船及原国家海洋局系统志愿船30艘。这些船舶既可查看船舶实时位置，又可查看静态信息和航程信息等，同时具备船舶搜索、查询、统计与航迹自动生成等功能。

船舶符号可分成两种式样，三角形、船形。随着缩放，不同比例尺下，船舶将以不同的图标形式展示（图8.8）。

三角形：默认以三角的形式显示，大小是固定的，最小锐角是船头方向；船形：比例尺级别15级以上时，如果船舶长度在当前比例尺级别下超过15个像素时，将显示真实船型。用户可根据不同的需要查看当前船舶的分布。

船位动态符号表达方式，即船舶图例，如图8.9所示。

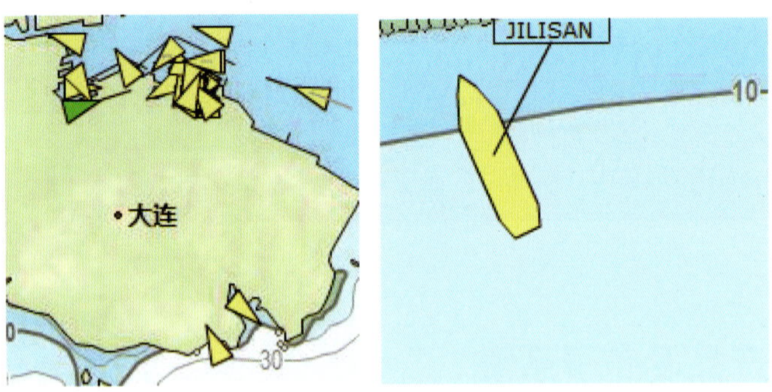

图8.8　船舶符号对比图

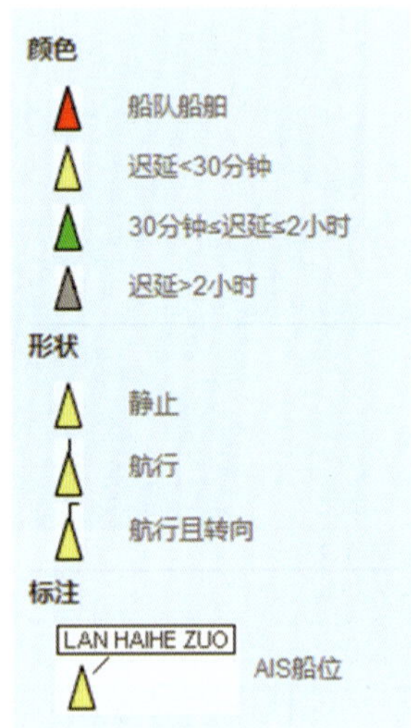

图8.9　船舶图例

系统随时统计当前屏幕界面内的船舶数量，随着鼠标拖动地图，统计数量也在不断的变化。

船舶搜索支持查询定位目标船舶，点击“查船”，弹出船舶搜索框（再次点击，即可收起船舶搜索框）（图8.10），通过在搜索框中输入船名/呼号/IMO/MMSI/港口中任何一项，即可查询此船舶的实时位置。

图8.10　搜索功能界面

具体操作如图8.11所示，现在搜索框中输入船舶的关键字，点击左侧的搜索结果列表中的目标船舶，海图上定位显示该船舶，点击船舶弹出船舶的信息框。

图8.11　搜索结果界面

船舶信息框包括船舶的AIS信息和其他相关功能按钮。

船舶AIS信息：包括呼号、MMSI、IMO、类型、状态、船长、船宽、吃水、船首向、航迹向、航速、纬度、经度、目的地、预到时间和最后时间等信息。

AIS信息框中的每个字段的解释如下：

（1）船名：船舶的名称，英文船名用英文拼写，中文船名用拼音拼写。

（2）呼号：是应国际海事组织（IMO）的要求，为每条船舶指定的唯一识别编号。它是由4～5位的字母和数字组合而成的编码。中国籍船舶的呼号以B（Bravo）开通。

（3）MMSI：全称是海上移动通信业务识别码（Maritime Mobile Service Identity），是有9位数字组成的船舶唯一通信编码。当船舶在海上遇到危险时，岸上搜救部门可以通过MMSI对海上船舶进行通信，并组织救援。中国籍的船舶，MMSI以412开头。

（4）IMO：IMO编号是国际海事组织为国际航行船舶颁发的唯一身份号码，它不同于呼号和MMSI，呼号和MMSI会随着船舶的买卖和国籍的变化而发生变化，而IMO编号是终身编码，不随着船舶买卖、变更等发生变化。IMO编号是由7位数字组成。

（5）船舶类型：在AIS中的船舶类型包含：货船、油船、渔船、拖轮、引航、搜救、军事用途等。

（6）船长*船宽*吃水：表明船舶的大小，和当前航次的吃水深度。

（7）纬度、经度：船舶的地理位置。

（8）航首向：船头的方向。

（9）航迹向：船舶航行的方向。在大部分时间，航首向和航迹向是相同的，但是在有风浪等外界条件影响时，二者有略微的差别。

（10）航速：船舶的行进速度。航速的单位是节，1节=1.852 km/h。

（11）目的地：由船上船员录入的信息。有些时候，船员更新不及时，会存在显示有误的情况。

（12）预到时间：船舶预计到达港口的时间。这个时间也是由船员录入的，不是船讯网自动计算的。如果船员更新不及时，船讯网就显示错误信息。

（13）最后时间：船舶位置更新的时间。

其他相关功能按钮：包括定位、添加定制、查询轨迹等几个关联功能。

船舶轨迹支持用户查询任何一条船舶一段时间内的轨迹，查询到的轨迹节点需有明确的时间标识。

查看某条船舶的轨迹，需定位到船舶后在船舶信息框中点击查询轨迹按钮，然后设置轨迹的开始和结束时间（如图8.12）。

图8.12 查询轨迹界面（一）

系统根据用户设置的开始和结束时间查询船舶的历史轨迹，并将轨迹叠加显示在海图上（图8.13）。根据时间的推移，绘制出箭头代表船舶移动方向，每个轨迹点都显示该点数据的准确获取时间，两个轨迹点之间永远保持固定间距，随着海图放大，轨迹点间能够分裂出更多轨迹点，但间距依然不变。

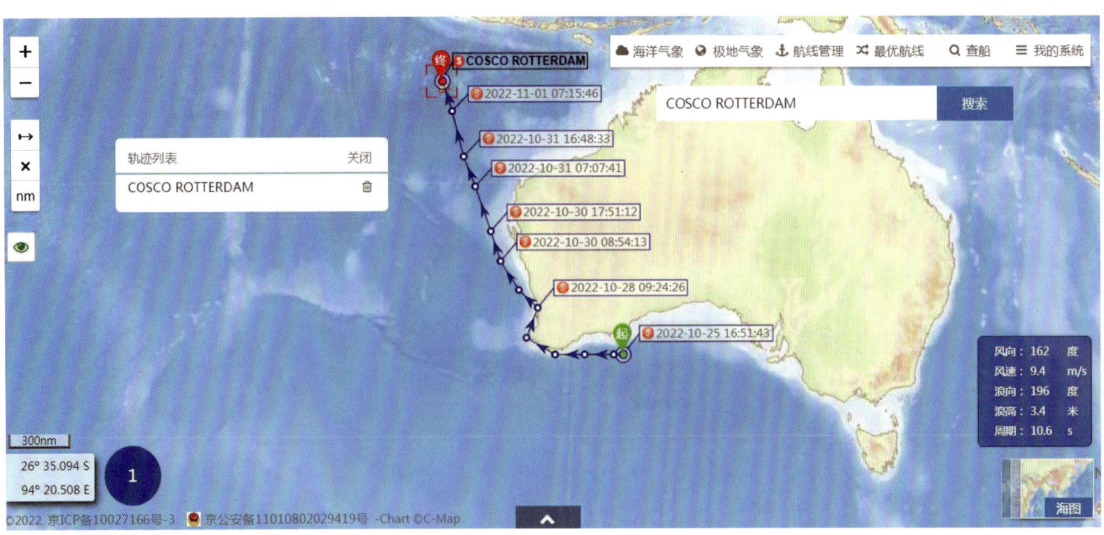

图8.13 查询轨迹界面（二）

点击每个轨迹点，都可以查当时的航速（船舶信息框中可显示）（图8.14）。

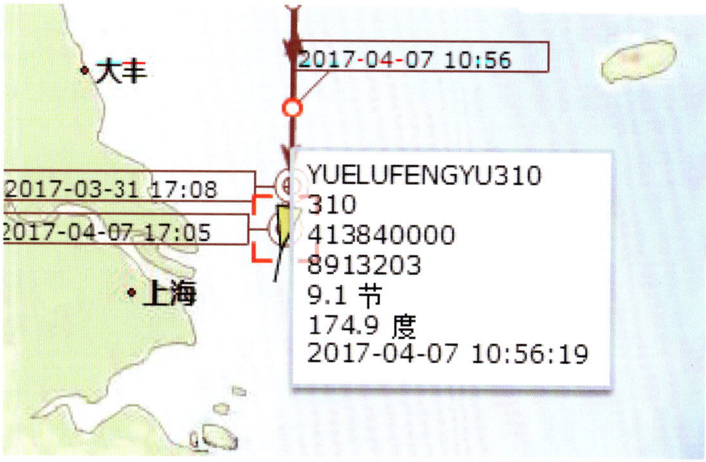

图8.14　轨迹节点提示

8.2.3.3　自定义航线设计与管理

本功能支持用户自定义设计航线，添加航路点为每个航路点的航速、航向和停留时间等。航线与用户相关，每个用户添加的航线及航线时序图等功能，都只能在本用户账号下使用。

“新建航线”功能，支持用户在弹出的对话框中自定义航线的名称，设置新建航线的时间。新建航线的时间系统默认给出当前时间，用户也可以重新设置时间，但不能早于当前时间，确认后成功添加一条新航线的基础信息，航线的具体航程路线则需在航路点管理中设置。

新建航线后，可依次添加航线的航路节点来完成航线路径。添加航路点功能实现航路点信息的添加与编辑，在弹出对话框中输入航路点名称、经纬度、航速和停留时间，完成单个航路点的添加。航速和停留时间系统给出默认值，支持用户修改默认值，也支持用户移动鼠标，在海图上选取位置添加航路点，经纬度自动添加到对话框中（图8.15和图8.16）。

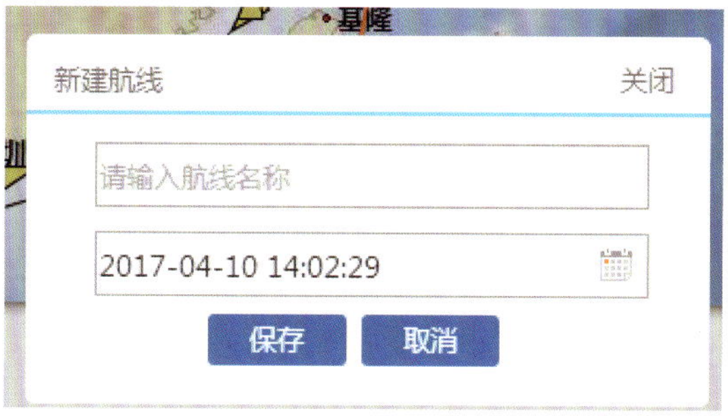

图8.15　新建航线

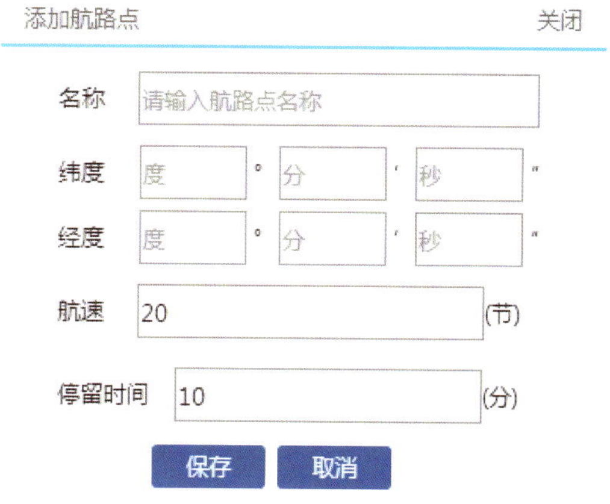

图8.16　新建航路点

按航线的节点顺序添加航路点，即可完成航线的设计，在海图上按顺序显示航路点并连接成航线路径（图8.17）。

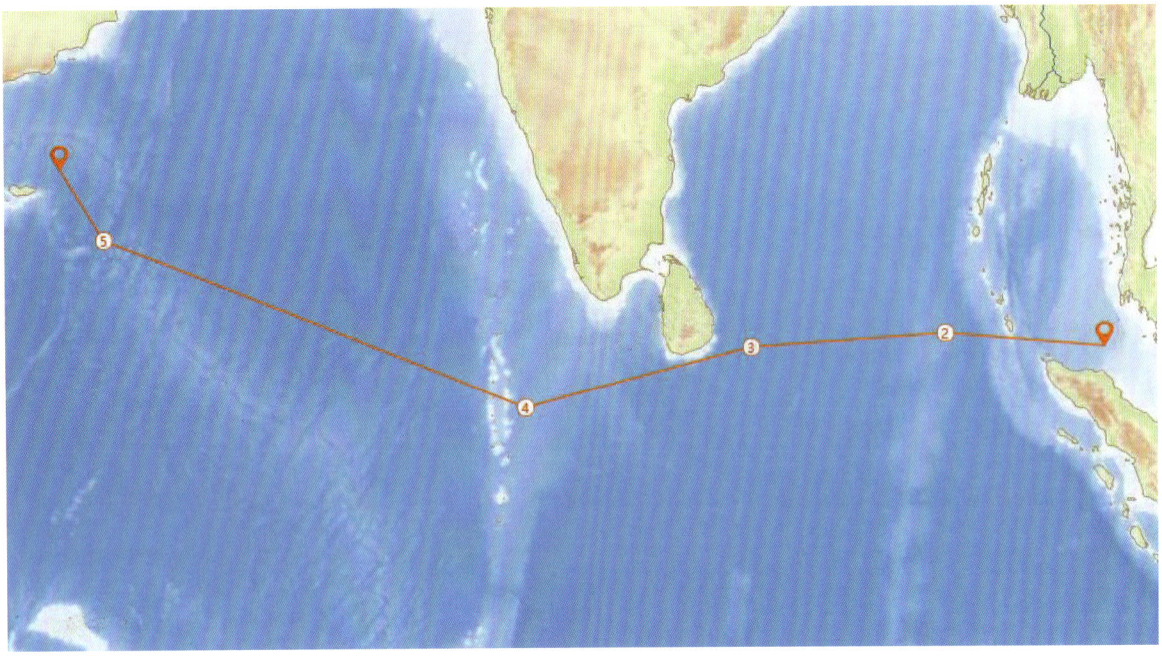

图8.17　新建航路点

设定好自定义航线后，在航线列表下拉菜单，勾选相应的航线，电子海图会调用并自动显示该航线（图8.18）。

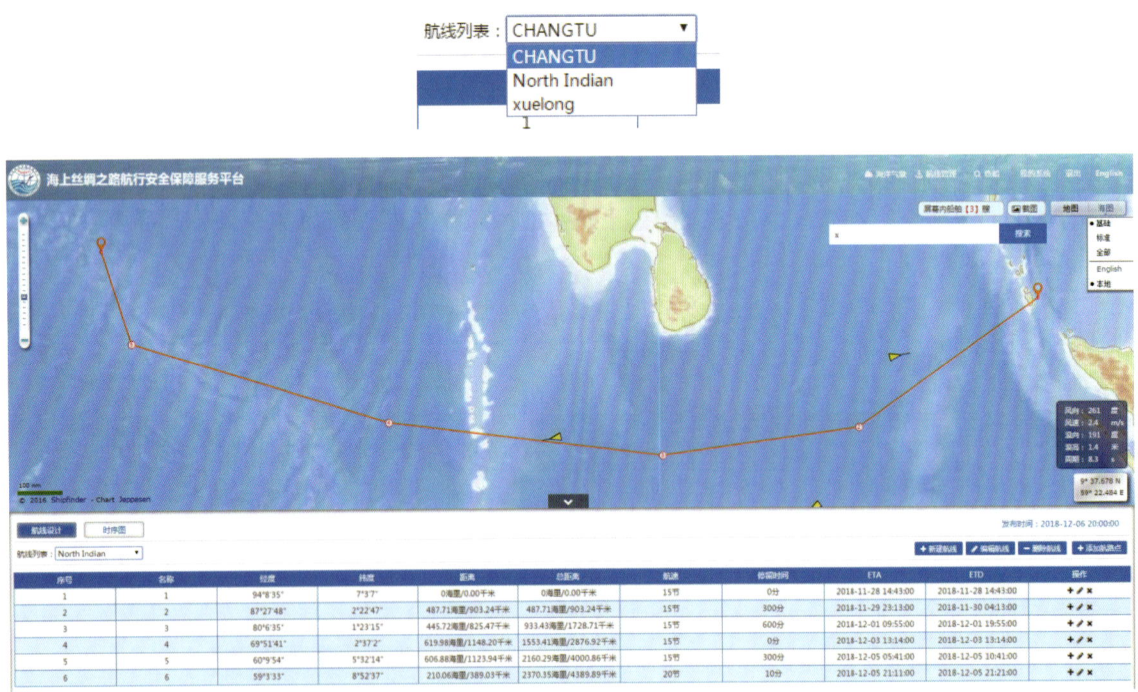

图8.18　航线模拟航行图

选择某条航线，如“雪龙”号，可见其航线上设置的时间在4月7—9日，点击海洋气象，弹出气象播报按钮，选择4月7日的播报点，通过播放按钮的点击，可以看到，船舶标识沿着航线移动，配合气象水文预报环境场的时间动态演变，实现模拟航行及航线对比功能（图8.19和图8.20）。

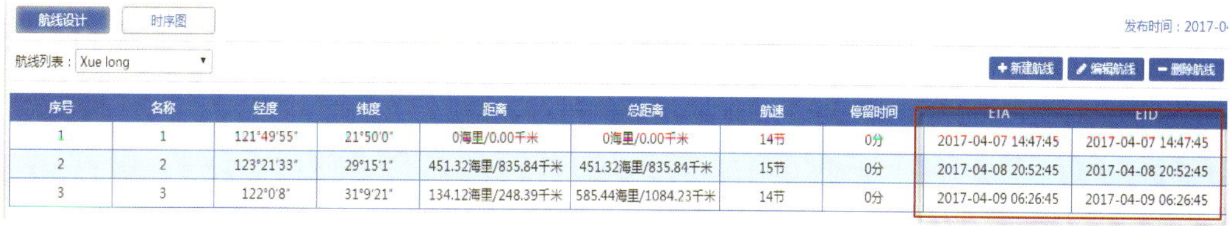

图8.19　模拟航行

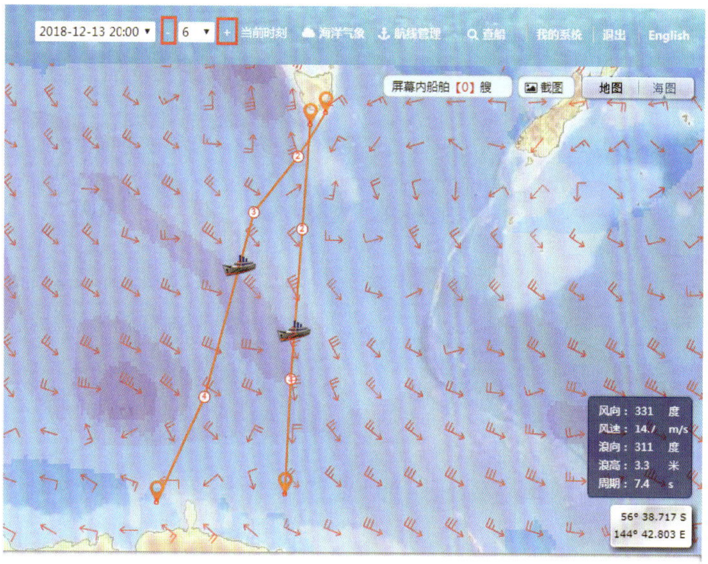

图8.20　航线模拟及对比

8.2.3.4　多源数据产品交互选择查询显示

由于数值模式预报存在一定不确定性，因此在平台上增加多种数值预报产品的叠加显示是非常必要的。平台采用多源多要素格点数据的切换与叠加显示功能，为用户对多机构预报结果开展对比应用，提升预报服务的可靠性，进而降低用户航行作业的安全风险。该平台基于栅格瓦片理念与等值线面状填充等多项算法优化，成功实现了多要素、多形式的数据产品交互查询显示。

8.2.4　气象水文要素可视化技术

主要指气象要素完成预处理过程后，在Webgis平台上的可视化展示技术，其中涉及的关键技术是，Webgis平台多层栅格瓦片的快速叠加与海量气象符号绘制。

（1）多层瓦片快速叠加。多层栅格瓦片叠加会明显拖慢客户端的显示效率，且再加上船舶符号绘制、气象符号绘制等绘制要素，客户端将严重影响用户体验，为此可以将瓦片叠加在服务端实现，客户端只叠加一层的方案解决了前端显示效率瓶颈。

（2）海量符号绘制。本系统的符号绘制包括船舶符号、气象要素符号、港口航线符号等海量符号需要在客户端显示（如图8.21），这对Webgis平台提出了更高的要求，其中影响效率的有两个方面，一是从服务端获取数据的网络开销，二是客户端显示。为此在数据传输过程中我们首先是采用二进制数据流传输以减小数据传输量以及传输时间，其次是在客户端显示过程中采用网格化缓存技术绘制符号，这样大大提高了绘制效率，很好地解决了用户体验问题。

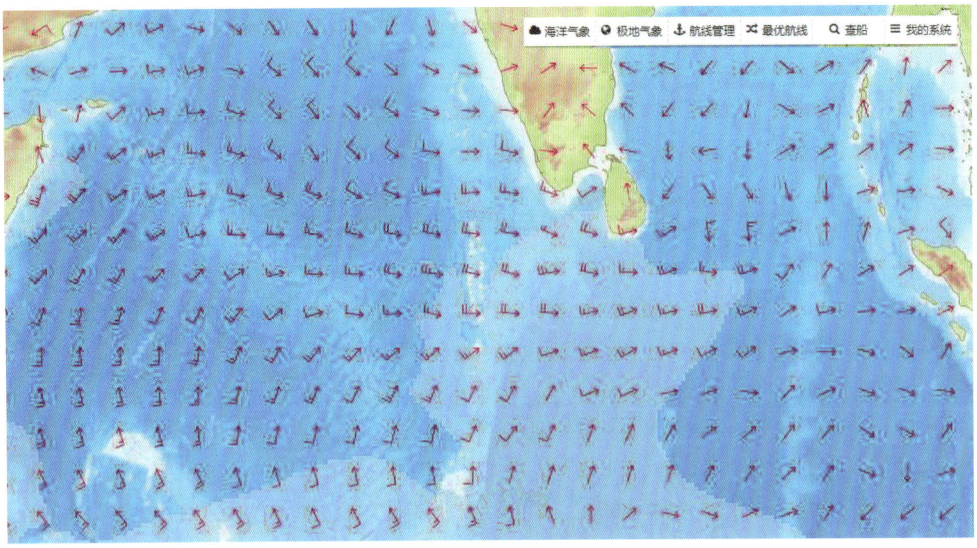

图8.21 风场图片展示

8.2.5 等值线算法优化

针对常见气象格点数据绘图等值线不平滑、填色区域存在锯齿的情况，本平台在研发过程中开展了等值线追踪算法优化。在后台数据处理过程中，对气温、气压等数值预报场的等值线追踪进行改进，通过合理划分等值线阈值，引入样条曲线平滑算法，减少曲线控制点数量，解决等值线不平滑、色斑图边缘锯齿状明显的问题，确保数值预报产品瓦片生产美观。

8.2.5.1 等值线绘制的方案步骤

（1）气象数据解析入库后提取等值线数据；

（2）等值线经过线性插值平滑处理；

（3）绘制等值线生成瓦片数据。

8.2.5.2 等值线绘制方案选取

针对等值线平滑效果的处理，目前主流的方法有以下：

（1）线性平滑（Linear smooth）。

采用线性函数，形如：$Z = a + bX + cY$，该方法插值效果不理想，我们在一期绘制等值线是已采用此方案。

（2）二次平滑（Quadratic smooth）。

采用二次多项式，形如：$Z = a + bX + cY + dX^2 + eY^2 + fXY$，该方法插值效果已可接受，基本可满足常规平滑需求。

（3）距离加权最小二乘平滑（Distance-weighted least squares smooth）。

每个点的影响随着各自在平面上在水平距离而减小，该方法平滑效果较好。

（4）负指数加权平滑（Negative exponent / weighted smooth）。

权重呈负指数递减，平滑效果优于距离加权最小二乘平滑。

（5）双三次样条平滑（Bicubic spline smooth）。

该方法平滑效果最好，但计算较为复杂。

针对气象数据的特点，基于平衡显示效果与计算效率考虑，初步采用距离加权最小二乘平滑来改进等值线绘制，同时配合反锯齿处理优化显示效果。

借助上述各种关键技术，依托由国家海洋环境预报中心提供的海量预警报信心产品，实现了该平台基于GIS应用集成的全球范围水文气象产品交互式查询显示。共包括气压、气温、海温、海盐、海风、海浪、海流、降水和能见度等八种气象要素。

显示形式包括：面状填色、等值线、标注和符号形式。

每种气象要素根据数据特点，支持两种显示形式。

（1）气压：面状填色和等值线形式（图8.22）。

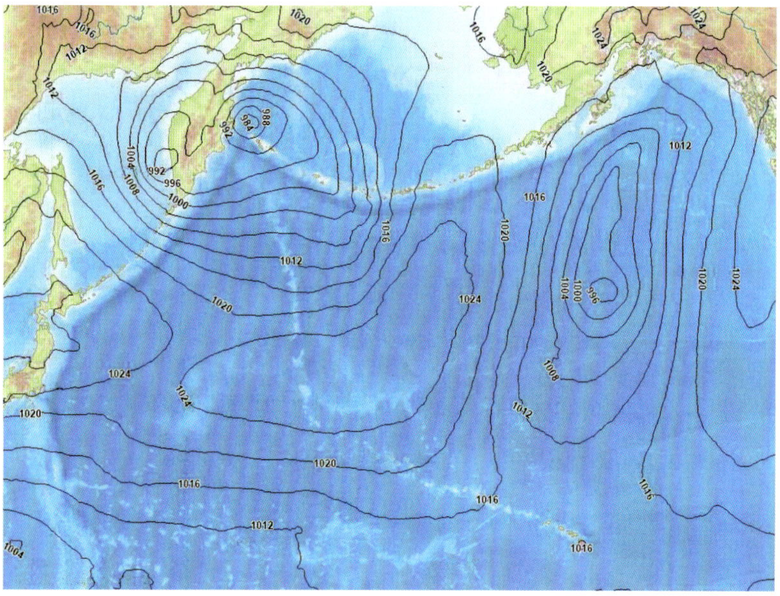

图8.22　气压等值线表达示例

（2）气温：面状填色和等值线形式（图8.23）。

图8.23　气温面状填充表达示例

（3）海温：面状填色和等值线形式（图8.24）。

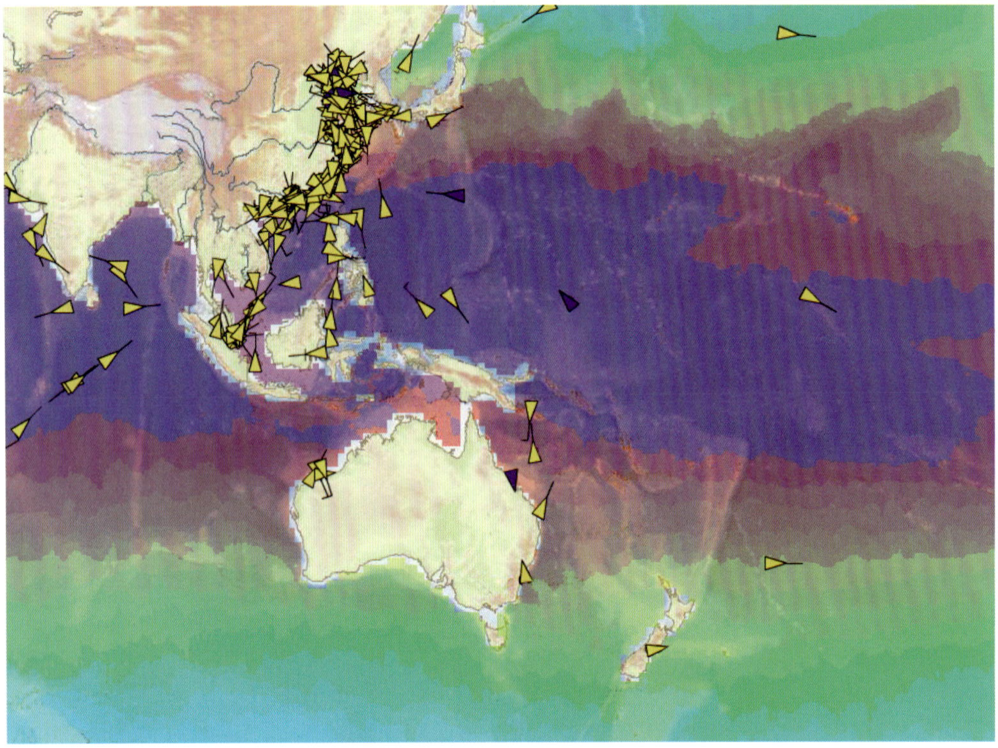

图8.24 海温面状填充表达示例

（4）海盐：面状填色和等值线形式（图8.25）。

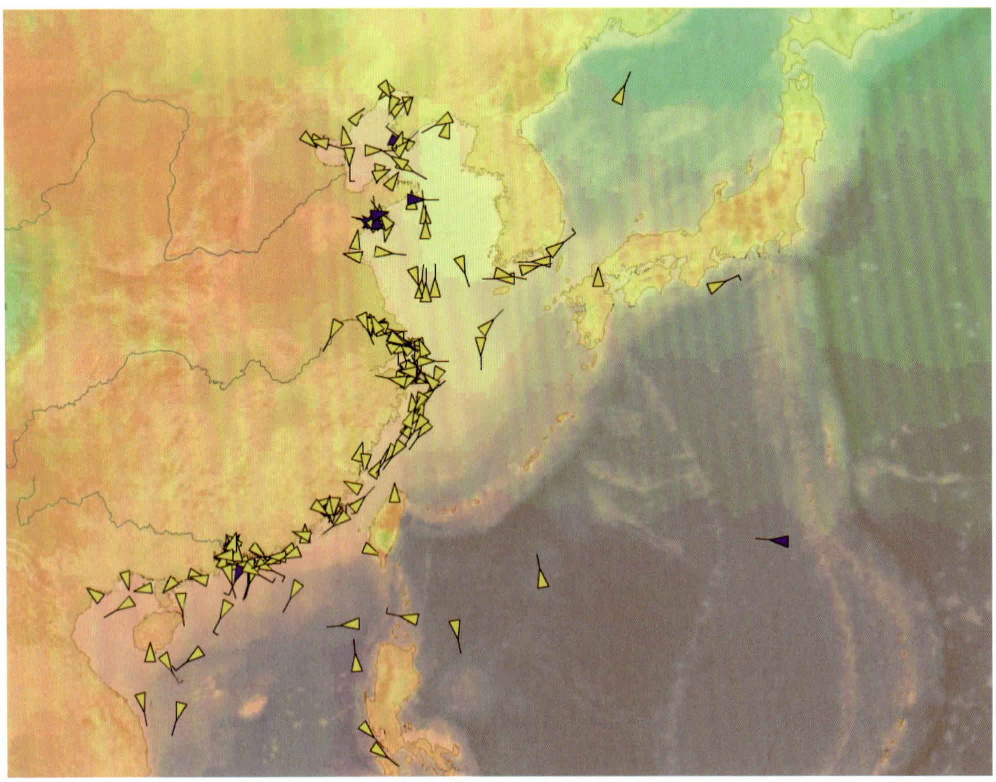

图8.25 海盐面状填充表达示例

（5）海风：面状填色和符号形式（图8.26）。

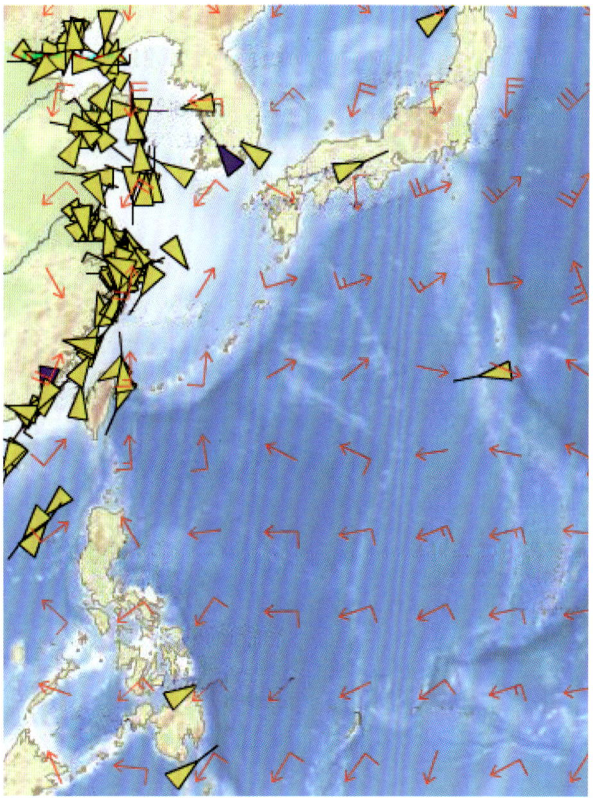

图8.26　海风符号表达示例

（6）海浪：面状填色和符号形式（图8.27）。

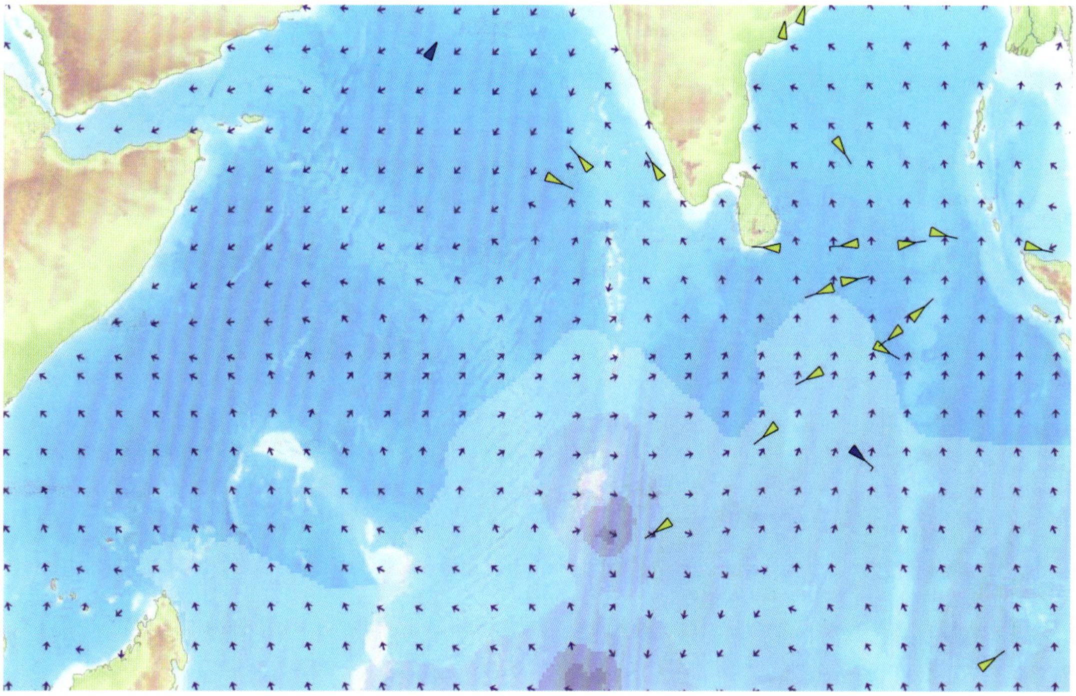

图8.27　海浪面状及符号表达示例

（7）海流：标注和符号形式（图8.28）。

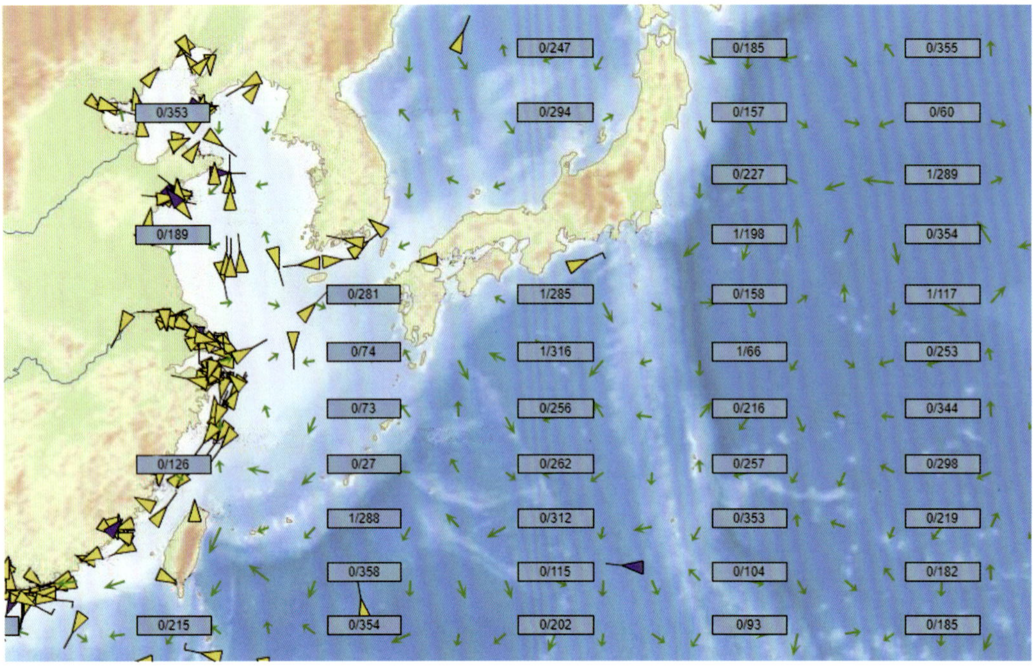

图8.28　海流标注表达示例

（8）降水：面状填色和标注形式（图8.29）。

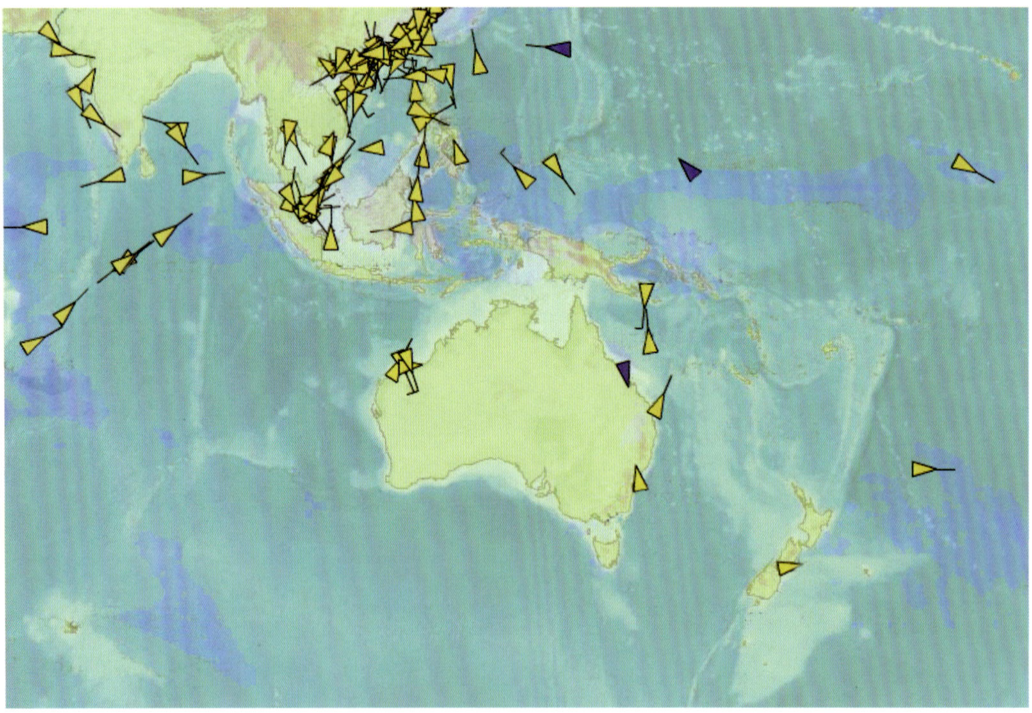

图8.29　降水面状填色表达示例

系统支持多个气象要素的叠加，前提是要素的显示方式不是相同的，如气压采用等值线，海风采用面状，如图8.30所示。

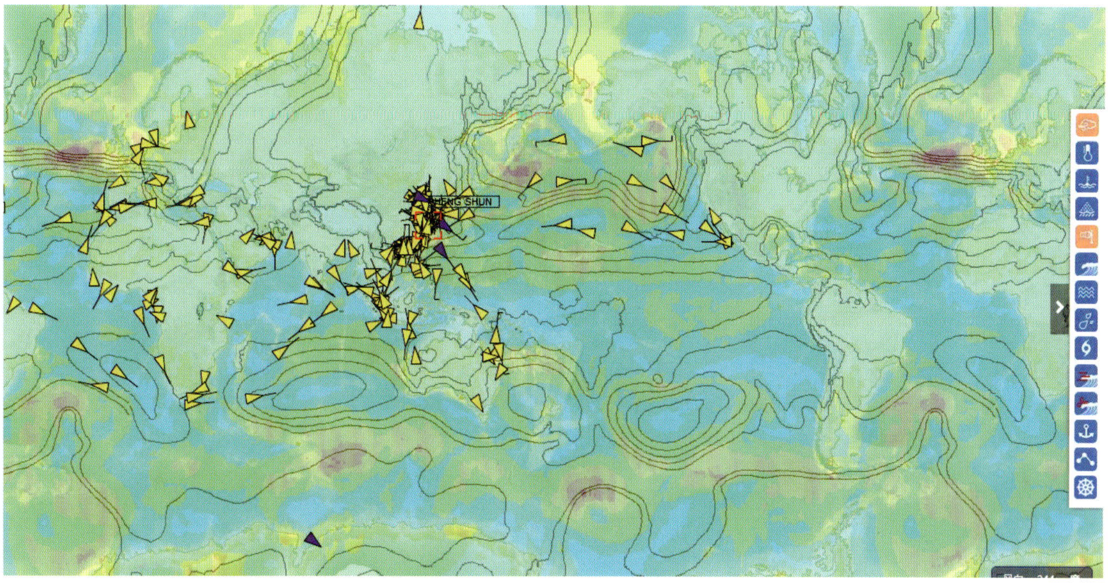

图8.30 气压和海风叠加显示

8.2.5.3 全球台风实况与预报产品叠加显示

依据全球热带气旋报文解析业务流程（图8.31），提取热带气旋强度、位置、移速、7级风圈半径、10级风圈半径等报文解析数据，基于电子海图/地图背景，针对不同象限台风风圈半径不同的情况，增加不规则扇形拼接图形表示7级风圈和10级风圈的显示功能；支持鼠标点图查询显示详细信息，支持动态演示台风路径。将台风的行进路径叠加于海图上，台风实时和历史跟踪路径采用实线绘制，预报采用虚线绘制，实时风圈闪烁历史跟踪风圈等支持鼠标悬停或点击查看并使风圈得到焦点，整个界面提供丰富的台风信息查看。

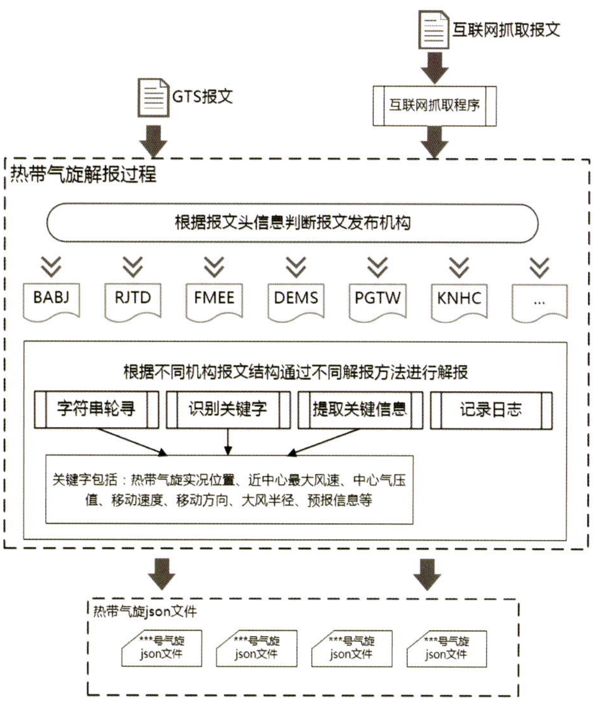

图8.31 全球热带气旋报文解析业务流程

台风预警使用24小时和48小时警戒线，结合台风预报信息预警未来24小时或48小时内海区可能受到台风的影响。

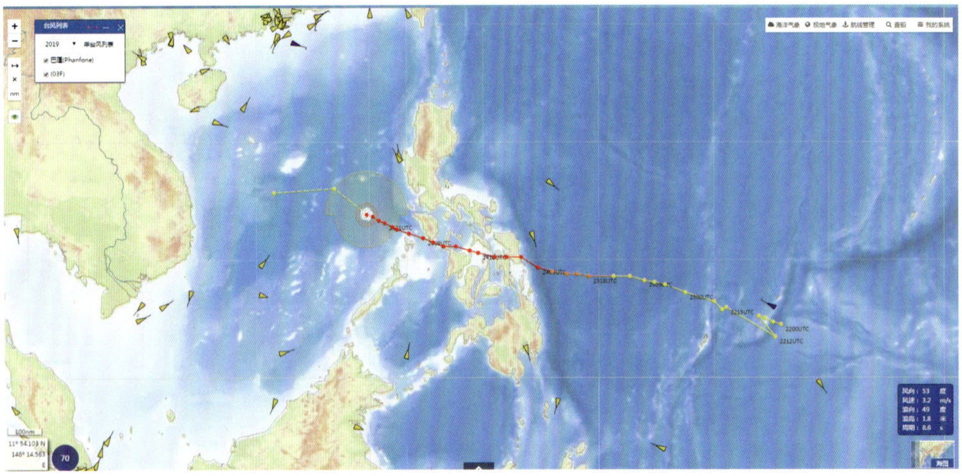

图8.32　台风路径叠加显示

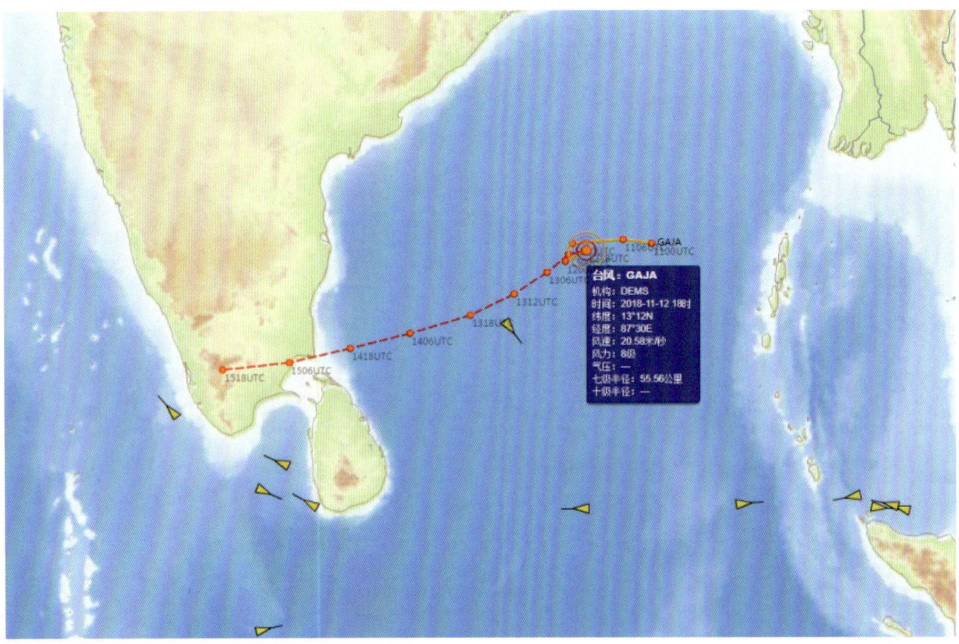

图8.33　台风中心点详细信息

1）气象播报控制

气象播报控制按钮，随着气象播报向前向后按钮的控制，系统加载不同时间点的气象数据（图8.34）。

图8.34　气象播放控制

第一部分：时间显示框，默认显示当前最新一包数据的起报时间（如图8.35：2018-12-12 20:00）；

图8.35　最新一包数据起报时间

第二部分：步长设置，提供步长设置工具（如图8.36中：6，点击下拉可以修改为12、18、24）；

图8.36　步长设置

第三部分：向前向后播报按钮，用来控制当前系统加载哪个时间点的预报数据（图8.37）。

图8.37　气象播放按钮

加号：可显示未来10天的预报数据，每次点击加号，气象要素调用时间显示框的时间加上步长后的时间点的预报数据；

减号：最多显示历史3个月的，每次点击减号，气象要素调用时间显示框的时间减去步长后时刻的历史数据；

第四部分：当前时刻，取计算机系统时间，调用这个时间点之后的最近的预报数据。

如图8.38和图8.39，两个时间点，加载的气压数据发生变化。

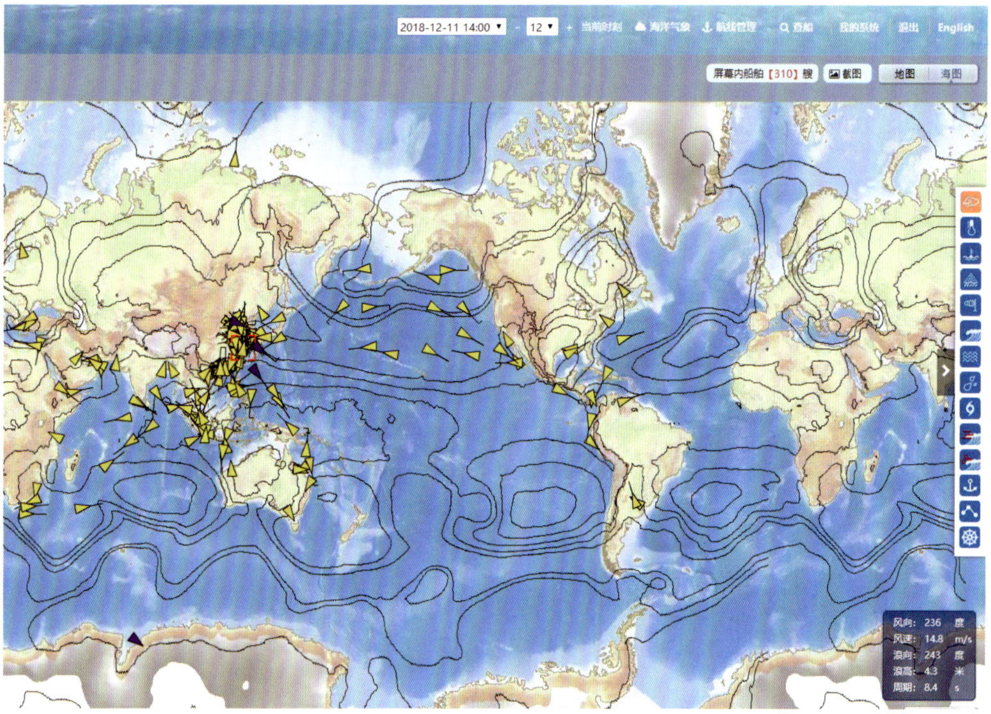

图8.38　时刻1全球范围气压等值线显示

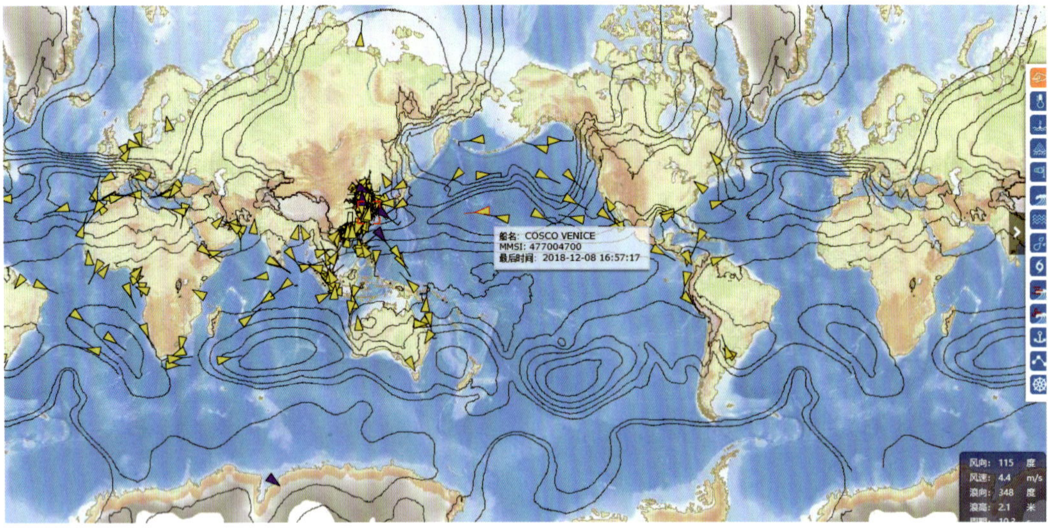

图8.39　时刻2全球范围气压等值线显示

2）时序图

（1）定点时序

显示海图上任意一点预报期限内的海浪和风场的走势，观测点的位置既可以手动输入坐标值（经度纬度输入），也可以鼠标在海图上选取（点击拾取按钮后，点击海图上的目标位置）（图8.40）。

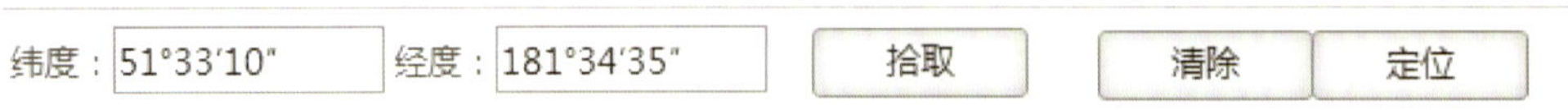

图8.40　定点时序图控制

每个节点都支持通过鼠标悬停显示节点的风向、风速、浪向、浪高和节点时间。

定点时序图（图8.41）展示时间与服务器存储的该点的风向和海浪的时间长度一致，一般在7天左右。

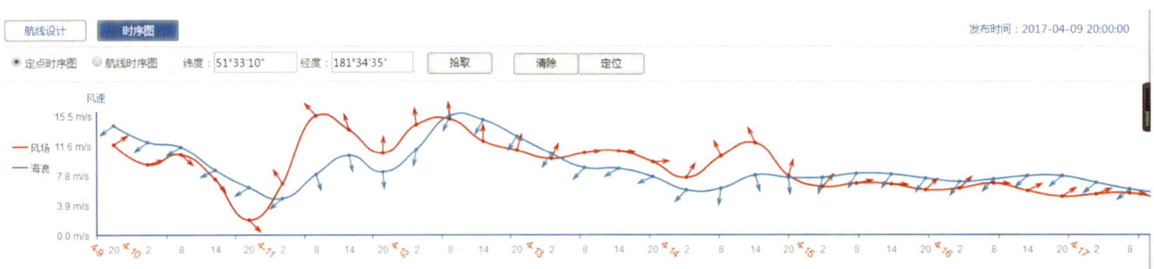

图8.41　定点时序图

（2）航线时序图

航线时序图与用户相关，本用户添加了哪些航线，就能查看哪些航线的时序图。选择航线，显示选定航线上的各个时间节点的海浪和风场的折线图，便于用户直观的了解海浪和风场数据的变化走势等。每个节点都支持通过鼠标悬停显示节点的风向、风速、浪向、浪高和节点时间（图8.42）。

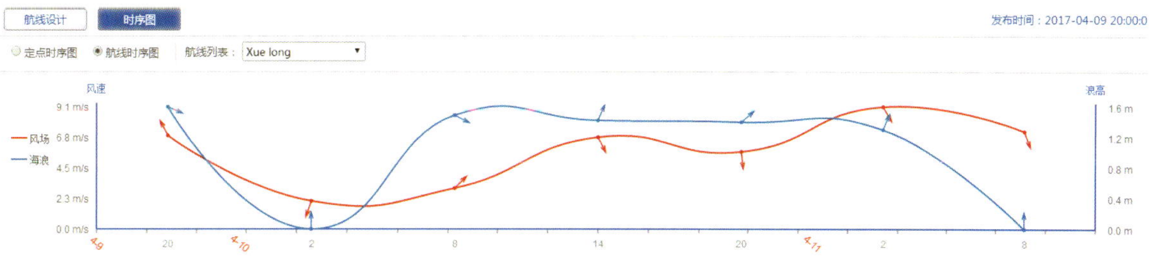

图8.42 航线时序图

3）系统监控与管理

系统管理员登录系统后，点击“我的系统–用户日志”，日志包括登录日志和数据日志。

登录日志记录系统用户的登录情况，包括用户名、状态和登录时间等（图8.43）。支持按照用户名、状态和时间的查询。

序号	用户名	日志内容	日期
1	admin	用户登录	2018-12-08 16:48:37
2	admin	用户登录	2018-12-07 23:12:03
3	admin	用户登录	2018-12-07 22:47:14
4	admin	用户登录	2018-12-07 16:46:04
5	admin	用户登录	2018-12-07 15:48:57
6	admin	用户登录	2018-12-07 11:24:54
7	test	用户登录	2018-12-07 08:58:11
8	admin	用户登录	2018-12-06 16:07:50
9	admin	用户登录	2018-12-06 15:16:44
10	haij	用户登录	2018-12-06 14:42:46

图8.43 登录日志窗口

点击“我的系统”选择“用户日志”，在弹出的信息框上方，选择“登陆统计”即可查看用户登陆次数详情。也可根据起止时间，搜索目标时间段内用户登录次数（图8.44）。

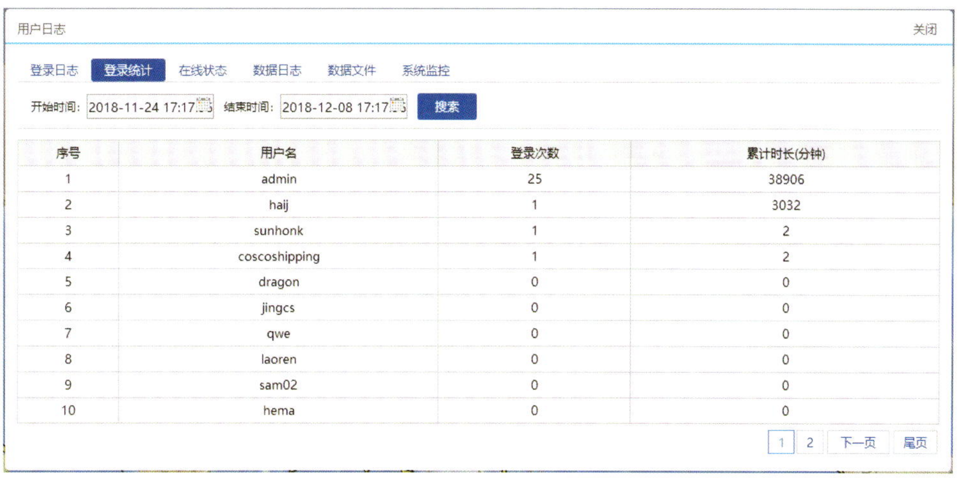

序号	用户名	登录次数	累计时长(分钟)
1	admin	25	38906
2	haij	1	3032
3	sunhonk	1	2
4	coscoshipping	1	2
5	dragon	0	0
6	jingcs	0	0
7	qwe	0	0
8	laoren	0	0
9	sam02	0	0
10	hema	0	0

图8.44 登录统计窗口

在“我的系统”选择“用户日志”，弹出的信息框上方选择“在线状态”即可查看用户当前登陆状态。也可根据起止时间，搜索目标时间段内用户登录状态（图8.45）。

用户日志 关闭

登录日志 登录统计 在线状态 数据日志 数据文件 系统监控

开始时间：2018-11-24 17:17 结束时间：2018-12-08 17:17 搜索

序号	用户名	当前状态
1	admin	在线
2	haij	在线
3	sunhonk	离线
4	coscoshipping	离线
5	dragon	离线
6	jingcs	离线
7	qwe	离线
8	laoren	离线
9	sam02	离线
10	hema	离线

1 2 下一页 尾页

图8.45　在线状态窗口

数据日志记录系统解析预报中心推送数据的情况，包括数据解析是否成功和发生的时间等（图8.46）。支持按状态和时间进行查询。

用户日志 关闭

登录日志 登录统计 在线状态 数据日志 数据文件 系统监控

状态：不限 开始时间：2018-11-24 17:17 结束时间：2018-12-08 17:17 搜索

序号	状态	日志内容	日期
1	失败	2018-12-07 12时，海流文件缺失！	2018-12-08 07:45:41
2	成功	降水文件:new_global_ecmwf_det_tp_2018120712.nc数据解析成功！	2018-12-08 07:45:41
3	成功	海浪文件:new_global_ecmwf_det_mwd_2018120712.nc数据解析成功！	2018-12-08 07:37:32
4	成功	压强文件:new_global_ecmwf_det_msl_2018120712.nc数据解析成功！	2018-12-08 07:27:35
5	成功	风文件:new_global_ecmwf_det_atm_2018120712.nc数据解析成功！	2018-12-08 07:19:14
6	成功	温度文件:new_global_ecmwf_det_2t_2018120712.nc数据解析成功！	2018-12-08 07:08:14
7	成功	温盐流文件:nmeff_std_products_20181206_20181212_hourly_1deg.nc数据解析成功！	2018-12-07 16:01:43
8	失败	2018-12-06 12时，海流文件缺失！	2018-12-07 07:45:40
9	成功	降水文件:new_global_ecmwf_det_tp_2018120612.nc数据解析成功！	2018-12-07 07:45:40
10	成功	海浪文件:new_global_ecmwf_det_mwd_2018120612.nc数据解析成功！	2018-12-07 07:37:31

1 2 3 4 5 6 7 8 9 下一页 尾页

图8.46　数据日志窗口

在“我的系统”菜单中选择“用户日志”，在弹出的信息框上方，选择“数据文件”即可查看系统文件修改/上传详情。选择“清除冗余文件”可以清除系统无效文件（图8.47）。

用户日志 关闭

登录日志 登录统计 在线状态 数据日志 数据文件 系统监控

清理冗余文件

序号	文件名	文件大小(MB)	修改时间
1	服务器2018120712.tar	161.72	2018/12/8 7:00:31
2	服务器2018120612.tar	161.72	2018/12/7 7:00:32
3	服务器2018120512.tar	161.72	2018/12/6 7:00:59
4	服务器2018120412.tar	161.72	2018/12/5 7:00:32
5	服务器2018120312.tar	161.72	2018/12/4 7:01:02
6	服务器2018120212.tar	161.72	2018/12/3 7:00:31
7	服务器2018120112.tar	161.72	2018/12/2 7:00:32
8	服务器2018112012.tar	161.72	2018/11/21 8:30:32
9	服务器2018080412.tar	161.72	2018/8/5 8:30:32
10	服务器2018071812.tar	161.72	2018/7/19 8:30:33

图8.47　数据文件窗口

在“我的系统”选择“用户日志”，在弹出的信息框上方，选择“系统监控”即可查看用系统当前服务器运行状况（图8.48）。

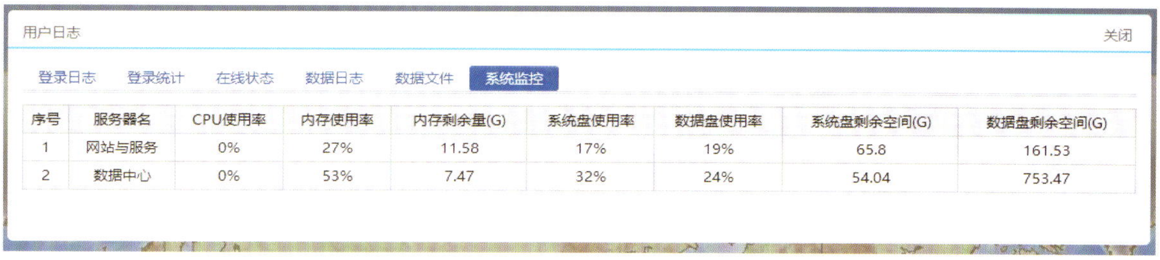

序号	服务器名	CPU使用率	内存使用率	内存剩余量(G)	系统盘使用率	数据盘使用率	系统盘剩余空间(G)	数据盘剩余空间(G)
1	网站与服务	0%	27%	11.58	17%	19%	65.8	161.53
2	数据中心	0%	53%	7.47	32%	24%	54.04	753.47

图8.48　系统监控窗口

8.2.6　用户管理与访问统计

对系统用户、功能权限进行控制，支持基于功能角色的系统和数据安全管理，并实时记录用户的系统操作日志信息，保障数据库信息安全。

新注册的用户需要管理员进行权限分配，将各功能模块的权限进行分配，确定用户是否具有“海洋气象”“定制船”和“航线”等功能权限。同时管理员可以对用户进行删除和修改密码等操作（图8.49）。

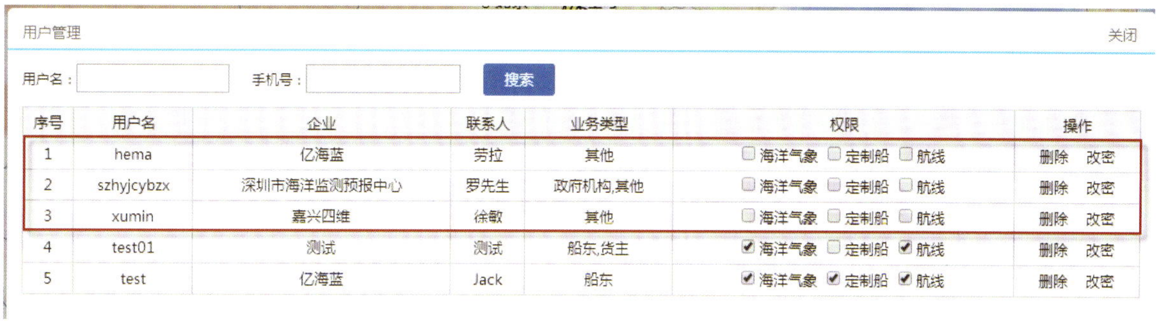

序号	用户名	企业	联系人	业务类型	权限	操作
1	hema	亿海蓝	劳拉	其他	□海洋气象 □定制船 □航线	删除 改密
2	szhyjcybzx	深圳市海洋监测预报中心	罗先生	政府机构,其他	□海洋气象 □定制船 □航线	删除 改密
3	xumin	嘉兴四维	徐敏	其他	□海洋气象 □定制船 □航线	删除 改密
4	test01	测试	测试	船东,货主	☑海洋气象 □定制船 ☑航线	删除 改密
5	test	亿海蓝	Jack	船东	☑海洋气象 ☑定制船 ☑航线	删除 改密

图8.49　用户管理

当用户较多时，可使用用户名和手机号进行用户查询，支持模糊查询（图8.50）。

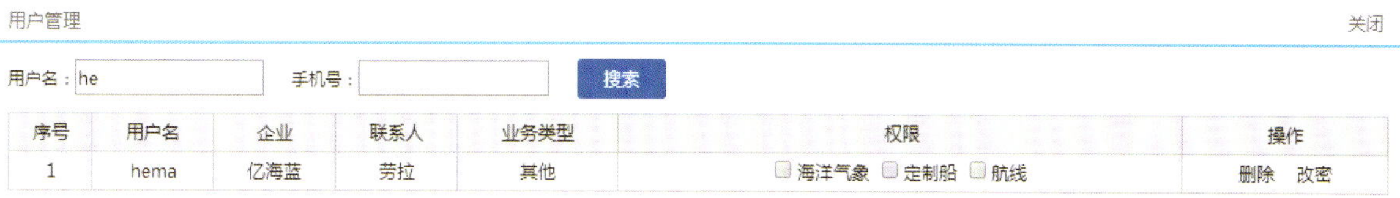

序号	用户名	企业	联系人	业务类型	权限	操作
1	hema	亿海蓝	劳拉	其他	□海洋气象 □定制船 □航线	删除 改密

图8.50　用户查询

登录日志记录系统用户的登录访问情况，包括用户名、状态和登录时间等。支持按照用户名、状态和时间的查询。还可以根据用户需求增加用户对于系统使用情况，统计用户对系统主页及功能的访问浏览情况，收集用户的访问IP、登陆时间、浏览时长、使用的功能（区分具体功能、持续时间）、离开时间等相关一些列信息（图8.51）。

序号	用户名	日志内容	日期
1	admin	用户登录	2017-04-10 17:49:45
2	test	用户登录	2017-04-10 17:48:51
3	test	用户登录	2017-04-10 17:45:19
4	admin	用户登录	2017-04-10 17:30:55
5	test	用户登录	2017-04-10 17:30:39
6	admin	用户登录	2017-04-10 17:13:48
7	test	用户登录	2017-04-10 16:34:00
8	test	用户登录	2017-04-10 10:35:42
9	test	用户登录	2017-04-10 09:48:24
10	test	用户登录	2017-04-07 17:32:58

图8.51　登录日志窗口

8.2.7　系统运行监控

实现对服务器系统和数据流转过程的监控，并以数据库方式进行保存和管理，监控数据传输平台各个模块运行状态、数据时效性与完整性，数据传输进程运行状态等；监控数据传输服务器之间的网络连接状态，与数据监控系统相互配合，保证整个平台数据接收处理的正常运行；监控整个平台上主要服务器的运行状态，在服务器发生宕机或主要服务进程终止的情况下重启服务和报警，缩短故障响应时间。

监控的形式，采取系统界面和系统日志相结合的方式。包括：

（1）数据解析是否成功和发生的时间等；

（2）监控预报产品数据库提取数据及上传到船讯网的数据处理、上传系统的运行状态；

（3）监控预报中心数值预报产品、全球台风数据上传程序的运行状态；

（4）监控预报中心摆渡服务器的运行状态、网络连接情况；

（5）提供界面化的运行监控显示系统和日志查询管理，辅助值班人员监控系统中数据流转状态和服务器是否稳定运行，解决系统中断或者宕机等故障情况；

（6）支持按状态和时间进行查询。

8.2.7.1　数据传输监控开发

数据传输监控主要通过可视化的方式监控数据传输过程，监控文件发送队列的生成、文件推送传输状态、文件接收是否成功以及推送数据的种类、推送频次、推送优先级等，数据传输过程中，对文件读取、传输状态等出现的错误进行日志记录和异常处理。

数据传输监控包括：

（1）流量分析。通过NetFlow、抓包分析等手段进行IP和应用流量统计，可帮助管理员发现网络中占有带宽最多的用户及应用。进行故障诊断、带宽容量规划决策。

（2）反馈记录分析。对延时、缺失的数据进行日志记录，设置反馈机制，对船舶动态数据超过10分钟未到则标记为迟到，反馈到各省数据传输模块，进行数据重传等措施，30分钟未到则进行报警提示。

8.2.7.2 服务器运行监控开发

通过实时获取指定服务器的目标盘符的当前空间及剩余空间，在空间不足时提供警报。

可定期扫描指定服务器的指定盘符获取需要清理的冗余文件。

服务器运行监控对各种服务器、系统服务以及平台的运行状态进行监控，故障情况下进行报警提示，具备故障日志记录能力。并为运维人员提供交互查询界面（如图8.52）。

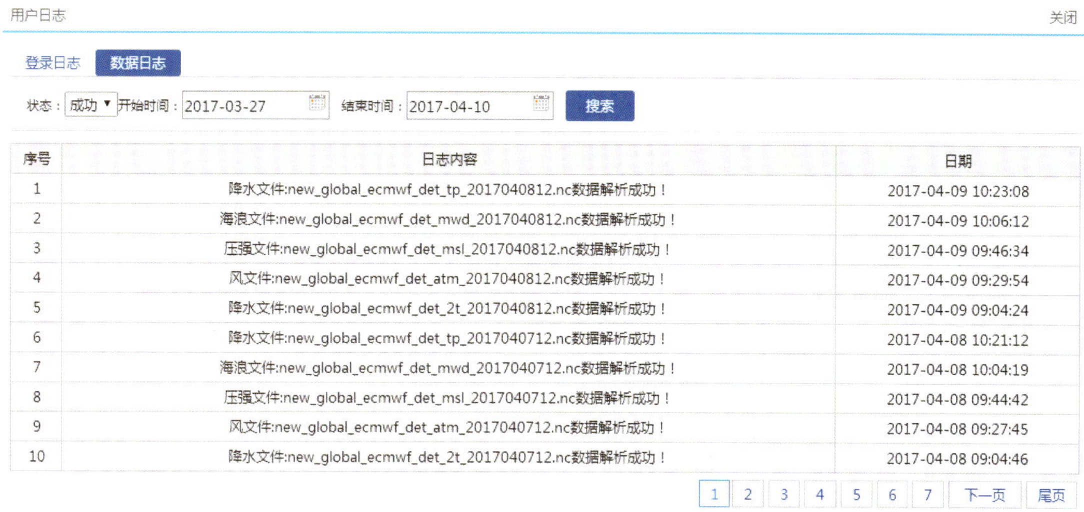

序号	日志内容	日期
1	降水文件:new_global_ecmwf_det_tp_2017040812.nc数据解析成功！	2017-04-09 10:23:08
2	海浪文件:new_global_ecmwf_det_mwd_2017040812.nc数据解析成功！	2017-04-09 10:06:12
3	压强文件:new_global_ecmwf_det_msl_2017040812.nc数据解析成功！	2017-04-09 09:46:34
4	风文件:new_global_ecmwf_det_atm_2017040812.nc数据解析成功！	2017-04-09 09:29:54
5	降水文件:new_global_ecmwf_det_2t_2017040812.nc数据解析成功！	2017-04-09 09:04:24
6	降水文件:new_global_ecmwf_det_tp_2017040712.nc数据解析成功！	2017-04-08 10:21:12
7	海浪文件:new_global_ecmwf_det_mwd_2017040712.nc数据解析成功！	2017-04-08 10:04:19
8	压强文件:new_global_ecmwf_det_msl_2017040712.nc数据解析成功！	2017-04-08 09:44:42
9	风文件:new_global_ecmwf_det_atm_2017040712.nc数据解析成功！	2017-04-08 09:27:45
10	降水文件:new_global_ecmwf_det_2t_2017040712.nc数据解析成功！	2017-04-08 09:04:46

图8.52 数据日志窗口

8.3 业务化运行及检验

8.3.1 业务化运行测试结果

海上丝绸之路航行安全保障平台满足运行快速高效、数据稳定安全、支持网络化管理等要求。

（1）总体性能要求

①支持气象预报数据、电子海图数据等网络传输，同时数据集中存储；支持数据的快速响应等；②安全管理与备份机制高效严格，保证数据的安全；③支持高效的数据更新模式，实现数据的及时更新；④系统开发应严格按照国家软件开发相关规范要求，系统性能符合相关国家标准。

（2）时间性能需求

①系统联机查询气象的响应时间低于10秒；②系统联机更新气象（更新未来10天的气象预报数据）的响应时间低于4小时；③并发用户系统响应时间低于5秒；至少支持300个并发用户。

（3）可靠性需求

①系统设备能适应现场工作环境，具有足够高的抗干扰性能，能长期可靠地稳定运行，系统平均无故障时间在半年以上；②系统具有易用性和易维护性。

（4）其他需求

产品支持本地化部署。

8.3.2 平台应用及检验

2017年起，国家海洋环境预报中心“边建边用”，借助不断升级完善的海上丝绸之路航行安全保障平台为原国家海洋局第三海洋研究所“冬季印度洋海洋环境综合调查项目”的海上作业安全保障提供了有力的技术支持，同时对系统的性能进行了有效的验证。

该平台自业务化运行以来，在海洋环境预报方面为多项任务提供了有力支持。例如2018年相关部门在执行全球海域海洋环境调查与海底测量任务期间，为其提供海面风、海浪等预报产品。2017—2018年，多次为巴基斯坦海军舰队广州-卡拉奇航段航行作业提供海面风、海浪、热带气旋、天气形势预报保障及信息，取得了良好的应用效果。

随着海上丝绸之路航行安全保障平台的建设完成以及业务化应用，各类预报产品在该平台中集成显示，为用户提供先进的、交互式查询服务，极大地提高了各类预报产品的使用效率，其将在提升我国海洋气象预报支撑能力方面，为我国海上活动的安全提供预报保障方面的重要作用。

第9章 海上丝绸之路预报产品发布专题网站

9.1 建设目标

海上丝绸之路预报产品发布专题网站依托国家海洋环境预报中心现有的海洋环境预测预警业务能力，发布海上丝绸之路预报保障产品（风场、海浪、风暴潮、海啸、溢油、搜救、三维温盐流）的方式对外部提供南中国海、孟加拉湾和印度洋区域的综合性海洋预警报专题服务。在中国海洋预报网框架基础上新增海上丝绸之路预报服务保障专题网站频道。

综合前端页面信息技术和手段，通过地图、图件、表格等方式，权威发布海上丝绸之路区域的风场、海浪、三维温盐流预报信息，发布印度洋区域的海啸预警信息，发布南中国海、孟加拉湾、北印度洋区域的风暴潮预警信息，发布海上丝绸之路区域溢油、搜救预报信息。强化我国在海上丝绸之路区域的海洋预警报服务能力，提供看得懂、用得上的海洋预报产品，提高海洋公共服务质量，及时、主动、准确的为公众生活、政府科学决策、防灾减灾提供服务保障。

9.2 网站框架

海上丝绸之路预报产品专题网站系统采用四层体系架构，包括资源层、服务层、业务层和应用层，其网站架构如图9.1所示。

其中，资源层提供系统运行所需的硬件资源、数据资源等基础资源。资源层是系统业务化运行的基础，资源层主要包括以下几个方面的内容：

（1）硬件环境（服务器、磁盘阵列、网络设备、安全防护设备等）；

（2）结构化存储的数据（海上丝绸之路涉及的预报、警报数据和产品，以及网站后台数据库、日志信息、访问统计信息等）；

（3）非结构化存储的数据（元数据文件、科学数据格式的预报数据、页面缓存等）。

数据访问层提供支持网站系统业务化运行的各类数据的输入、输出接口，是连接资源层和业务层的桥梁，数据访问层主要包括：

（1）海上丝绸之路预报、警报数据和产品的输入、输出接口；

（2）在线地图等空间数据的访问接口；

（3）用户、日志、监控信息等维护信息的输入、输出接口；

（4）多媒体数据的输入、输出接口。

业务层提供系统针对预报产品和数据信息发布及展示的业务规则、业务流程的实现，它将各种业务的处理过程封装成接口并暴露给外部调用，在整个系统的数据交换中，起到了承上启下的作用。业务层主要包括：

（1）海上丝绸之路的预报、警报产品和数据的处理和管理；

（2）元数据的处理和管理；

（3）海洋预报信息的可视化；

（4）频道和专题页面的编辑、审核和发布以及模板管理；

（5）用户、日志及其他网站运行的管理。

展现层位于系统逻辑架构的最外层（最上层），是最接近用户的一个逻辑层。展现层提供了面向用户的Web页面表达，并负责实现和用户的交互式操作。展现层的主要内容包括：

（1）提供PC浏览器端专题网站及频道首页、海上丝绸之路海浪、海面风、风暴潮、海啸、溢由、搜救、环流等栏目的Web页面的表达与展示；

（2）接受用户的输入，响应用户的交互操作。

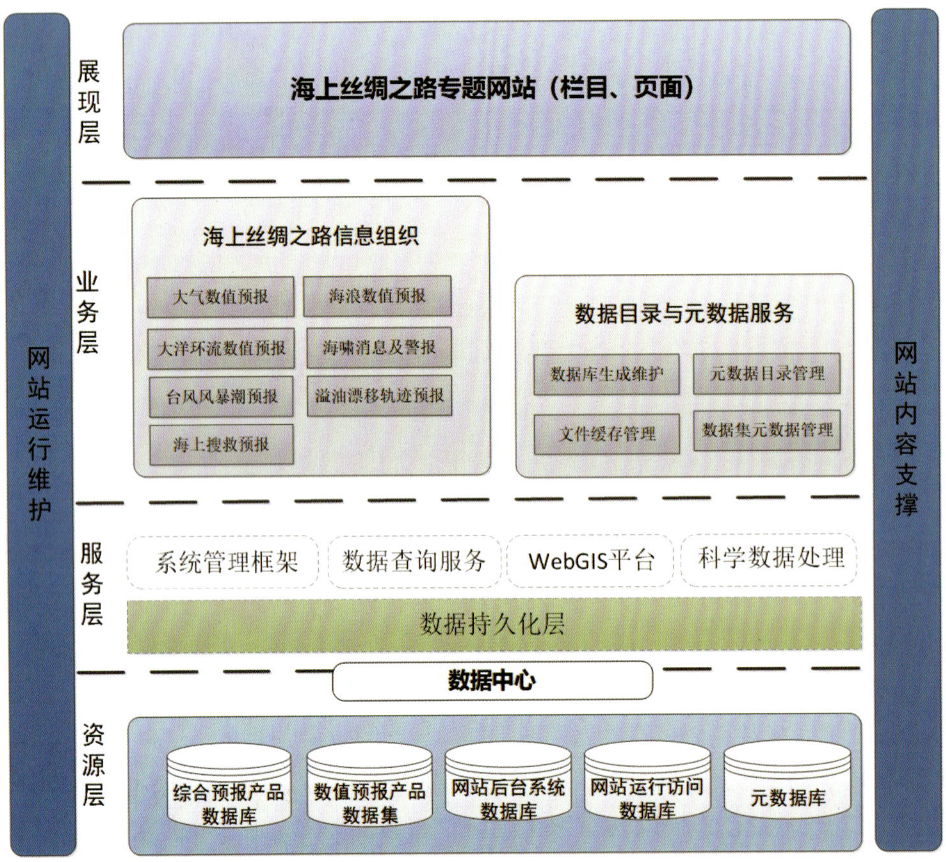

图9.1　网站架构设计图

9.3　系统组成

海上丝绸之路预报产品发布专题网站由数据处理子系统、预报业务数据管理子系统和专题网站子系统组成（图9.2），其中：

数据处理子系统负责对海上丝绸之路的预报产品数据进行处理、接入，开展高度自动化的处理、分类、入库，进行有效存储和组织。

预报业务数据管理负责对海上丝绸之路的预警报数据的管理和维护，包括对发布的数值预报产品图件、风暴潮、海啸预报及警报数据管理、溢油、搜救数据管理等，管理人员可通过后天管理系统对数据进行核对、编辑，控制网站预报、警报的信息发布状态。

专题网站子系统包括中、英文两个版本，网站由首页、航行安全保障平台入口、风场、海浪、风暴潮、海啸、溢油、搜救、三维温盐流等栏目组成，各类产品按要素设计了不同的详情页面样式。

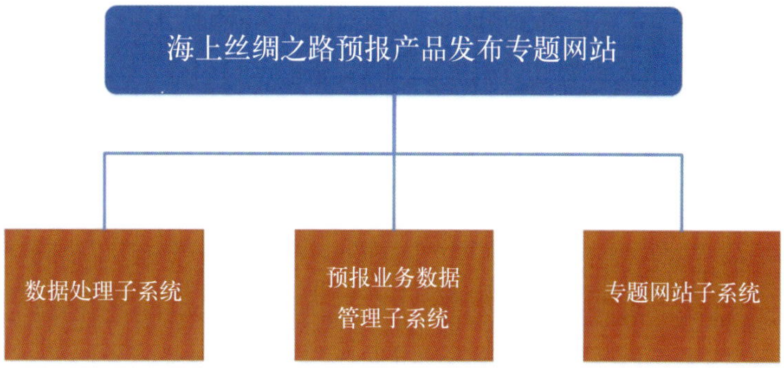

图9.2　海上丝绸之路预报产品发布专题网站系统组成

9.4　数据处理子系统

制定海上丝绸之路各类预警报产品，包括风、浪、风暴潮、海啸、溢油、搜救、三维温盐流产品的数据规范；在国家海洋环境预报中心建立海上丝绸之路产品的传输机制和方式。依据产品类型分别开展数据处理、解析服务的研发，并通过DBMS和对象存储方式统一管理，研制数据接口供前端调用。

9.4.1　数据产品内容

（1）三维温盐流产品：基于国家海洋环境中心的NEMO数值预报模式输出的未来5天的海流、海温、盐度的预报产品，产品包括静态图和动态图两种，其中静态产品为png格式图件，动态产品为gif文件。

（2）风场产品：基于国家海洋环境预报中心WRF数值预报模式计算出的未来5天风场的预报产品，要素为海平面（风场）和500 hPa（位势高度+风场），产品包括静态图和动态图两种，其中静态产品为png格式图件，动态产品为gif文件。

（3）海浪产品：基于国家海洋环境预报中WAVE WATCH III数值预报模式输出未来5天的有效波高、波向和周期要素的预报产品。

（4）风暴潮产品：风暴潮数值模式输出的单站增水、最大增水场和最大增水概率预报产品。产品为png格式图件。产品包括静态图和动态图两种，其中静态产品为png格式图件，动态产品为gif文件。

（5）海啸产品：海啸预报系统制作输出的地震信息、海啸预报结果以及图形产品，产品为文本格式和图形。

（6）溢油产品：溢油系统制作输出的溢油发生位置信息，溢油漂移预报结果以及图形产品，产品为文本格式和图形。

（7）搜救产品：搜救系统制作输出的落水位置信息，人员或者船舶漂移预报结果以及图形产品，产品为文本格式和图形。

9.4.2 数据处理子系统组成

海上丝绸之路的预报数据处理，基于kettle实现，通过对各类预报产品文件和数据的抽取、转换、装载的，完成对数据文件解析、存储、上传及内部组织管理的各项工作。

海上丝绸之路数据处理子系统包括风暴潮预报、搜救预报、溢油漂移预报、海啸预警报、风场数值预报、环流模式数值预报和海浪模式数值预报产品的数据处理等多个功能模块，数据处理子系统组成如图9.3所示。

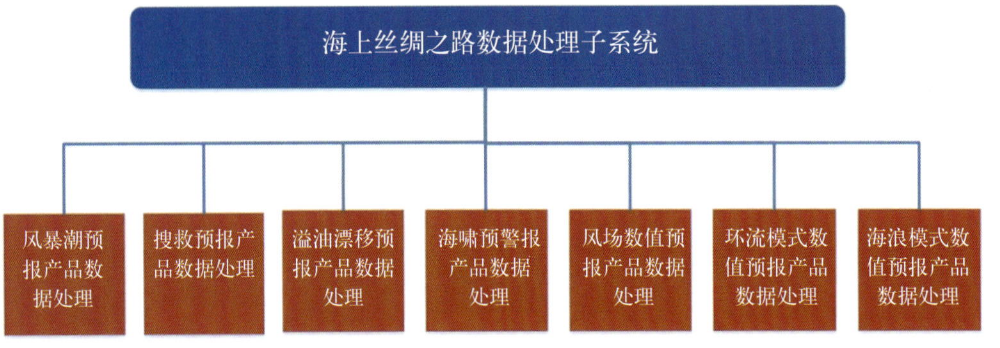

图9.3　数据处理子系统组成

9.4.3 风暴潮预报产品处理

风暴潮预报产品处理由产品标准制定和数据处理两部分组成。产品标准制定是通过制定一系列命名规则，将风暴潮预报产品进行标准化，为后续自动化数据处理奠定基础。数据处理是基于中国海洋预报网的数据处理框架，扩展了海上丝绸之路风暴潮预报产品处理模块，通过组合一系列的ETL组件，完成风暴潮预报产品的解析、上传云端及数据库存储。

9.4.3.1 风暴潮预报产品标准化

风暴潮预报产品可以分为两类，一类是场预报产品，另一类是单站预报产品。其中，场预报产品包括在不同路径下风暴增水场预报和最大增水概率预报产品，单站预报产品为该站点的风暴增水预报产品。

标准化规则如下：

（1）不同路径下风暴增水场预报

产品均通过图件给出，产品图件的命名规则如下：

文件命名规则：lang_reigoncode_procedure_bl_type_YYYYMMDDhh

lang：语言类型指示符，en表示英文产品，cn表示中文产品。

regioncode：区域识别码，01南中国海，02孟加拉湾，03北印度洋。

procedure：过程编号（6位），南中国海区域用热带气旋编号如ty1825、ty1830，孟加拉湾区域用TC1801，TC1802…；北印度洋用TC1801、TC1802…。

bl：风暴增水场产品指示符，固定码。

type：台风路径指示符，00（集合路径）、01（路径偏左）、02（路径中间）、03（路径偏右）、04（路径偏快）、05（路径偏慢）。

YYYYMMDDhh：发布时间，精确到小时。

（2）风暴增水概率场预报

产品均通过图件给出，产品图件的命名规则如下：

文件命名规则：lang_reigoncode_procedure_pb_num_YYYYMMDDhh

lang：语言类型指示符，en表示英文产品，cn表示中文产品。

reigoncode：区域识别码，01南中国海，02孟加拉湾，03北印度洋。

procedure：过程编号（6位），南中国海区域用热带气旋编号如ty1825、ty1830，孟加拉湾区域用TC1801，TC1802…；北印度洋用TC1801、TC1802…。

pb：增水场概率产品指示符，固定码。

num：风暴增水数值，50表示＞50cm；100表示＞100cm；150表示＞150cm；200表示大＞200cm，以此类推，3位表示，不足左侧补0。

YYYYMMDDhh：发布时间，精确到小时。

（3）单站风暴增水预报

产品均通过图件给出，产品图件的命名规则如下：

文件命名规则：lang_reigoncode_procedure_ stationcode _YYYYMMDDhh

lang：语言类型指示符，en表示英文产品，cn表示中文产品。

reigoncode：01南中国海，02孟加拉湾，03北印度洋。

procedure：过程编号（6位），南中国海区域用热带气旋编号如ty1825、ty1830，孟加拉湾区域用TC1801，TC1802…；北印度洋用TC1801、TC1802…。

stationcode：2位数字，不足左侧补0。单站唯一识别码。

YYYYMMDDhh：发布时间，精确到小时。

9.4.3.2 产品自动化处理

数据处理流程可以分为3部分，一是获取到风暴潮预报产品图件；二是对图件数据进行解析处理，上传到云对象存储，并将产品信息存储到云数据库；三是预报产品备份转移处理。

（1）获取文件

使用检查文件夹组件获取本地FTP服务器的海上丝绸之路风暴潮目录下是否存在风暴潮预报产品（图件），若存在相应文件，通过业务规则检查风暴潮预报产品是否符合预设的产品命名规则（规则附后），转入图件处理过程，如果是进行下一步，不是则备份文件，停止本次流程。

（2）图片处理与上传

使用云对象存储（OSS）上传组件，将扫描到的风暴潮预报图片按标准化规则处理，解析文件命名中的包含的信息，分类将其上传到阿里云对象存储，同时返回图片存储路径，根据图片文件名提取时间、类型、增水场、增水场概率、单站编码、过程编号等详细信息，生成数据库存储记录，将其存储入库。

（3）文件备份

将上传成功后的图片文件，按处理时间存储到对应的备份的文件夹。

9.4.4 搜救预报产品处理

搜救预报产品处理由产品标准制定和数据处理两部分组成。产品标准制定是通过制定一系列命名规则，将搜救预报产品进行标准化，为后续自动化数据处理奠定基础。数据处理是基于中国海洋预报网的数据处理框架，扩展了海上丝绸之路搜救预报产品处理模块，通过组合一系列的ETL组件，完成搜救预报产品的解析、上传云端及数据库存储。

9.4.4.1 搜救预报产品标准化

按照搜救事件发布，每次事件发布若干次预报，一次预报产品分由预报文本和图件两部分组成。

（1）搜救预报文本，包括文本命名规则和文本所包含的必要搜救信息

文件命名规则：lang_EventID_SN_ YYYYMMDDhh24miss.txt

lang：语言类型指示符，en表示英文产品，cn表示中文产品。

EventID：搜救事件编号。

SN：预报发布序列号。

YYYYMMDDHH24miss：搜救预报发布时间。

（2）搜救产品文本内容

①头部信息

#EventID：和产品文件命名中EventID一致。

#EventCnName：搜救事件中文名称，中文产品才会出现。

#EventEnName：搜救事件英文名称，英文产品才会出现。

#CnPosition：中文描述搜救海域，如舟山附近海域，中文中才会出现。

#EnPosition：英文描述搜救海域，英文中才会出现。

#Lat：十进制纬度，值域范围[−90, 90]，北纬为正，南纬为负，保留小数点2位，如30.45。

#Lon：十进制经度，值域范围[−180, 180]，东经为正，西经为负，保留小数点2位，如90.67。

②搜救产品描述信息（该部分整体读取）

中文：描述搜救产品采用的技术方法解释，风场数据来源描述，流场数据来源及搜救模型解释，外加产品免责声明。

英文：对应上述中文的英文描述。

（3）搜救预报图件产品

文件命名规则：lang_EventIDs_SN_ YYYYMMDDhh24miss_picN.png

lang：语言类型指示符，en表示英文产品，cn表示中文产品。

EventIDs：搜救事件编号。

SN：搜救事件发布序列号。

YYYYMMDDHH24miss：搜救预报发布时间。

pinN：表示搜救的预报图件，N从1开始，顺序往后累加。

9.4.4.2 产品自动化处理

数据处理流程可以分为4部分，一是获取到搜救预报产品文本和搜救预报图件；二是对文本数据进行解析，提取必要的搜救预报信息，三是图件数据进行解析处理，上传到云对象存储，并将产品信息存储到云数据库；四是预报产品备份转移处理。

（1）文件获取

使用检查文件夹组件获取本地FTP服务器的对应文件夹推送的新警报文件，判断推送的文件是否符合命名规范，是否包含图片和所需txt文本文件。如果是则执行处理，不包含则退出。

（2）文件处理与上传

使用OSS上传组件，将扫描到的搜救图片上传至阿里云对象存储返回图片存储路径，根据图片文件名提取时间和数据类型，结合返回的路径生成多条信息入库。

解析搜救文本预报产品，提取其中包含的地点、时间、搜救事件等信息，解析之后入库存储。

（3）文件备份

将处理过的图片文件和搜救预报文本文件，存到对应的备份的文件夹。

9.4.5 溢油预报产品处理

溢油漂移预报产品处理由产品标准制定和数据处理两部分组成。产品标准制定是通过制定一系列命名规则，将溢油漂移预报产品进行标准化，为后续自动化数据处理奠定基础。数据处理是基于中国海洋预报网的数据处理框架，扩展了海上丝绸之路溢油漂移预报产品处理模块，通过组合一系列的ETL组件，完成溢油漂移预报产品的解析、上传云端及数据库存储。

9.4.5.1 溢油预报产品标准化

溢油漂移预报和搜救一样，按照事件发布，每次事件发布若干次预报，一次预报产品分由预报文本和图件两部分组成。

（1）溢油漂移预报产品，包括文本命名规则和文本所包含的溢油位置信息

文件命名规则：lang_Events_SN_ YYYYMMDDHH24miss.txt

lang：语言类型指示符，en表示英文产品，cn表示中文产品。

EventID：溢油事件编号。

SN：预报发布序列号。

YYYYMMDDHH24miss：溢油预报发布时间。

（2）溢油产品预报内容

分为头部信息、描述信息两部分。

①头部信息

#EventID：溢油事件编号。

#EventCnName：溢油事件中文名称，中文产品出现。

#EventEnName：溢油事件英文名称，英文产品出现。

#CnPosition：中文描述溢油海域，如舟山附近海域，中文产品出现。

#EnPosition：英文描述溢油海域，英文产品出现。

#Lat：十进制纬度，值域范围[−90, 90]，北纬为正，南纬为负，保留小数点2位，如30.45。

#Lon：十进制经度，值域范围[-180, 180]，东经为正，西经为负，保留小数点2位，如90.67。

②溢油产品描述信息（该部分整体读取）

中文：描述溢油产品采用的技术方法解释，风场数据来源描述，流场数据来源及溢油模型解释，外加产品免责声明。

英文：对应上述中文的英文描述。

（3）溢油漂移预报图件

文件命名规则：lang_EventID_SN_ YYYYMMDDhh24miss_picN.png

lang：语言类型指示符，en表示英文产品，cn表示中文产品。

EventIDs：溢油事件编号。

SN：预报发布序列号。

YYYYMMDDHH24miss：溢油预报发布时间。

pinN：表示溢油的预报图件，N从1开始，多长顺序往后。

9.4.5.2 产品自动化处理

（1）文件获取

使用检查文件夹组件获取本地FTP服务器的对应文件夹推送的溢油漂移预报文件，判断推送的文件是否符合命名规范，是否包含溢油预报文本文件和溢油预报图件。如果是则执行处理，不包含则退出。

（2）文件处理与上传

使用OSS上传组件，将扫描到的搜救预报图片上传至阿里云对象存储，返回图片存储路径，根据图片文件名提取溢油时间编号、预报时间和产品类型，结合返回的路径生成对应事件的预报图件记录入库存储。

解析文本格式溢油预报文本文件，提取溢油事件编号、发生位置、预报时间等信息，使用文本文件输入组件将文本信息通过正则匹配，存储到数据库。

（3）文件备份

将处理过的溢油预报文本文件和预报图件，存到对应的备份的文件夹。

9.4.6 海啸预警产品处理

海啸预警产品处理由产品标准制定和数据处理两部分组成。产品标准制定是通过制定一系列命名规则，将海啸预警产品标准化，为后续自动化数据处理奠定基础。数据处理是基于中国海洋预报网的数据处理框架，扩展了海上丝绸之路海啸预警产品处理模块，通过组合一系列的ETL组件，完成海底地震、海啸消息、警报的解析、上传云端及数据库存储。

9.4.6.1 海啸预警产品标准化

按照海啸预警，按照事件发布，每次事件发布若干次预报，一次预报产品分由预报文本和图件两部分组成。

（1）海啸预警产品，包括文本命名规则和文本格式的海啸预警信息

文件命名规则：EventID_SN_lang.txt

EventID：海啸事件编号，YYYYMMDDHHmiss。

SN：海啸事件的预报发布序列号。

lang：语言类型指示符，en表示英文产品，chs表示中文产品；

（2）海啸预警文本

包括：地震参数、结论、建议措施等多个部分。

其中，地震参数按如下格式组织。

[初步地震参数]

*震级 9.2

*发生时刻　2018年12月26日00时58分 (世界时)

*震中位置　3.29°N，95.98°E

*震源深度　30.0 km

*地理位置　苏门答腊北部近海

[PRELIMINARY EARTHQUAKE PARAMETERS]

*MAGNITUDE　9.2

*ORIGIN TIME　0058 UTC DEC 26 2004

*COORDINATES　3.29°N，95.98°E

*DEPTH　30.0 km

*LOCATION　OFF W COAST OF NORTHERN SUMATRA

（3）海啸预警图件

文件命名规则：

预报图件为Earthquake_Pos的jpg格式图件。

若发生警报时，增加额外两张图件，分别时最大波幅预报图和沿岸最大波幅预报图。

Max_amplitude_forecasting_of_Indian_Ocean

Max_amplitude_forecasting_of_Indian_Ocean_Coast

9.4.6.2　产品自动化处理

（1）文件获取

使用检查文件夹组件获取本地FTP服务器的对应文件夹推送的海啸预警文本和图件，获取到包含海啸警报产品后，进行格式检查，分别获取海啸预警文本和预警图件。

（2）文件处理与上传

使用文本文件输入组件读取海啸预警产品文本消息，使用正则表达式解析出时间、地点、震级、震源深度等关键信息，生成一条海啸事件记录。同时，按海啸事件编号将海啸预警报图件进行关联，使用OSS上传组件将图片信息上传至阿里云对象存储。

（3）文件备份

将处理过的海啸文本文件和图件产品转存至对应的备份的文件夹。

9.4.7　风场数值预报产品处理

风场数值产品处理由产品标准制定和数据处理两部分组成。产品标准制定是通过制定一系列命名规则，将风场预报产品和数据标准化，为后续自动化数据处理奠定基础。数据处理是基于中国海洋预报网的数据处理框架，扩展了海上丝绸之路风场产品及数据处理模块，通过组合一系列的ETL组件，完成风场预报图件及netCDF格式数据的解析、上传云端及数据库存储。

9.4.7.1 风场数值预报产品及数据标准化

风场数值预报产品分为图片和数据两类，其中图片分为静态图和动态图两种，数据为netCDF格式的数据。

（1）风场预报图（静态图）

文件命名规则：lang_nwpmodel_regioncode_element_layer_YYYYMMDDHH_hhh

lang：语言类型指示符，en为英文产品，cn为中文产品；

nwpmodel：表示模式缩写，用于标识数值模式类型；

regioncode：表示区域缩写，用于标识预报空间范围；

element：表示要素缩写，用于标识不同要素；表层风：wind10m；500 hPa要素：windhgt；

layer：表示垂直分层，用于标识区域高度层；表层：surface；500 hPa：500 hpa，其余高层可后续扩展；

YYYYMMDDHH：格式化的起报时间（UTC），时间均为UTC时间；

hhh：表示预报时效，3位数字，不足时左侧补0，000表示起报时刻，006表示起报时刻后的6小时预报，依次类推。

（2）风场预报图（动态图）

文件命名规则：lang_nwpmodel_regioncode_element_layer_YYYYMMDDHH

lang：语言类型指示符，en为英文产品，cn为中文产品；

nwpmodel：表示模式缩写，用于标识数值模式类型；

regioncode：表示区域缩写，用于标识预报空间范围；

element：表示要素缩写，用于标识不同要素；表层风：wind10m；500 hpa要素：windhgt；

layer：表示垂直分层，用于标识区域高度层；表层：surface；500 hpa：500 hpa，其余高层可后续扩展；

YYYYMMDDHH：格式化的起报时间（UTC），时间均为UTC时间。

③风场数值预报数据文件

文件命名规则：nwpmodel_regioncode_ YYYYMMDDHH

nwpmodel：表示模式缩写，用于标识数值模式类型；

regioncode：表示区域缩写，用于标识预报空间范围；

YYYYMMDDHH：格式化的起报时间（UTC），时间均为UTC时间。

9.4.7.2 产品自动化处理

（1）获取文件

使用检查文件夹组件获取本地FTP服务器的对应文件夹推送的风场预报图件产品和数据产品，判断推送的文件是否符合命名规范，如果符合则执行处理，不包含则退出。

（2）netCDF数据文件处理

使用OSS上传组件将扫描到的风场数值预报数据文件上传至阿里云对象存储并返回路径。调用Python编写的数据解析程序及自动化脚本，将netCDF文件解析为分要素的json文件后，调用

OSS上传组件json文件组存储到阿里云对象存储，并将json路径返回存储到数据库。

（3）预报图件文件处理

使用OSS上传组件将扫描到的风场预报图片文件，按文件命名规则进行解析，获取文件名上的起报时间、预报要素、预报时效等信息，按预定义规则上传至阿里云对象存储并返回路径，将图件路径返回存储到数据库。

（4）文件备份

将处理完成的图片和netCDF文件转存至备份的文件夹。

9.4.8 环流模式数值预报产品处理

9.4.8.1 环流模式数值预报产品标准化

环流模式数值预报产品分为图片和数据两类，其中图片分为静态图和动态图两种，数据为netCDF格式的数据。

（1）环流模式预报图件（静态图）

文件命名规则：lang_nwpmodel_regioncode_element_layer_YYYYMMDDHH_hhh

lang：语言类型指示符，en为英文产品，cn为中文产品；

nwpmodel：表示模式缩写，用于标识数值模式类型；

regioncode：表示区域缩写，用于标识预报空间范围；

element：表示要素缩写，用于标识预报要素；表层海流为seacurrent、海温为seatemperature、盐度为seasalinity；

layer：表示深度分层，用于深度层；表层：0005 m；水下50 m：0050 m；水下100 m：0100 m；水下500 m：0500 m；水下1000 m：1000 m。后续可以扩展。

YYYYMMDDHH：格式化的起报时间（UTC），时间均为UTC时间。

hhh：表示预报时效，3位数字，不足时左侧补0，000表示起报时刻，006表示起报时刻后的6小时预报，依次类推。

（2）环流模式预报图件（动态图）

文件命名规则：lang_nwpmodel_regioncode_element_layer_YYYYMMDDHH

lang：语言类型指示符，en为英文产品，cn为中文产品；

nwpmodel：表示模式缩写，用于标识数值模式类型；

regioncode：表示区域缩写，用于标识预报空间范围；

element：表示要素缩写，用于标识预报要素；表层海流为seacurrent、海温为seatemperature、盐度为seasalinity；

layer：表示深度分层，用于深度层；表层：0005 m；水下50 m：0050 m；水下100 m：0100 m；水下500 m：0500 m；水下1000 m：1000 m。后续可以扩展。

YYYYMMDDHH：格式化的起报时间（UTC），时间均为UTC时间。

（3）环流模式数值预报文件

文件命名规则：nwpmodel_regioncode_YYYYMMDDHH

nwpmodel：表示模式缩写，用于标识数值模式类型；

regioncode：表示区域缩写，用于标识预报空间范围；

YYYYMMDDHH：格式化的起报时间（UTC），时间均为UTC时间。

9.4.8.2 产品自动化处理

（1）获取文件

使用检查文件夹组件获取本地FTP服务器的对应文件夹推送的环流模式数值预报图件产品和数据产品，判断推送的文件是否符合命名规范，如果符合要求则执行处理，不包含则退出。

（2）netCDF数据文件处理

使用OSS上传组件将扫描到的环流模式数值预报数据文件上传至阿里云对象存储并返回路径。调用Python编写的数据解析程序及自动化脚本，将netCDF文件解析为分要素的json文件后，调用OSS上传组件json文件组存储到阿里云对象存储，并将json路径返回存储到数据库。

（3）预报图件文件处理

使用OSS上传组件将扫描到的环流模式数值预报图片文件，按文件命名规则进行解析，获取文件名上的起报时间、预报要素、预报时效等信息，按预定义规则上传至阿里云对象存储并返回路径，将图件路径返回存储到数据库。

（4）文件备份

将处理完成的图片和netCDF文件转存至备份的文件夹。

9.4.9 海浪模式数值预报产品处理

9.4.9.1 海浪模式数值预报产品标准化

海浪模式数值预报产品分为图片和数据两类，其中图片分为静态图和动态图两种，数据为netCDF格式的数据。

（1）海浪模式预报图件（静态图）

文件命名规则：lang_nwpmodel_regioncode_element_YYYYMMDDHH_hhh

lang：语言类型指示符，en为英文产品，cn为中文产品；

nwpmodel：表示模式缩写，用于标识数值模式类型；

regioncode：表示区域缩写，用于标识预报空间范围；

element：表示要素缩写，用于标识不同要素；有效波高swh；

YYYYMMDDHH：格式化的起报时间（UTC），时间均为UTC时间；

hhh：表示预报时效，3位数字，不足时左侧补0，000表示起报时刻，006表示起报时刻后的6小时预报，依次类推。

（2）海浪模式预报图件（动态图）

文件命名规则：lang_nwpmodel_regioncode_element_YYYYMMDDHH

lang：语言类型指示符，en为英文产品，cn为中文产品；

nwpmodel：表示模式缩写，用于标识数值模式类型；

regioncode：表示区域缩写，用于标识预报空间范围；

element：表示要素缩写，用于标识不同要素；有效波高swh；

YYYYMMDDHH：格式化的起报时间（UTC），时间均为UTC时间。

（3）海浪模式数值预报文件

文件命名规则：nwpmodel_regioncode_YYYYMMDDHH

nwpmodel：表示模式缩写，用于标识数值模式类型；

regioncode：表示区域缩写，用于标识预报空间范围；

YYYYMMDDHH：格式化的起报时间（UTC），时间均为UTC时间。

9.4.9.2 产品自动化处理

（1）获取文件

使用检查文件夹组件获取本地ftp服务器的对应文件夹推送的海浪模式数值预报图件产品和数据产品，判断推送的文件是否符合命名规范，如果符合要求则执行处理，不包含则退出。

（2）netCDF数据文件处理

使用OSS上传组件将扫描到的环流模式数值预报数据文件上传至阿里云对象存储并返回路径。调用Python编写的数据解析程序及自动化脚本，将netCDF文件解析为分要素的json文件后，调用OSS上传组件json文件组存储到阿里云对象存储，并将json路径返回存储到数据库。

（3）预报图件文件处理

使用OSS上传组件将扫描到的环流模式数值预报图片文件，按文件命名规则进行解析，获取文件名上的起报时间、预报要素、预报时效等信息，按预定义规则上传至阿里云对象存储并返回路径，将图件路径返回存储到数据库。

（4）文件备份

将处理完成的图片和netCDF文件转存至备份的文件夹。

9.5 预报业务数据管理子系统

预报业务数据管理子系统作为海上丝绸之路网站的后台管理系统，包括数值预报数据管理、溢油搜救数据管理、地震海啸数据管理、风暴潮数据管理等多个模块，其子系统组成如图9.4所示。

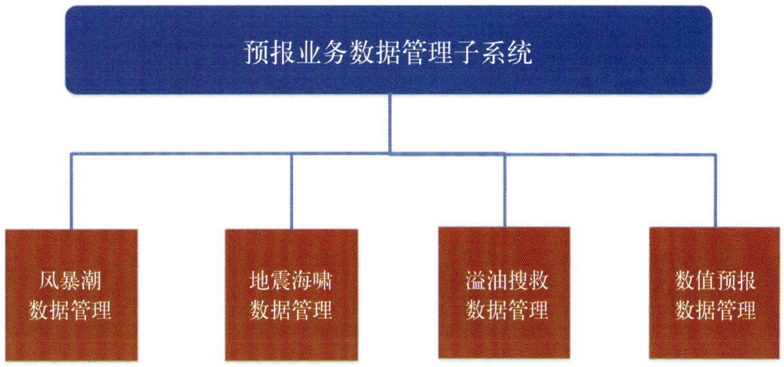

图9.4　预报业务数据管理子系统组成

9.5.1 风暴潮数据管理

风暴潮数据管理包括单站增水场预报和增水场预报的管理和维护，数据是自动业务化生成，该模块对数据进行增加、编辑、删除、检索等维护管理操作。

风暴潮数据检索，根据过程编号、区域编号、数据类型、风暴增水、风暴路径、站点编号、文件名、语言类型、发布时间对风暴潮数据进行快速检索（图9.5）。

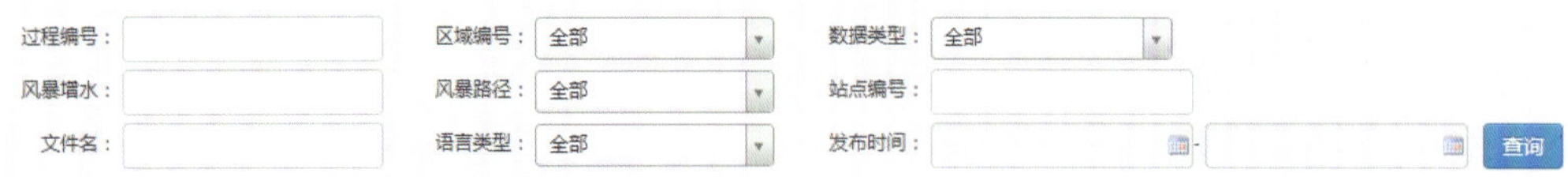

图9.5　风暴潮数据检索页面

风暴潮数据添加，根据需求将过程编号、区域编号、数据类型、风暴增水、风暴路径、站点编号、发布时间、语言类型、图片上传等信息录入，点击保存，将数据存储入库（图9.6）。

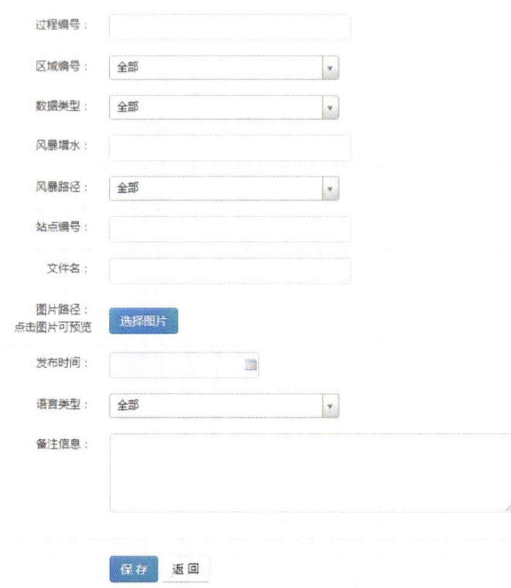

图9.6　风暴潮数据添加页面

风暴潮数据修改，对过程编号、区域编号、数据类型、风暴增水、风暴路径、站点编号、发布时间、语言类型、图片等信息进行修改，点击保存，将数据存储入库（图9.7）。

图9.7　风暴潮数据修改页面

9.5.2 地震海啸数据管理

地震海啸数据管理支持对地震海啸预报数据的维护和管理。数据来自自动化业务生成，该模块对数据进行增加、编辑、批量修改、删除、检索等维护管理操作。

地震海啸数据检索，根据海峡事件编号、地理位置、发生时间对地震海啸数据进行快速检索（图9.8）。

图9.8 地震海啸数据检索页面

地震海啸数据批量修改，根据需求，点击批量修改，可以直接在列表页中对关键信息进行批量修改，修改完毕后，点击批量保存（图9.9），进行数据存储入库，大大增加了操作的便捷性。

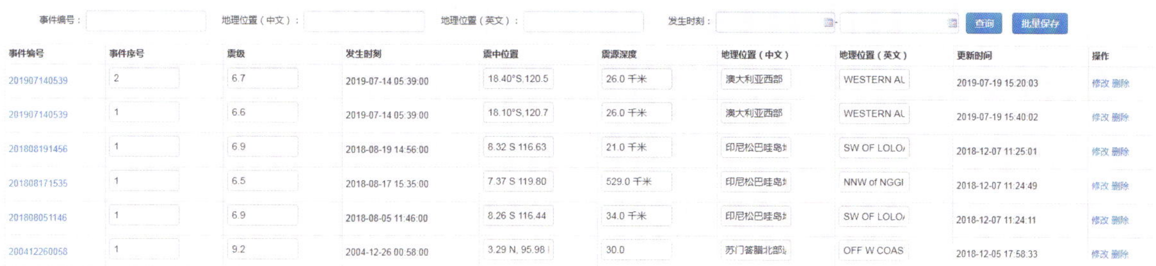

事件编号	事件序号	震级	发生时刻	震中位置	震源深度	地理位置（中文）	地理位置（英文）	更新时间	操作
201907140539	2	6.7	2019-07-14 05:39:00	18.40°S,120.5	26.0 千米	澳大利亚西部	WESTERN AL	2019-07-19 15:20:03	修改 删除
201907140539	1	6.6	2019-07-14 05:39:00	18.10°S,120.7	26.0 千米	澳大利亚西部	WESTERN AL	2019-07-19 15:40:02	修改 删除
201808191456	1	6.9	2018-08-19 14:56:00	8.32 S 116.63	21.0 千米	印尼松巴哇岛	SW OF LOLO	2018-12-07 11:25:01	修改 删除
201808171535	1	6.5	2018-08-17 15:35:00	7.37 S 119.80	529.0 千米	印尼松巴哇岛	NNW of NGGI	2018-12-07 11:24:49	修改 删除
201808051146	1	6.9	2018-08-05 11:46:00	8.26 S 116.44	34.0 千米	印尼松巴哇岛	SW OF LOLO	2018-12-07 11:24:11	修改 删除
200412260058	1	9.2	2004-12-26 00:58:00	3.29 N, 95.98	30.0	苏门答腊北部	OFF W COAS	2018-12-05 17:58:33	修改 删除

图9.9 地震海啸数据批量修改页面

地震海啸数据添加，根据需求将事件编号、事件序号、震级、发生时刻、震中位置、震源深度、地理位置等信息录入，点击保存，将信息存储入库（图9.10）。

图9.10 地震海啸数据添加页面示意

地震海啸数据修改，根据需求可以对事件编号、事件序号、震级、发生时刻、震中位置、震源深度、地理位置等信息修改，也可重新上传海啸预警文件和图片等，点击保存，将数据存储入库（图9.11）。

图9.11　地震海啸数据修改页面页面

9.5.3　溢油搜救数据管理

溢油搜救数据管理包括溢油事件数据和搜救事件数据管理和维护。数据是自动化业务生成，该模块对溢油及搜救事件的预报产品数据进行增加、编辑、批量修改、删除、检索等维护管理操作。

由于溢油和搜救预报均以事件为单位，且两个预报产品的管理和维护功能相似，以下于溢油预报产品的管理为例进行说明。

溢油或者搜救检索，根据事件名称、事件类型、事件编号、发生时间对数据进行快速检索（图9.12）。

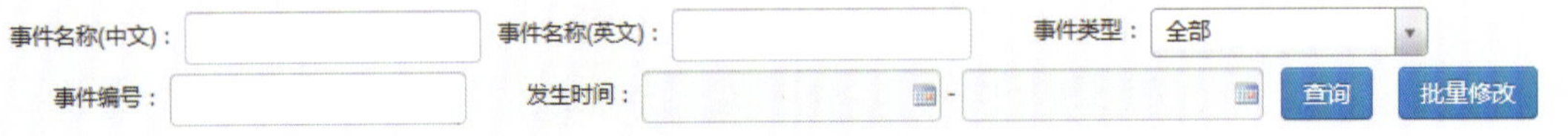

图9.12　溢油、搜救事件的数据检索页面

溢油、搜救事件的批量修改，根据需求，点击批量修改，可以直接在列表页中对关键信息进行批量修改，修改完毕后，点击批量保存（图9.13），进行数据存储入库，大大增加了操作的便捷性。

事件类型	事件编号	事件序号	事件名称(中文)	事件名称(英文)	事件地点(中文)	事件地点(英文)	事件经度	事件纬度	事件发生时间
溢油	20110805230(	001	南海海域溢油	the South Chir	南海	South China S	109.12	21.13	2011-08-05 23:00:00
搜救	20130929170(	001	西沙群岛海域	the Paracel Isl	南海	South China S	111.62	16.51	2013-09-29 17:00:00

图9.13　溢油、搜救数据批量修改示意

溢油、搜救事件的添加，将事件类型、事件编号、事件序号、事件名称、事件地点、事件发生时间、预报文本文件和图片等信息录入完毕，点击保存，将数据存储入库（图9.14）。

图9.14 溢油、搜救数据添加页面

溢油、搜救修改，根据需求，对事件类型、事件编号、事件序号、事件名称、事件地点、事件发生时间、预报文本文件和图片等信息进行修改，点击保存，将数据存储入库（图9.15）。

图9.15 溢油、搜救数据修改页面

9.5.4 数值预报数据管理

数值预报数据管理包括大气模式的海平面（风场）数据、500 hPa（位势高度+风场）数据，环流模式的海温、盐度、海流数据，海浪模式的有效波高、波向数据。数据是自动化业务生成，该模块对数据进行增加、编辑、删除、检索等维护管理操作。

数值预报产品检索，根据类型、语言、要素、高度或者深度层、图件类型、起报时间、预报时效等关键检索条件对数值预报数据进行快速检索（图9.16）。

图9.16　数值预报数据检索页面

数值预报添加，根据需求，将类型、语言、模式、区域、要素、垂直分层、起报时间、预报时效、预报单位、图片等信息录入，点击保存，将数据存储入库（图9.17）。

图9.17　数值预报数据添加页面

数值预报修改，根据需求，可以对类型、语言、模式、区域、要素、垂直分层、起报时间、预报时效、预报单位、图片等信息修改，点击保存，将数据存储入库（图9.18）。

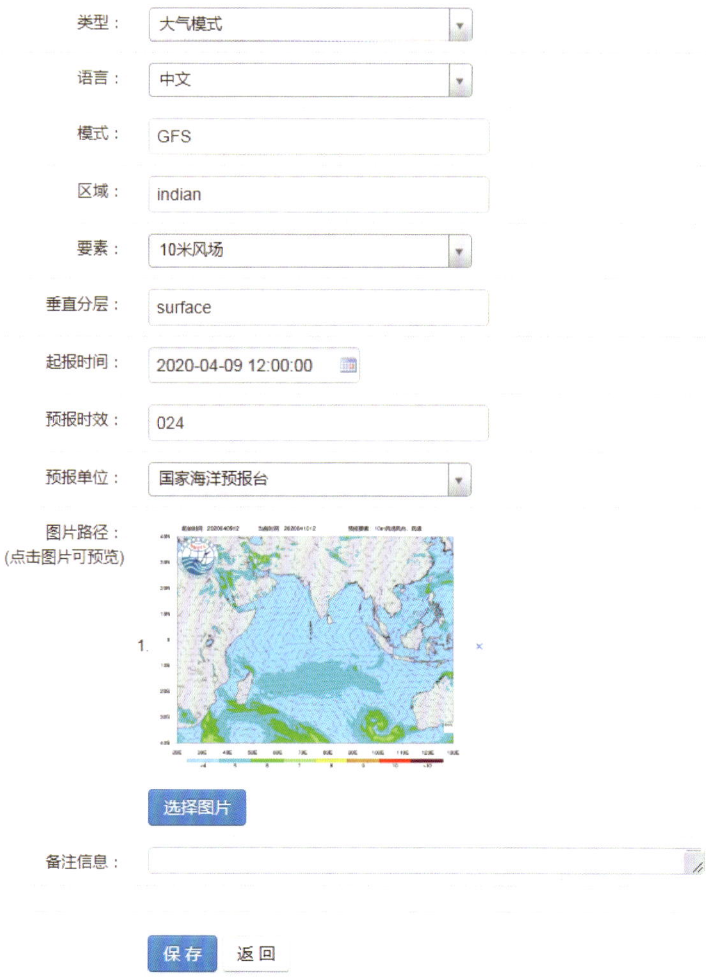

图9.18　数值预报数据修改页面

9.6　专题网站子系统

海上丝绸之路网站系统按照语言的不同分成中文版和英文版。

中文版功能包括：首页、航行安全保障平台入口、风场、海浪、风暴潮、海啸、溢油、搜救、三维温盐流，其中，风场包括海平面和500 hPa高度；海浪是指浪高数据；三维温盐流包括海温、盐度、海流数据；风暴潮包括站点潮位和增水包络数据；因数据来源和信息展示方式的不同，各产品均有自己独特的详情展示风格。

9.6.1　海上丝绸之路频道首页

海上丝绸之路频道首页是对海上丝绸之路系统各个产品的入口聚合页面，承担着聚焦用户需求、引导用户访问的功能。以地球形式标明海上丝绸之路的路线，让用户清晰明了地看到海上丝绸之路的范围。以图标加文字的形式，展示各预报产品的入口（图9.19）。

图9.19　专题网站首页页面

9.6.2　海上丝绸之路风场预报栏目

展示形式为左边菜单栏切换右侧展示内容，菜单栏分为大气模式下的10 m风场和500 hPa位势高度、温度场、风场。

右边的展示分为三部分。

第一部分是基础信息的展示，包括要素名称，数据起报时间以及更多页面的入口按钮。

第二部分是预报图的展示，预报图的展示方式分为两种：预报图、预报图动画，见图9.20。

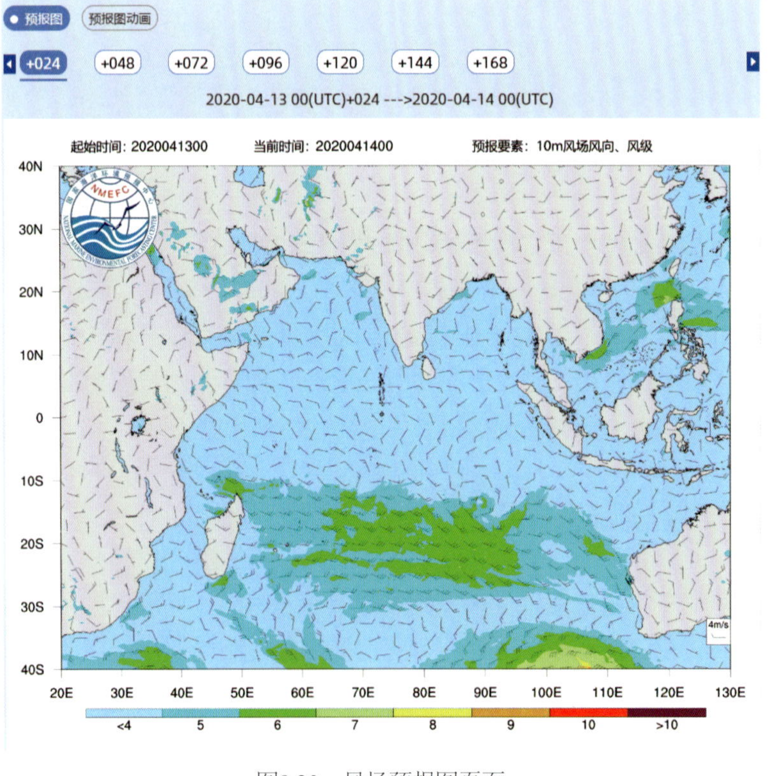

图9.20　风场预报图页面

预报图的展示方式为时间轴加预报图展示。首先，时间轴的展示分为24小时为一个时效来进行选择，点击可以切换下一个时效的预报图，见图9.21，并且点击当前预报图可以通过弹框的方式展示当前预报图的放大效果，使用户看的更加清晰；其次，弹框会以轮播图形式将当前所有时效全部的预报图以当前点击的本张图片位置开始轮播，达到不用关闭当前弹框便可继续以大图形式查看所有时效的预报图，功能上更加便捷。

预报图动画的展示方式为一张动态的GIF类型图片，体现了近期时效下的一个风向活动，同样可以点击出现弹框的形式查看大图。

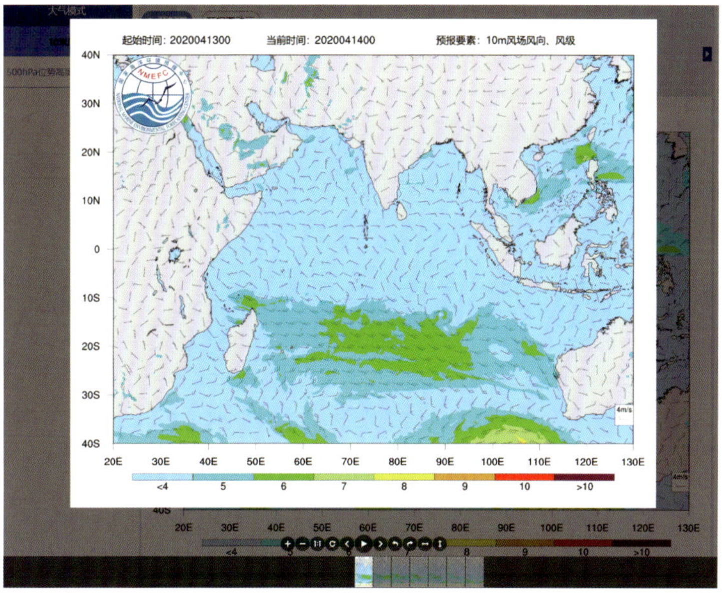

图9.21　风场图片查看页面

第三部分为预报产品说明，说明了预报图中的要素和数据来源，10 m分场和风级划分的介绍以及对500 hPa位势高度场、500 hPa温度、500 hPa风场产品说明。

更多的详情页面，实现历史查询的一个功能。分为上下两部分去展示，分别为历史检索和检索结果两部分。

历史检索的查询条件，可以根据模式类型、要素、起报时间三种选择类型去进行选择查询，查看想要查询的数据。查出的结果会以图片列表的形式展示在第二部分检索结果里面，以要素为单位分块展示，每一个图片展示会标明预报时效，点击图片会以弹框形式展现大图，使用户更直观的查看查询结果，默认展示大气模式下10 m风场近一周预报图（图9.22）。

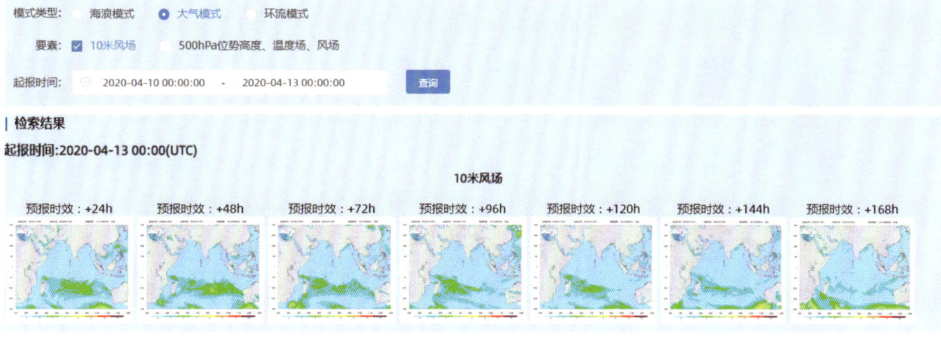

图9.22　风场历史检索页面

9.6.3 海上丝绸之路海浪预报栏目

海浪即有效波高、波向。展现方式为左右两部分，左侧为快速导航，右边展示主要内容，分为三部分形式去展现。

第一部分为基础信息的展示，当前页面标题，起报时间以及更多页面的入口按钮。

第二部分为预报图的展示，预报图的展示方式分为两种：预报图、预报图动画，见图9.23。

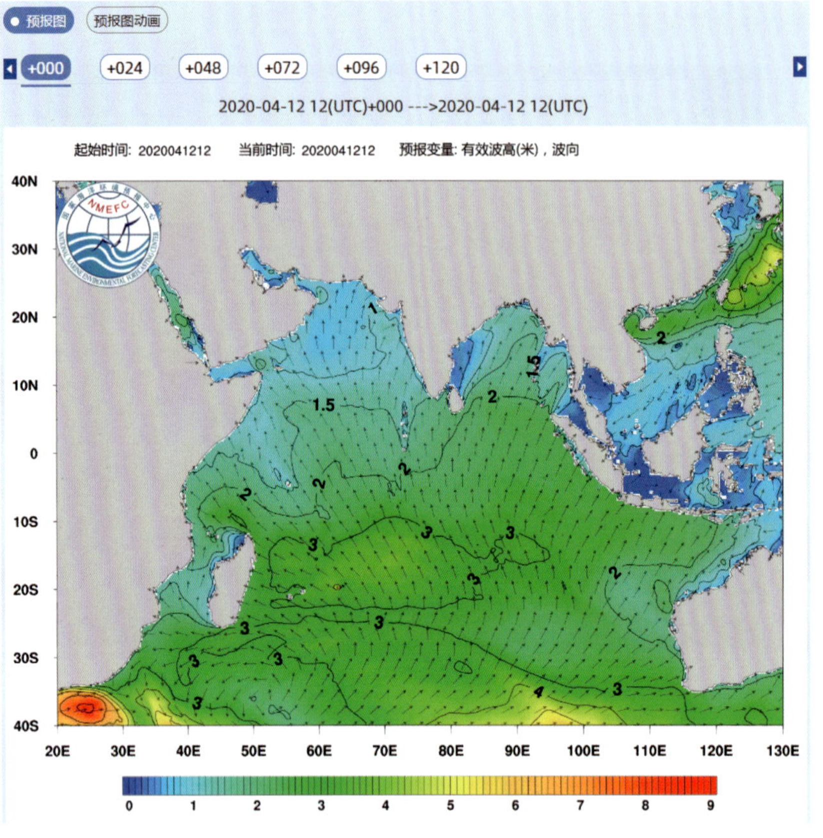

图9.23 海浪预报图页面

预报图的展示方式为时间轴加预报图展示。首先，时间轴的展示分为24小时为一个时效来进行选择，点击可以切换下一个时效的预报图，并且点击当前预报图可通过弹框的方式展示当前预报图的放大效果；其次，弹框会以轮播图形式将当前所有时效全部的预报图以当前点击的本张图片位置开始轮播，达到不用关闭当前弹框便可继续以大图形式查看所有时效的预报图图片，见图9.24。预报图动画的展示方式为一张动态的GIF类型图片，同样可以点击出现弹框的形式查看大图。

第三部分为预报产品说明，介绍了预报图中的要素和数据来源，对图片颜色以及箭头指示进行了一个说明，可以使用户看的更加明确。

历史检索，通过更多按钮进入历史检索页面，分别为历史检索和检索结果两部分。第一部分为历史检索的查询条件，用户根据模式类型、要素、起报时间3种选择类型去查询，查看自己想要查询的数据。查出的结果会以图片列表的形式展示在第二部分检索结果里面，以要素为单位分块展示，每一个图片展示会标明预报时效，点击图片会以弹框形式展现大图，默认展示的是海浪模式下有效波高、波向的近一周预报图（图9.25）。

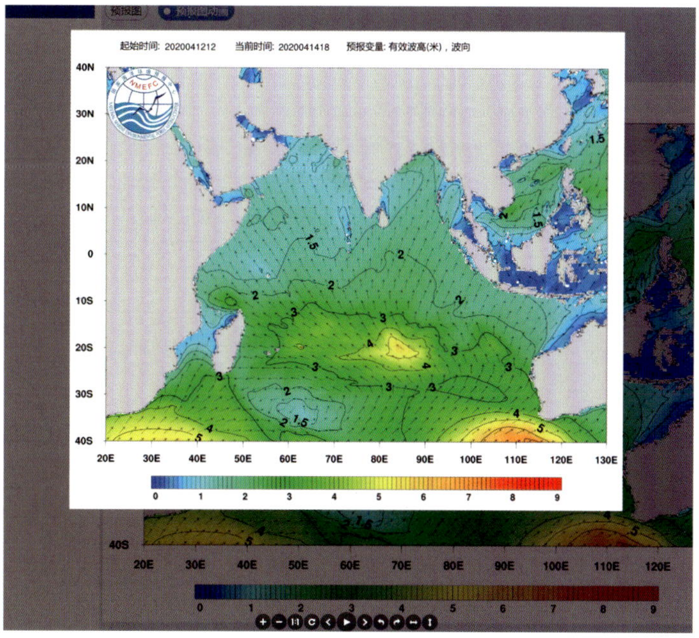

图9.24 海浪图片查看页面

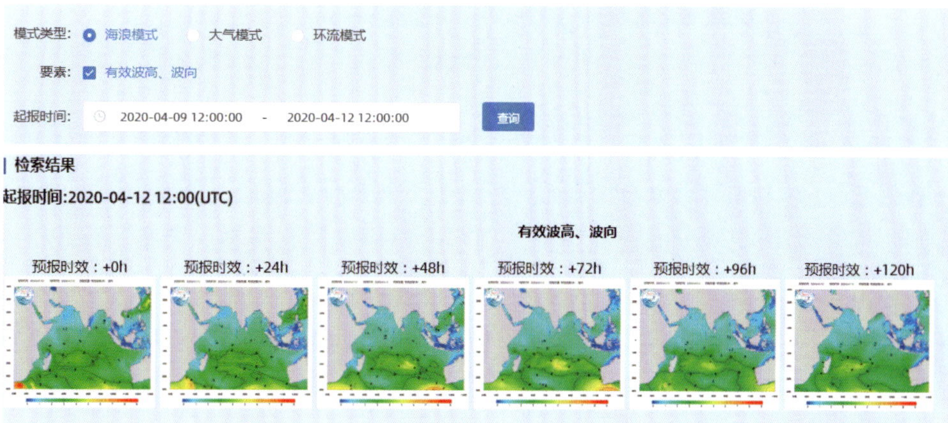

图9.25 海浪历史检索页面

9.6.4 温盐流预报产品发布

温盐流展示形式为左右两部分。左边是要素导航，分为海温、盐度、海流3种。右边展示内容主要分为三部分。

第一部分是一个基础信息的展示，预报产品标题、起报时间以及更多页面的入口按钮。

第二部分为预报图的展示，预报图数据分为两种：预报图、预报图动画，见图9.26。

预报图的展示方式为时间轴加预报图展示。首先，时间轴的展示分为24小时为一个时效来进行选择，点击可以切换下一个时效的预报时效图，同时在预报图图片展示右侧有深度标志选择，可以选择不同深度，切换对应的预报图。并且点击当前预报图可以通过弹框的方式展示当前预报图的放大效果，使用户看的更加清晰；其次，弹框会以轮播图形式将当前所有时效全部的预报图图片以当前点击的本张图片开始轮播，可以达到不用关闭当前弹框便可继续以大图形式查看所有时效的预报图图片的效果，便于用户浏览。预报图动画的展示方式为一张动态的GIF类型图片，同样可以进行深度选择，切换不同的预报图动画图片。

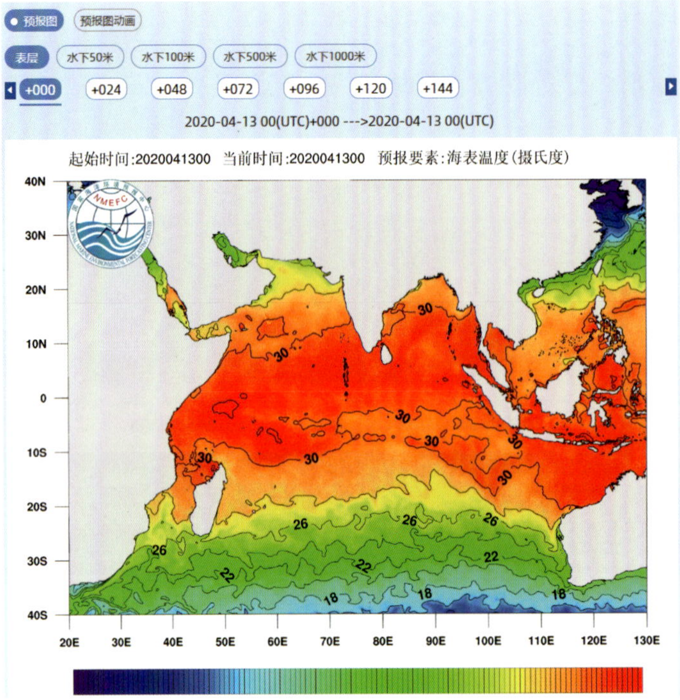

图9.26 环流预报图页面

第三部分为预报产品说明，说明了预报图中的要素和数据来源，对预报产品图件进行介绍。

历史检索，通过更多按钮历史检索页面。分为上下两部分去展示，分别为历史检索和检索结果两部分。第一部分为历史检索的查询条件，用户可以根据模式类型、要素、深度、起报时间3种选择类型去自主进行选择查询，查看自己想要查询的数据。查出的结果会以图片列表的形式展示在第二部分检索结果里面，以要素为单位分块展示，每一个图片展示会标明预报时效，点击图片会弹框形式展现大图，使用户更直观地查看查询结果，默认展示的是环流模式下海温要素近一周预报图，如图9.27所示。

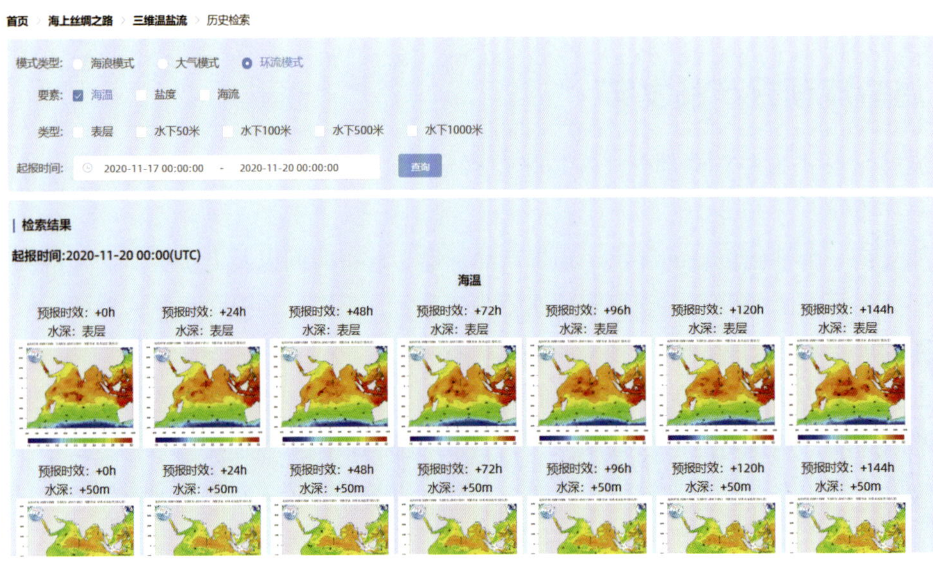

图9.27 环流历史检索页面

9.6.5 海上丝绸之路风暴潮预报栏目

风暴潮数据分为单站增水预报和增水场预报。整体展现形式为左右分布，左边为菜单栏选择切换右边展示内容，菜单栏分为单站增水预报和增水场预报。

右边的展示内容为上下分布，主要分为三部分展示。

（1）单站增水预报

单站增水预报主要从主页、详情页面、更多页面三个部分展示。

主页首先展示当前的风暴潮的状态，提示是否处于风暴潮过程。然后以列表形式展示最近发生的5次风暴潮过程信息，再以地图标明每一次风暴潮过程发生影响的站点。

更多页面，以列表形式展示全部的风暴潮过程，支持通过过程编号、区域、发生时间等要素对单站增水进行快速检索，如图9.28所示。

过程编号:　　区域: 全部　　发生时间: 开始日期 - 结束日期　　查询

序号	过程编号	区域	发生时间(CST)	国家或者地区	信息
1	ty1929	南中国海区域	2019-12-25 18:00:00	印度尼西亚,文莱,柬埔寨,泰国,菲律宾,越南,马来西亚,中国,中国台湾,中国澳门,中国香港	详情
2	ty1928	南中国海区域	2019-12-03 18:00:00	中国,中国台湾,中国澳门,中国香港,印度尼西亚,文莱,柬埔寨,泰国,菲律宾,越南,马来西亚	详情
3	ty1902	南中国海区域	2019-11-19 18:00:00	马来西亚,中国,中国台湾,中国澳门,中国香港,印度尼西亚,文莱,柬埔寨,泰国,菲律宾,越南	详情
4	tc1902	孟加拉湾区域	2019-11-10 10:00:00	斯里兰卡,泰国,缅甸,印度,孟加拉国	详情
5	tc1903	阿拉伯海区域	2019-09-24 18:00:00	马尔代夫,也门,伊朗,印度,吉布提,巴基斯坦,阿曼	详情
6	tc1902	阿拉伯海区域	2019-06-17 10:00:00	也门,伊朗,印度,吉布提,巴基斯坦,阿曼,马尔代夫	详情
7	tc1901	孟加拉湾区域	2019-05-03 14:00:00	印度,孟加拉国,斯里兰卡,泰国,缅甸	详情
8	ty1901	南中国海区域	2019-01-04 14:00:00	中国台湾,文莱,中国澳门,柬埔寨,中国香港,泰国,印度尼西亚,菲律宾,越南,马来西亚,中国	详情
9	tc1807	孟加拉湾区域	2018-12-15 06:00:00	印度,孟加拉国,斯里兰卡,泰国,缅甸	详情
10	ty1829	南中国海区域	2018-11-22 23:00:00	中国,中国台湾,中国澳门,中国香港,印度尼西亚,文莱,柬埔寨,泰国,菲律宾,越南,马来西亚	详情

‹ 1 ›

图9.28 风暴潮单站增水历史检索页面

详情页面，从主页或更多页面选择一个风暴潮过程，进入详情页面，显示所选风暴潮过程的全部发生次数，以列表形式展现，然后将每一次影响的站点按所属国家分类，点击站点即可查看该站点数据信息以及数据说明，见图9.29和图9.30。

单选	序号	发生时间	影响站点
◉	1	2019-12-25 18:00:00	苏梅岛,深圳,关丹,塔布坎努滕加,水东,芭提雅,北海,科塔布托市,岘港,苏比克湾,清澜,归仁,伊洛伊洛,麻拉,澳门,库阿洛,钦...
○	2	2019-12-25 10:00:00	科塔布托市,岘港,苏比克湾,清澜,归仁,伊洛伊洛,麻拉,澳门,库阿洛,钦州,曼谷,高雄,拉哈达图,闸坡,恩克西西沙马拉特,黎牙...
○	3	2019-12-24 18:00:00	科塔布托市,岘港,苏比克湾,清澜,归仁,伊洛伊洛,麻拉,澳门,库阿洛,钦州,曼谷,高雄,拉哈达图,闸坡,恩克西西沙马拉特,黎牙...
○	4	2019-12-24 10:00:00	科塔布托市,岘港,苏比克湾,清澜,归仁,伊洛伊洛,麻拉,澳门,库阿洛,曼谷,高雄,拉哈达图,闸坡,恩克西西沙马拉特,钦州,桑塔...

文莱

麻拉

柬埔寨

西哈努克港

越南

头顿　广义　岘港　芽庄　蒲寮　荣市　归仁　山茶

宏道　崔根港　库阿洛

图9.29 风暴潮单站增水详情页面

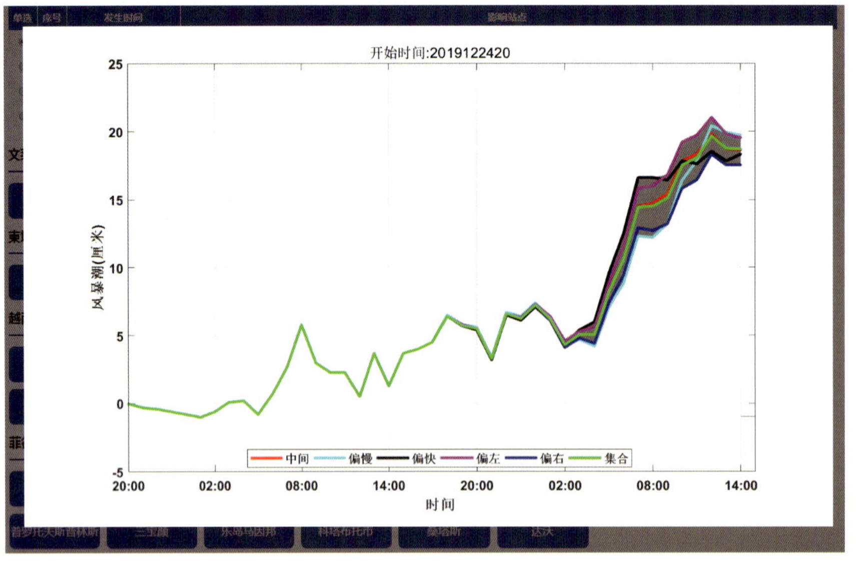

图9.30　风暴潮单站增水详情页图片查看页面

（2）增水场预报

增水场预报主要从主页、更多页面两个部分展示。

主页首先展示当前的风暴潮的状态，提示是否处于风暴潮过程。然后以列表形式展示最近发生的5次风暴潮过程信息，然后将风暴潮过程的图片数据信息按照类别显示出来。效果如图9.31所示。

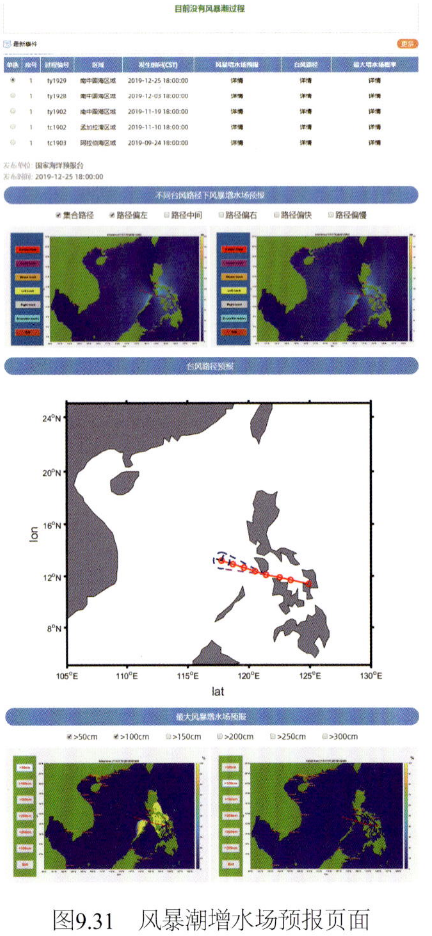

图9.31　风暴潮增水场预报页面

更多页面，主要实现的是用户对历史查询的一个功能。分为上下两部分去展示，分别为历史检索和检索结果两部分。第一部分为历史检索的查询条件，根据不同查询条件自主进行选择查询。查出的结果以图片列表按照分类形式展示出来，图片数据标明图片信息，点击图片可查看大图，如图9.32所示。

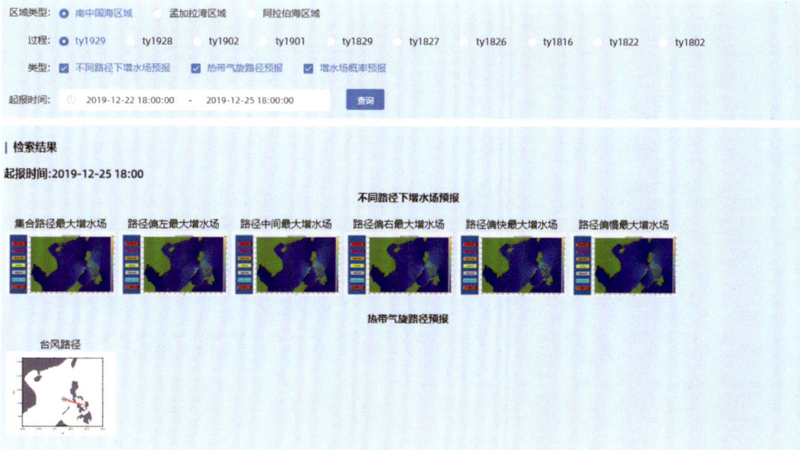

图9.32　风暴潮增水场预报历史检索页面

9.6.6　海上丝绸之路海啸预警栏目

海啸预警从三个部分来展示海底地震引发的海啸事件，包括主页、历史页面、详情页面。

主页显示当前的海啸状态，有无海啸事件发生，然后以地图形式显示最新一次海啸事件发生的位置及相关数据信息，然后以列表形式显示最近5次发生的海啸事件，如图9.33所示。

图9.33　海啸主页页面

历史页面，以列表形式显示全部发生的海啸事件信息，支持通过震级、震源深度、位置描述、发生时间等进行快速检索，如图9.34所示。

震级：全部 震源深度：全部 位置描述： 发生时间： 开始日期 - 结束日期 查询

序号	位置描述	经度(°)	纬度(°)	震级	震源深度(km)	发生时间(UTC)	信息
1	澳大利亚西部	120.51°E	18.4°S	6.7	26.0	2019-07-14 05:39:00	详情
2	印尼松巴哇岛地区海域	116.63°E	8.32°S	6.9	21.0	2018-08-19 14:56:00	详情
3	印尼松巴哇岛地区北部海域	119.80°E	7.37°S	6.5	529.0	2018-08-17 15:35:00	详情
4	印尼松巴哇岛地区海域	116.44°E	8.26°S	6.9	34.0	2018-08-05 11:46:00	详情
5	苏门答腊北部近海	95.98°E	3.29°N	9.2	30.0	2004-12-26 00:58:00	详情

< 1 > 前往 1 页

图9.34　海啸历史检索页面

详情页面，从主页或历史页面选择一个海啸事件进入详情页，显示所选海啸事件的具体数据信息，包括地震信息和地震位置示意图、图形产品信息、海啸信息以及海啸历史信息。效果如图9.35所示。

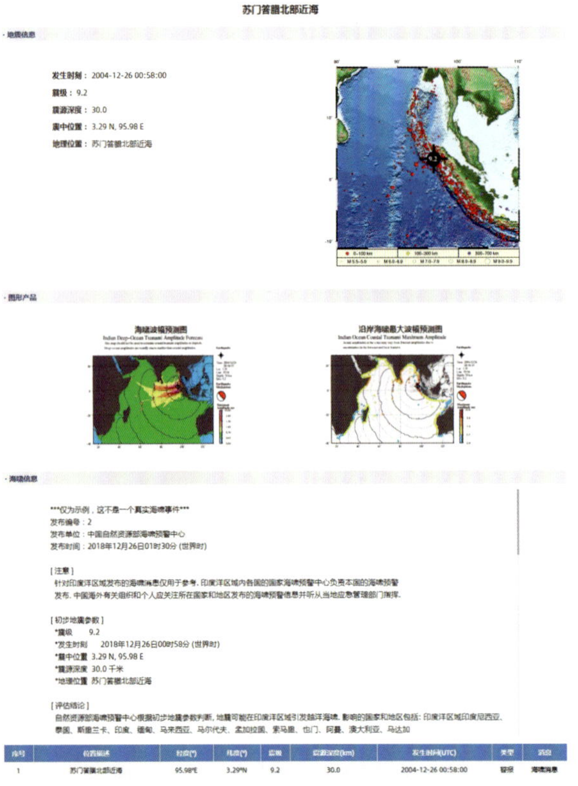

图9.35　海啸详情页面

9.6.7　海上丝绸之路溢油预报栏目

溢油预报从三个方部分展示溢油事件，包括溢油预报主页、历史页面、详情页面。

溢油预报主页显示当前的溢油事件的状态，有无溢油事件发生，然后以地图形式显示最新一次溢油事件发生的位置及相关数据信息，然后以列表形式显示最近5次发生的溢油事件。

历史页面，以列表形式显示全部发生的溢油事件信息，支持通过发生时间和位置描述对溢油事件进行快速检索，如图9.36所示。

图9.36　溢油事件历史检索页面

详情页面，从主页或历史页面选择一个溢油事件进入详情页，显示所选溢油事件的具体数据信息以及更新的全部次数信息。效果如图9.37所示。

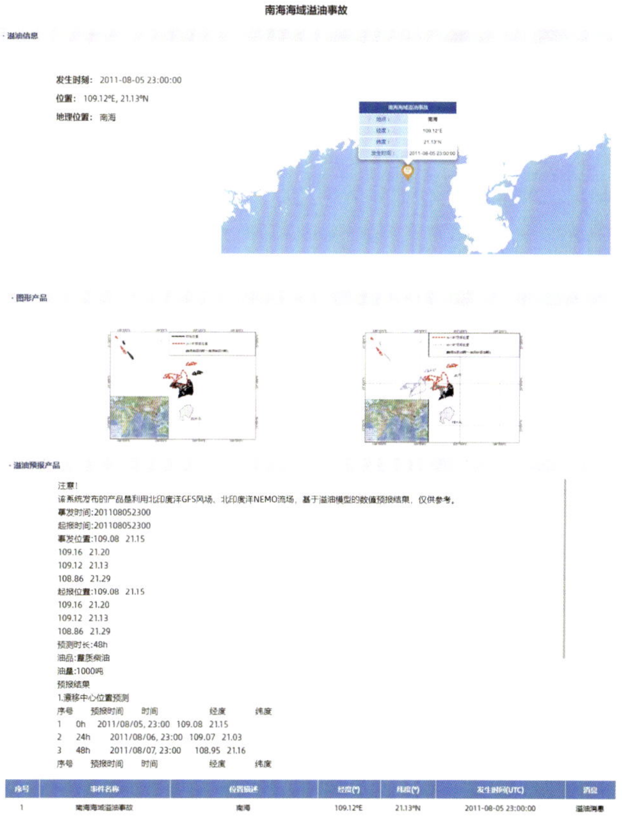

图9.37　溢油事件预报详情页页面

9.6.8　海上丝绸之路搜救预报栏目

搜救预报从三个方部分展示搜救预报，包括搜救预报主页、历史页面、详情页面。

搜救预报主页显示当前的搜救事件的状态，有无搜救事件发生，然后以地图形式显示最新一次搜救事件发生的位置及相关数据信息，然后以列表形式显示最近五次发生的搜救事件，如图9.38所示。

历史页面，以列表形式显示全部发生的搜救事件信息，支持通过发生时间和位置描述对搜救事件进行快速检索，如图9.39所示。

图9.38　搜救预报主页页面

图9.39　搜救历史检索页面

详情页面，从主页或历史页面选择一个搜救事件进入详情页，显示所选搜救事件的具体数据信息以及更新的全部次数信息。效果如图9.40所示。

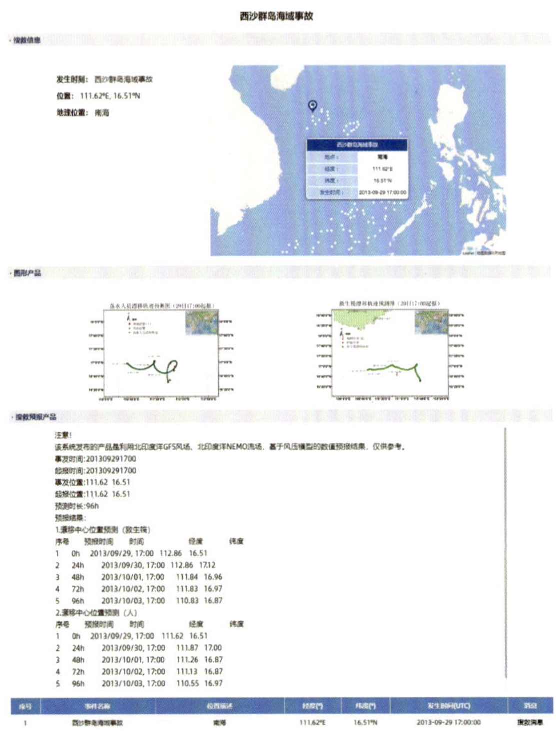

图9.40　搜救详情页面

参考文献

洪碧光, 1991. 船舶风压系数计算方法[J]. 大连海运学院学报, 17(2): 113–121.

胡志武, 张秋荣, 顾维国, 2007. 遇难船舶漂流轨迹技术[J]. 航海技术, 24(3): 18–21.

李燕, 朱江, 王辉, 等, 2014. 同化技术在渤海溢油应急预报系统中的应用[J].海洋学报, 3(36): 113–120.

李云, 刘钦政, 王旭, 2011. 海上失事目标搜救应急预报系统[J]. 海洋预报, 28(5): 77–81.

孟素婧, 王辉, 卢伟, 等, 2018. 海上无动力船舶漂移轨迹模型及其在“桑吉”油轮漂移模拟中的应用[J]. 海洋与湖沼, 49(2): 1–9.

牟林, 邹和平, 武双全, 等, 2011. 海上溢油数值模型研究进展[J]. 海洋通报, 30(4): 473–480.

周水华, 杨阳, 冯伟忠, 2013. 广东海域模拟人和无动力渔船海上漂移试验研究[J]. 热带海洋学报, 32(1): 87–94.

BREIVIK Ø, ALLEN A A, MAISONDIEU C, et al., 2012 The leeway of shipping containers at different immersion levels[J]. Ocean Dynamics, 62: 741–752.

DANIEL P, JAN G, CABIOC'H F, et al., 2002. Drift modelling of cargo containers[J]. Spill Science & Technology Bulletin, 7: 279–288.

DELVIGNE G A L, SWEENEY C E, 1988. Natural dispersion of oil[J]. Oil and Chemical Pollution, 4: 281–310.

ELLIOT A J, 1991. EUROSPILL: oceanographic processes and NW European shelf databases[J]. Marine Pollution Bulletin, 22(11): 548–553.

ELLIOTT A J, DALE A, PROCTOR R, 1992. Modelling the movement of pollutants in the UK shelf seas[J]. Marine Pollution Bulletin, 24(12): 614–619.

ELLIOTT A J, HURFORD N, PENN C J, 1986. Shear diffusion and the spreading of oil slicks[J]. Marine Pollution Bulletin, 17(7): 308–313.

ICHIYE T, 1967. Upper Ocean Boundary-Layer Flow Determined by Dye Diffusion[J]. The Physics of Fluids Supplement, S270–277.

LI Y, YU H, WANG Z Y, et al., 2019. The forecasting and analysis of oil spill drift trajectory during the Sanchi collision accident, East China Sea[J]. Ocean Engineering, 187: 106–231.

LI Y, ZHU J, WANG H, 2013. The impact of different vertical diffusion schemes in a three-dimensional oil spill model in the Bohai Sea[J]. Advances in Atmospheric Sciences, 30,1569–1586.

LI Y, ZHU J, WANG H, et al., 2013. The error source analysis of oil spill transport modeling: a case study[J]. Acta Oceanologica Sinica, 10(32): 41–47.

PAN Q Q, YU H, PER S. et al., 2020. Fate and behavior of Sanchi oil spill transported by the Kuroshio during January-February 2018[J]. Marine Pollution Bulletin, 152: 110917.

SMITH S, 1993. Hindcasting iceberg drift using current profiles and winds[J]. Cold Regions Sciences and Technology, 22: 33–45.

SODHI D S, EI-TAHAN M, 1980. Prediction of an iceberg drift trajectory during a storm[J]. Annals of Glaciology, 1: 77–82.

STIVER W, MACKAY D, 1984. Evaporation Rate of Spills of Hydrocarbons and Petroleum Mixtures[J]. Environmental Science and Technology, 18(11): 834–840.

YANG Y Q, LI Y, LIU G M, et al., 2017. A hindcast of the Bohai Bay oil spill during June to August 2011[J]. Acta Oceanologica Sinica, 36(11): 21–26.